JN292048

宇津木向原遺跡発掘40周年記念シンポジウム記録集

方形周溝墓研究の今

椙山林継・山岸良二編

雄山閣

宇津木向原遺跡２区方形周溝墓群（北から）

２区方形周溝墓群（南から）

1号墓壺形土器出土状況

2区1号墓西溝遺物出土状況

3号墓西溝

4号墓遺物出土状況

3号墓中央土壙

2号墓中央土壙出土のガラス玉

宇津木向原遺跡遠景

2号墓中央土壙ガラス玉出土状況

4号墓東溝壺形土器出土状況

目次

第四部　方形周溝墓の諸問題

第一部　宇津木向原と方形周溝墓

開会の挨拶

椚　國男

ただいま紹介がありましたように、私も地元の人間として宇津《うつ》木《ぎ》向原《むこうはら》遺跡の方形周溝墓発見にかかわりました。この場所はご存知の方もいると思いますが、今では中央高速自動車道路の八王子インターチェンジになってしまった八王子市宇津木町向原の丘です。

宇津木向原遺跡の発掘の経過や成果、「方形周溝墓」の学問的意義などにつきましては、國學院大學教授で、当時学生たちの指導にあたった椙山林繼先生が詳しくお話くださると思いますので、私は発掘が実現するまでのことなどについて、お話させていただきます。

この発掘は東京都最初の大規模発掘で、大学生が中心的な役割を果たしましたが、このほか地元の多くの高校生や中学生、一般市民なども参加しました。そのため、多い日には総勢一〇〇人を超え、畑が一面に広がり日頃は人影まばらな向原の丘が時ならぬにぎわいをみせました。

この遺跡は非常に面積が広いのですが、予算がごくわずかしかなかったため、手弁当発掘に近い状態で調査が行なわれました。今とはまったく違う状況でした。

調査は昭和三九年（一九六四）の春と夏の二回、一カ月ぐらいずつ六三日間にわたって行なわれましたが、なんと延べ五、〇〇〇人もの参加者がありました。当時は、戦争が終わってすでに二〇年近く経っていましたが、学生たちは労働して、土の中から正しい歴史を読み取ろうという意欲がまだまだ強く残っていました。そして、卒業後、立派な研究や仕事をした方が数多くおります。

高校生や中学生が大勢参加したのは、地元に多摩考古学研究会があったためです。この会ができたのは一九六〇年の四月で安保闘争の年です。開発の波から多摩地方の埋蔵文化財を大切に守り、あわせて調査も行なっていこうということで、当時、国立音楽大学の教授をしていた甲野勇先生と、機業家で八王子市の教育委員をしていた井上郷太郎さんを中心に結成されました。会員は一六〇名ぐらいで、考古学の研究者のほかに、地元の高校・中学校の社会科の先生も多く、そのために高校生や中学生の参加が多かったのです。

私はその時、甲野先生の友人和島誠一先生の調査を手本にしました。和島先生はご存知のように、岡山県の月の輪古墳や神奈川県の南堀《なんぼり》貝塚、三殿台《さんとのだい》遺跡などの調査を市民や学生・生徒たちの参加で行ない、それを学んだのです。しかし、それが実行できたのも多摩考古学研究会があったからです。

私はこの調査を実現させるために、佐々木蔵之助さんと一緒にあちこち飛び回りました。まず和島先生がいる資源科学研究所を訪ね、つづいて当時、国の文化財専門委員をされていた斎藤忠先生のお宅に行きお願いしました。東京都の文化課にも、日本道路公団の工事事務所、八王子市役所にも足を運び、その結果なんとか実現させることができました。これもまた地元に多摩考古学研究会があったからです。

それから、私にはもう一つ理由がありました。私は考古学の専攻ではなく、勤務校の生徒たちに頼まれて昭和三六年（一九六一）の春、考古学部をつくりましたが、その年の一一月に生徒たちが自主的に向原の丘で土器片採集をして多摩地方最初の弥生遺跡を発見しました。畑の所有者にお願いして慌しい緊急発掘をやりましたが、ごく普通の大きさの竪穴住居から後期後半の弥生式土器がなんと二七個体も出ました。炭化米も約五〇〇粒出ました。この時以来、私は部員たちと弥生遺跡を探して二五年間掘りつづけましたが、その後炭化米が出たことは一度もなく、土器も多くて一二、三個ぐらいでした。そして、この時の発掘の感動がこの遺跡の調査実現化運動につながりました。

さらに、この丘は縄文時代の遺跡でもあり、大正時代から縄文時代中期の石器や土製品がたくさん採集できる場所として知られてきました。そのため、この遺跡が中央高速自動車道八王子インターチェンジ建設のために、未調査のまま破壊されてしまうことを思うと、いたたまれない気持ちになり、じっとしていられなくなって佐々木さんと行動を起こしたのです。

調査団は二月六日に八王子市民会館の一室で結成され、調査団長に國學院大學教授の大場磐雄先生、副団長に多摩考古学研究会代表の甲野勇先生が決まり、三月一五日から調査が行なわれることになりました。

ここで多摩考古学研究会のことを少し補足させていただきます。都内にあっても小さい会ですので知らない方が多いと思いますが、今もつづいていて今年発足四五年目です。会員は現在約一三〇名で和田哲《さとし》先生が世話人代表です。

こうして、発掘調査は決まりましたが、それからがまた大変でした。地元の支援体制をつくらなければなりませんし、学生たちの宿泊施設を考えなければなりません。また、発掘調査の機材をそろえなければなりませんし、女子学生たちの着替えの部屋を借りなければなりません。このほか、現地本部などの設営もあり、毎日仲間たちと準備に追われつづけました。それだけに三月一五日の鍬入れ式を迎えた時の喜びは格別でした。その時、祝詞をあげたのは、かつて大場磐雄先生の愛弟子だった宮崎糺《ただし》先生です。立川市の阿豆佐味《あずさみ》天神社の宮司でした。

こうして発掘調査が始まりましたが、私たちが予想した以上に遺構が多く、縄文時代中期と弥生時代から古墳時代にかけてのものがほとんどでした。大きな成果があがりましたが、夏の第二次調査の期間が残り少なくなった時、さらに大きな成果が加わりました。それがこれまで知られていなかった弥生時代から古墳時代にかけての墓「方形周溝墓」の発見です。大場先生は、墓か、居住跡か、祭祀跡かで慎重に検討されたあと、この名前をつけ、その年の秋に群馬大学で開かれた日本考古学協会の大会で発表されました。

その後のことについて少し触れますと、方形周溝墓の発見から五カ月後の翌年一月に、原田大六さんによって福岡県糸島郡前原町（現、前原市）で、よく似た弥生時代後期末の遺構が発見されました。超大型鏡がたくさん出たことから、伊都国王墓といわれています。それからあとは、日本の各地で次から次に方形周溝墓の発見がつづき、恐らく現在までに掘られた方形周溝墓の数は、千の単位であると思います。その研究も盛んに行なわれ、とくに熱心だったのが今日のパネラーの一人鈴木敏弘さんです。赤い表紙の『原史墓制研究』の刊行を根気よくつづけました。方形周溝墓の発見から四〇年経ち、私が知らない研究の成果が数々あると思いますので、今日のシンポジウムをずっと期待しつづけてきました。

それから最後に一言《ひとこと》加えさせていただきたいのは、調査団長の大場磐雄先生が、宇津木向原の方形周溝墓を東京都の史跡として保存したいという気持ちを強く持っておられたことです。しかし、残念ながらブルドーザーによって破壊されてしまいました。もし今残っていれば、学史的な遺跡ですので、おそらく国の「特別史跡」に指定されていると思います。

当時は、調査報告書を作るようなお金がなく、八王子市が出してくれたわずかな土器整理費などを積み立ててやっとそれらしいものができあがったのは八年か九年後です。真っ先にそれを持って大場先生のお宅に持参しましたが、その時先生はこの報告書の表見返しに二首の歌を書いてくださいましたのでご披露いたします。

　文化国家と唱うるこゑのうつろなる破壊の記録のみをのこして

　いみしくも方形周溝墓と名つけしかその跡いつこあと形もなし

大場先生の願いはかないませんでしたが、発見四〇年後の今日、方形周溝墓研究のシンポジウムが開かれましたことは、大きな学史的記念碑であると思います。先生もきっと喜んでおられることでしょう。そして、この方形周溝墓研究が今後一層発展していくことを願って、ご挨拶といたします。（拍手）

シンポジウム開催の趣旨

山岸良二

おはようございます。今、椚先生のほうから報告がありましたように、約四〇年前にこちら八王子のほうで宇津木向原遺跡の発掘調査が行なわれまして、方形周溝墓という名称のお墓が発見されました。現在では、中学・高等学校の教科書にも必ずこの「方形周溝墓」という項目が出ておりますので、皆さんも含めて多くの方が、その名称については、かなり認知されているという状況になりました。

このあと、この墓制につきましての研究史は、鈴木さん、もしくは私のほうから皆様方にご説明をすると思いますが、その過程の中で、いろいろな派生する問題が多数出て参りました。で、研究に携わっている者が、その研究の中身を少しでも掘り下げていくために、今から約一〇年ほど前に『関東の方形周溝墓』（同成社刊）という本を三〇周年記念ということを考えて刊行させていただきました。

実は、われわれから見れば大変重要な遺構だと思うんでございますが、この四〇年の間に、ご存じの通り、考古学自体が大変な激変といいますか、大きな変動がありました関係で、周溝墓に面と向かってというか、直截的に研究する研究者がそれほど多くありませんでした。そういう関係もありまして、この三〇周年を終わった段階で、できれば次の四〇周年にということを考えておりました。なかなかそういう機会ができませんでしたが、今日やっとこういうかたちでシンポジウムを開催することができました。

ついては、先ほどお話がありましたように、「ぜひ記念すべきシンポは八王子でやりたい」ということで、これは私自身の非常に個人的なこだわりがございまして、八王子市教育委員会および東京都教育委員会各位のご協力をいただきまして、やっと本日こぎつけたということでございます。

その周溝墓でございますが、ちょうど約一〇年前に『関東の方形周溝墓』を出した時に、全部で一〇個の課題を私のほうで提起させていただきました。

一つは、関東における周溝墓の出現の時期の問題です。これは後ほど出てくるように、弥生時代の中期というのが近年いろいろ言われておりますが、最初の時期のころは、中期の周溝墓というのは、神奈川県の大塚・歳勝土が皆さんの前ではっきりと出てくるまでは、なかなか認識がなかったんでございますが、最近では大塚・歳勝土以上に古い時期の周溝墓が、同じく神奈川県などで見つかっていますので、関東での出現の時期の問題、ここがまず一つございます。

それから二つ目は、「では、周溝墓はどうやってこの東日本、関東へ来ているのか」ということで、これについても、いろいろな説が出されておりますが、今回、午後に発表いたします赤塚さんのほうから、その辺も踏まえてのお話があるかと思います。四隅の切れるタイプ、伊藤編年のＡ１という、これが関東では一番古いというタイプなんですが、このタイプは現在では瀬戸内海沿岸地域でも、かなり古い段階で見つかっております。ですから、そういう四隅の切れるタイプの始原がいったいどこにあるか、そしてさらに言うならば、韓半島における最近の研究動向に基づく周溝墓の一番古いタイプとどうリンクしてくるかというのが、一つの問題となります。

三つ目としては、周溝墓自体の造墓集団の問題ですね。これは、同じ方形で区画したお墓をずっと持ってくるという、この意図性といいますか、かなりこの墓制に固執した集団、これがどういうかたちで西から東へ来るのか。それとも東からずっと自生してくるのか。そういったような墓集団の問題、これが出て参ります。

それから、四つ目は規格性の問題ですね。近年、この規格については何人かの新しい意見が出されておりまして、午後のシンポでも一項目を挙げて、この規格性についての議論をしたいと思っておりますが、ご存じの通り、大きさ、それから、要は方台部の面積などが、ある規格の中に入ってくるという予想がされます。それからちょっと飛び出た大きいお墓と小さいお墓ですね。そういったものの規格性、これをどう考えるかという問題があります。

そして、五つ目は個別形態が、先ほどお話をしたように、Ａ１というタイプから、最終的に関東地方では弥生の後期になりますと、全部一周ぐるっと回るというタイプが主体となってくるんですが、そういうようなもの。それから、今から約一〇年ちょっと前から、いろいろと議論されていますが中央の部分が一カ所だけ切れるという、前方後方墳につながるという説もありますが、そういうタイプがどうして出てくるのかという、いわゆる個別の形態の問題が出て参ります。

それから、古くから言われまして大変重要なテーマの一つでございますが、いわゆる初現期の古墳とのつながり。とくに関東地方では、ご存じの通り、千葉県などで前方後方形の古いタイプ、前方後円形の古いタイプのお墓が見つかっていますので、これと周溝墓をどうリンクさせてくるかと、こういう問題がございます。

そして、最後には終焉の問題ですね。後ほどまた詳しくお話をいたしますが、実は八世紀、九世紀代の方形周溝状遺構と言われます、いわゆる四隅の切れない一周ぐるっと回るお墓のようなものが千葉県を中心に多数見つかりまして、現在では、それはお墓だという意見でほぼ終結しているんですが、実は、こういうタイプのものは、関東だけではなくて東北地方にも、九、一〇世紀、一一世紀までかなり見つかっております。ですから、そういう方形区画制のお墓というのがどうやってつながってくるかということと、それがわれわれが今テーマとしている方形周溝墓とどうつながるか、こういう問題でございますね。

そして、残りの三つですが、まず名称の問題。これは、実は関西で発掘をやっていますと、関東で掘っている方形周溝墓と全く異なるといいますか、非常に違うような雰囲気の方形周溝墓を掘ることになります。私事でございますが、私が周溝墓の研究に手を染めたのは、学部の四年生の時に瓜生堂《うりゅうどう》に発掘に行きまして、そこが始まりでございまして、大学院に進んで、今度は東奈良を掘らせていただきまして、実は関東で掘るよりも関西で掘っているほうが、私自身は周溝墓の経験が長いんでありますが、そういう目で見た場合も、関西の周溝墓と関東の周溝墓を同じ範疇といいますか、名称でとらえていいのかというような問題がございます。

それから、次に出てきましたのは、今度は被葬者像です。水野正好先生をはじめとして金井塚良一先生が家族墓およびその家族ということの被葬者像の説が出てきましたが、それに対しまして批判も出ておりますので、そういう方形周溝墓に、とくに真ん中に葬られている人は、いったいどういう人物であるかという問題がございます。

そして最後に、周溝墓の祭祀でございます。埋葬し、葬送儀礼を行なうわけなんですが、その葬送儀礼に、ほかのお墓にないような特殊な部分が、この周溝墓には見られます。底部穿孔土器と呼ばれる特殊な一群の土器とガラス玉類です。この宇津木がなぜ重要かといいますと、そのセット関係が非常にきれいに見つかった遺跡でもありますので、そういう底部に穴を開ける土器の意味ですね。そして玉。こういったものを踏まえた問題を扱っていきたいと考えております。以上が今回のシンポ開催の趣旨でございます。

以上一〇項目、すべて網羅できるかどうかわかりませんが、今日一日、よろしくお願いいたします。以上で終わります。（拍手）

宇津木向原遺跡の発掘調査

椙山林繼

一　調査のころ

四〇年前の回顧をするようにとのことでございますが、ある意味では私の青春時代でありまして、大学を出て二年ですから二四歳。マスターコースの終わりが三月ですが、その時に大場先生が八王子で発掘をやるので学生を連れていけということでした。

先ほど、椚先生からお話がありましたように、地元で一生懸命何とかして調査をするんだということで始めたわけなんですが、当時のことをご存知の方はおわかりと思いますが、大変な時代でありまして、この会場の外にもパネルを貼っておきましたので、ご覧いただきたいと思います。

椚先生が言われたように、予算は非常に厳しいもので、それでも増額、増額と、国会まで行って、やっと増額してもらった状態でした。その頃私も本当の若造でしたが、基本的には大学生を取りまとめるということで始めまして、春は國學院と立正、そのほかいくつかの大学に参加していただきました。夏になると、國學院、早稲田、立正そして明治の学生たち。これは大学からではなく、個人の参加でしたが、一日に一〇〇名ぐらいずつ参加してくれました。

一日に中学生が一〇〇名来た時は、とにかく遊ばせるわけにいかない。何とかして参加させなければいけないとなると、スコップが足りないんですね。交代交代で、とにかくスコップを持てるようにして、「まずは、真っすぐ一〇〇ｍのトレンチを入れろ。縄を張って、一〇〇ｍとにかく掘れ」というような状態でした。

どこに何があるかわからない状態でトレンチ調査をしていくわけで、ぶつかった所を掘っていくというようなやり方でした。そして最後に、「もう日がない。まだ掘らなければならない所が多すぎる。どうするか」ということになって、「とにかく、あるだけでも確認しようじゃないか」と。もうその時は八月ですから、すでに中央道本線の工事はどんどんやっているわけです。そんな中で重機を頼もうということになりました。「重機を使って発掘するとはとんでもないことだ」というのが当時、まだまだ意見として多い時代でした。そんな時でしたけれども、「もう数日しかないので、ブルドーザーを入れてみよう」ということで、ブルドーザーを入れた。そしてそのあとを大急ぎで整理していきましたら、この方形周溝墓が出てきたというわけです。

当時は、いいか悪いかは別として、ある意味では考古学の発掘調査の曲がり角でした。それ以前は、大学生あるいは高校生と一緒に一〇日間とか一五日間掘るというのが発掘でした。私は、たまたま横浜市三殿台遺跡の発掘が大学四年生の時、これは各大学が参加して地域を分けて調査した例でした。

そういうような調査が徐々に出てきた時のこの調査です。今日は方形周溝墓の話ですが、考古学の調査にとっても大変な時期であったということを一つ、見ていただきたいと思います。

二　スライド説明

それではスライドを見ながら説明をさせていただきます。

スライド1（写真1）　昭和三九年春のもので、まだ掘っていないころです。中央のテントが調査本部で、北側から撮影した写真です。ここは大谷の台地がすぐ後ろに迫ってみえます。宿舎のあった龍光寺のあたりから撮っていると思います。

スライド2（二〇八頁写真1参照）　もう夏のころでして、八王子市教育委員会と高等学校から借りてきたテントが何張りか張られているところが調査本部で、八月の段階では迂回線側の工事も始まっているという状態です。國學院

写真１　調査前の宇津木向原遺跡

写真２　宇津木向原遺跡調査開始

写真３　発掘された方形周溝墓（北から）

大學考古学会の旗もなびいています。

スライド３（写真２）　七月の終わりにブルドーザーをかけ始めたところです。これまではすべてトレンチ調査をしていたんですが、これからはとても無理だという状況に追い込まれました。まだかなりの面積が残っていて間に合わないので、仕方なく重機を入れました。

一号の溝が出て、それから二号、三号と出て、本当はこの間に四号が出てくるんですが、まだこの時は一号と二号、三号が出始めた段階です。

スライド４（写真３）　掘り終わった時の状況で、北側からみたものです。三号、二号、四号、一号という並び方をしています。ですから、手前が大谷の台地になります。

スライド5（写真4）　逆に南から見た状況で、一号、四号、二号、三号と並んでいます。ブルドーザーの跡が写っていませんが、スライド4も5もすでにブルドーザーが入っています。

スライド6（写真5）　こういう掘り方の溝で急な溝です。そして恐る恐るブルドーザーをかけましたら、上の土の中にも土器が入っていました。「重機を入れた以上は多少は仕方がない」という考え方もありましたが、関東ローム層から土器が出ています。あとになって考えてみますと、本当はもう少し上から切り込みが入っていたわけです。こういう溝の中に土器が点々と出てくる、そういう状況です。

スライド7（写真6）　一号墓の東溝でもこういう位置に土器が出ています。もともとこんな状態だったかは問題があるんですが、しかし、もう少し上から切り込みをしていなければ、こういう状態で残っていないだろうと思います。そういう意味で、関東ローム層まで削ってしまいますと本当はいけないんですが、当時はわからなくて一生懸命ここまで掘り下げてみました。それでもなおかつ、これだけ残ったということです。奥が隅の切れている一号墓で、

写真4　発掘された方形周溝墓（南から）

写真5　1号墓の南溝

写真6　1号墓，4号墓土器出土状況

写真7　4号墓土器出土状況

写真8　1号墓出土の高杯

手前が四号墓です。

スライド8（写真7）　上部が傷んでいますが、ある程度形のある土器です。この上をブルドーザーが歩いていたわけですから、ある意味では何とか残っていたというものです。

スライド9（写真8）　國學院大學の大学祭で「八王子の遺跡」として展示会をやりました。これは一号墓の南溝から出土した高杯を復元したものです。

スライド10（写真9）　一号墓の東溝北端から出土した壺形土器です。こういうふうに割れていますと、お尻のところを本当に欠いているのかどうかは微妙ですが、この段階ですでに「どうやらおかしいぞ」というのが、そのころ言われ始めていました。

スライド11（写真10）　壺がやはり一番多く出ました。四号墓の東溝から出土した壺です。左側は小型のほぼ完形の壺です。右側もほぼ完形ですが、底を割っている小壺です。この二個の壺の間から、焼成前から底を刳り抜いた、しっかり穴の開いた壺が出てきました。

スライド12（写真11）　これが二つの小壺の間にあった壺の出土状態です。小壺の一つは比較的深い所にあり、もう一個は非常に浅い所にありまして、三個の壺が並んでいた状態にあったものが、溝の中央が深くなる関係から、こういう状態になったものと思われます。

写真 9　1号墓の土器出土状況

写真 10　4号墓出土の壺類

写真 11　4号墓の土器出土状況

写真 12　４号墓出土穿孔土器

写真 13　４号墓出土器台

写真 14　３号墓溝中の穴

スライド13（写真12）　左は土器を焼く前から刳り抜いたものを、わざと割っているものです。右は二回に分けているる可能性があるのですが、焼いたあとで穴を開けています。こういう開け方はすでに奈良県桜井市茶臼山古墳の壺形埴輪などで知られていました。大場先生が「方形周溝遺構は墓である」という言い方をしていく一つの大きな根拠になったわけです。

スライド14（写真13）　四号墓の西溝から出土しました器台です。こういう器台をみますと、そろそろ古墳時代かなという雰囲気が出てきます。

スライド15（写真14）　三号墓の溝の中から、柱を建てれば建てられるような穴がいくつも出てきました。私はある時に「これはきっと柱を建てたんだ。方形周溝墓というのは溝の中に柱を建てて墓の周囲を芝垣のようなもので囲っていたんだ」と書いたことがありましたが、そのころは最初にみたものですから、方形周溝墓には必ずあるのかと思っていたのです。しかし四〇年たっても、溝の中の柱の穴はそれほど多くないと言われていますので、これは一つの典型的な例だったのかと思います。

スライド16（写真15）　三号墓だけ真中にしっかりした土壙がありました。二号墓は浅く、ガラス玉が散っている状態で、「これが土壙だろうか」というようなものでした。

スライド17（写真16）　二号墓からコバルトブルーの玉が出てきました。まだ弥生時代の玉で、古墳時代の玉のようには整っていません。弥生の雰囲気をもっています。

スライド18（写真17）　これが二号墓から出た玉です。スカイブルーの玉もあります。全部で八点出ましたが、少し形の整っていない状態のものと言っていいかと思います。

スライド19（二一〇頁写真3参照）　大場先生は明治三一年の生まれですから、この時は六五歳くらいだったのでし

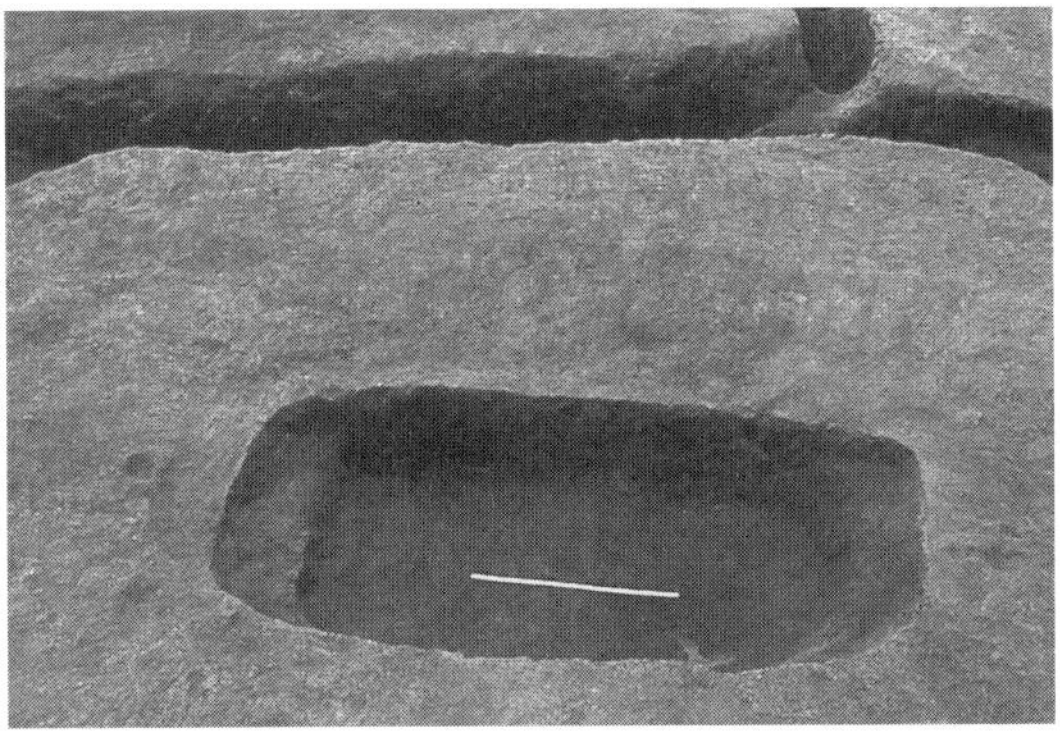

写真15　3号墓の土壙

写真16　2号墓ガラス玉出土状況

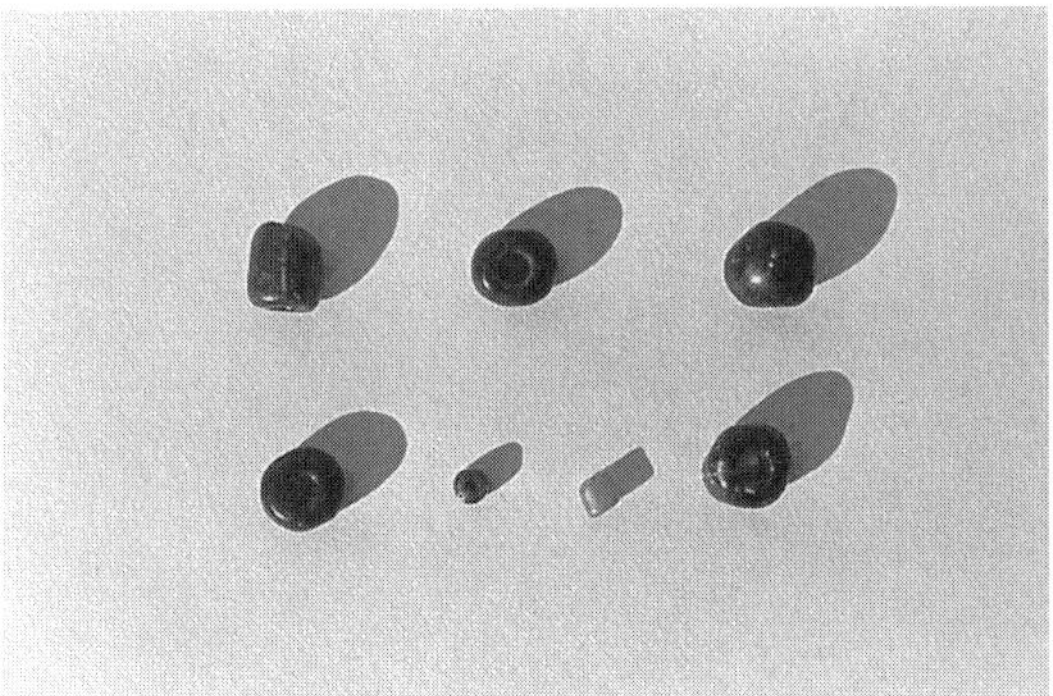

写真17　2号墓出土のガラス玉

ょうか。即製の机を作って、鍬入れ式で挨拶をしている時の写真です。

スライド20（二〇九頁写真2参照）　現場での記念写真です。中央に和島誠一先生、亀井正道先生がおられます。椚先生や茂木雅博先生、塩野半十郎さんの顔もみえます。立正大学の人も多勢いますから春の発掘ですね。

時間がきてしまいましたが、とにかくこの八王子で「方形周溝墓」という名前がつけられ、それが学界の名前になっていった。そして弥生時代の墓として、典型的な墓として全国に展開していった。何といっても名前がつけられたのはこの八王子ですから、山岸さんの思い込みもあって、「何としても八王子で会を開きたい」ということで、この会が開催されました。のちのシンポジウムまでおつき合いいただきたいと思います。

九州の甕棺墓のように北九州で完結していく文化圏もありますが、この方形周溝墓は非常に広い範囲に広がっていくもので、一体弥生社会とは何だろうかということも是非考えていただきたいと思います。どうもありがとうございました。（拍手）

方形周溝墓から見た原史交易

鈴木敏弘

どうも皆さん、こんにちは。この方形周溝墓のシンポジウムをやりたいと山岸君から話がありまして、「ぜひ八王子でやりたい」と。それで、椙山先生にどうしてもこの宇津木向原の話をしていただこうということで、お願いに伺ったところ、その時は僕の発表は入っていなかったのですが、椙山先生が「おまえも何かやれ」ということで、お願いしながら何もしないわけにもいかず、こうして話すことになりました。

僕は、方形周溝墓の研究は初期に十数年ばかり一生懸命やったんですが、そのあと、集落や祭祀や、最近は青銅器の勉強をはじめたりして、どうも小学生の時から「落ち着きのない子だ」と言われていましたけれども（笑い）、考古学の世界でも自分の興味や関心に応じてあっちこっちうろうろするような学習をしています。方形周溝墓については、最近あまり細かいところはいきとどきません。

ただ、僕は、初期にだいぶ方形周溝墓の発掘をしていましたので、思い入れがないことはないのです。自身が掘った周溝墓の遺跡では、ガラス小玉がよく出てきました。それでガラス小玉の出方を考えたときに、最近、丹後半島で大量のガラス製品が発掘されています。もともと北部九州では、一つの遺跡から数千点が出土していました。

ところが、関東地方の遺跡のガラス小玉は、数個とか十数個とか、多くても一〇〇個くらいです。ですから、われわれが関東地方で一生懸命に周溝墓を掘って、ガラス小玉が「出てきた」と言って喜んでいますけれども、対馬の古里塔ノ首遺跡から八〇〇〇個以上も発掘され、関東ではこれから何十年掘ってもそれに届かないと思えるくらいしか出てきません。それにもかかわらず、遺跡の数としては非常に多いと思います。つまり数個、二・三点とか五・六点とか、あるいは十数点とかの遺跡を非常にこまめに発掘しています。こういう現象の背景は、何なのかを考えてみました。

方形周溝墓は、どういうお墓かを時間の関係でレジュメにまとめました。実は今日、お話したいと思うのは、方形周溝墓と原史交易についてです。二つのキーワードがありまして、一つは「集落内祭祀」ともう一つは「祭祀同盟」という言葉を使っています。中国から韓国、そして北部九州から近畿、そして関東と、われわれが住んでいる場所が、いかに文明から遠いところにあるかということの確認になってしまいますけれども、その話をしたいと思います。

一　方形周溝墓発見のころ

僕自身は、宇津木向原遺跡の発掘に七月二九日までしか参加していません。その時点では、まだブルドーザーが動いていまして、その後ろからシャベルで一生懸命、溝の痕を追いかけながら遺構確認をしました。今日、「あんなに削っていたのか」と思ってスライドを見ていたのですが、「溝から土器が何点か出てくるな」という程度の認識を持った時点で、僕の参加期間は過ぎてしまいました。つまり、落ち着きのないというのは、ここからはじまっていたわけです。

ところが、翌日から静岡県午《ご》王堂山《おうどうやま》遺跡に金井塚良一先生たちと参加し、内藤晃・市原寿文両先生の発掘に協力しました。そこで茶畑を掘っていましたら方形周溝墓が出てきて、方台部に土壙がありました。ですから、おそらく八王子で土壙を確認して周溝墓を掘っている時点で、午王堂山遺跡でも並行して、方形周溝墓を発掘していたことになります。僕自身が一生懸命発掘をしていたのは、もう十数年前までなのですが、ごく初期といいますか、高校生の一九六二年に埼玉県東松山市の南中学校校庭の附川遺跡から、整地されたあとから方形周溝墓が出てきて、最初に見たのはこれでした。

僕は、高校二年生の夏休みと三年生の春休みに埼玉県五領《ごりょう》遺跡Ｂ区の発掘に参加しましたが、三年生の夏休みは代々木の予備校の夏季講習を受講して参加できませんでした。この調査に飛び込みでというと怒られるかも知れませんが、小出義治先生が参加され、大塚実さんと二人で石列を伴う方形周溝墓を掘っていました。僕は予備校の授業の後、夕方、まだ薄暗くても調査していましたから見学し、「溝の四角い遺構（方形周溝墓）があるな」と見て知っていました。その時の記念写真は、僕だけ作業着ではありません。このようにごく初期に東松山市では、方形周溝墓という名称はもちろんなかったのですが、そういうものを掘っていました。

大塚実さんは、この宇津木向原遺跡で方形周溝墓を掘っていましたので、この前の打ち合わせの時、発見時に大塚さんが「出た」と方形周溝墓を説明するように言うのを椙山先生が不思議そうに話されたので、「五領遺跡B区で先にもう掘っていたのです」と申し上げました。

そんなことで、この後に斎藤優先生の福井県王山遺跡、初期の方形周溝墓研究を進められた下津谷達男先生の千葉県堤台遺跡とか、あるいは僕は和島誠一先生派遣の学生ということで、一九六五年一二月二五日から兵庫県田能《たのう》遺跡の発掘に参加しました。あとで、この田能遺跡の遺物が問題になるのですが、僕は、たまたまそこで人骨を掘らせていただき、出土した銅釧は自身で掘り出しました。白銅製で、まさに銀色に輝き調査団長の村川行弘先生が銀製かと疑うほどでした。それが最近、いろいろな展示で見ると黒ずんで錆が目立ち、発見から四〇年ですから「こんなふうになるのか」と感じています。

そのほか、学部生時代は、もうとにかく発掘、発掘でした。まだ数週間から数カ月程度の発掘がほとんどでしたが、埼玉県下手《しもて》遺跡や井沼方《いぬまがた》遺跡など大宮バイパスや武蔵野線の調査です。あるいは埼玉県番清水遺跡や茂木雅博先生の茨城県須和間《すわま》遺跡、横浜市朝光寺原《ちょうこうじはら》遺跡はほとんど僕一人で掘ったというと、関係者に叱られるかも知れませんが、とにかく縄文時代の集落や弥生時代の環壕集落から、たくさんの住居址が調査中で、土・日に何人か学生が手伝いましたけれども、周溝墓の地区は予想外で、朝光寺原遺跡の台地上の方形周溝墓は、平日はほとんど僕が掘りました。

そんなこんなで、方形周溝墓の調査歴を話していくと、もう時間が終わってしまうので、一九八四～五年の東京都氷川神社北方遺跡まで、結構、僕は方形周溝墓の発掘を、とくに、七〇年代までは比較的熱心にやっていました。

最初の十数年の間は、少なくとも僕も周溝墓が専門であったのかも知れません。原史墓制研究会で、今日見えている何人かの人と勉強していました。この最初の一〇年は、一言で言えば、出てきた当初は興奮もあって、「古墳との関係、古墳の発生」ということで、僕らもそういう路線でやっていたのです。七〇年代にはいると、「これはそうではない」ということで、一番最初にそういう墓制の本質を見抜いたのは、都出比呂志先生だろうと思います。そして、都出先生が「近畿地方のものについては、土壙がたくさんあって、家族墓ではないか。しかも非常に古いものにそういう様相があるんだ」と指摘されています。近畿地方の弥生時代の方形周溝墓は、とくに中期のものは、家族墓の性格が強いことがわかってきました。その後第二期のところでは、大体われわれが「先生」と呼んだ下津谷先生、小出先生、大塚初重先生と先輩や後輩たちが、方形周溝墓の研究に意欲的に取り組んでこられました。そして、とくに七二年は、学史上で割と面白い年で、『考古学研究』に金井塚先生と水野正好先生、石野博信先生が、新たな角度から方形周溝墓の分析や検討を進められています。

そんなことで、方形周溝墓は市民権を得たのですが、僕が関西へ行って一生懸命やっていたころは、関西の人はあまり注目していませんで、おまえ、関東からよくきてとか、奈良大学におられた水野正好先生が大阪府教育委員会にいたころよく伺っていろいろ教えていただいたのですが、「あんた、大阪のことを俺より先に知っている」って。水野先生は大阪府下の調査の指導をされていたのですけれど「あそこで出ています。ここで出ています。」と僕が言うのであきれていました。今、奈良大学にいる酒井龍一先生にもその頃にいろいろ教えてもらい、自転車の後ろに乗っていくつもの遺跡を案内してもらったのが、七〇年代前半頃です。

そのころ、まとめたのが表１で、五一～六三年までは、方形周溝墓が命名される以前です。六四年から大体七〇年ぐらいまでが第二期。そして七〇年代の前半が第三期で、ちょうど発見から一〇年。その前に一〇年くらいあるわけですけれども。

もっとも、こんにちでは、発掘が増えていますから、「遺跡を掘って方形周溝墓が見つかった。そういえば、この遺跡で前に掘った溝が、あるいは前に出ていたのが周溝墓だったんだ」ということで、今後もまだ増えるかも知れません。

いずれにしても最初の一〇年間にこれだけの数が出てきたというころから、僕は他の集落遺跡や集落内祭祀の新しい分野に関心を持つようになってしまい、方形周溝墓については、その後に学史を少し斜めというか、遠くから見ているような見方でいましたので、現在の僕の問題意識や見解は、レジュメにまとめてあります。

二　方形周溝墓の副葬品から見た原史交易

今、方形周溝墓がどんな意味があるのかということを、今日お話しようと思ったのですが、実はその性格、とくに副葬品があるかないか、あるいはどんな意味かということを中心にまとめています。けれども、それらの副葬品として登場してくる遺物類は、なぜ遠隔地である関東地方まで来るのかというのを追求していくと、「何だ。周溝墓のシンポジウムとは、あまり合わないのではないか」と言うことになるかも知れませんし、「ああ、なるほど。だから周溝墓の性格は、そういうとらえ方ができるのか」というように考えていただける方もいるかも知れません。時々、青銅器の祭祀といいますか、銅鐸なんかも出てきますので、少し場違いな資料を使って、この周溝墓の性格を説明させていただきたいと思います。

「祭祀同盟」（アムフィクテュオニア）というのは、あまり聞き慣れない言葉かも知れませんが、僕のやっている「集落内祭祀」のとらえ方を説明するのに適切な概念ということで使用しました。

最近、やかましい考古学上や弥生時代の年代論とも関係あるのですが、殷（商）から周の建国と、それに伴い燕の北京進出が前一一世紀末です。これは北京周辺で出土した青銅器の銘文にあります。この時に周に滅ぼされた殷の一族の箕子は、朝鮮に封じられ周の臣下とされなかったとされ、中原から遼寧省へ移住し、大凌河上流の遼西で、「箕

溝墓発掘年表　　(1974年3月まで)

東海		関東					東北
		南	西	北	東		
瑞穂					戸張		
高蔵							
			大宮公園内				
			附川				
	東熊堂						
		三殿台			提台		
	小坂上	影向寺裏	金屋池脇				
	芝本第Ⅲ		五領Ｂ区・権現山				
蕪池	芝本第Ⅲ	影向寺裏					
牛牧離れ松	午王堂山	向原					
		東海大敷地				天神山	
六本松南		稲荷台Ｖ	下手・井沼方		山田台		
	二本松	大庭簗山・城山	入山・番清水		東深井	須和間①	
		朝光寺原・荏田	鍛冶谷		稔台富山	金井戸	
	目黒身	船田	陣場・諏訪山・西台	佐野工	提台②	天神山	
			鍛冶谷・浜崎	業団地		下高揚	
	竹之内原	稲荷前 宮の原	南原			須和間②	
		甲ノ原・大宮					
タイカ	奈古谷	上谷本Ｃ・荏田			日吉倉	花室	
		佐江戸宮原				須和間③④	
	神崎	そとごう	篠山		南総中①	赤塚	今熊野①
					千代田	須和間⑤	
	南部谷戸	本郷	花影・南原・駒掘		兼坂・星久喜		今熊野②
朝日	瓦屋西		生野山・枇杷橋		南総中②		鴻ノ巣
高橋			塩谷・前谷		高品第2		
		歳勝土	万吉下原・霞ケ関		夏見大塚	向井原	
					大鹿・飯重新畑		
					臼井南		
朝日	伊場		千光寺	若宮	生谷境掘		
					請西・飯重新畑		

表1　全国方形周

年	九州	中・四国	近畿	三重	北陸	中部高地 長野
51						
53					西山・高山	
54			天神山			
55						
56	高塚					
58			加茂　南滋賀			
60						
61					下山	
62					茶臼山	
63						
64	堤・年見川		平城宮西南隅		能美	
65	平原				王山	須多ヶ峰
					長泉寺山	
66			田能　大中の湖南	大谷	原目山	安源寺
67	秋永・炭焼	四拾貫日南	安満		能美	照里
68	一の谷	四拾貫小原	平城宮内	上箕田	能美	
	津古3号・油田			東庄内B	中山南	
69	成屋形・常松	津島・清成	川島　宮の前・池上	坂本山	囲山	
70		矢戸	川島　池上　北田井	上野	原目山	さつみ・帰牛原
			四ツ池・紅葺山・吉田			権現堂前
71	放光寺・松尾	青木	向井山・中臣・湖西線内	金剛坂	三ツ禿8号	平紫平
			瓜生堂・池上・四ツ池	上出		出原西部
72	広木・塚原	青木	八幡　向井山・湖西線内	大藪・古里	七ツ塚	滝沢井尻・的場
	姫方③・峠山		安満・瓜生堂	永井	宇気塚越	石子原・角田原
			七の坪	中楽山		南原・樋口五反田
73	水源地・横隈山	宮の前	武山　郡家川西・池上	古里	大規3号	堂地・田村原
	姫方原・本川原	青木	瓜生堂・郡・西幼稚園	山の川	京塚山	
	原・塚原		東奈良			
74	七夕池南・恵子	青木	東奈良	月よべ	太田山	本城
	塚原・姫方⑩			納所		

侯」と読める銘文の青銅器が出土しています。そこから東方へ展開していきますが、それが前一〇世紀から前四世紀までで東北アジア系青銅器文化が形成されています。

燕は昭王（紀元前三一一～前二七九年）時代に発展して強大化し、一時的に斉を占領し、将軍秦開が東胡を千里あるいは二千里追い、遼東郡の設置で朝鮮半島北西部の清川江の北側までを領域としていたことは、明刀銭と鋳造鉄器の分布が考古学的に示しています。これが前二八〇年代で前三世紀前半から前二二二年までです。鉄器の問題がやかましく言われていますが、これ以前にさかのぼる倭の列島の鉄器はないはずです。

そしてこの時に進出した燕の勢力が、朝鮮半島の北西部を支配しますが、そのすぐ南の大同江流域に、遼東から移動した箕子朝鮮が青銅器文化をもって建国します。古朝鮮と呼ばれる箕子朝鮮の実態は、考古学的によくつかめません。そればかりか、前一九五年頃に箕子朝鮮の準王を追って建国した衛満の衛氏朝鮮もよくわかりません。いずれにしても、前三世紀に細形銅剣が出てきたというのが多数意見です。最近は新年代論の影響で古く考える人もいますが。

燕の滅亡から秦の支配を経て、前漢の時代がはじまりますが、前述の衛満の建国で箕子朝鮮の準王が前一九五年以降に追い出されて南遷し、錦江流域に青銅器文化が、前二世紀初め以降に発展するというのが全榮來先生の説です（王建新説は、馬韓の源流が韓侯であり、燕進出時の前三世紀前半に移動と考え、約一〇〇年早くしている）。

これらの年代観は、文献史料を援用した方法ですが、それらの動向に青銅器の年代をどう対比させていくかを、ある程度把握しておく必要があるわけです。というのは、僕は倭列島に来る青銅器を準王南遷による箕子系集団との関連でとらえてきたからです（最近は王建新説の年代観を採用しています）。

この問題を細かく話してもしかたないのですが、それを地図で見ると図１のようになります。次に問題となるのは、準王南遷が前一九五年以降ですけれども、その後八〇年以上たって、今度は前漢の武帝によって四郡が設置されます。その四郡の中で、楽浪郡の位置は問題ないのですが、真番郡の場所は諸説があります。そして韓国の考古学者は、ほとんど認めてくれませんが、僕は洛東江流域に真番郡があったという、中国史の岡田英弘先生の説を、考古資料の分

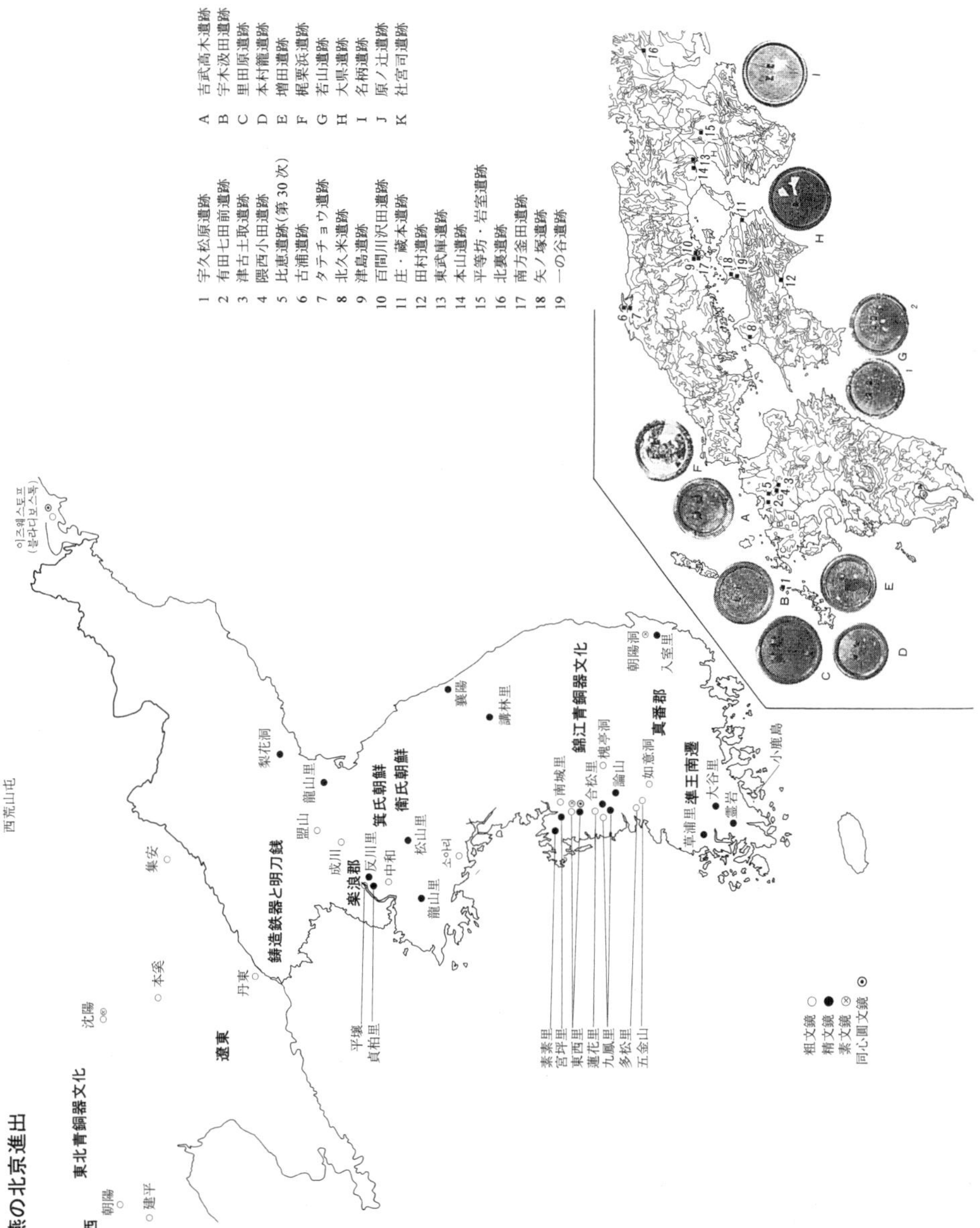

図1　青銅器文化の変遷（『韓国の青銅器』1992，「弥生墓と原史交易」『季刊考古学』第92号，2005をもとに作成）

析から支持しています。

明刀銭は、清川江流域以北しか分布していません。そして、その南の大同江流域に箕子朝鮮があり、その後にそれを乗っ取った衛氏朝鮮、そして追い出された準王の南遷が錦江流域の青銅器文化ということになります。図２は扶余の松菊里遺跡から出土した遼寧式銅剣・石剣・磨製石鏃・勾玉・管玉です。遼寧式銅剣は、前八世紀から前四世紀まで、古く考えるか新しくするかで意見が分かれています。

実は、これからが問題なのですが、図３の槐亭洞石槨墓の多鈕粗文鏡・銅鐸・細形銅剣・勾玉・磨製石鏃と粘土帯土器・黒色磨研土器です。ほかに異形銅器の防牌形・円蓋形・竹節（剣把）形銅器などの儀器が東西里、南城里と合わせ三つの遺跡から出ています。

東西里石槨墓では、槐亭洞石槨墓と副葬品の構成は類似しますが、喇叭形銅器があり、本来は馬の頭にのせるものですが、馬具がなく儀器化しています。それと円蓋形銅器も同様で、ここでは多鈕粗文鏡と新たに多鈕細文鏡が共伴し、細形銅剣が八本も出ています（図４）。

それから南城里石槨墓では、ここでも細形銅剣が九本と多く、多鈕粗文鏡も新しい特徴で多鈕細文鏡に近くなります。それと防牌形銅器ですが、両側に鈴が付いて次の儀器の中心となる銅鈴具の早い例です（図４）。この三つの遺跡は、竹節（剣把）形銅器と呼ばれる異形銅器が出土し、これらが箕子集団のものと考えています。

全羅南道の草浦里遺跡では、多鈕細文鏡と異形銅器から銅鈴具になり、細形銅剣に銅矛・銅戈と中国式銅剣（桃氏剣）もあり、銅鑿・銅斧・銅鉇の工具、勾玉と砥石です（図６）。この段階まで倭列島では支石墓があり、その主な分布が玄界灘と有明海を結ぶ西側に限られます。

時間の関係で遺跡の紹介だけしていきますが、弥生時代前期末から中期初頭の吉武高木遺跡です。倭列島で最初の「オウ墓」と言われていますが、細形銅剣・銅矛・銅戈・勾玉・管玉と多鈕細文鏡が出土しています（写真１）。多鈕細文鏡は、山口県以西で福岡・佐賀・長崎県から副葬品で出土していますが、福岡県若山遺跡では二面が埋納されていました。埋納は大阪府大県遺跡と後で示す奈良県名柄遺跡があります。これらの多鈕細文鏡を送り出したのは、韓半島の忠清道と全羅道の箕子系集団の祭祀同盟による交易活動と考えています。

扶余の合松里遺跡では、青いガラス管玉と鋳造の鉄製工具が新たに出現します。ここでは銅鐸が二つ出ましたが（図6）、槐亭洞石槨墓と箕子集団か、その系統の後継集団が持っていたものと考えています。有名な吉野ヶ里遺跡の墳丘墓から出土したガラス管玉（写真2）は合松里遺跡など韓半島でも数遺跡で出土しています。ヘアバンドのように使ったと復元されています。奈良県名《な》柄《がら》遺跡から出土した銅鐸は総高二三cm前後で、両側に横帯文と流水文がある特殊なものですが、飾り耳が出現しているのが重要です。近畿地方では、菱環鈕式銅鐸を除けばいちばん古いタイプのものです。

韓半島では、衛氏朝鮮の時代、前漢前半の前二世紀代の前漢鏡と伴出する平章里遺跡の細形銅剣・銅矛・銅戈を見ていただくと、楽浪郡以前と以後の大邱新川洞遺跡の青銅器の様相からわかります。

倭列島で同時期の有名な島根県荒神谷遺跡では、周知のように一九八四年に中細形銅剣C類三五八本と、翌八五年に中細形銅矛二本と中広形銅矛一四本の計一六本が銅鐸六個と隣接して発掘されました（写真3）。銅鐸の構成が興味深く、総高二三cmの一号鐸は銅鐸の専門家たちも首をひねるもので、従来知られていなかった特徴を持っています。最古の五号鐸は、菱環鈕式で横帯文の下段鋸歯文が下向きです。四号鐸は四区袈裟襷文ですが、下段の鋸歯文が下向きの変則的特徴です。二・三・六号鐸は、定型化の四区袈裟襷文で、下段鋸歯文が上を向きます。

加茂岩倉遺跡の銅鐸は、総高三〇cm前後の一九個と、四五cm前後の二〇個の計三九個です（写真4）。大・小に大別でき、同型鐸は、三〇cm鐸は七組一三個で遺跡内一九個に対し、他で四個が知られていますが、四五cm鐸は四区袈裟襷文二組と流水文五組の計七組で、遺跡内二〇個の一〇個に対し同数の一〇個が東方の広範囲で発見されています。

東奈良遺跡では、銅鐸の鋳造が確認でき、その製品の配布先を知ることができます。先行する三〇cm前後の流水文鐸は、大阪府桜塚一号鐸と香川県我拝師山鐸、四五cm前後は気比三号鐸が確認できます。これら石製鋳型で兄弟鐸とされるものの分布圏は、直接の交易や交流が想定でき、その実態をどのように把握すべきかが問題です。

有名な荒神谷遺跡と加茂岩倉遺跡の同型鐸の分布図は、出雲で先行する前者の二三㎝鐸から、後者の三〇㎝鐸から四五㎝鐸の変遷と、東方への展開や拡大と見ることができます。この銅鐸の共有関係は、僕が「祭祀同盟」と指摘し、共通の祭器を使用した交易活動圏を示すと考えています。加茂岩倉銅鐸群と東奈良銅鐸群は、気比二・四号銅鐸が前者と、気比三号銅鐸が後者と関係し、出雲と近畿の生産が関連していたと証明できます。弥生時代中期後半は、この祭祀同盟の展開が確認でき、大量の原料の銅・鉛・錫などが楽浪郡時代に供給されたと考えているわけです。

前一〇八年からの楽浪郡時代には、茶戸里遺跡で前漢鏡・五銖銭・馬鐸など漢系遺物が出土し、鉄製武器と工具（写真５）に「列島製の中細形銅矛の新しい型式」が伴います。この遺跡では、有名な筆が出ていますが（写真５）、僕はこういうものを使用するのは中国の商人か少なくとも在地化した華僑のような人と考えています。ここからようやくガラス小玉が出てくるわけですが（写真６）、これらは少なくとも紀元前の弥生時代中期のものです。

須玖岡本遺跡では、弥生中期末のオウ墓の北西で隣接して一族の墳丘墓が新しく確認され、その外側で継続して後期とされた一九号・二〇号甕棺からガラス勾玉と多量のガラス小玉が出土しました（写真７）。

近年の動向でガラス小玉は、弥生時代後期にどのように出土しているかを見ていきます。ガラス小玉の一〇〇〇〇点以上の出土は、対馬（長崎県）・佐賀県・丹後（京都府）です。対馬の古里塔ノ首三号箱式石棺墓は、広形銅矛の出土で著名ですが、ほとんどが壺の中から出土して八一三六個です。佐賀県惣座遺跡では、石蓋土壙から六七九四個（藤田等氏は八〇〇〇個以上）が出土しています。佐賀県二塚山遺跡では、一二六号土壙墓からガラス管玉が二二一個、二一一号土壙墓からガラス小玉が三五七五個以上も出土しています（写真８）。このようにわれわれ関東の研究者から見ると、桁違いな多量のガラス製品が、一遺構に副葬されています。

次に丹後半島で近年注目された遺跡は、大山墳墓群と坂野丘遺跡第二主体や今市墳墓群二号墳の多量のガラス小玉、大風呂南一号墓のガラス製腕輪（写真９）、赤坂今井墳丘墓のガラス管玉とガラス勾玉の頭飾りと耳飾りなど、北部

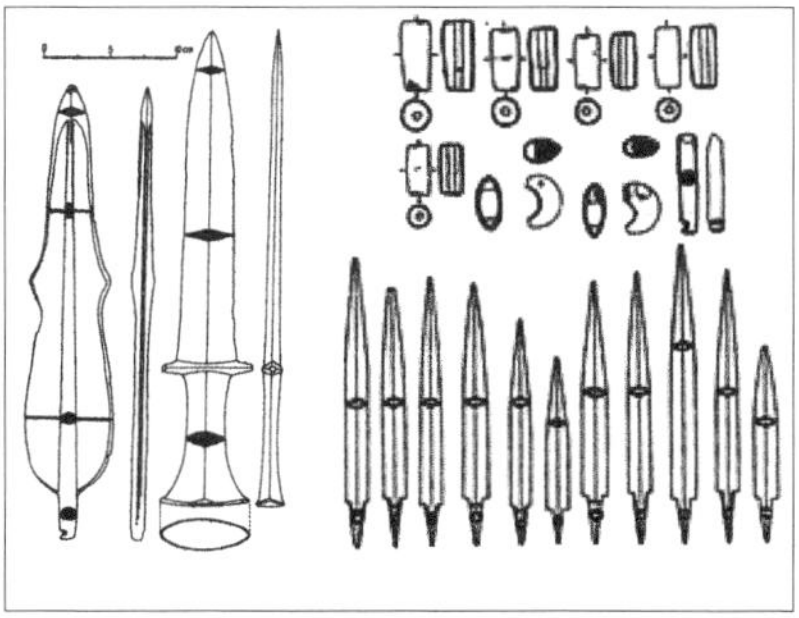

図2　韓国・松菊里遺跡出土遺物（図2～8は尹武炳『韓国青銅器文化研究』より転載）

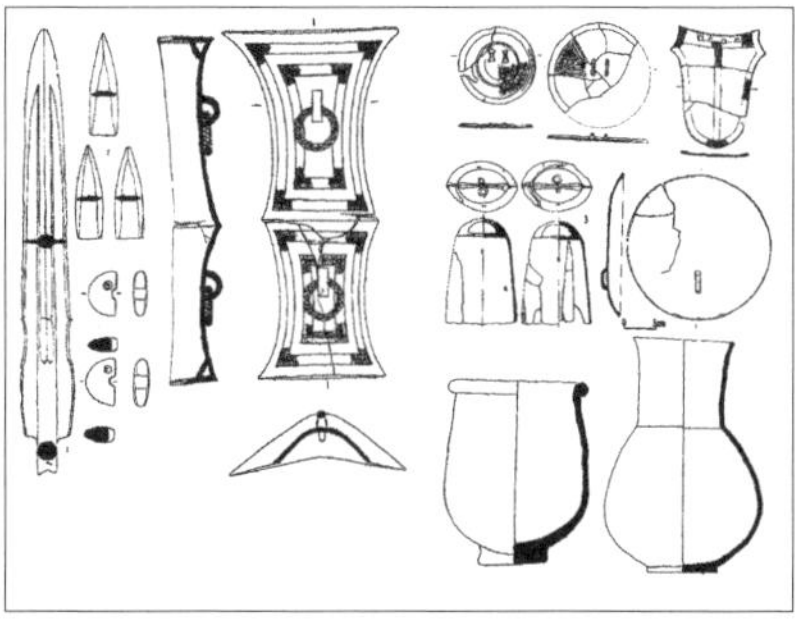

図3　韓国・大田槐亭洞遺跡出土遺物

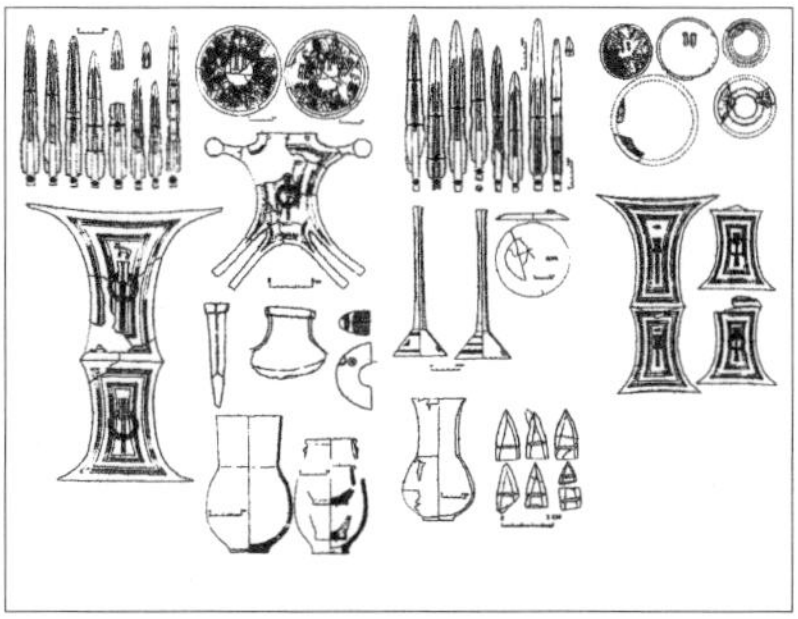

図4　韓国・東西里遺跡（右）と南城里遺跡（左）出土遺物

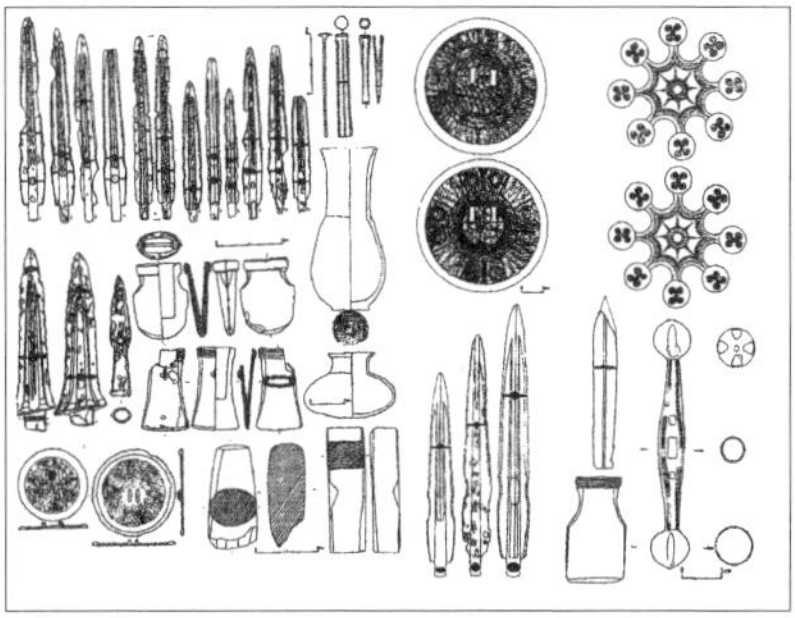

図5　韓国・大谷里遺跡（右）と九鳳里遺跡（左）出土遺物

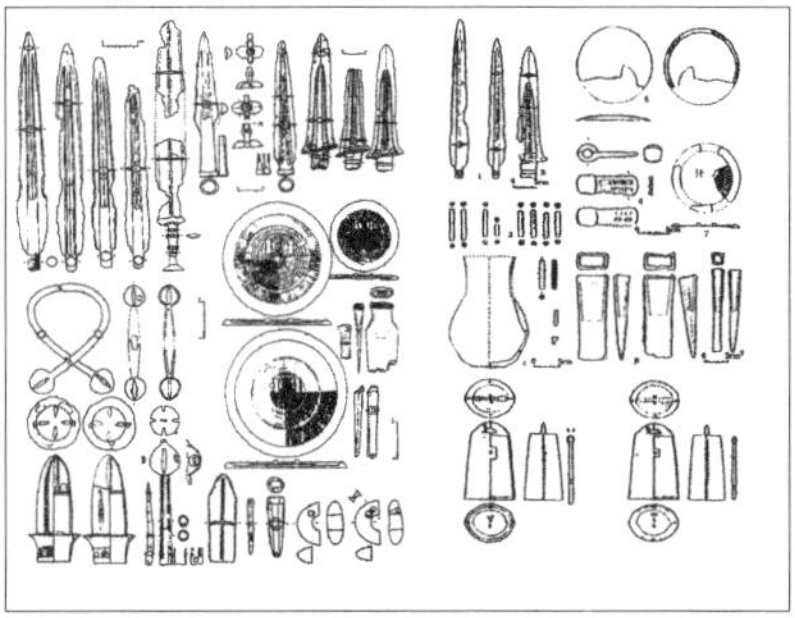

図6　韓国・草浦里遺跡（左）と合松里遺跡（右）出土遺物

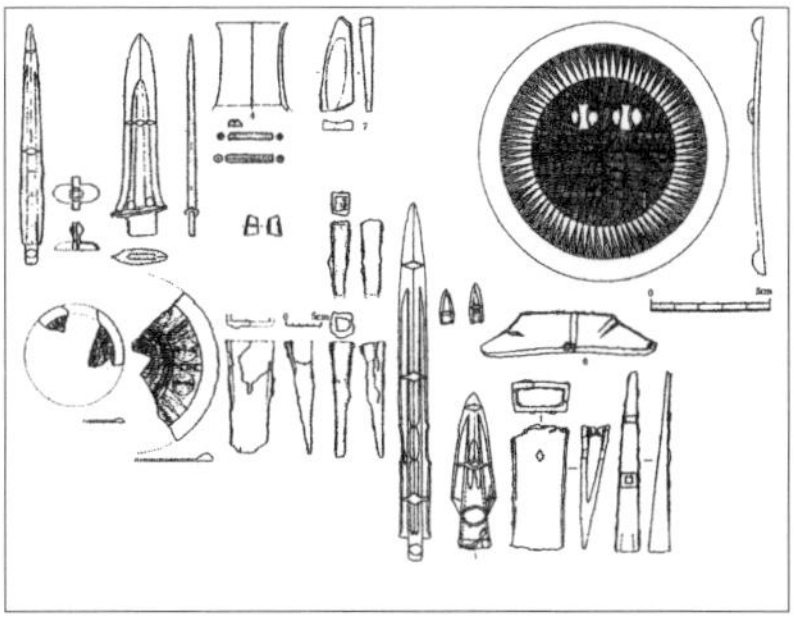

図7　韓国・南陽里遺跡（右）と素素里遺跡（左）出土遺物

写真3　荒神谷遺跡の銅剣と銅矛・銅鐸の出土状況（島根県教育委員会提供）

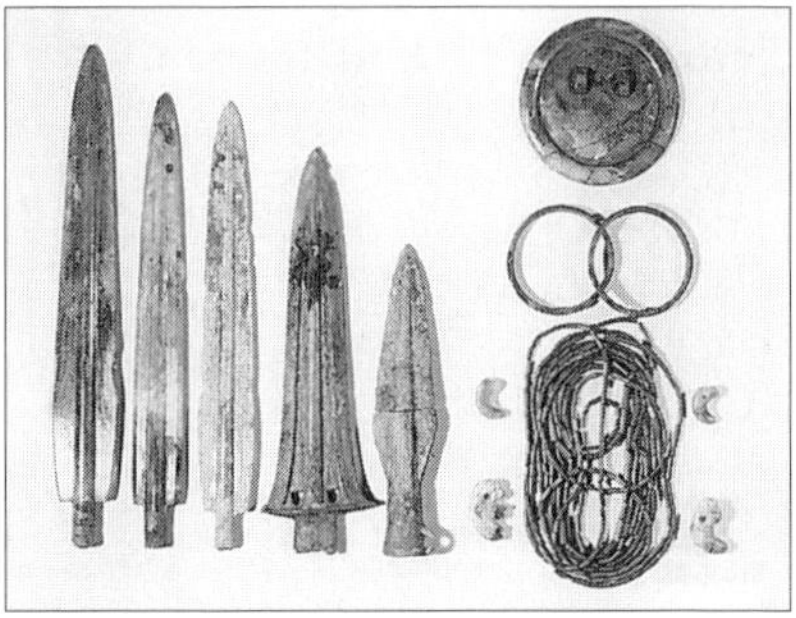

写真1　吉武高木遺跡出土遺物（福岡市教育委員会提供）

写真4　加茂岩倉遺跡の遺構，銅鐸出土状態と銅鐸（島根県教育委員会提供）

写真2　吉野ヶ里遺跡出土の剣とガラス管玉（佐賀県教育委員会提供）

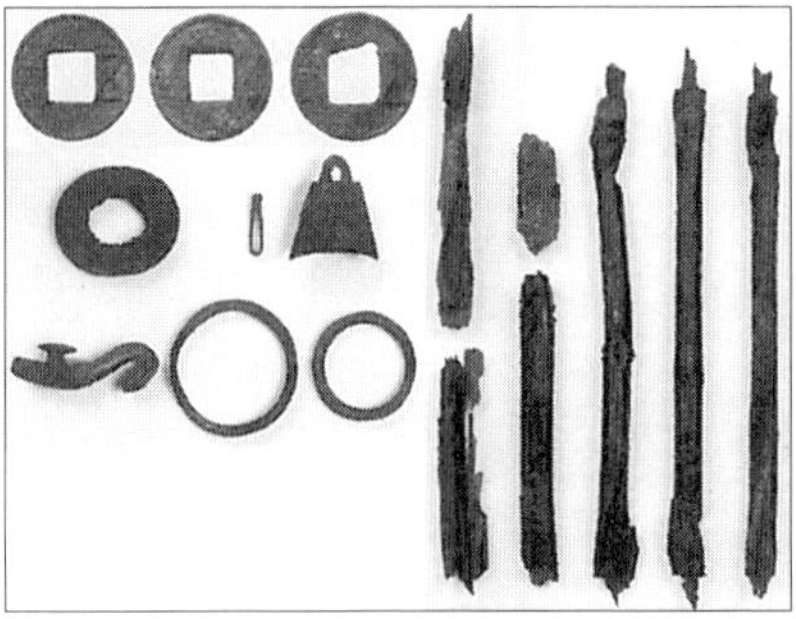

写真5　韓国・茶戸里遺跡出土の柄筆など（写真5・6は李建茂ほか「義昌茶戸里遺跡発掘進展報告I」より転載）

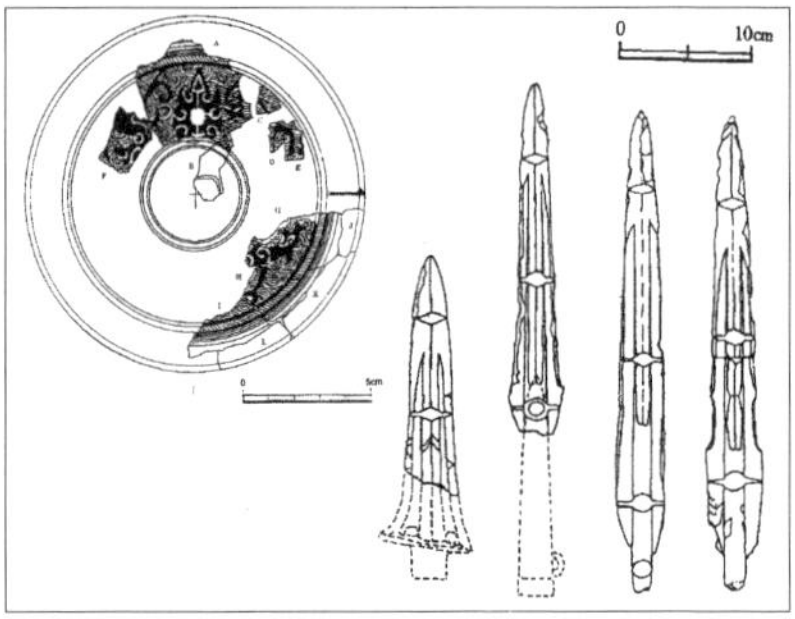

図8　韓国・平章里遺跡出土遺物（全榮來『韓国青銅器時代文化研究』より転載）

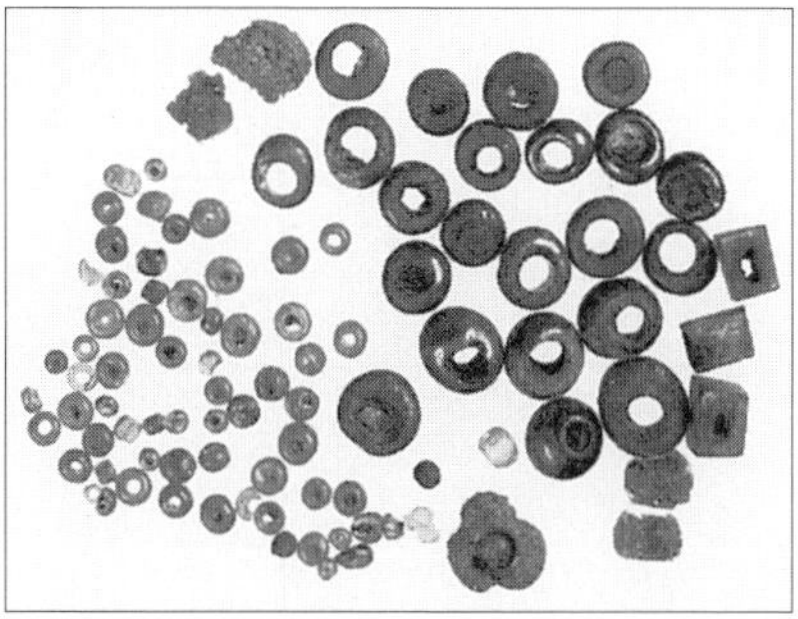

写真 6　韓国・茶戸里遺跡出土のガラス小玉

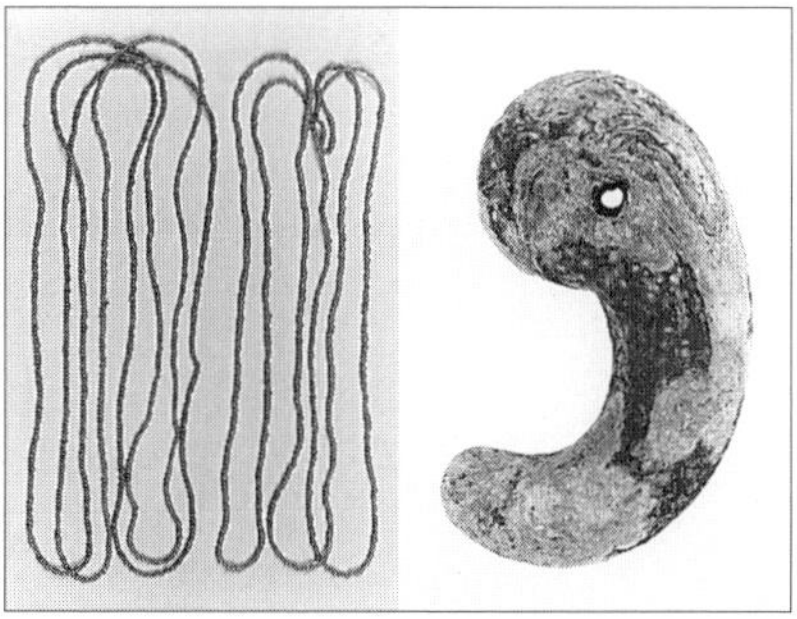

写真 7　須玖岡本遺跡出土のガラス製小玉とガラス製勾玉
（春日市教育委員会提供）

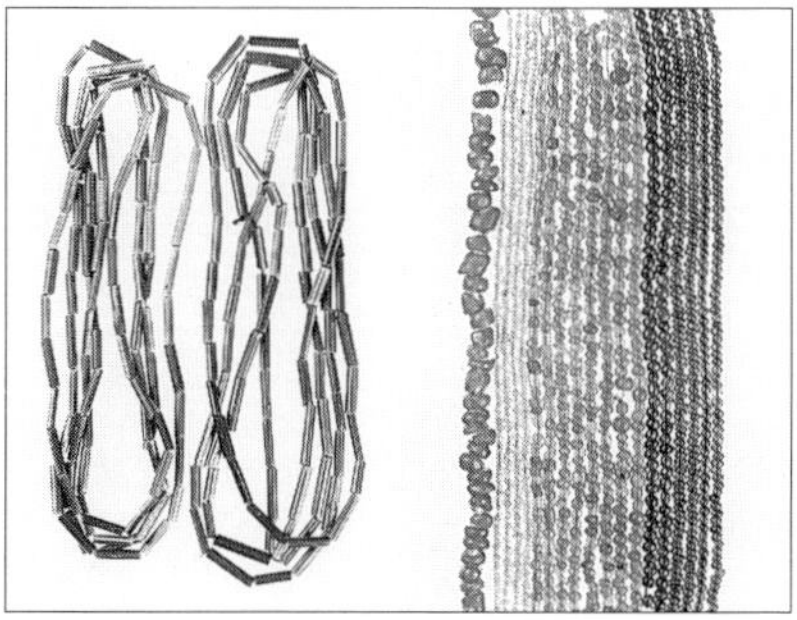

写真 8　二塚山遺跡出土のガラス製管玉とガラス製小玉
（佐賀県教育委員会提供）

写真 9　大風呂南 1 号墓出土のガラス製腕輪（岩滝町教育委員会提供）

写真 10　平原遺跡出土のガラス製小玉
（写真 10・11 は前原市教育委員会提供）

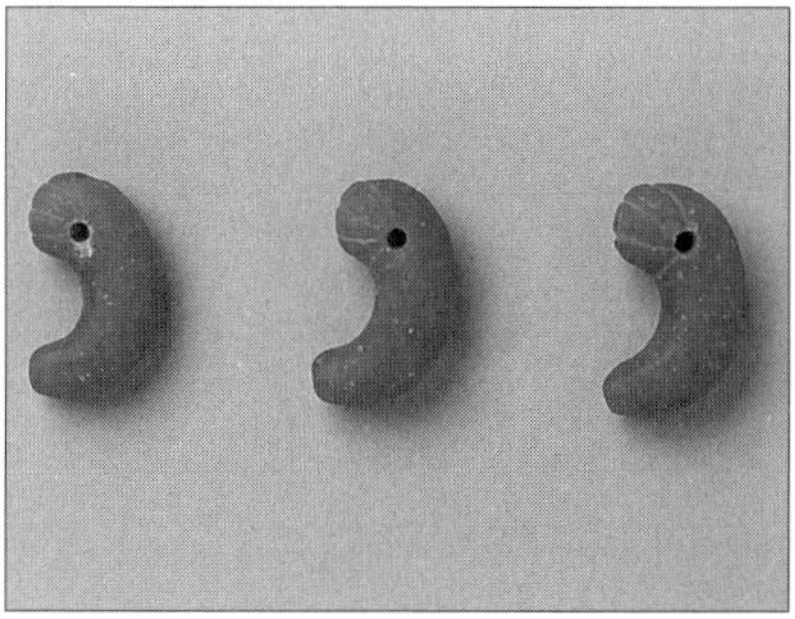

写真 11　平原遺跡出土のガラス製勾玉

九州に匹敵しながら、特徴ある発展を後期の早い段階から示し、鉄製品の出土も比較的早く多いといえます。

有名な福岡県平原《ひらばる》遺跡では、後期後半の二世紀末にガラス勾玉と小玉の優品が出土し（写真10・11）、多数の後漢鏡と大形仿製鏡が出ています。

この段階までは、近畿式と東海の三遠式の「見る銅鐸」と北部九州から四国西南部の「広形銅矛」に、吉備の「特殊器台・特殊壺」と出雲の「四隅突出墳丘墓」の、五つの祭祀同盟が想定できます。吉備と出雲の祭祀同盟は、青銅儀器の祭器ではなく、墳墓とその祭祀を共有し、前方後円墳の古墳時代を先取りする状況を示しています。お墓が祭祀同盟のシンボルとなったのは、この地方ではじまっているわけです。それで「倭国大乱」となるのですが、時間のようです。

最後に、南関東の神奈川県綱崎山遺跡の大・小の勾玉六個と管玉五一個です。宮ノ台期の方形周溝墓の副葬品を探していたのですが、昨日、報告書をいただきました。宮ノ台式期のＢＹ二六号住居址の炉址周辺出土とされた首飾りです。しかも、これは住居址から出たのです。なぜか副葬品として使用されていません。

関東地方の方形周溝墓では、中期末までお墓に副葬品として入れる習慣が、あまり強くなかった可能性があります。個々人の所有とか私有財産と言ったらいいか、副葬習慣が後期以降に一般化するのでしょうか。

どうも、時間に追われて、スライドの説明をはしょりましたが、皆さんに僕の意図が充分に伝えられなかったのではと心配ですが、レジュメで補っていただきたいと思います。（拍手）

追記　本文は当日の録音テープを基本として文章化したが、言葉使いと、スライドの説明部分は、図の提示が限られているので、追加し補っている。鈴木のレジュメは、二〇〇五『和考研究』Ⅻ号、和考研究会に再録。なお発表時は写真を使用したが編集上の都合で実測図としたものもある。

文　献

石神　怡　二〇〇二「方形周溝墓の東進・西進」『青いガラスの燦き』大阪府立弥生文化博物館

尹武炳　一九九一『韓国青銅器文化研究』藝耕産業社

大阪府立弥生文化博物館編　二〇〇二『青いガラスの燦き』大阪府立弥生文化博物館

大場磐雄　一九六四「東京八王子発見の方形周溝特殊遺構」『日本考古学協会三九年度大会研究発表要旨』

大場磐雄　一九六六「方形周溝墓」『日本の考古学』Ⅲ　月報三、河出書房

春日市教育委員会編　一九九七『倭人伝のクニグニ』春日市教育委員会

加悦町教育委員会編　二〇〇二『弥生王墓の誕生』―弥生社会の到達点―、加悦町・加悦町教育委員会

河村裕一郎編　一九九八『志石墓が語るもの』展示図録、志摩町歴史資料館

北武蔵古代文化研究会　一九八八『東日本の弥生墓制』―再葬墓と方形周溝墓―、第九回三県シンポジウム

原史墓制研究会編　一九七三『原史墓制研究』1―方形周溝墓研究　その1―「文献目録編」、原史墓制研究会

原史墓制研究会編　一九七四『原史墓制研究』2―方形周溝墓研究　その2―「研究史編」上、原史墓制研究会

原史墓制研究会編　一九九二a『原史墓制研究』6―方形周溝墓研究　その6―「個人研究編」No.1、原史墓制研究会

原史墓制研究会編　一九九二b『原史墓制研究』7―方形周溝墓研究　その7―「個人研究編」No.2、原史墓制研究会

小出義治・鈴木敏弘編　一九七一『そとごう』―発掘調査概報―、そとごう遺跡調査会

國學院大學考古学会編　一九六四「弥生終末期文化展」『若木考古』七三号、國學院大學考古学会

国立中央博物館・国立光州博物館編　一九九二『韓国の青銅器』汎友社

坂本和俊編　一九七六『原史墓制研究』4―方形周溝墓研究　その4―「研究史編」中部日本、原史墓制研究会

滋賀県立安土城博物館編　一九九六『墓と弥生時代』滋賀県立安土城博物館

鈴木敏弘　一九七二「関東地方における方形周溝墓出土の土器」『常陸須和間遺跡』雄山閣出版

鈴木敏弘　一九七五「近畿地方における方形周溝墓の展開」『原始古代社会研究』二、校倉書房
鈴木敏弘　一九八一「北武蔵地方の古墳出現の母胎」『歴史手帖』九―五
鈴木敏弘　一九八三「方形周溝墓と出土遺物」『榎堂遺跡発掘調査報告書』和光市史編さん室
鈴木敏弘　一九八八「東京都に於ける弥生時代墓制の展開」『東日本の弥生墓制』第九回三県シンポジウム
鈴木敏弘　一九九五「赤塚氷川神社北方遺跡」『板橋区史』資料編一考古、板橋区
鈴木敏弘　二〇〇〇『和考研究』Ⅸ―特集―集落遺跡の研究（Ⅱ）、和考研究会
鈴木敏弘　二〇〇一『和考研究』Ⅹ―特集―集落内祭祀の研究（4）、和考研究会
鈴木敏弘　二〇〇二「集落内祭祀論」『和考研究』Ⅺ―特集―銅鐸と祭祀同盟（1）、和考研究会
鈴木敏弘　二〇〇三「弥生時代祭祀同盟の成立」『季刊考古学』第八四号、（株）雄山閣
鈴木敏弘編　一九七七『原史墓制研究』5―方形周溝墓研究　その5―「研究史編」東日本、原史墓制研究会
鈴木敏弘編　一九七八『日詰遺跡発掘調査報告』南伊豆町教育委員会
鈴木敏弘編　一九八一『新倉午王山遺跡』―発掘調査報告―、和光市新倉午王山遺跡調査会
鈴木敏弘編　一九八九『赤塚氷川神社北方遺跡（Ⅰ）』板橋区教育委員会
鈴木敏弘編　一九九二『原史墓制研究』―方形周溝墓研究1～4「文献目録・研究史編」復刻合本、原史墓制研究会
全榮來　一九九一『韓国青銅器時代文化研究』新亞出版社（北九州中国書店）
第一一回埋蔵文化財研究会編　一九八二『西日本における方形周溝墓をめぐる諸問題』《資料》
高木暢亮　二〇〇三『北部九州における弥生時代墓制の研究』九州大学出版会
中央高速道八王子地区調査団（代表　大場磐雄）編　一九七三『宇津木遺跡とその周辺』考古学資料刊行会
内藤　晃・市原壽文　一九六八「清水市午王堂山遺跡及び午王堂山第一号墳・第二号墳発掘調査概報」『東名高速道路（静岡県内工事）関係埋蔵文化財発掘調査報告書』日本道路公団

西相模考古学研究会　二〇〇一『弥生後期のヒトの移動』～相模湾から広がる世界～、西相模考古学研究会
福岡市博物館編　一九九八『弥生人のタイムカプセル』福岡市博物館
福岡市立歴史資料館編　一九八六『早良王墓とその時代』福岡市立歴史資料館
丸山康晴編　一九七五『原史墓制研究』3―方形周溝墓研究　その3―「研究史編」中、原史墓制研究会
山岸良二　一九八一『方形周溝墓』ニュー・サイエンス社
山岸良二編　一九九六『関東の方形周溝墓』同成社
和考研究会編　二〇〇一『和考研究』Ⅹ、和考研究会
和考研究会編　二〇〇二『和考研究』Ⅺ、和考研究会
和考研究会編　二〇〇五『和考研究』Ⅻ（予定）

方形周溝墓研究四〇年

山岸良二

それでは、午前中の最後でございます。

先ほどの趣旨説明のほうでもお話をいたしましたが、昭和三九年（一九六四）東京オリンピックの年でございますが、この年前後というのは、皆さん多くの方がご存じの通り、一九六〇年代のいわゆる「三種の神器」と呼ばれているものが洗濯機と、それから冷蔵庫とテレビの時代でございまして、続いて七〇年代に入りまして、いわゆる「三C」というものが出て参ります。「三C」はカラーテレビ、それからクーラー、まだ当時はエアコンではなくてクーラーなんですが、それから車ですね。そういった時代です。

この時代というのは、要は大規模な開発行為に伴いまして、方形周溝墓が多数出てくるという時代になります。周溝墓は大変有名な遺跡が多々あるんでございますが、その中で、ほとんどの遺跡が開発行為によって最終的には破壊されるというかたちなんですね。

大阪府池田市の宮ノ《みやの》前《まえ》遺跡（図4）ですが、この遺跡も開発によって最終的には破壊されてしまいますが、周溝墓の遺跡というのは破壊だけではなくて、大変な災難を受ける遺跡が多くて、この宮ノ前も、発掘調査が終わったあと、整理中に調査事務所が焼けまして、発掘調査報告書がなかなか出なかったという遺跡でございます。

先年、同じように千葉県市原市の南総中《なんそうちゅう》遺跡という、周溝墓では大変有名な遺跡なんですが、ここも全く同じような災難を受けまして、結果的に報告書が出るまでに大変難儀するというようなことがありまして、この方形周溝墓という遺構に絡む遺跡は、なかなか調査報告書がまともに出てくるまでに時間がかかるという、そういう経緯がございました。

そういう中で四〇年の歴史をひも解きますと、本来ならば、それぞれのメルクマールの段階で区画を割ればいいかと思ったんですが、今回はわかりやすくするために、機械的に一〇年単位で時期を切らせていただきました。

一　第一期

まず最初の一〇年間は各地での類例の増加時期ということで、基本的には周溝墓という名称が大場先生によって命名され、ならば、それ以前に周溝墓に類する遺構があるのではないかと考えられました。先ほど、鈴木さんのほうからもお話がありましたが、この宇津木の調査が一般に広まったあと、古い報告書などから方形周溝墓を探すという動きが出まして、その結果、奈良県平城京下層遺跡（図1）で見つかっている例が方形周溝墓ではないかという指摘がなされます。この調査報告書では、住居址というかたちで報告がなされますが、のちにいろいろ検討した結果、多分、周溝墓ではないかということになるわけであります。

それから、大阪府の安満《あま》遺跡（図1）。これは高槻市にございます。淀川沿いの河岸段丘上の遺跡ですが、調査は数次にわたって行なわれまして、なかでも一番多くの周溝墓が見つかったのが京都大学の農学部の付属農場に関連する調査で、こういう古い時期の周溝墓というのは、先ほどお話しましたように、いわゆる研究者のチェックが入ってきて周溝墓ではないかと、こういうようなかたちになります。

ただ、この時点で問題なのは、のちに指摘されるんですが、溝が巡っていれば何でもかんでも全部周溝墓という傾向があったことも事実でありまして、表1に一九六九年の大塚、井上両先生の論文から一九八〇年、私が書いた方形周溝墓の本までの集成変遷表がありますが、約六倍という大変うなぎ登りの数を示します。これは基本的には各地で「これも周溝墓、あれも周溝墓」というような感じでの類例増加になったわけです。

ただ、当時は全国的に弥生の墓制で共通する、簡単に言えば同じような墓制が存在してませんでしたので、地域性

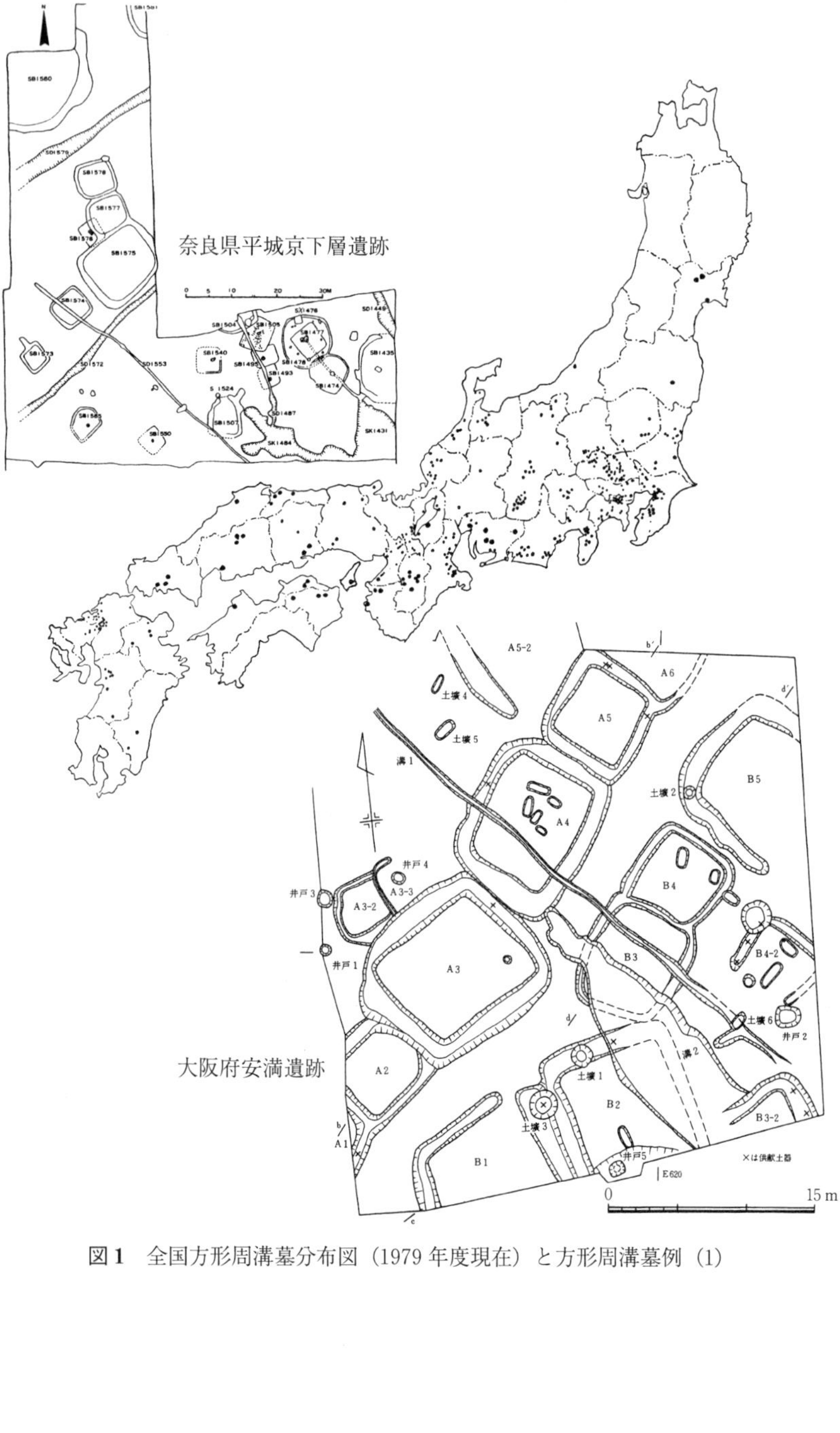

図１　全国方形周溝墓分布図（1979 年度現在）と方形周溝墓例（1）

表1　全国主要方形周溝墓集成変遷表（左は遺跡数，右は例数）

	県名	1969（大塚・井上）	1969（伊藤）	1972（金井塚）	1977（原墓研）	1980（山岸）
東北	宮城				3（7）	5（10）
	福島					1（2）
関東	茨城	3（4）	4（5）	6（12）	8（29）	10（34）
	栃木			1（1）	3（10）	6（18）
	群馬			1（1）	2（9）	7（15）
	埼玉	12（24）	12（25）	15（41）	30（95）	55（202）
	東京	2（6）	3（6）	4（10）	5（11）	9（47）
	千葉	6（9）	6（9）	7（13）	22（61）	30（109）
	神奈川	6（34）	7（27）	10（41）	16（83）	21（100）
中部	新潟		1（1）			1（2）
	富山		1（1）		6（26）	8（31）
	長野	2（3）	3（5）	6（12）	15（35）	21（50）
	山梨					5（60）
	静岡	6（19）	5（18）	10（33）	11（52）	26（104）
	石川		2（3）		4（15）	5（17）
	岐阜					2（11）
	愛知				8（14）	8（26）
	福井	5（19）	6（19）		11（35）	12（41）
近畿	滋賀	1（1）	1（1）		3（12）	5（384）
	三重		2（5）		14（37）	16（42）
	京都				2（3）	8（30）
	奈良	1（5）	1（5）		3（13）	5（16）
	大阪	1（1）	1（1）		12（94）	16（131）
	和歌山				2（4）	3（9）
	兵庫	2（3）	3（4）		5（10）	7（13）
中国	鳥取				2（6）	4（53）
	岡山		2（—）		2（2）	4（17）
	島根					1（5）
	広島	1（1）	2（—）		2（2）	4（11）
	山口					3（24）
四国	香川					2（2）
	徳島				1（1）	3（4）
	高知					—
	愛媛					1（7）
九州	福岡	2（4）	3（5）		14（19）	17（24）
	佐賀				4（8）	5（10）
	長崎					—
	大分					4（6）
	熊本	2（2）	2（2）		5（45）	6（46）
	宮崎	1（1）	1（1）		1（1）	2（2）
	鹿児島					—
計		53（136）	68（143）	60（164）	216（739）	348（1715）

が非常に強いというのが弥生墓制の一つの評価になっていました関係もあって、この方形周溝墓が、ある意味では弥生の等質化、もしくは均質化に大いなる貢献を示すのではないかという期待もあって、全国で続々判明というかたちになるんですね。

　ただ、当然その中でいろんな疑問が出て参ります。というのは、後ほどちょっと触れますが、時期の問題、例えば東北地方で見つかった周溝墓は、どう見ても古墳時代に入ってからの時期のものであるので、そうなると、高塚古墳と並行、もしくは並列関係で、違う墓制が入っていること自体をどう考えるかというような問題。

　それから、九州地域および西日本地域、とくに岡山県よりも西側では、あまり周溝墓が見つかりません。これは甕棺墓や土壙墓、木棺墓、こういったものとの相殺関係でなるのか。それとも墓制を持つ集団が異なるのか。だんだん類例が広がってきますと、そういった疑問が出されてきたということでございます。

　ただ、その中でも埼玉県の伊藤和彦さん、それから先ほど、名前が挙がってました当時明治大学教授の大塚初重先生、井上裕弘さん、それから埼玉考古学会が「埼玉の方形周溝墓」という特集を組みまして、ともかく全国的なレベル、もしくは各地域レベルでの周溝墓をまとめようではないかという動きが出てきたのが、この一〇年であります。そして、このちょうど一〇年の終わりの時期に、先ほど、椚先生からお話がありましたように、宇津木向原の調査報告書が刊行になったということでございます。

　七三年に宇津木の報告が出たんですが、ちょうどこの時期が、ご存じの通り、日本列島改造というかたちで全国各地に高速道路や新幹線網が建設計画されてくるようになってきます。長期間に広い面積を、大規模な発掘調査をするということで、「東京ドーム何個分」という話がよく使われますが、約一ヘクタールの東京ドームまさに三つ、四つ、五つ、一〇個、そういう単位での発掘調査が各地で展開される状況が出て参ります。一言でいえば「長広大」の時代といえます。

二　第二期

次の第二期をみるために研究史年表として八五年までの次の一〇年間の主なる発掘調査および報告書、そして一番下に主要な論文を掲げておきました（表2）。

後ほどスライドでお見せしますが、代表的な遺跡が一番上の段に出て参ります。学史で言いますと、有名な、墳丘の部分に複数の家族の埋葬施設を持った東大阪の瓜生堂《うりゅうどう》、それから先ほどちょっとお話をしました、結果的には火事で焼けて、そのあとの整理が大変困難を来します南総中、それから九州縦貫自動車道の発掘調査によって見つかりました石棺墓を伴う方形周溝墓の熊本県の塚原《つかはら》とか、それから神奈川県の大塚《おおつか》・歳勝土《さいかちど》遺跡（図2）、これは後ほどまたお話をしますが、非常に典型的な弥生時代中期の方形周溝墓と同じ集団と思われる集落群を伴うというケースですね。最近、なにかと話題となっております奈良県の纒向《まきむく》の調査も、ちょうど七〇年代中ごろから始まります。

それから、七七年には飯合作《いごうさく》と言いまして、これは千葉県の佐倉市にある遺跡ですが、前方後方形の周溝墓と方形の周溝墓がセットで見つかったというかたちで、これは午後のシンポで赤塚さんのほうから前方後方の話が出てくると思うんですが、その典型的な形として関東で初めて見つかり、千葉県としては大変画期的な遺跡です。県立高校の敷地であったために、こんにちでもグラウンドに遺構を残していますが、県としては保存のため特別に画期的な判断をした遺跡が、この飯合作でございます。

それから、鳥取県は四年前から別の遺跡が全国区になりましたが、当時は鳥取と言えば青木《あおき》というのが代表的な遺跡で出てくるんですが、七八年にはそこからも周溝墓が報告され、それから、七九年には山梨県の上《うえ》の平《だいら》（図2）という、ここも現在、大変きれいに公園整備化されまして、方形周溝墓がよく残っている遺跡です。ただし、時期は古墳時代の周溝墓でございますね。

それから、八〇年の和歌山県尾ノ崎《おのさき》（図3）。実は先ほど、私が「破壊された、破壊された」と言いつづけており

表2　研究史年表

年	主要遺跡の調査	遺跡報告書の刊行	主要著作の発表
一九七〇	仲仙寺（島根）		○都出比呂志「農業共同体と首長権」
七一	瓜生堂（大阪六七〜） 今熊野（宮城）	福岡・宮ノ前（台）	近藤正「山陰における弥生時代墓制の展開」
七二	南総中（千葉七一〜） 塚原（熊本七〇〜）	大阪・勝部	○水野正好「古墳発生の論理（1）」 ○金井塚良一「関東地方の方形周溝墓」
七三	歳勝土（神奈川七一〜）		○『原史墓制研究（文献史編）』1 ○石野博信「三・四世紀の集団墓」
七四	大王山（奈良七三〜）	千葉・天神前（再） 島根・宮山（四） 富山・杉谷（四）	○『原史墓制研究（文献史編）』2 都出比呂志「古墳出現前夜の集団関係」 高倉洋彰「墳墓からみた弥生時代社会の発展過程」
七五	纒向（奈良七一〜）	神奈川・歳勝土（方）	熊野正也「南関東地方における弥生文化の研究（2）」 鈴木敏弘「畿内地方における方形周溝墓の展開」
七六	日詰（静岡）	奈良・纒向（古）	○岩崎卓也「方形周溝墓研究の一視角」 ○『原史墓制研究（文献史編）』4〈中部日本〉
七七	飯合作（千葉）	岡山・黒宮大塚〈古〉 奈良・大王山（台） 島根・仲仙寺（四）	○『原史墓制研究（文献史編）』5〈東日本〉 田中新史「市原市神門四号古墳の出現とその系譜」 前島巳基「出雲における古墳発生期の諸相」 山県元・向田裕始「中国山地帯の弥生墓制の一様相」 藤田富士夫「北陸における古墳発生期の諸相」 間壁忠彦・間壁葭子「『大塚』は古墳か否か—黒宮調査整理メモ」 ○近藤義郎「古墳以前の墳丘墓」 斉藤正弘「弥生期から古墳期への過程における埋葬形態の変遷意義」
七八	青木（鳥取七一〜）	千葉・南総中（方） 長野・弘法山（古） 鳥取・青木（方）	下條信行「北部九州の弥生終末期前後の墳墓」 石野博信「古墳の発生」 西川宏「弥生時代墳墓の成立へ」 川原和人「島根県における発生期古墳」 小田富士雄「西日本における発生期古墳の地域相」 東森市良「弥生時代から古墳時代の墓制の展開」
七九	服部（滋賀七四〜） 上の平（山梨七八〜） 花園（広島七七〜）		春成秀爾「古墳出現前後の出雲と吉備」 甲元眞之「弥生時代の墓制」 佐原真「弥生時代論」

＊中段の（台）は台状墓，（再）は再葬墓，（四）は四隅突出墳墓，（方）は方形周溝墓，（古）は古墳を示す。
＊下段の○印はとくに方形周溝墓に関係が深い著作・論文。

			○都出比呂志「前方後円墳出現期の社会」
一九八〇	尾ノ崎（和歌山七八〜） 神谷原（東京七六〜）	静岡・新豊院山（台） 岡山・楯築（台）	沢田大多郎「方形周溝墓の展開」 ○出雲考古学研究会「西谷墳墓群」
八一	大崎台B（千葉七九〜） 寺崎（千葉七九〜） 寺床（島根八〇〜）	和歌山・尾ノ崎（方） 大阪・瓜生堂（方） 東京・神谷原（方）	○鈴木敏弘「北武蔵地方の古墳出現の母胎」 ○山岸良二『方形周溝墓』 ○日本考古学協会『関東における古墳出現期の諸問題』
八二	受地だい山（神奈川八一〜） 冨波（滋賀）	愛知・朝日（方） 兵庫・田能（方）	○埋蔵文化財研究会『西日本における方形周溝墓をめぐる諸問題』 大村直「東国における前期古墳の再評価」 小田富士雄「弥生時代北部九州の墳墓祭祀」
八三	大崎台C（千葉） 吉河（福井八一〜）	徳島・萩原（台） 滋賀・冨波（方） 京都・大山（台）	○近藤義郎『前方後円墳の時代』 ○石野博信「古墳出現期の具体相」
八四	山下（静岡八三〜） 小敷田（埼玉八三〜） 吉武高木（福岡八三〜） 城山（大阪八三〜） 西谷（島根）	静岡・山下（方）	○近藤義郎「前方後円墳の成立をめぐる諸問題」 ○三重シンポジウム『出現期古墳の地域性』 菅谷浩之『北武蔵における古式古墳の成立』 大塚初重「東国における古墳の発生」 ○石野博信・都出比呂志「古墳の発生と発展」 ○白石太一郎「日本古墳文化論」 ○田中新史「出現期古墳の理解と展望」
八五	加美（大阪八三〜） 草山（三重八二〜） 楯築（岡山七六〜）	千葉・大崎台（方） 兵庫・養久山（台）	○日本考古学協会『東アジアと日本』 福永伸哉「弥生時代の木棺墓と社会」 小田・高島・柳田・横山「弥生から古墳時代の古代北九州」 ○一瀬和夫「方形周溝墓・方形台状墓そして古墳」 ○春成秀爾「弥生墓地の構造」

ますが、この尾ノ崎は実は大変よく残っています。関西電力の火力発電所の建設が計画され、現地に私も参りまして、「こんないい周溝墓の例はないから、残したら?」って言ったんです。当時、まだ私は青二才の学生で、そのおかげではないんですが、担当者の方の英断で残ったということと、当時の関西電力さんは余裕があったんですね。「じゃ、設計を全部変更しましょう」ということで。（笑い）本来は、そこに火力発電所を造る予定だったのを「じゃ、海のほうに埋め立てを造って造りますよ」なんて言って、手前のほうは全部残しまして、現在もきれいな公園になってい

ます。そろそろ残ってないのを言わなきゃいけないんですが……。（笑い）

その隣の神谷《かみや》原《ばら》。これは実は八王子、地元の遺跡なんですが、これは残ってないんですね。大変大きな遺跡で、これも学史的には大変いい資料を出したんですが、残っていません。

それから、その隣の八〇年、千葉県大崎台《おおさきだい》。これも残っていません。ＪＲ佐倉駅のすぐ上の台地にありまして、横倉ゴムと言う会社の跡地を全部住宅にした所なんですが、ここも、きれいな環濠集落と方形周溝墓が伴うという非常に典型的なケースだったんですが、現在では全部つぶされております。

その左側、今度は八二年の受地《うけち》だい山。これは神奈川県にあるんですが、ここは先ほど、鈴木さんの報告にもありましたガラス玉を大量に出した方形周溝墓なんですが、これも現在は残っておりません。

その左側、今度は八三年の吉河《よしこ》。福井県です。非常に典型的な四隅の切れないタイプの周溝墓でありまして、この吉河では、調査担当者が「お墓を造るにあたって、いわゆる群構成の墓道」、ちょうど今、皆さんがお座りになっている席の真ん中に、こういう通路がございますね。「そういう通路のようなものを造墓集団は考えてお墓を造っている」ということを提言した画期的な遺跡でございまして、この辺りから「周溝墓を造るということは、早い段階から、かなり計画性を持っている」ということが研究者の頭に出てきたという記念すべき遺跡でございます。

そして八四年の山下《やました》（図４）。これは静岡県のちょうど真ん中辺りにある遺跡なんですが、非常に古い嶺田《みねだ》式と呼ばれる時期の土器を伴う周溝墓ですが、丘陵の上にありながら、きれいに三つのお墓が並ぶという、そういう形態を示した周溝墓でございまして、後ほどのシンポジウムで、群構成の問題が出たときに触れられると思います。私などは三基なり五基が一つの単位であるという考えを持っているものですから、よくこの山下を使わせていただくんですが、なかなかよくできた遺跡です。

山下でもう一つ面白いのは、実は、ちょうど調査のど真ん中で二つの町に分かれていたんですね。袋井市と、もう一つ掛川市ですが、そこが合同で発掘調査をするということになりまして、調査報告書も二つの市が一冊にまとめて

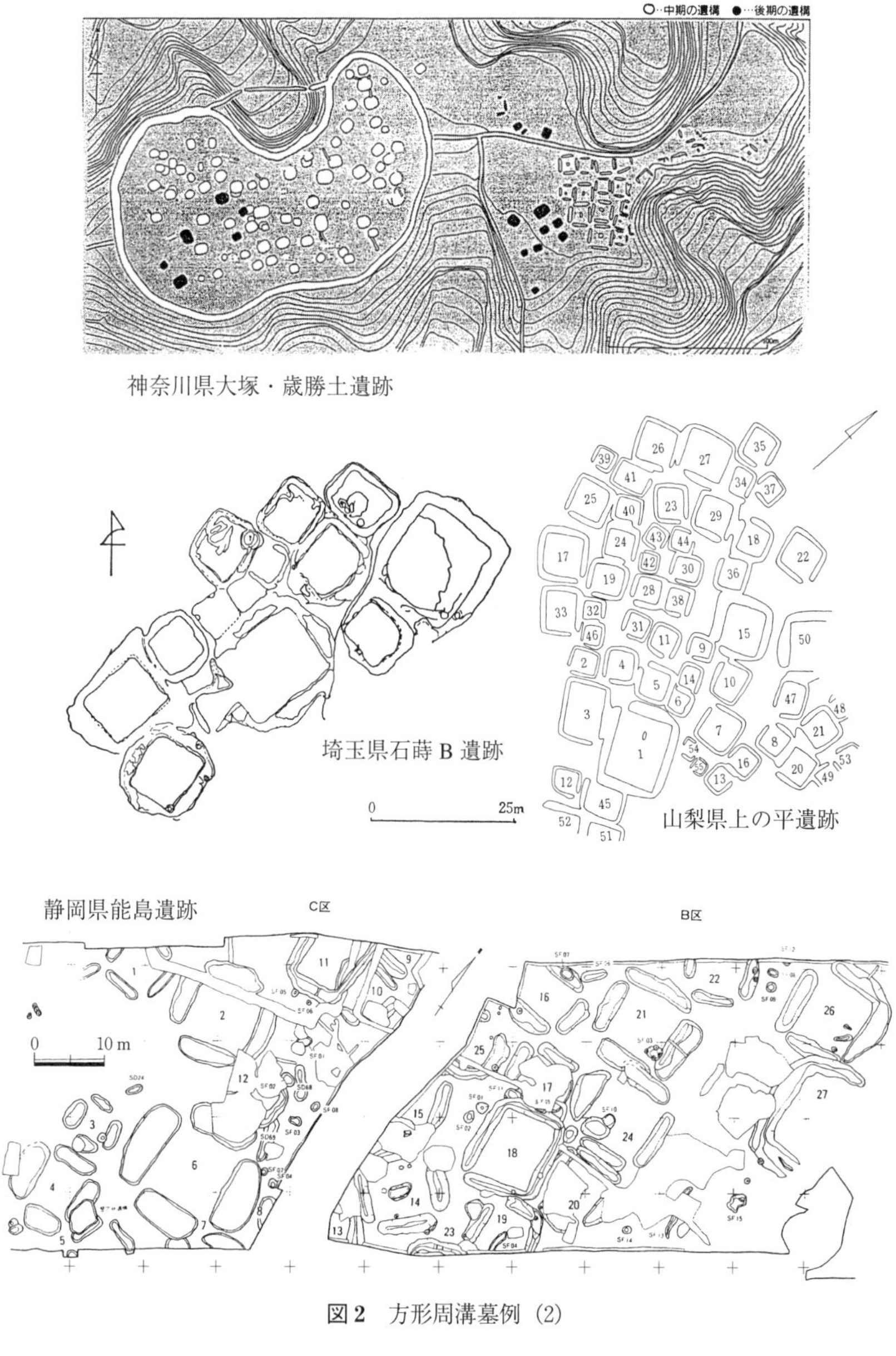
○…中期の遺構　●…後期の遺構
神奈川県大塚・歳勝土遺跡
埼玉県石蒔 B 遺跡
0　25m
山梨県上の平遺跡
静岡県能島遺跡
C区
B区
0　10 m

図 2　方形周溝墓例 (2)

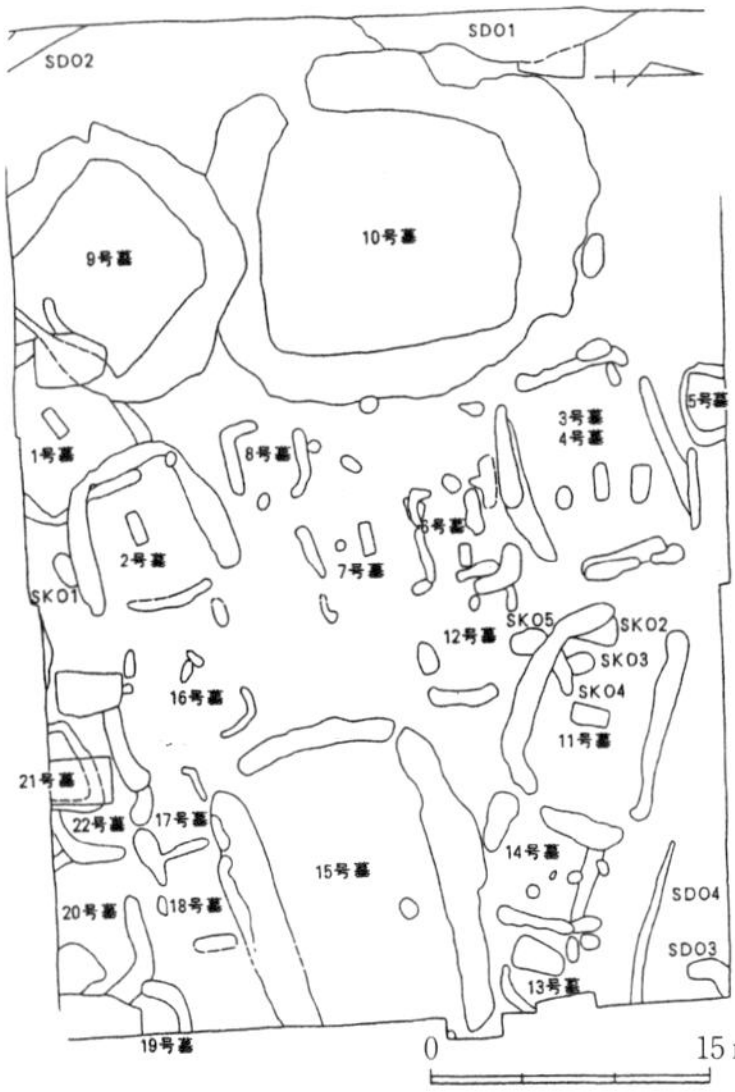

兵庫県東武庫遺跡

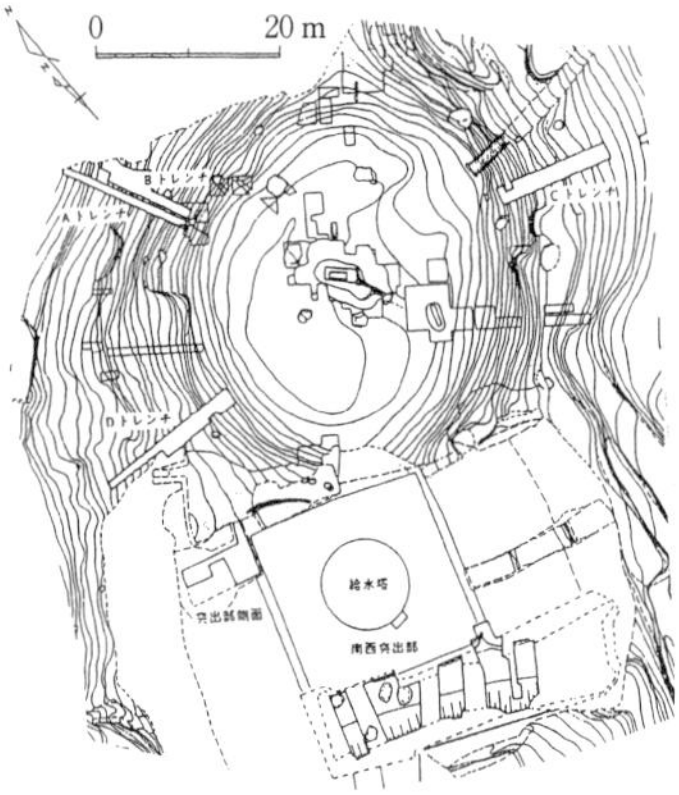

岡山県楯築墳丘墓

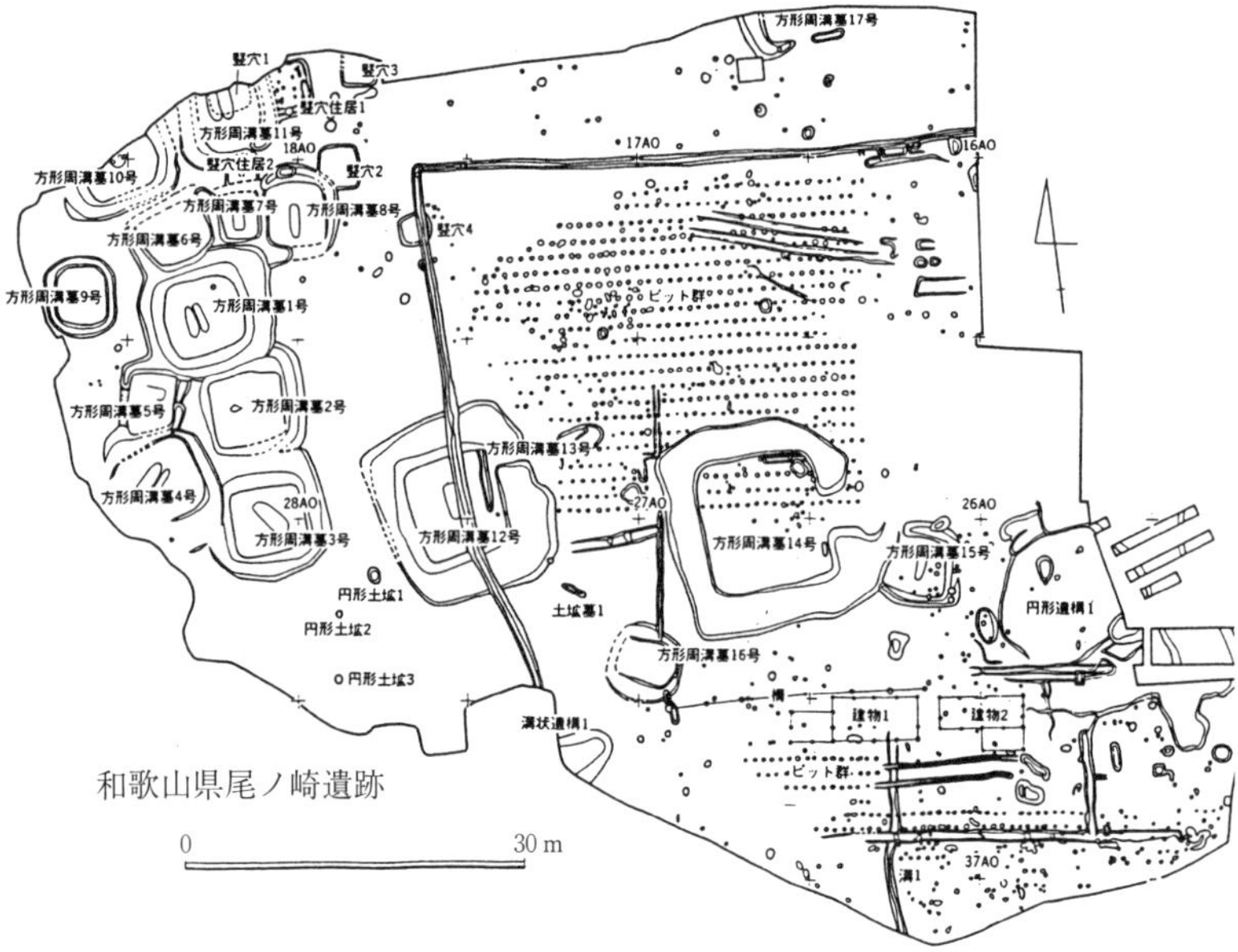

和歌山県尾ノ崎遺跡

図3　方形周溝墓例（3）

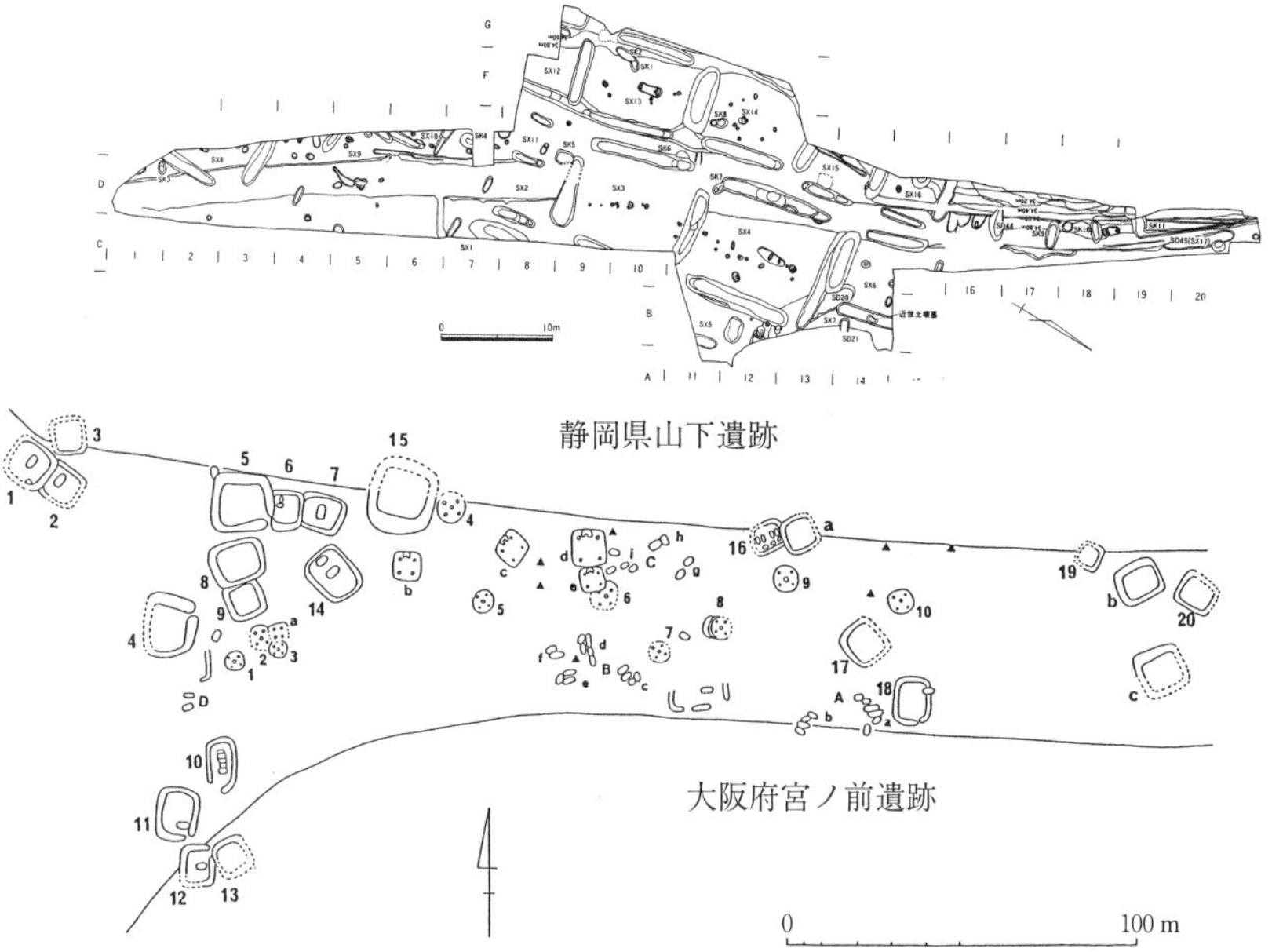

図4　方形周溝墓例（4）

出したという、当時としては、僕から見れば、そういうセクトをはずしてやるというのは、すごいなと思ったんですが、そういうような非常に記念すべき遺跡です。

そして八五年のほうに参りますと、大阪府の加美《かみ》。この加美遺跡は、図5の下に出ております。ここはちょうど宇津木向原と絡むために、弥生時代の後期末から古墳時代の周溝墓だけの図を持ってきました。

実は、この加美遺跡は、図の右側にある大溝のちょうど南側の所に「仿製内行花文鏡」という文字が入っていると思うんですが、その文字とすぐ上の第六号墓、この間が空いていますね。実は、その空間の場所に三〇m弱の大型の弥生中期の周溝墓があるんです。

これを周溝墓と見るか、墳丘墓と見るかという話は、まだいろいろあるんですが、そういう長方形の長い大きな周溝墓が、ちょうどこの空白部分に造成されていまして、その中期の周溝墓を最終的に壊して、弥生の末から古墳時代に別の周溝墓を造っているという、そういう典型的な例であります。同じ墓制を継承しながら、実は前の居住集団が造ったお墓を壊して、次の集団が造っているという。これは近畿ではけっこうありますので、その

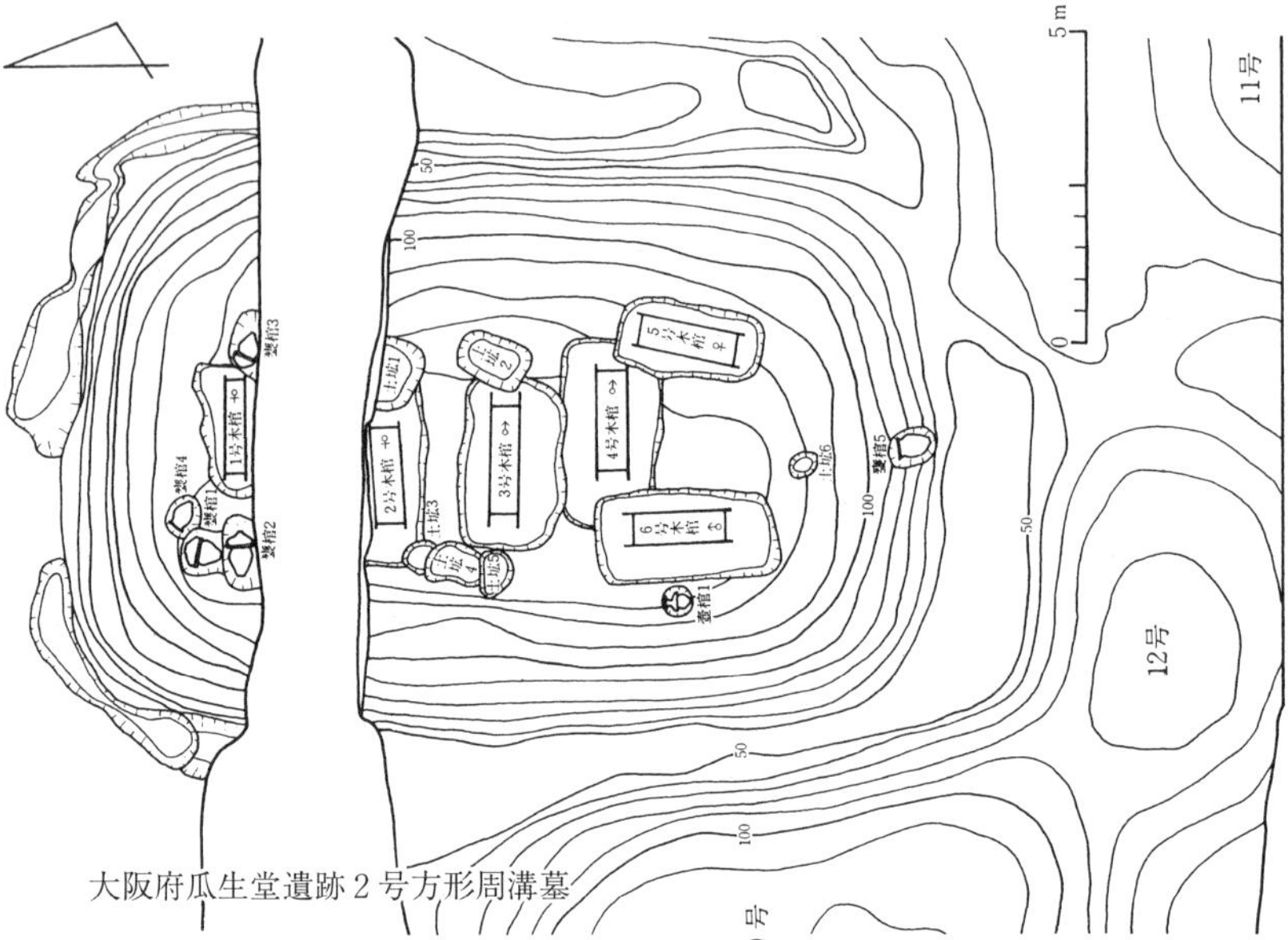

大阪府瓜生堂遺跡２号方形周溝墓

大阪府加美遺跡（東地区）

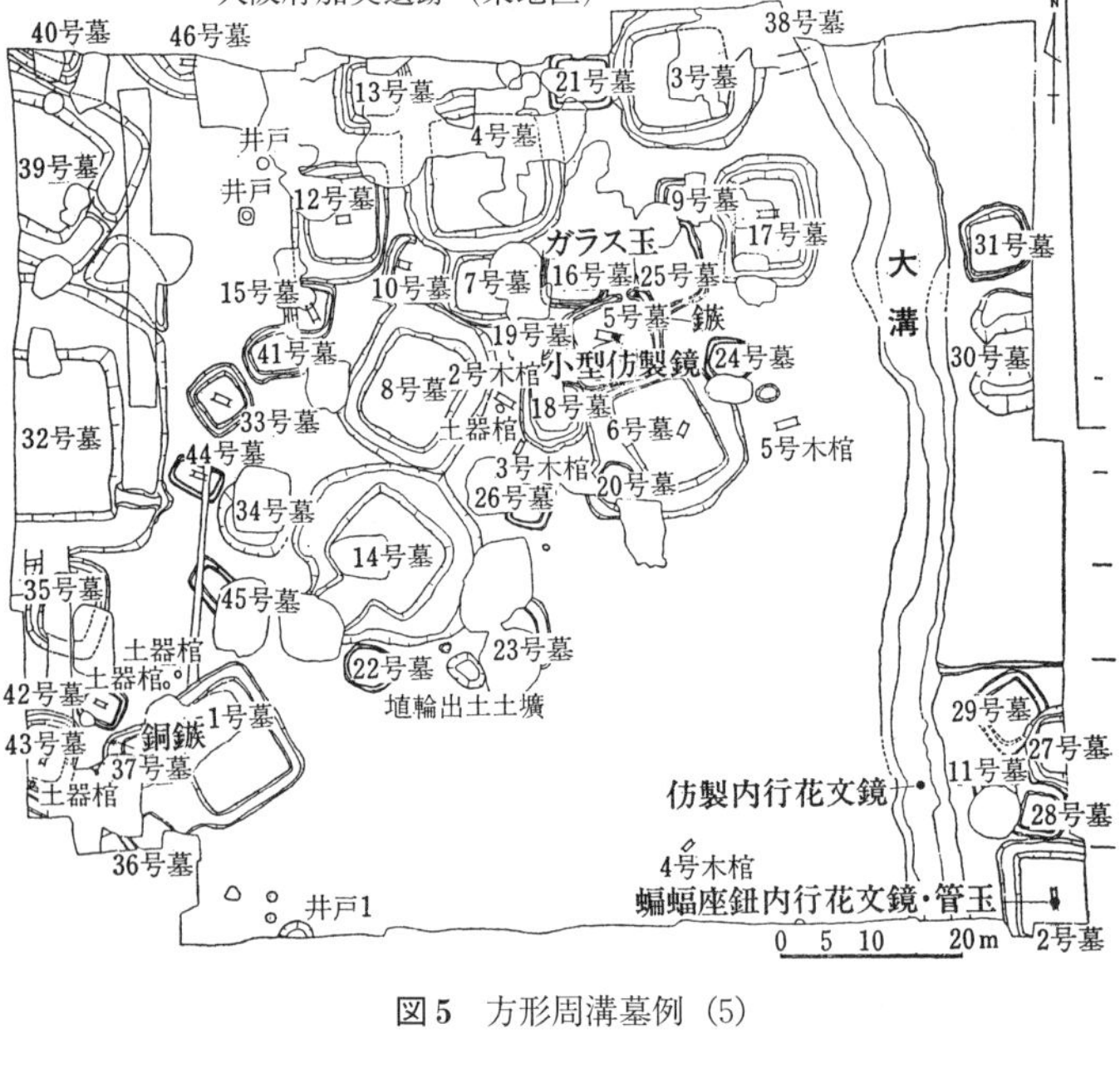

図５　方形周溝墓例（5）

辺りがまたこの墓制を考えるうえにおいて大きなポイントになるかと思います。

三　第三期

こうして八五年まで研究が進んでくるこの時期は、類例が急増し、多くの研究者が関心をいろいろ高めてきた時期です。そして、その次の第三期、九四年以降になりますと、今度は「方形周溝墓が、一番古くはどういうふうにスタートして、どうやって伝わっていったか」という問題を探究するという動きへと一つ進化して参ります。

その時点では、実は一番古い周溝墓は大阪湾沿岸にありましたので、近畿起原説というのがかなり強く、私も、そう考えておりまして、事実、弥生前期の中ごろぐらいの周溝墓を探すと、全部近畿地方なんですね。ですから、多分そこから派生したのではないかというようなことから、ならば東へ東へと移る場合に、どうやって移るのかというのがポイントになっておりました。

そういう中で、当時、開発がどんどん進んだ結果、発掘調査例が急増しているゾーンがいくつかありました。一つは、関東エリアです。そして、近畿エリア。もう一つは、伊勢湾エリア。そういう三つの地域に周溝墓の類例が大変増えまして、関東エリアでは、後ほど話をします伊藤さんが東京湾沿岸の周溝墓をまとめ、「伊藤分類」ということで、初めてきれいな形態の整理の仕方をしていただきまして、そういうかたちから、今度は周溝墓の個別形態の差異がどうして出てくるのかということに、もう一つ問題が進化します。

ちょうどそのころ、今度は近畿、とくに大阪湾沿岸で円形周溝墓がいっぱい出てきまして、やたらと円形ばかり出てくるんですね。どうして近畿は円形が出て、関東では円形が出てこないのかというような問題も出て参ります。

そういう中から、今度は主体部の研究が大阪大学の福永伸哉さんによって木棺墓の研究というかたちで出て参りましたが、当時は、とても関東地方に木棺などというものがあるというような発想が起こっておりませんでしたが、それ以降、静岡県の清水と静岡を結ぶ静清バイパスの発掘調査が行なわれた結果、瀬名遺跡などで木棺を伴う方形周溝墓が見つかって、木棺というものが実は東でも、静岡とか長野でも出てくる。そうすると、あとは関東でと、こういうような思考が出てくる時期になります。

その一方で、西日本の研究者から「周溝墓のスタートは大阪ではない、九州だ」ということで、福岡県の小田峯遺跡で甕棺を、もしくは土壙を囲んだ、ちょうどコの字形の溝の古い例が出て参りまして、それで、その辺が一番古いんじゃないかというような話が出てくるのが、この九〇年代の時期であります。

四　第四期

二〇〇四年までの一〇年間は、ここに書かれている大きな二つの問題が周溝墓に関係して出て参ります。一つは、起原問題に絡む韓半島で方形周溝墓がいっぱい見つかって参ります。半島南西部で発見された寛倉里《カンチャリ》などでは一〇〇基を超すような方形周溝墓群が見つかり、最初、私どもに流れてきた情報が、紀元前四世紀だ五世紀だと、すごい古い年代が流れてきまして、「えっ」というようなことで、慌てて私も現地へ飛んで行ったんですが、その後、報告書が出てくると、年代はずっと新しくはなったんですが、日本とどっちが古いかというような問題が出て参りました。

そしてもう一つは、一番最初から出てきた周溝墓、何でもかんでも周溝墓というかたちにしていた部分に対して、もう一回再検討、再チェックをしたら、「どうも周溝墓ではない。住居址ではないか」というようなことで、溝が巡る住居址の問題があります。

とくに東京の豊《と》島《しま》馬《ば》場《ば》という遺跡で多数の周溝墓が見つかっています。すごい低地なんですが、それが全部周溝墓ではないのではないかというようなことから問題提起が出されて、これが、こんにち大きな問題ということになっているわけでございます。

では、ちょっと駆け足でしたが、以上を踏まえまして、スライドに行きたいと思います。

五　スライド説明

写真1が瓜生堂《うりゅうどう》です。瓜生堂の二号墓というのが大変有名な方形周溝墓になるんですが、これは二号墓の墓壙の部分を全部はずしたところですね。中央左が墓壙です。右側に、いわゆる壺棺墓があります。

大阪の河内平野の周溝墓というのは、原則的には全部こういう感じです。断面の粘土層が非常にきれいに残りますので、これを盛り土と見るか、墳丘と見るか、それは研究者によって相違がありますが、こういうふうに非常にきれいに削平すると残るというかたちですね。

写真1　東大阪市瓜生堂遺跡

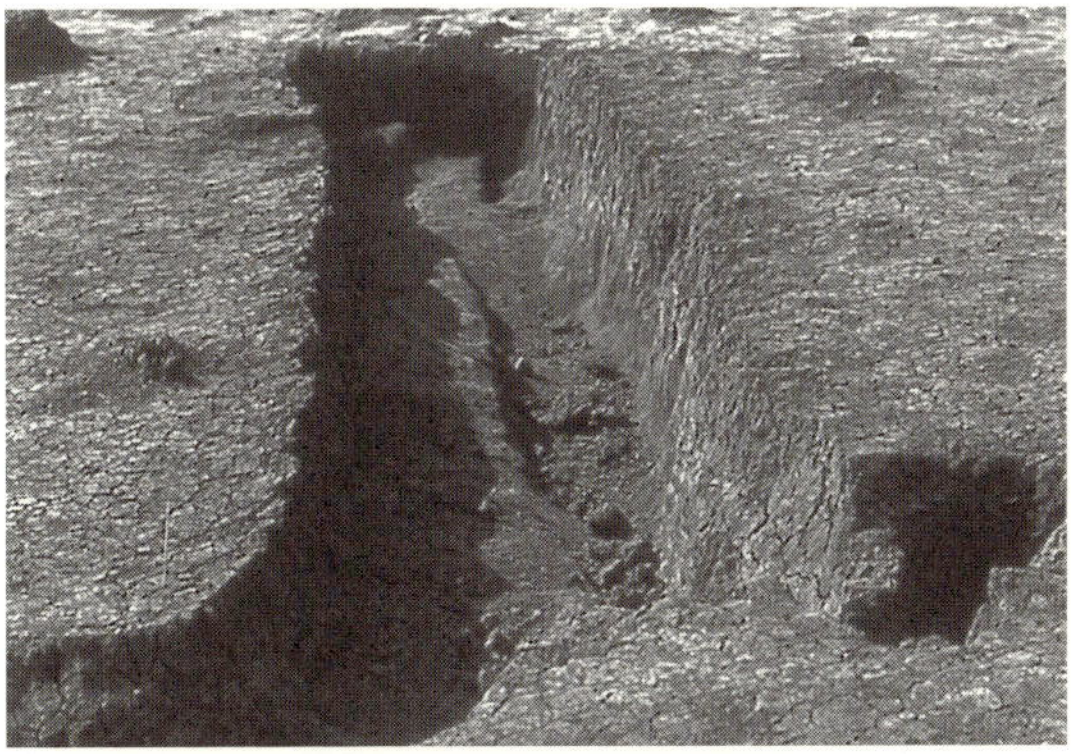

写真2　東京都徳丸東遺跡

写真3　茨木市東奈良遺跡

写真2は東京の徳丸《とくまる》東《ひがし》遺跡の周溝墓です。こういうふうに削平されますと、このスライドのようになるんですね。ですから、この辺が先ほどの河内平野の周溝墓とは、ちょっと違うということですね。

写真3はまた、河内平野に戻りまして、大阪府茨木市にあります東奈良《ひがしなら》の周溝墓の主体部です。近畿地方の周溝墓は、割と主体部近辺にも土器が出て参りまして、中央が木棺ですね。高野槙の木棺で、人骨がほんのわずか残っております。

写真4は同じく大阪の亀井《かめい》遺跡の周溝墓です。大阪は、中央環状線の建設があった時に、周溝墓の遺跡がいっぱい見つかりました。その中の代表的なものが、この亀井なんですが、こういう盛り土をぼこっと盛っていって、溝は関

写真4　大阪府亀井遺跡

写真5　横浜市歳勝土遺跡

東のに比べますと、山なりになって落ちてきたものと緩いカーブを持っているという感じです。建設現場の真ん中だけ掘るものですから、矢板の中で掘るということで、必ず大きな長靴を履いて、ヘルメットをかぶって、私も二年、大阪でこういう格好で調査をしていましたが、そういうようなケースが多いのです。

写真5は先ほど言いました横浜市の大塚・歳勝土の周溝墓を全掘し終えたところです。先ほど見てきた河内平野とはだいぶ異なりまして、四隅切れで真ん中の墓壙が一つという典型的な周溝墓です。これは関東における弥生中期の周溝墓の代表というかたちになります。

写真6は同じ歳勝土で、別の角度です。これも残念なことに全部削平されて、ごく一部だけが横浜市歴史博物館の

写真6　横浜市歳勝土遺跡

写真7　福井県吉河遺跡

写真8　静岡県山下遺跡

写真9　愛知県朝日遺跡

写真10　静岡県広野北遺跡

写真11　和歌山県尾ノ崎遺跡

隣に残っております。

写真7が吉河です。冬に行ったのですから、こうやって水浸しになっていたのですが、あとでみると、逆の意味でなかなか面白いスライドが撮れたと自画自賛しています。先ほど言いました墓壙というのは、周溝墓を造っていく間に、こういう空間を作っている。これも最初から計画していたんじゃないかという根拠になるわけなんですね。この墓道論は、のちにまた出て参ります。

写真8は山下です。図4にも図面を出してありますが、山の丘陵上にあるということで、茶畑のあとに道路を拡張するので掘った遺跡ですね。嶺田式と言う、当時はこの辺では一番古い時期の周溝墓ということで注目されました。

写真9は後ほど、赤塚さんから報告があると思いますが、朝日遺跡です。土器の出方がこういう感じで出て参ります。周溝墓の土器というのは、関東でも、やっぱりこういう溝からやや浮いたかたちで出てくるケースが大変多いのであります。

写真10は同じく静岡県の広野北。県中央の豊田町です。ちょっといびつな形になる周溝墓ですが、溝の端の内側がややとび出るという形ですね。

写真11は尾ノ崎です。実は、ここに火力発電所を造る予定だったんです。それを設計変更していただきまして、その代わり、道路を取り付けたんです。今は、こうやって公園化されています。もちろんこの辺、一部は削平されてお

写真12　福島県舘ノ内遺跡

写真13　香川県佐古川・窪田遺跡

写真14　香川県佐古川・窪田遺跡

写真 15　韓国寛倉里遺跡

写真 16　大阪府恩智遺跡（左）と雁屋遺跡（右）

ります。これは和歌山県です。

写真12は新しくなりまして、福島県の塩川町にあります舘ノ内です。最初、連絡をいただいた時に、四隅突出形の周溝墓が出たということで、実は福島で一番古いとか、やれ島根県や富山県で出る四隅突出形墳丘墓が新潟経由で福島へ流れ込んだとか話題になりました。ここは会津坂下の隣町なので、すぐ新潟へ出られますから、ルートとしてはおかしくはないんですが、行ってみて確かに弓なりになっていまして、四隅突出なんですが、墳丘があったかどうかわかりませんので、何とも言えないというところですね。

写真13と14は、現在、一番古いと言われているグループの一つです。香川県の佐古川《さこがわ》・窪田《くぼた》という、円と方が弥生時代の前期に群集して見つかっている周溝墓で、現状では一番古いグループの一つです。ただ、大きさはみんな小型です。一応、真ん中にこういう墓壙らしきものがあるんですが、はっきりとした主体部は出ていません。

写真15が韓国の寛倉里です。先ほど、鈴木さんの報告で、韓国のいろんな遺跡が出てきたと思いますが、自動車工場を造るために、開発で発見されました。ここまで今、建設工事が迫っているんですが、われわれが行った時に現場を案内していただきました。

それでは最後です。写真16が典型的な河内平野の木棺でして、右側が四条畷《しじょうなわて》市の雁屋《かりや》遺跡、左側が大阪市の恩智《おんち》遺跡です。高野槇のこれだけ厚いのを造るという、関東ではちょっと考えられない、そういうかたちの主体部を造るということです。

以上、非常に早口でございましたが、四〇年の大きな流れをご説明しました。後ほど、またシンポジウムの中でいろいろと意見、議論が出てくるかと思います。どうも失礼致しました。(拍手)

○図1～5は各報告書から転載した。

宇津木向原遺跡と関東の方形周溝墓

伊藤敏行

東京都教育委員会の伊藤と申します。よろしくお願いします。

一　関東地方の方形周溝墓

それでは宇津木向原と関東の方形周溝墓ということで、とくに宇津木向原が弥生時代の終わりから古墳時代の初めぐらいに位置する時代幅に当たりますけれども、それと関係するような遺跡を中心に、関東地方での全体的な状況についてお話をしたいと思います。

まず、概観については、宇津木向原遺跡は、ちょうど八王子インターの地点の発掘調査で発見されました。それより前にも同様の遺構はいくつか発見されていましたけれど、方形周溝墓という、お墓であるというかたちが命名されて以降、世間に認知されて、それが爆発的に増えたということは、山岸さんや鈴木さんの発表の中で出てきたと思います。

そういった中で、一〇年前に三〇周年を記念して『関東の方形周溝墓』という本が出ていますが、あの時に各県でそれぞれ担当を決めまして集成をしたというのが、大規模な集成としては一番最近の例です。あれからもうすでに一〇年近くたっているわけですけれども、それ以降、各県でまとめられたのはないというふうに思っております。

その段階で、南関東の一都三県で見つかっている方形周溝墓が三〇〇〇基近くあります。今回、この機会に私のほうで東京都をもう一度集成させていただきましたが、その段階から約一・五倍、東京都分で増えていますので、おおむね今、五〇〇〇基近い方形周溝墓が出ているというふうに考えられます。

全体的には、そういう状況ですが、できるだけ私のほうでも調べるようにしたんですが、いかんせん自分の属する、東京都でさえようやくわかるという状況なので、今日、各地の方がお見えになっていますが、千葉県や神奈川県、それから埼玉県などの状況は、それぞれの所の研究者の方の論文を参考にさせていただいて今回の取りまとめをしていますので、ご了承願いたいと思います。

ところで、弥生時代中期というのが関東地方で方形周溝墓が登場する最初の段階になります。今日の山岸さんや鈴木さんの話の中で、初源の話が出ておりましたけれども、関東地方では、あくまでも東海なり、もっと西から新たに入ってきた弥生時代の文化を吸収して、方形周溝墓というお墓を造るというかたちになりますので、初源として語れるような資料は、今のところ、もちろんありません。

今までは、関東地方で宮ノ台式と呼ばれる中期の後半に編年的には位置付けられる遺跡が、弥生時代の本格的な稲作、それから環濠集落、それから方形周溝墓というのを持って、新たに西からもたらされた新しい弥生時代の文化の時期というふうに考えられております。その段階になると、環濠集落もできますし、今日話題の方形周溝墓も、この段階からできるので、それより前は再葬墓という別の墓制を持つ集団が研究史的には知られていたという段階です。

それが、この一〇年ぐらいですかね。千葉県とか埼玉県の低地の遺跡で、中期の中葉、土器編年的にはどれほどさかのぼるのか、それから宮ノ台との関係はどうなのかは、なかなかわからないところもあるんですけれども、少なくとも宮ノ台よりも古い段階の周溝墓が見つかるようになりました。

それに家が伴うというようなかたちで明らかになってきたのが埼玉県の北島遺跡や神奈川県の小田原市中里遺跡で、かなり整った集落や、中里ではお墓が見つかるようになったというのが現状です。ただ、現状では比較的低地にしか、それらの遺跡は見つかっておりませんで、そういった意味では、まだまだわかっていない点が多いということです。

関東地方の場合は武蔵野台地の遺跡は、かなり昔から調査されておりますけれど、低地の遺跡はあまり調査が進んでいません。遺跡としての認識が比較的低く、低地の遺跡の調査があまり十分でないということもあって、見つかっていない可能性もあります。

縄文時代の後半から、遺跡がだんだん低いほうに立地を変えていく。東京でも後・晩期にだんだん低くなりまして、多摩川などの氾濫源に近い自然堤防上に遺跡がぽつぽつと見つかるというような状況があります。そういった状況ですので、低地の遺跡の調査が今後進んでくると、より一層わかる可能性があるということだけは言っておきたいと思います。

弥生時代中期になりますと、今、言いましたように、西から恐らく稲作を伴って、環濠集落と方形周溝墓という今までにない社会というのか、それを持った人たちが、集団の移住なのか、文化だけもたらされたのか、いろいろあると思うんですけれど、いずれにしても増えます。

それで、とくに中心となるのは、横浜市の港北ニュータウン地域、それから三浦半島を挟みまして千葉県側の対岸の市原市、それから君津市の周辺に大規模な中期の遺跡がでてきます。あと佐倉市周辺の印旛沼周辺も、非常に大規模な弥生時代の集落と方形周溝墓群がたくさん見つかる地域として顕著です。

それ以外の地域ももちろんあるんですけれど、それらの地域に比べて遺跡の数も周溝墓のあり方も小規模なものが多いという状況があります。ただ、その段階ですでに埼玉県の東松山の辺り、それから、もちろん千葉県側の印旛、そういった辺りまで、これらの文化が及んでいるというのが現状です。

先ほどもありましたけれど、この段階の方形周溝墓は、四隅が切れるタイプのものがほとんどです。便宜的に表現をさせていただくために、図１に分類図を載せておりますが、これは一〇年前に、『関東の方形周溝墓』の時に模式図として提示した図です。これは、発展段階というのではありませんで、単に表現として四隅が切れるものから円形のものまで、記号として表現するために作りましたので、一応これに基づきますと、中期のものはほとんど、Ａ１と言っている型のものになります。

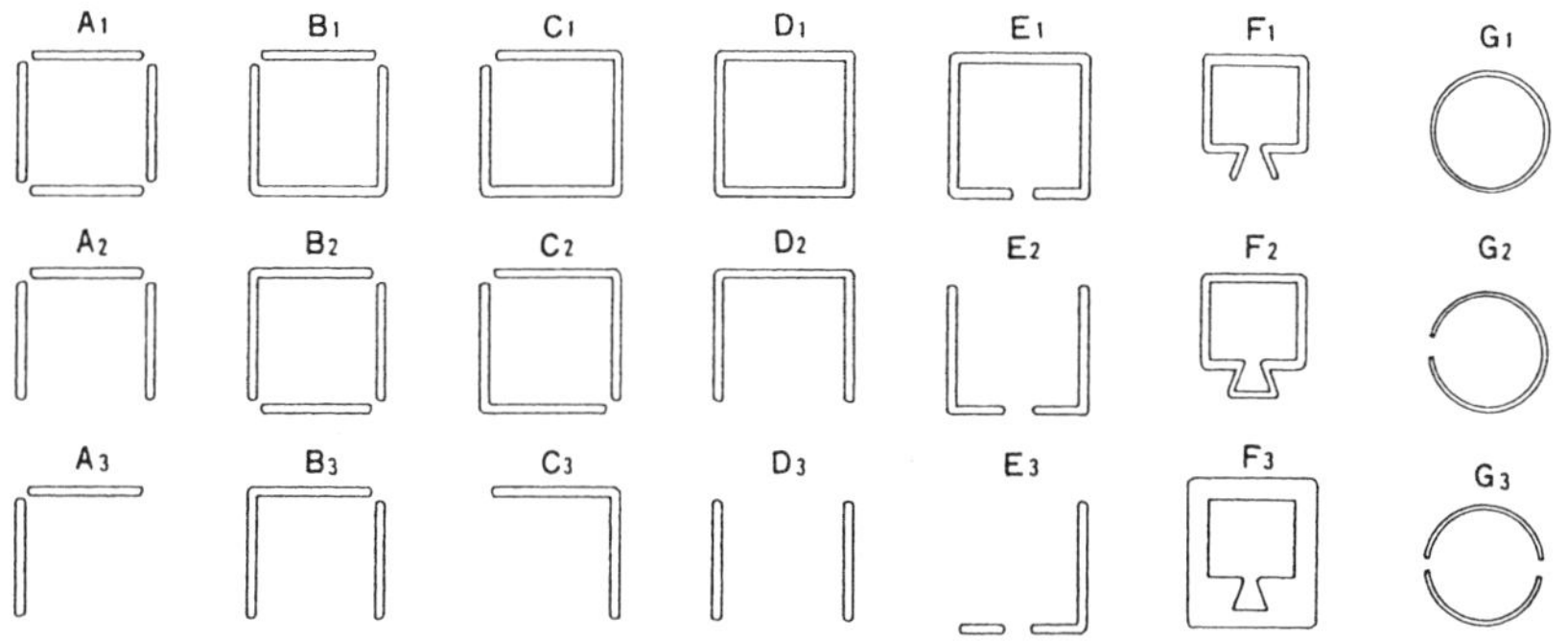

図1　方形周溝墓形態分類図

印旛沼周辺では南羽鳥のタダメキ第二遺跡などで、土器棺墓と方形周溝墓が同じ遺跡の中で見つかっている例もあります。ただ、そういう接触的な地域を除いては、一応、宮ノ台系の遺跡と方形周溝墓は四隅切れというかたちで出ているというふうに思います。

この段階の方形周溝墓では、先ほどの中でも紹介されていましたけれど、非常に大規模で群集する方形周溝墓群もたくさんあります。歳勝土遺跡が典型的かどうかは何とも言えないんですけれど、代表的な集落、環濠集落と方形周溝墓という関係で非常に有名になっております。大崎台とか道庭《どうにわ》などの遺跡でも、かなりたくさんの方形周溝墓が四隅切れの型で群集するというのが、この段階です。

一方で、小規模、一基とか二基の方形周溝墓しか造らないという遺跡もないわけではありませんので、そこら辺と被葬者の問題を考える意味では、どう理解していくのかというのが難しいところかなというふうに思っています。

遺跡としては、この段階では、ある中心となる地域を除いてはそれほど多くはないんですが、方形周溝墓の数は群集するというかたちの中で非常に多く、この段階が一番多いという状況が言えます。

Ⅲ期と言っている後期になりますと、Ⅱ期の中期に見られなかった地域でも、方形周溝墓がたくさん見られるようになります。ただし、それは今まで四隅切れの群集するものだったのが、中期の段階で全周するもの、それから一隅が切れるものなどが発生するんですけれども、それらが後期になると、数基の、三基とか四基とかの方形周溝墓と集落というかたちの、要するに一人が一基だと考えると、全員は到底葬られていないだろうというようなかたちの周溝墓群に変化するというのが後期の段階です。

この段階では、分類図で言うと、Ｃの１というかたちの一隅切れの方形周溝墓が比較的、南関東では多くなります。一隅切れの方形周溝墓のみにと言っても必ずしも全部ではないんですが、非常に群集している例が多くて、これは山梨県の例で上の平などは、一隅切れの方形周溝墓が群集するタイプのものになります。

後期では数が減るんですが、宇津木向原の段階、弥生の終末から古墳時代初頭になると、それを引き継ぎまして、さらに方形周溝墓の数は少なくなります。ただし、この段階に非常に遺跡が増えます。遺跡が増えるのですが、方形周溝墓の数は少ないので、結果的には構築される数は中期のものと大体同じぐらいの数というのが現状です。

ご存じのように、この段階が新たな古墳時代の到来の段階になりますので、古墳時代に新たな古墳の社会というか、そういう人たちがたくさん移住してくるとか、新たな文化を摂取して、遺跡数が増えるというのが、この段階になります。

この段階以降、一隅切れから四角い全周形の方形周溝墓に、大勢は入れ替わるという状況があります。そういった中で、地域的には埼玉県の比企丘陵辺りでは、在地の吉ケ《よしが》谷《やつ》系の遺跡などで、四隅が切れる方形周溝墓も残るというような状況があります。

二　東京都の方形周溝墓

時間がありませんので、東京都の様相について触れていきたいと思います。東京都では今回、新たに集成したところ、八六遺跡四二二基という数の集成ができました。この段階で見落としていた遺跡も若干ありますので、数は増えると思いますが、東京都で約四二〇～四三〇という方形周溝墓が見つかっております。この中には、あとで及川さんの報告の中で出てきますが、従来、方形周溝墓とされていたけれども、今は違うだろうという豊島馬場遺跡の大多数のものは除いてあります。

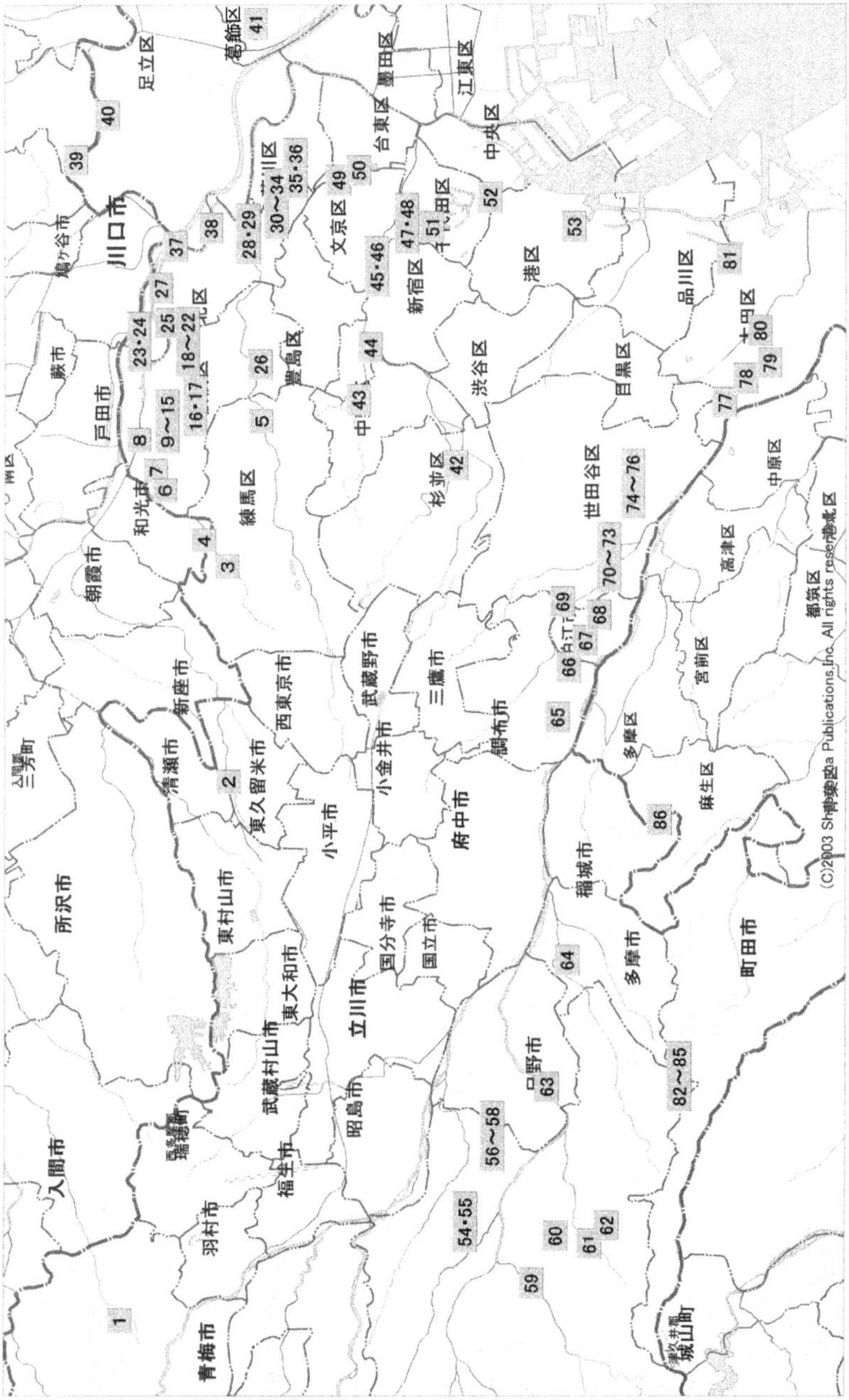

図2　東京都方形周溝墓分布図

東京では、やはり関東全体の様相と同じですが、Ⅱ期、弥生時代の中期後半の宮ノ台の段階から遺跡が見つかります。この段階の方形周溝墓は、東京湾の沿岸にぽつぽつと、それから北区、板橋区周辺にぽつぽつ見つかりますが、ほとんどが四隅切れの方形周溝墓です。

大規模に群集する例はほとんどなく、唯一群集する例とされているのが北区の御殿前遺跡の方形周溝墓です。これについては、報告された時には中期のものであるという断定ができなかったんですが、同一の遺跡群の別の地点で宮ノ台の遺物が出ているということで、中期でよいだろうというのが今の状況です。

後期になりますと、東京では遺跡が増えます。これは神田川流域など中小河川の開発が非常に増えるということがありまして、東京の武蔵野台地の中に遺跡が増えてくるということになります。

それから、多摩川の対岸の港北ニュータウン地域が宮ノ台の段階で盛んだったんですが、それが後期になると縮小し、代わって多摩川の左岸、狛江とか世田谷辺りに後期の遺跡、環濠集落などが見られるようになって、そこに若干の方形周溝墓を伴うというかたちになります。

そういう状況でありますけれども、終末期になると、やはり他の地域と同じように遺跡が非常に増えます。この八王子についても、終末期段階、それからもう少し古い後期の終わりぐらいの段階から遺跡が見られるようになるというのが、この地域の様相です。

これについては、東海地方との関係とか相模との関係で、いろいろな土器の系統があるわけですけれど、方形周溝墓も円形のものもありますし、四隅切れのものもあります。それから、一隅切れの集団というかたちもあります。四隅切れについては、東京では後期、それから終末、古墳時代まで形としては残るんですけれど、方形周溝墓の形というのは、実際、構築された面から確認されるまでにどのくらい削平されているかによって、大きく違う部分がありますので、確実に四隅切れのものは、今のところ中期ではないかと思います。

図３に載せている東大構内の方形周溝墓に関しては、一応四隅切れというふうになっております。一つにつながっ

表1　東京都方形周溝墓一覧表（平成16年10月現在）

	区市	遺跡名	数	遺構NO.	形	規模(外)	規模(内)	主体部	時期	出土土器	その他	文　献	備　考
1	青梅市	馬場	1	方形周溝墓					Ⅱ			吉田・久保田1984	
2	東久留米市	下里本邑	2	方形周溝状					Ⅳ			戸沢・三上1982	
3	練馬区	丸山東（外かん）	7	1号	D1	8.48×7.2	7.52×5.36	2.88×1.4	Ⅲ	壺(穿?)	ガラス玉2	山村ほか1995	東溝は7号と共有
				2号		8.83×6.51		2.16×1.05	Ⅲ	壺(穿)3			南溝は4号を利用した拡張かも
				3号	C1?	12.8×12.8(報)	9.92×12						東溝を2号・4号と共有?
				4号	D1?	13.2×8.6(報)	8.6×6.4	3.44×2	Ⅲ	壺(穿)4	ガラス玉64、管玉5、鉄剣1		西3号、南6号、北2号と共有。礫多数
				5号		9.36×8.48							
				6号		7.2×7.2		1.9×1.4			ガラス玉5点		北溝4号、西溝5号、南溝7号と共有
				7号	C1	7.5×6.4	6.4×5.6	2.5×1.14					西1号、北6号と共有。東溝に礫集中あり。
4	練馬区	越後山	1	NO.11地点方形周溝墓								区教委1995 1994年度報告	トレンチ調査のため詳細不明。Ⅲ期か?
5	練馬区	東早淵	2(5)	1号	C1	11.2×10		1.3×0.7	Ⅲ	壺		高瀬1986	共有
				2号					Ⅲ				
				第3次								区教委1990	第3次確認調査で3基程度の方形周溝墓の可能性がある溝を検出している。
6	板橋区	菅原神社台地上	13	1号	C1	16.2×16	10.4×12.6	1.2×0.65	Ⅴ	小壺(焼前穿)		都センター1997　第46集	構内土壙あり
				2号		8.75×	7.85×						
				3号	C1	8.1×8	6.7×6						
				4号	C2?	5.2×5.4	3.8×4.16						
				5号	C1	6×5.8	4.7×4.3		Ⅴ				
				6号					Ⅴ				
				7号	D1	17.5×15.7	13.4×11						
				8号									土壙は埋め戻されたよう
				9号	C1	6.5×7.1	4.8×5.6						
				10号		7.5×8.3	5.8×6.5						
				11号									
				12号		11.9×	9.3×		Ⅴ				構内土壙より坩
				13号		6×6.3	4.55×5.1		Ⅲ?				149・190・211・212住に切られ、230住を切るとされる。
7	板橋区	赤塚氷川神社北方	2	1号	A2				Ⅱ			鈴木1989	詳細不明
				2号	D3								
8	板橋区	徳丸原大橋	4	1号	D2	10.5×11.5(報)			Ⅳ			東園1993	及川氏により墓でなく集落とする検討が出されている（及川1999）。
				2号					Ⅳ～Ⅴ				
				3号	D2	9.9×7.2			Ⅳ～Ⅴ				
				4号	D2	4×5.5			Ⅳ～Ⅴ				
9	板橋区	大門	3	1号	B2	9.88×9.8	8.8×9		Ⅲ?			隅田1990	
				2号					Ⅲ?				
				3号	C3				Ⅴ				
10	板橋区	赤塚下寺家番匠免第3地点	1	1号	D2	10.8×	7.5×		Ⅲ～Ⅳ			赤塚六丁目40番遺跡調査団1996	住居→1方
11	板橋区	四葉地区	56（報告の基数64）	1号(東B)	C1	12.2(8.8)×7.3	10.6(7.8)×6.8		Ⅲ			四葉遺跡調査会2000（13・14号は四葉二丁目10番遺跡調査団1997）	拡張方形周溝墓。規模の(　)内は中側の方形周溝墓の規模
				2号(東B)					Ⅲ				
				3号(東B)					Ⅲ?				
				4号(東B)									
				5号(東C)		5.9×	4.8×						
				6号(東C)									
				7号(東C)									
				8号(東C)									
				9号(東C)					Ⅲ?				
				10号(東C)									
				11号(中方1)	D1?	8×8.84	6.4×7.44		Ⅲ	底部穿孔1?	ガラス玉3		
				12号(中方1)									
				13号(中方1C地区1)									
				14号(中方1C地区2)									
				15号(中方1)									
				16号(中方1)	D1	8.25×7.2	6.9×5.9		Ⅲ		ガラス玉1		
				17号(西方3)									17・18で一つの方形周溝墓の可能性
				18号(西方3)									
				19号(西方3)									
				20号(中方1)	B2	19.3×16.8	16×14.4		Ⅲ		ガラス玉1		
				21号(中方1)		9.6×	8.3×		Ⅲ	小型壺(穿)1			北西溝では外へ伸びる溝があり他の方形周溝墓の可能性もある。
				22号(中方1)	B1?	11.6×9.6	10×		Ⅲ				
				23号(中方1)	B1?	12.2×	10.4×		Ⅲ				
				24号(中方1)		13.4×	11.6×						
				25号(中方1)	D2	12.2×	10.1×		Ⅲ	壺(穿)1	ガラス玉5		
				26号(中方1)									
				27号(中方2)					Ⅲ				27・28・29で一つの方形周溝墓の可能性
				28号(中方2)									
				29号(中方2)									
				30号(中方2)					Ⅲ				構内土坑より出土の土器は土器棺の可能性。中よりガラス玉1
				31号(中方2)					Ⅲ				
				32号(中方2)									
				33号(中方2)									
				34号(中方2)									
				35号(西方4・中方2)	B1orc1	13.8×	11.4×10		Ⅲ	壺(穿)1	ガラス玉8		36号北溝と接する。南・西溝にかけて外側にテラス(外周帯)あり。東側に接して別の1基あり。
				36号(西方4・中方2)		7.9×	6×		Ⅲ～Ⅳ				36・37で拡張方形周溝墓の可能性。
				37号(西方4・中方2)							ガラス玉3		
				38号(西方4・中方2)									
				39号(西方4・中方2)									
				40号(西方4・中方2)							ガラス玉3		
				41号(西方4・中方2)					Ⅲ				
				42号(西方4・中方2)					Ⅲ～Ⅳ				
				43号(西方1)									
				44号(西方1)									44・45で一つの方形周溝墓の可能性
				45号(西方1)									
				46号(西方1)									46・47・48で一つの方形周溝墓の可能性

	区市	遺跡名	数	遺構NO.	形	規模(外)	規模(内)	主体部	時期	出土土器	その他	文献	備考
11	板橋区	四葉地区	52（報告の基数64）	47号(西方1)									46·47·48で一つの方形周溝墓の可能性
				48号(西方1)									
				49号(西方1)									49·50で一つの方形周溝墓の可能性
				50号(西方1)									
				51号(西方1)									
				52号(西方1)									
				53号(西方1)									
				54号(西方1)									54·55で一つの方形周溝墓の可能性
				55号(西方1)									
				56号(西方1)									56·57で一つの方形周溝墓の可能性
				57号(西方1)									
				58号(西方2)									溝内土壙あり。土壙はロームで版築され、内部に木郭状の痕跡。中から管玉(滑石)　58·59·60で一つの方形周溝墓の可能性
				59号(西方2)					Ⅲ~Ⅳ		管玉1?		
				60号(西方2)									
				61号(西方2)									61·62で一つの方形周溝墓の可能性
				62号(西方2)									
				63号(沖山)									沖山の環濠の中の溝。
				64号(西方1)					Ⅲ~Ⅳ				図がなく、方形周溝墓か不明。
12	板橋区	徳丸森木	2	1号溝状					Ⅴ			松尾1989	
				2号溝状					Ⅳ~				
13	板橋区	徳丸石川	1	SX01	G2?				Ⅴ			小西·小久保1989	
14	板橋区	徳丸東	6	1号	C1	9.8×11.5	8.2×10.1		Ⅳ			隅田1992	
				2号	B1	10.7×10.6			Ⅳ				
				3号	B				Ⅳ				
				4号	A2								
				5号									
				6号									
15	板橋区	徳丸北野神社	1	1号								守谷1990	
16	板橋区	五反田	2	1号	B1	9.92×9.04	7.12×8		Ⅲ~Ⅳ			大石1986	
				2号	D2	6.64×	5.68×		Ⅲ~Ⅳ				
17	板橋区	西台後藤田	1	第1地点円形	G2?	(14.5×)			Ⅲ?			都内第二遺跡調査会1999	
18	板橋区	中台畠中	1	方形周溝墓	D1?		13.2×		Ⅴ			中台畠中遺跡調査会2000	
19	板橋区	中台二丁目	1	SX01					Ⅱ			小西1988	
20	板橋区	志村城山	1	SG01					Ⅲ?			小西1988	
21	板橋区	志村坂上	5	G-1号	D2	15×12.8	13×10.3		Ⅳ?			志村一丁目18番遺跡調査会1999	辺のない南溝は2号北溝を利用している。
				G-2号									2号と3号は接する。
				G-3号									
				H-1号								志村坂上(H地点)調査会1999	
				H-2号									
22	板橋区	志村	1	第6地点方形周溝墓		23.9×13.3			Ⅴ			凸版印刷工場内遺跡調査会1999	
23	板橋区	舟渡第2地点	1	1号	E1	12.7×12	11.6×10.8		Ⅳ~Ⅴ			舟戸一丁目19番遺跡調査団1998	及川氏により周溝を持つ建物跡との指摘がなされている(及川1999)。
24	板橋区	舟戸第3地点	21	1号	E1orD2	11.2×9.35	9.4×9.2		Ⅳ			舟戸二丁目調査団2000 (備考　この方形周溝墓は周溝を持つ建物跡の可能性があるとして、調査者の水澤裕子氏により検討がなされているが、結論はでなかった。及川氏は方形周溝墓の可能性も否定できないが、建物跡と考えたいとしている(及川2001)。)	溝の掘り直しの可能性
				2号	E1	9×	7×		Ⅴ				焼土。方台部に不規則ピットあり。
				3号					Ⅴ				被熱
				4号					Ⅳ~Ⅴ				
				5号					Ⅳ~Ⅴ				
				6号									
				7号					Ⅳ~Ⅴ				
				8号									
				9号					Ⅳ~Ⅴ				
				10号					Ⅳ~Ⅴ				
				11号					Ⅳ~Ⅴ				
				12号									
				13号					Ⅳ?				方台部にあたる位置に4号、5号住居跡があり。
				14号									
				15号									
				16号					Ⅴ				
				17号					Ⅴ?				
				18号									
				19号					Ⅴ?				
				20号									
				21号									
25	板橋区	小豆沢宮ノ前	2	1号		19.25×17	16.5×13.75		Ⅲ		鉄製品、ガラス玉1	小豆沢宮ノ前調査団1995	底面造営の痕跡
				2号									
26	板橋区	小茂根小山第2地点	1	1号								小茂根小山遺跡第2地点調査会1999	遺物は少ないが後期とみられる。
27	北区	赤羽台	3	1号	A2	11.1×	10×		Ⅱ			東北新幹線赤羽地区調査会1992	
				2号	C1?	10×9.4	8.8×8.4		Ⅲ				
				3号	E1	18×	13×		Ⅴ	壺(焼成前穿孔)5、坩(前穿)1			
28	北区	南橋	17(18)	1地点1号								北区1987	19地点2号と同一か
				1地点2号					Ⅳ	小壺(穿)	壺棺		
				2地点SH1	A1?							北区1989　紀要3	
				2地点SH2	A1?								
				3地点		8×	6.7×		Ⅲ~Ⅳ			北区1996　南橋Ⅱ	
				19地点1号					Ⅳ			北区2003　南橋Ⅲ	
				19地点2号									1地点1号と同一か
				19地点3号									
				SH01	D1	(9.9×9.3)	7.9×6.8		Ⅳ~Ⅴ	有段壺(打ち欠け)		北区2004　南橋Ⅳ	02と共有
				SH02	D1	10.0×10.5	7.9×7.8		Ⅳ~Ⅴ				01と共有
				SH03		11.5×			Ⅳ				
				SH04		11.5×			Ⅳ	壺			05と共有
				SH05		8×			Ⅳ				04と共有
				SH06					Ⅳ				
				SH07		9.75×			Ⅳ~Ⅴ	S字甕			08と共有
				SH08					Ⅳ				07と共有
				SH09					Ⅳ				
				SH10					Ⅳ				
29	北区	宿	2	1地点·9地点·11地点一1号	A1?	9.5×	8.1×		Ⅱ?			北区教委1987·2003	1·9·11地点でそれぞれ出ている溝で一つの周溝墓。遺物なし。
				10地点1号					Ⅳ				
30	北区	飛鳥山	6	博物館建設地SH01					Ⅲ			区教委1996	

	区市	遺跡名	数	遺構NO.	形	規模(外)	規模(内)	主体部	時期	出土土器	その他	文　　献	備　　考
30	北区	飛鳥山	6	公園整備 SH02					Ⅱ			区教委1997	
				公園整備 SD14･15									方形周溝墓の可能性。報告書ではSD15の遺物から後期から古墳初頭とされているが、調査者の最近の見解は中期の可能性が強いとされている。
				未報告3基								北区飛鳥山博物館2001 展示図録	未発表。展示図録に中期の環濠集落全体図として概略図掲載。
31	北区	西ヶ原遺跡群 七社神社裏 貝塚	4	第1地点第8号･10号溝址					Ⅱ			区教委2002　第29集	
				第1地点第9号･11号溝址					Ⅱ				
				第2地点1号方形周溝墓					Ⅲ～Ⅳ				
				第2地点2号方形周溝墓					Ⅲ～Ⅳ				
32	北区	西ヶ原遺跡群 七社神社前	5	七社神社 1地点1号	C1?		8.2×5.6		Ⅳ	小壺(穿)		黒済1988　七社神社前Ⅰ	
				七社神社 1地点2号									
				七社神社 14地点1号	B3	7×	5.8×	2.15×1.05	Ⅲ?		炭化米	区教委1998　第24集	一隅切れか
				七社神社16 地点1号					Ⅲ	壺(穿)1			
				七社神社 22･23地点1号	D2	12.5×(12)			Ⅲ				
33	北区	西ヶ原遺跡群 (地下鉄7号線 西ヶ原駅)	2	御殿前5地点 Y101号方	D2	8×4			Ⅲ			美濃口1992	
				御殿前5地点 Y201号溝址									
34	北区	西ヶ原遺跡群 御殿前	27	御殿前第1地点 SH001	A1							竹内1988	御殿前第1地点の方形周溝墓は、遺物が少なく時期を特定することが困難であるが、四隅切の形態であること、上中里一丁目46番地点の同型の方形周溝墓から中期の土器が出土したことなどから、中期後半と考えられている。SH013とSH014は四隅切れでないことや、SH03より後期の壺が出土したことより、後期の方形周溝墓とされる。
				御殿前第1地点 SH002	A1								
				御殿前第1地点 SH003	A1								
				御殿前第1地点 SH004	A1								
				御殿前第1地点 SH005	A1								
				御殿前第1地点 SH006	A1								
				御殿前第1地点 SH007	D3								
				御殿前第1地点 SH008									
				御殿前第1地点 SH009	A1								
				御殿前第1地点 SH010	A1								
				御殿前第1地点 SH011	A1								
				御殿前第1地点 SH012									
				御殿前第1地点 SH013	C1orE1				Ⅲ～Ⅳ	壺(穿)1			
				御殿前第1地点 SH014									
				御殿前第1地点 SH015	A1								
				御殿前第1地点 SH016	A1								
				御殿前 第1地点 SH501～507									7基詳細不明
				御殿前8地点 1号方								区教委1997　第21集	
				御殿前8地点 2号方									御殿前5地点X103号溝址とつながる
				御殿前8地点 3号									
				上中里一丁目 46番方形周溝墓					Ⅱ			東京都教育委員会他1995	未報告　「東京都遺跡調査･発表会20」所収
35	北区	田端西台通	8	9地点1号		8.5×			Ⅲ	壺(打欠の可能性)1	石器1	小林1997　紀要第10集	一隅切れの可能性
				9地点2号		9.2×		3×2	Ⅲ		鉄剣1、ガラス玉10		2→1
				12･13地点1号		8.2×						区教委2000　第28集	
				12･13地点2号									1号の拡張の可能性も
				12･13地点3号									
				5-7-10地点 1号		7.5×		2.4×1.3	Ⅲ		ガラス小玉1	牛山2002　紀要第15集	1→2
				5-7-10地点 2号		(9.5)×		3.2×1.9	Ⅲ				
				5-7-10地点 3号		(10.5)×		3×1.6	Ⅲ		鉄釧1、ガラス玉1		2→3　拡張
36	北区	田端不動坂	2	11地点1号		14.4×11.9	10×8.9		Ⅲ～Ⅳ			区教委2000	
				11地点2号					Ⅲ～Ⅳ				1号の拡張と考えられる。
37	北区	志茂	1(4)	SH03	C1	13×11.2	10.2×8.6		Ⅳ			区教委1995	報告書ではSH01～SH04の周溝墓が報告されている。そのうち、表に掲げたSH03以外は、及川氏により周溝を持つ建物跡との指摘があり、筆者も同様に考えている。(　)は報告書の基数である。
38	北区	豊島馬場	10 (132)	SH28	D1	29×24.1	14.4×16.2		Ⅴ	壺(前穿)		北区教委1995･1999 長瀬2000	報告書では方形周溝墓として報告されているが、長瀬氏などから周溝を持つ建物跡との指摘があり、筆者も賛同している。そのため、確実な方形周溝墓と考えられる10基を示す。(132)は建物跡も方形周溝墓とした場合の基数。
				SH38	D1	18.1×14	9.9×9.1						
				SH39	D1	9.1×(5.4)	5.6×4.3						
				SH40	D1	8.5×(8.3)	6.1×5.4						
				SH41	D1	10.3×11.2	7.3×7.4						
				SH42	D1	14×13.2	6.2×5.4						
				SH43	D1	22.3×19.3	11.2×11			壺(穿)			

	区市	遺跡名	数	遺跡NO.	形	規模(外)	規模(内)	主体部	時期	出土土器	その他	文献	備考
38	北区	豊島馬場	10 (132)	SH47	D1	10.4×9.5	7.8×7.5					北区教委1995·1999 長瀬2000	
				SH48	B1	7.2.×8.4	5.8×6.8						
				SH51	D1	12.5×12.2	8.4×8.7						
39	足立区	舎人	8	1G−1方					Ⅳ?			伊興遺跡調査会1996	
				3G−1方		(12×)							
				20G-1方					Ⅳ				
				23G-1号溝					Ⅳ~Ⅴ		土玉1		周溝墓か
				1G-2号溝									周溝墓か
				17G-1号溝					Ⅳ~Ⅴ				周溝墓か
				9G-1号溝					Ⅳ~Ⅴ				周溝墓か
				11G-3号溝					Ⅳ?				円形周溝墓か
40	足立区	伊興	4	1号	E1	13.4×13.2			Ⅳ~Ⅵ		剣形石製品	喜多1990、実川1992、足立区伊興遺跡調査会1999	焼土
				2号					Ⅴ~Ⅵ				
				3号					Ⅳ				
				4号									
41	葛飾区	葛西城 (御殿山)	4	Ⅲ−V314					Ⅴ			宇田川1975「青戸·葛西城Ⅲ」	円形周溝か
				45溝	D2				Ⅴ			古泉1983　「葛西城」	
				58溝					Ⅴ				
				XⅠ-12·13溝					Ⅴ			谷口1989　「葛西城XⅠ」	
42	杉並区	和田堀公園	4	1号	D1	11.1×9.1		2.65×1.6	Ⅳ		勾玉1、ガラス小玉12	川崎1971	3号西溝を共有→1号
				2号	D1	8.2×7.3	6.5×5.7	2.35×1.1	Ⅳ				3号構築時に2号西溝を削平
				3号	D1	6.5×7	5.7×5.7	2×1	Ⅳ				2→3→1
				4号	D1								詳細不明
43	中野区	新井三丁目	7	1号A	C1	11×9.6	9.1×7.7	2.46×1.2	Ⅲ			佐々木1989	1A→1B→3　焼土
				1号B	D2?	9.52×	7.24×		Ⅲ				1A→2　ロームブロック
				2号	C1?	8.7×	6.7×		Ⅲ				
				3号	A2	5.3×	4.5×		Ⅲ				
				4号	D3								
				5号									
				方形周溝墓		10.6×			Ⅲ	壺(穿)	管玉	合田2002	墓域東限
44	新宿区	落合	1	第8次方形周溝墓								新宿歴史博物館1997　図録	未発表。詳細不明
45	新宿区	西早稲田 三丁目	4	3丁目プロジェクト地点68号遺構(69号遺構)	B1?	4.9×4.5			Ⅲ		壺棺1	西早稲田三丁目遺跡調査団1997	方台部にあたる位置に69号遺構(溝)があり(伴うかは不明)、あたかも拡張方形周溝墓の拡張部分のみのような形態となる。
				3丁目プロジェクト地点76号	C1?	12.1×10.9		1.86×0.77	Ⅲ		ガラス玉18、鉄釧2		
				3丁目プロジェクト地点					Ⅲ				81号→76号。詳細不明だが、方形周溝墓の可能性。
				戸塚警察地区43号方	B1	19.4×14.6	14.5×9.6	3.16×9.6	Ⅲ		ガラス玉1(東溝)、4(主)	西早稲田三丁目遺跡調査団2003	
46	新宿区	下戸塚	9(6)	西早稲田地区方·環4地区1b方	B1?	(14×11)			Ⅲ~Ⅳ			西早稲田地区遺跡調査会1993·新宿区生涯学習財団2000(環4地区)、2003(甘泉園地区)	再開発地区の方形周溝墓と環4地区1b方形周溝墓は同一の方形周溝墓とみられる。環4地区1a→1b。甘泉園2号は8つの長方形区画からなる拡張方形周溝墓と見られる。主体部と思われる土壙も3基検出されている。しかし、ここまで連続する拡張は類例が少なく慎重な検討を要する。　甘泉園4号から6号は遺構は全くつかめなかったが、遺物のドット状況から方形周溝墓を復元したものである。今後調査事例の増加を待ちたい。( )は甘泉園4号から6号が方形周溝墓でない場合の基数。
				環4地区1a									
				環4地区2号	C1	12×11	7.5×6.73	3.12×1.35	Ⅲ	壺(穿)1	管玉1、ガラス玉24、鉄釧(破片4)		
				甘泉園地区1号	C1	7.6×6	6×5.8		Ⅲ				
				甘泉園地区2号(2a号~2h号の8基)		検出部分18×14		主体部a 2.84×0.54 主体部b 3.12×1.16 主体部c 2.22×1.14	Ⅲ		管玉2(主体部b)、ガラス玉5(主体部c)		
				甘泉園地区3号				(1.02)×0.98	Ⅲ				
				甘泉園地区4号									
				甘泉園地区5号									
				甘泉園地区6号									
47	新宿区	白銀町西	1	方形周溝墓	A2	9.4×	7.6×		Ⅲ			テイケイトレード2004	後期の住居を切る。一辺はない可能性もある。
48	新宿区	若宮町Ⅲ	1	15号遺構					Ⅲ?			テイケイトレード2003	撹乱多く不明。可能性が高い。
49	文京区	千駄木	2	1号	D1				Ⅲ~Ⅳ			菅原1989	2号→1号
				2号	D1	11×9.8	9.8×6.9	2.2×1.25	Ⅲ~Ⅳ				ロームの敷きつめ
50	台東区	東京大学 構内	3	工学部全径間風洞実験室支障ケーブル移設地点					Ⅲ			東京大学埋蔵文化財調査室1997　年報2	
				工学部武田先端知ビル1号	A1	(6)×(5.5)		(1.5×1.2)	Ⅲ		ガラス玉24、管玉4	東京大学埋蔵文化財調査室2004　年報4	詳細不明。
				工学部武田先端知ビル2号									
51	千代田区	一番町	2	SD30		13.7×11.3	11.5×9.8	(3.3×2.3)	Ⅲ	壺(穿)?		区教委1994　第5集	
				SD33	D2	12.2×	10.6×		Ⅲ	壺(破)?			北溝に掘りなおし、遺物集中。
52	千代田区	永田町二丁目	1	YSD2·YSD3					Ⅱ			都センター2003　第139集	方形周溝墓の可能性あり。
53	港区	伊皿子貝塚	2	1号	A3	17×16.5		3.3×1.4	Ⅱ	壺(破砕)2		高山1981	
				2号	A3				Ⅱ				牛骨の出土
54	八王子市	犬目甲原	1		C1	11.4×10.6	9.84×8.24	2.6×1.2	Ⅲ~Ⅳ		ガラス玉8	椚1979	
55	八王子市	中野甲の原	6	1号	D1	11.6×9.1	9.2×7.3		Ⅳ	壺(穿)2		中野甲の原遺跡 松井　泉他2002	1号→2号 1号→3号を想定
				2号									
				3号									
				4号	D1	9.4×8.2	7.9×5.9	2.0×1.2					
				5号		7.0×							甕があり調査者は疑問も
				6号	D1	9.8×8.9	8.3×7						1号→6号
56	八王子市	宇津木向原	5	1号	C1	8.88×7.25	7.77×6.21		Ⅳ			大場·椚1973	
				2号	C1	7.88×7.1	6.44×5.77	2.8×1.3	Ⅳ	壺(穿)	ガラス玉8		
				3号	D1	8.32×8.32	7.1×6.88	3.15×1.5	Ⅳ		ガラス小玉1		
				4号	D1	11.76×10.87	10.43×6.88		Ⅳ	壺(穿)2			
				5区春号	C1	11.5×11.3					ガラス小玉1		
57	八王子市	石川天野	5	3A-35 号	D1	6.14×5.68	4.9×4.4	1.68×1.08	Ⅳ			服部·小長谷1986 東園1997	1~3号に比べ台地の中方向でやや古い。
				3A-30号	D1	7.6×7.04	6.35×5.45		Ⅳ				
				1号	E1	10.8×9.8	8.2×7.2		Ⅳ~Ⅴ	壺(穿)2			

	区市	遺跡名	数	遺跡NO.	形	規模(外)	規模(内)	主体部	時期	出土土器	その他	文　　献	備　　考
57	八王子市	石川天野	5	2号	D1	14.3×13.4	9.8×9.6		Ⅳ~Ⅴ			服部・小長谷1986	旧調査A2Z-36号
				3号	D1	9.8×8.7	6.4×6		Ⅳ~Ⅴ			東園1997	3→1→2を想定
58	八王子市	富士見町	11	1号	B3	7.6×	5.7×	2.55×1.26	Ⅲ~Ⅳ		ガラス玉12	石塚ほか1987	
				2号	B3	8.2×	6.1×	2.3×0.9	Ⅲ~Ⅳ		ガラス玉4		2→3
				3号	C2	8.1×7.6	7.1×6.1		Ⅲ~Ⅳ				
				4号	B3	8×		2.26×0.53	Ⅲ~Ⅳ				2号・3号の東溝を利用
				5号	(B3)	10.3×	8×		Ⅲ~Ⅳ				北溝は7号南溝を利用
				6号	B3(C1)	8.8×	7.9×		Ⅲ~Ⅳ				
				7号		6×			Ⅲ~Ⅳ				南溝は5号と共有
				8号	C3	6×5.5			Ⅲ~Ⅳ				
				9号	(B3)				Ⅲ~Ⅳ				
				10号	(B2)?	12.1×10.5	11.1×9.3	2.5×0.6	Ⅲ~Ⅳ		ガラス玉1		
				11号	A3	7.5×5			Ⅲ~Ⅳ				
59	八王子市	船田	1		C1	11.4×9.4	9.3×7.6	3×1.2	Ⅲ	壺(穿・破)2		大場・服部ほか1970	
60	八王子市	平塚	5	1号	G2	17×						長谷川1981	
				2号	G2?	20×			Ⅳ				
				3号	G2?	14×							
				4号	G2?	18×							
				5号	(G2)						不明鉄製品	平塚Ⅲ1994	墓域南限
61	八王子市	神谷原	34	SX02	D1	16.4×14.7	13.0×11.0	2.76×0.68	Ⅴ	壺5 (穿2、破3) 坩(穿)		大村1991,1992	土器はⅢ層出土
				SX03	D1	10.8×10.7	8.2×7.8		Ⅴ				SB47(Ⅲ期)→SX03　SB100と接合
				SX04	D1	7.7×7.7		2.16×0.9	Ⅴ				
				SX05	D2	5.6×	4.5×	2.86×0.93	Ⅴ				SX05→SX04
				SX06	D1	4.6×4.3	3.7×3.6		Ⅴ				
				SX07	?	4.5×3.7	4.2×3.4		Ⅳ				SB45(Ⅲ期)より古
				SX08	C1	6.8×5.5	6.1×4.4		Ⅳ				SB46(Ⅲ期)より古
				SX09	D1	6.2×6.14	5.4×5.1	2.6×1.65	Ⅴ	壺1(破)	鉄器		SX10→09→11→12
				SX10	D1	5.84×5.4	4.9×4.9	1.96×1.24	Ⅴ				
				SX11	D1	5.1×(5.0)	4.5×4.1		Ⅴ				
				SX12	D1	6.6×5.5	5.6×4.2	2.35×0.8	Ⅴ				SX12→14
				SX13	D1	9.9×7.58	5.6×4.2	3.94×1.64	Ⅴ				SX13→14
				SX14	B1	11.9×10.1	8.3×7.0		Ⅴ	壺5 (破4、穿1)	鉄器片、遺物多数		SB48(Ⅲ期)→SX14 方台部がいびつ
				SX15	A1	6.28×5.7	8.3×7.0	2.5×0.66	Ⅴ				
				SX16	G1	18.35×18.0	14.0×13.8	3.0×1.34	Ⅴ				SX18、SX-D,SX-E,SX-FとSB116(Ⅲ期)と重複関係。
				SX17		17.6×14.5	15.1×11.5	4.86×2.48	Ⅳ	壺2(穿)	鉄器1、 ガラス玉1、 遺物多数		SX18、SX19、SX-Gと重複。台甕(Ⅰ期のSB56と接合)のみⅢ層下部、他はⅡ層。SB30(Ⅱ期)を切る。
				SX18		13.0×11.5	4.5×4.8		Ⅳ				未調査。SX16,SX17,SX-Gと重複
				SX19	D1	12.0×9.0			Ⅳ				未調査。SX17,SX-Hと重複
				SX20	D1	10.1×8.7	8.0×6.5	4.28×1.46	Ⅴ				SB118(Ⅲ期)→SX21→SX20→SX22　しかし、SB118との切り合い関係は不明
				SX21	D1	7.6×(7.0)	6.2×5.4	3.28×1.46	Ⅴ				
				SX22	D1	7.8×7.8	6.4×6.3	3.3×1.76	Ⅴ				
				SX-A	E1	14.5×14.5			Ⅴ				未調査。遺物なし
				SX-B		21.3×19.5	17.1×15.5	6.7×2.35	Ⅴ		鉄器		未調査
				SX-C	D1	(22)×(20)		3×1.3	Ⅴ				未調査
				SX-D		(6)×(5.5)			Ⅴ				未調査。SX16に付属し、住居と切り合う
				SX-E		(7)×(6.8)			Ⅴ				未調査。SX16に付属し、住居と切り合う
				SX-F		(7)×(7)			Ⅴ				未調査。SX16に付属し、住居と切り合う
				SX-G		(10)×(6.5)			Ⅳ				未調査。SX17,SX18と切り合う
				SX-H		(10)×(6.5)			Ⅳ				未調査。SX19,SX-Iと切り合う
				SX-I		(10.5)×(8)			Ⅳ				未調査。SX-Hと切り合う
				SX-J		(12.8)×(12.5)			Ⅳ				未調査。SX-I,SX-Kと切り合う
				SX-K		(11.5)×(10)			Ⅳ				未調査。SX-J,SX-Lと切り合う
				SX-L		(8.5)×(7)以上			Ⅳ				未調査。SX-Kと切り合う
				SX-M		8.6×外			Ⅳ				崖ぎわ、単独検出。未調査。
62	八王子市	滑坂	1	SX01	(D1)	9.2×8.8	7.7×7.7					佐々木ほか1988	遺物なし
63	日野市	平山	4	1号	D1	8.6×7.9	7.3×7		Ⅳ~Ⅴ	壺(破)		清野・池上1979 池上ほか1979 坂詰・持田編1984	
				2号	D1	15×13.5	7.3×7		Ⅳ~Ⅴ				
				3号	(C1)	9.5×7.6	8.4×6.4						
				1号墳		28.7×	25.7×		Ⅴ				
64	多摩市	和田・百草	2	SZ1		12×(6.4)	10×(6.1)	2.85×1.2	Ⅳ	壺(破)1、 高坏1(破)	石製丸玉17 (主)	桐生1986	19住と接合。ローム整地
				SZ2				2.55×1.2	Ⅳ	壺1(破)			SZ1→SZ2　ローム整地
65	調布市	下石原	1	SZ05	D1	13.4×12			Ⅴ~Ⅵ			生田1987	第3地点
66	調布市	国領南	2	第6地点	(D1)	16×15				小壺(後穿)		十時1990	詳細不明
				第11地点								市教委1999　第41集参照	詳細不明
67	狛江市	圦上北	1	1号		9.9×			Ⅲ?			市教委2001　第20集	時期・詳細不明　一隅切か
68	狛江市	弁財天池	1	1号	(C1)	18×17	14.5×14	2.83×1.5 2.1×1.2	Ⅲ		石錘1、槍先形鉄製品1、鉄釧2(第1主)、銅釧6(第2主)	對比地1992	第2主体部は周溝の外。焼骨出土
69	狛江市	三長西	1	方形周溝墓	D1	11.6×10	9×7.4		Ⅳ	壺(穿)		三長西遺跡調査団1995	
70	世田谷区	宮之原	7	第3次(1)								区教委1995　1993年	
				第3次(2)									
				第3次(3)									
				第7次1号	C1?	9.75×9.51	8.36×8.5		Ⅲ				南溝は4号北溝と重複
				第7次2号					Ⅲ				
				第7次3号					Ⅲ				
				第7次4号	C1?				Ⅲ				被熱
71	世田谷区	喜多見陣屋	2	第9次		17~18			Ⅳ?			区教委1993　1991年報	詳細不明
				第12次		21×			Ⅲ?				詳細不明
72	世田谷区	上神明 (第9次)	1	1号					Ⅴ?			寺畑1986	詳細不明
73	世田谷区	砧中学校	1	2号溝状					Ⅴ~Ⅵ	坩3		寺田1987	
74	世田谷区	堂ケ谷戸	1	6号溝								久末1982	
75	世田谷区	下山	6	Ⅰ-1号					Ⅳ~Ⅴ			大庭1982　「下山Ⅰ」	
				Ⅰ-2号	D1	14.1×13	12.6×11.6		Ⅳ~Ⅴ				
				Ⅰ-3号	C2	13.4×12.7	10.6×9.6		Ⅳ~Ⅴ				
				Ⅰ-1号溝					Ⅳ~Ⅴ				
				Ⅰ-2号溝					Ⅳ~Ⅴ				
				Ⅱ-円形周溝墓	G2	11~14			Ⅴ~Ⅵ			對比地1985　「下山Ⅱ」	

	区市	遺跡名	数	遺跡NO.	形	規模(外)	規模(内)	主体部	時期	出土土器	その他	文　献	備　考
76	世田谷区	瀬田	1	1·2·3号溝	A2				V?			小柳1984	周溝墓の可能性
77	大田区	多摩川台古墳群	2	1号溝状					Ⅲ			藤掛1989	5号墳下　周溝墓の可能性
				1号					Ⅲ?			多摩川台古墳群調査会1993	1号墳下
78	大田区	田園調布南	5	1号	(C1)	16×19(報)		3×1.7(報)	Ⅲ	小壺(穿)	ガラス玉8、切子玉3、管玉7	藤原1992	遺物多数。南溝被熱
				2号					Ⅲ	壺(穿)			
				3号					Ⅲ				
				4号					Ⅲ?				
				5号					Ⅲ?				
79	大田区	光明寺	6	1号	A3				Ⅱ			環8光明寺遺跡調査団1997	古墳の下から確認。4号を除いて四隅切れ。宮ノ台の終末ごろを主体。台地の先端方向に方形周溝墓は展開。
				2号	A1	12.1×12	9.9×10.2		Ⅱ	小壺(穿)1			
				3号	B3				Ⅱ				
				4号	D2	10.7×(12)	8×	2.75×1.35	Ⅱ				
				5号									
				6号									
80	大田区	久ケ原	10	六丁目9番地点1号				有(2か所)	Ⅲ			区教委2003　第16集	詳細不明。1→5→2→3→4。周溝共有。写真では全周タイプの模様。
				六丁目9番地点2号				有	Ⅲ				
				六丁目9番地点3号					Ⅲ				
				六丁目9番地点4号				有	Ⅲ		ガラス玉20		
				六丁目9番地点5号					Ⅲ				
				六丁目12番A地点					Ⅲ				詳細不明。初期久ケ原式土器が出土。
				六丁目2番地地点1号				有	Ⅲ				詳細不明。周囲より土坑墓5基あり。3号土坑墓よりはガラス玉20点。方形周溝墓の埋葬施設の可能性もあり。
				六丁目2番地地点2号									
				六丁目12番B地点									A地点の南西。詳細不明。
				六丁目12番C地点					Ⅲ				詳細不明
81	大田区	山王	2		A1	12.4×11.5			Ⅱ	壺(破砕)1		野本1981	山王3-31-21地点
				二丁目9番地点方	A1				Ⅱ			区教委2003　第16集	一辺15m程度。
82	町田市	多摩ニュータウンNO.939	1	1号	A1	8.92×8.84	7.3×7.1		Ⅱ		勾玉1 炭化米	都センター2000　第81集	勾玉は方形周溝墓南東付近から出土したもので伴うものかは不明。黒曜石製である。
83	町田市	多摩ニュータウンNO.345·920	3	1号		14.6×	8.2×		Ⅳ			都センター2004　第146集	
				2号		6.2×	4.7×		Ⅳ				
				3号	C3				Ⅳ				
84	町田市	多摩ニュータウンNO.916·917·918	2	1号	D1	9.8×9.2	7.9×7.2		Ⅳ~Ⅴ	壺(破·穿)		都センター1995　第19集	構内土壙·焼土
				2号	E1	7.7×5.6	5.6×4.5	3.6×1.2	Ⅳ~Ⅴ	壺(破砕)	ガラス玉2		辺中央に狭い陸橋あり
85	町田市	多摩ニュータウンNO.200·201·914	8(7)	200—1号	D1	10.8×10	8.5×5.5	1.6×1	Ⅳ~Ⅴ	壺(破)(穿)	鉄鏃2、ガラス玉1	都センター1990　第11集	200-3号は、及川良彦氏より方形周溝墓ではないとの見解が出されている(報告書及び及川2003)。そのため、本遺跡の基数は8であるが(7)と記載した。
				200-2号	E1	7.6×7.2	5.9×5.5	2.8×1.65	Ⅳ~Ⅴ		鉄釧1 大麦など	都センター2002　第108集	
				200-3号	D1?	5.4×5.3	3.95×4		Ⅳ~Ⅴ				
				200-4号	C1	12.7×12.3	10.1×8.4		Ⅳ~Ⅴ		不明鉄製品1		
				200-5号	D1	12.3×11.1	9×8.1	4.2×2.4	Ⅳ~Ⅴ		鉄剣1、ヤリガンナ1、鉄鏃2、管玉3、ガラス玉7、大麦など		
				201-1号	D1	9.55×9	7.15×7.1		Ⅳ~Ⅴ			都センター1997　第41集	10住→1方
				201-2号	D1	17.5×13.3	12.9×9.15	3.7×3.25	Ⅳ~Ⅴ				
				201-3号		7.7×7.2	7.1×6.6		Ⅳ~Ⅴ				
86	稲城市	平尾台原	5	1次1号	(C1)	13.6×8	11.1×7.6		Ⅲ~Ⅳ			小谷田1981	
				2次C区1号		13.1×11	12.6×10.5		Ⅲ~Ⅳ				
				2次C区2号	(D1)	14.8×13.2	12.5×10.8		Ⅲ~Ⅳ				1住→C区2号　壺棺
				2次C区3号	(C1)	11×	10×		Ⅲ~Ⅳ				
				2次D区1号	(C1)	15×13.5	11.5×8.6		Ⅲ~Ⅳ		勾玉1		3住→D区1号

*この一覧表は『関東の方形周溝墓』(山岸編1996)の東京都の一覧表を基に補正·追加をおこなったものである。墳丘の確認例はない。
*時期区分は、Ⅰ中期中葉以前、Ⅱ中期後葉(宮ノ台式)、Ⅲ後期、Ⅳ古墳初頭(元屋敷·庄内並行)、Ⅴ古墳前期(布留併行)、Ⅵ古墳中期以降(和泉)
*土器編年研究は、『関東の方形周溝墓』以降研究の進展がみられるが、一覧表の時期区分は作成時の記載及び報告書の記載によるところが多い。
*出土土器欄の記載は、底部穿孔土器·破砕土器の個数で、方形周溝墓出土の全ての土器数ではない。

ているようにも見えるんですけれども、一応四隅切れという形だということです。

後期の段階から終末の段階で遺跡が増えるわけですけれども、東京でも他の地域でも、古墳時代を前・中・後期と三つに分けますと、前期の半ばぐらいになると方形周溝墓の数は激減します。先ほど、ずっと新しい段階まで続くという話もありましたが、今のところ、方形周溝墓としては前期いっぱいぐらいまでで、東京周辺ではなくなるように思われます。これは古墳との認識の問題ですので、古墳跡なりで報告されていたものとの検討が必要になります。

関東地方の主な遺跡は図に載せております。この中で注目される遺跡としては、神奈川だと図4の王子ノ台。これは先ほど、話にありました

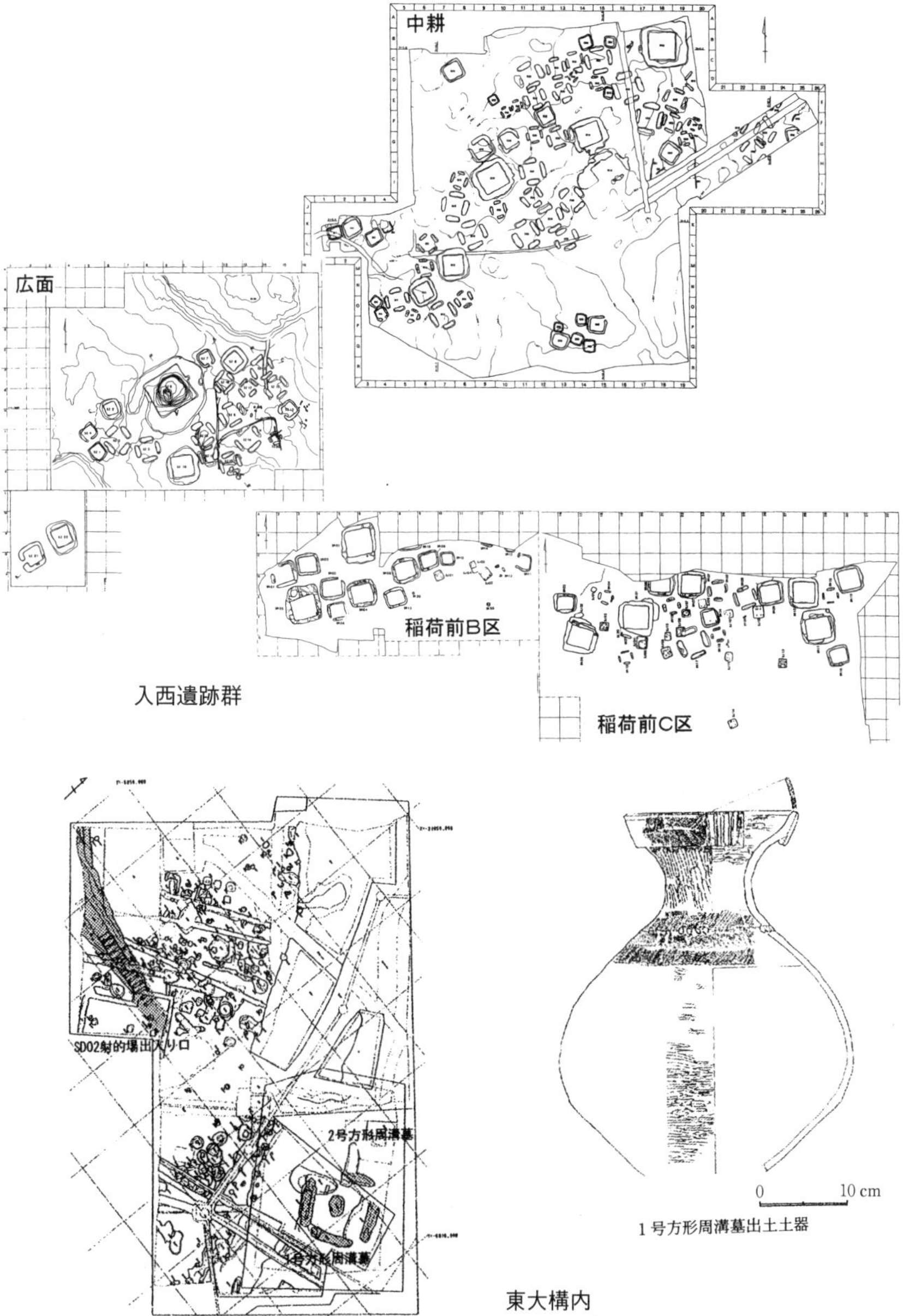
中耕
広面
稲荷前B区
入西遺跡群
稲荷前C区
SD02射的場出入り口
2号方形周溝墓
1号方形周溝墓
東大構内
0
10 cm
1号方形周溝墓出土土器

図3　方形周溝墓例 (1)

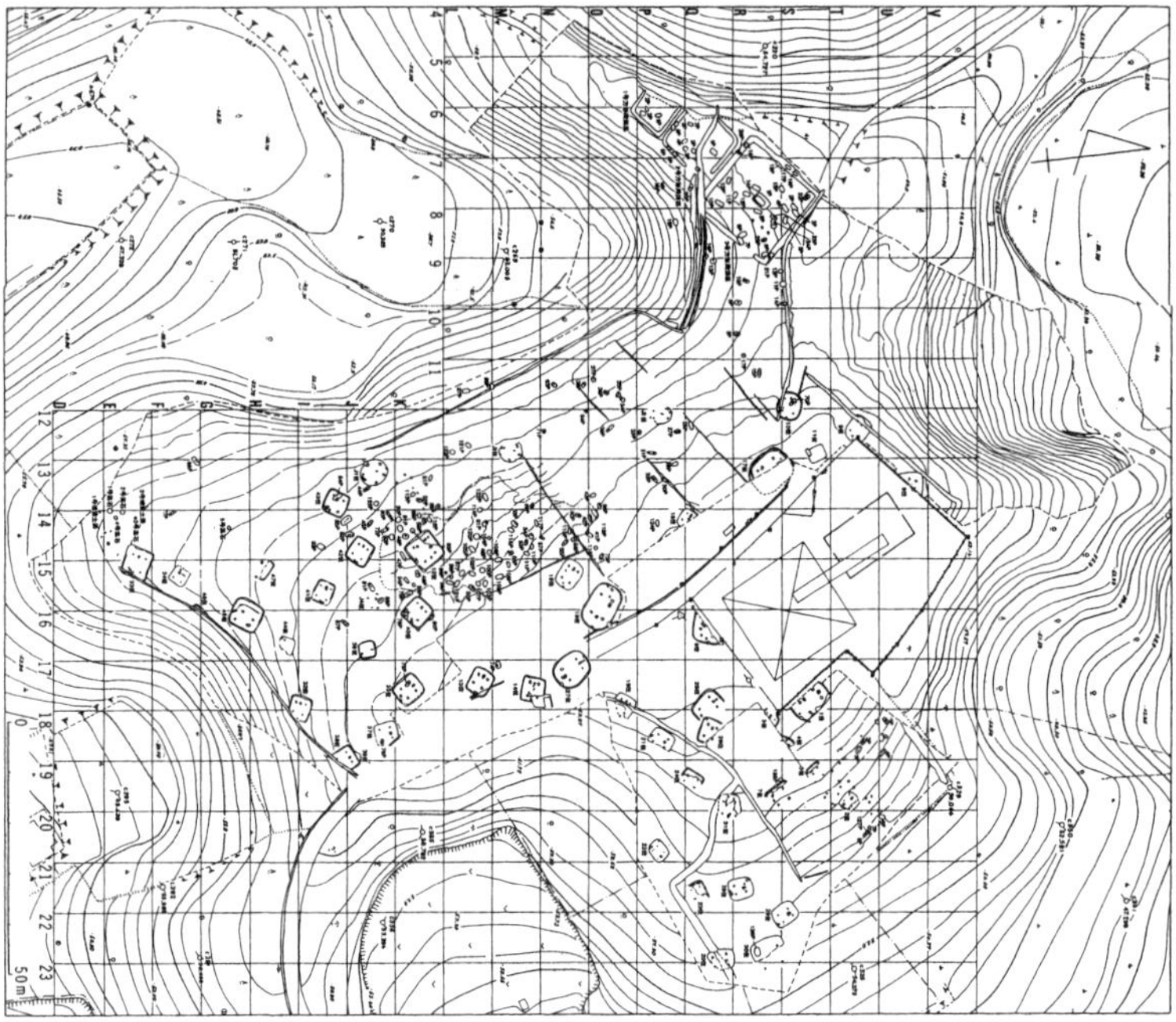

港北 E5

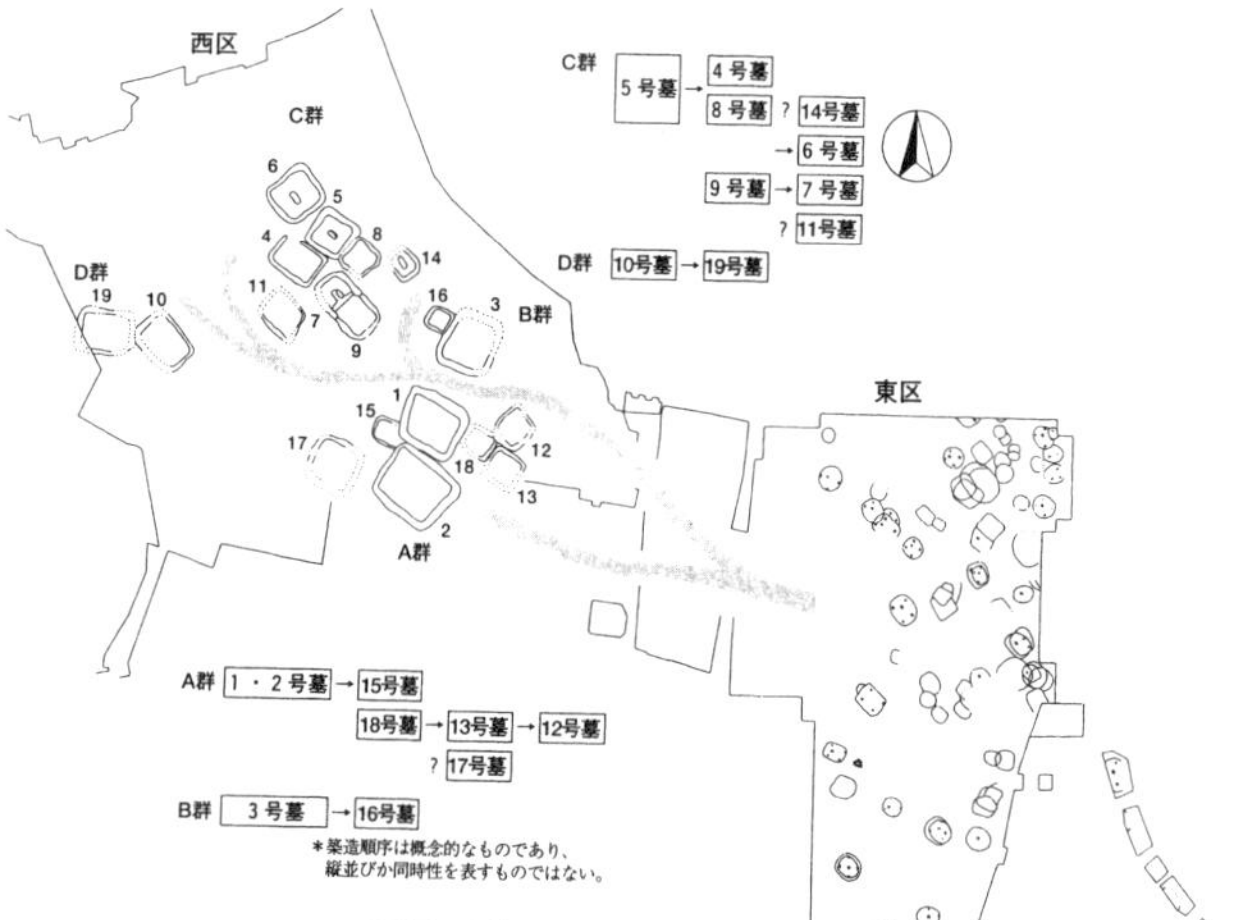

王子ノ台

図4　方形周溝墓例 (2)

墓道とか鉄剣とかも出ていますので、弥生時代後期の一つの典型的というか、代表的な周溝墓と集落の関係で見ることができるかと思います。

図5の上は三浦半島の遺跡ですが、変わって周溝墓は数基、一基ですね。高原北のほうは一基ですし、数が少ないという一例です。住居跡がたくさんあっても、数基しか造られないという遺跡があるんだということです。対して下は、中期の古い段階まで上がります小田原市中里の例です。

図6が神奈川県海老名本郷の環濠集落と方形周溝墓の一群です。

図7の上の段が、神奈川県社家《しゃけ》宇《う》治《じ》山《やま》です。現地発表会の資料をそのまま転載させていただいたんですが、低地で見つかって新しく認識されつつある方形周溝墓の一群の例を掲げてあります。下の千葉県寺崎向原は、中期の群集状態です。

図8は、『千葉県史』資料に載った主に古墳時代の遺跡群ですが、写植を入れましたけれど、神門《ごうど》古墳群など、非常に有名な遺跡群がこの中にありますが、見たらわかりますように、もう無数の遺跡が、ここに存在するという特徴が見えると思います。

図9の上の段が千葉県石揚遺跡です。溝が上から一、二、三本とあるわけですけれど、二本目の所に主体部がありまして、方形周溝墓の区画を一回造ったあと、さらに、この場合上側に増やしているのではないか、つまり拡張している方形周溝墓ということで、「拡張方形周溝墓」という名前が東海大学の近藤英夫先生の命名で付けられている例です。

図10は武蔵野線の東浦和駅の周辺になるんですけれど、非常に有名な井沼方遺跡の分布図と、周溝墓から出ている鉄剣、土器などです。

次の図11で、中里前原と言うのは与野駅の西側に当たりますが、あの周辺に大規模な遺跡がいくつかあるんですが、その状況です。

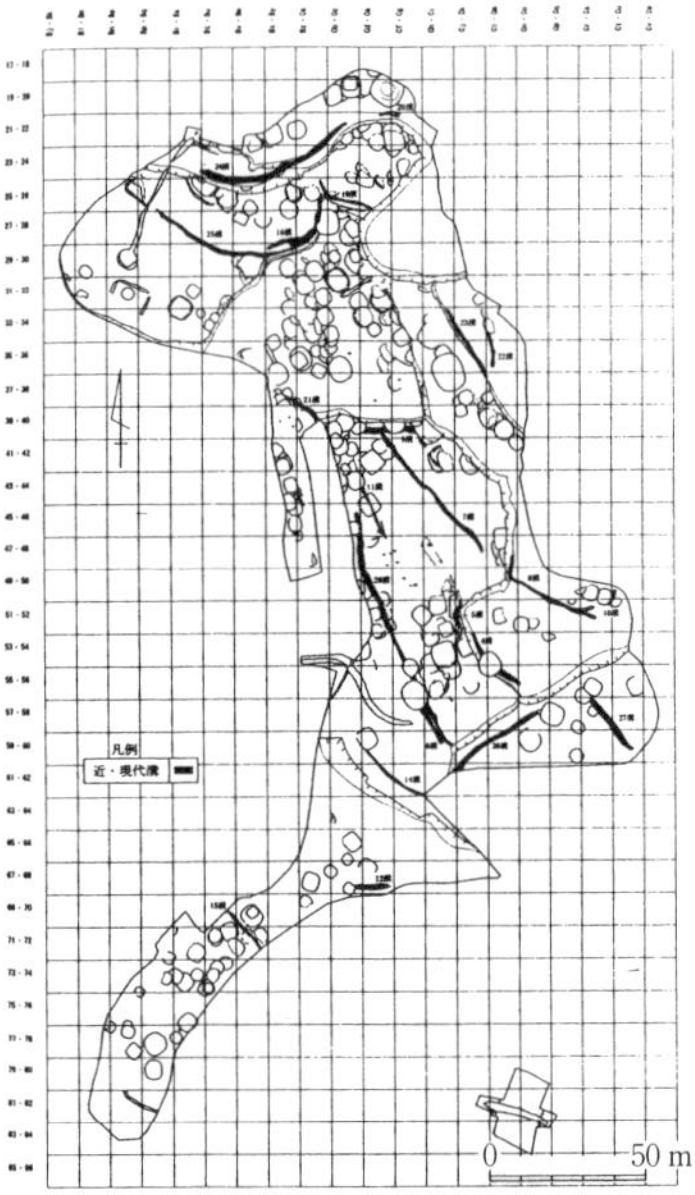

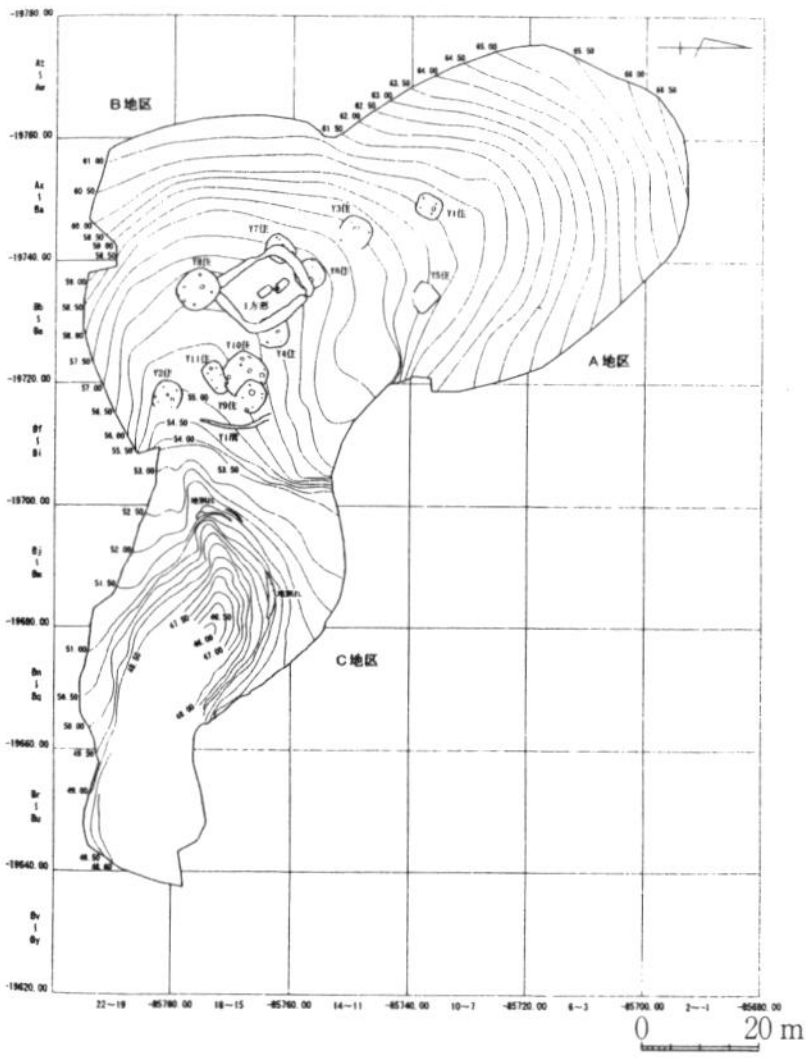

高原・高原北

中里遺跡第Ⅲ地点遺構配置図 (1/800)

中里

中里遺跡全体図

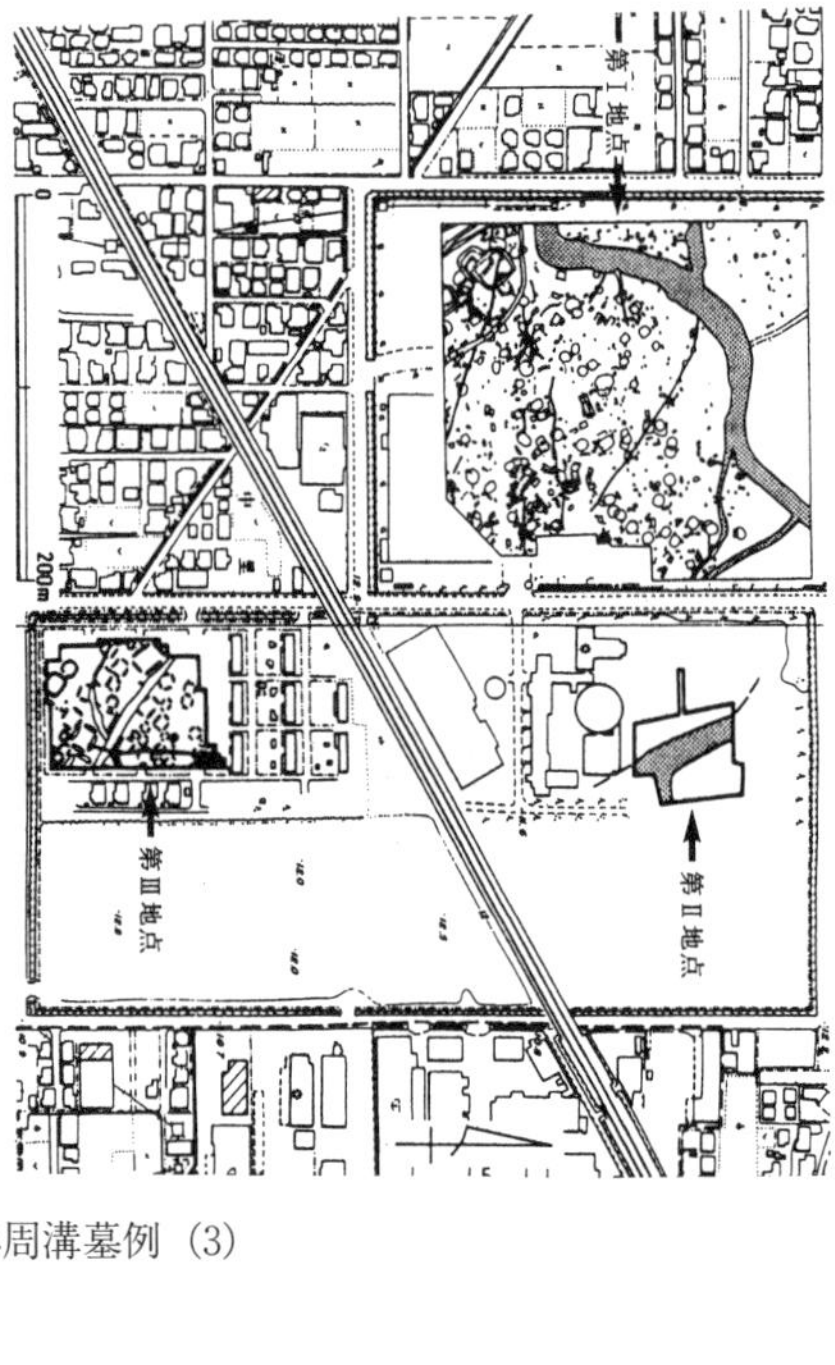

図5　方形周溝墓例 (3)

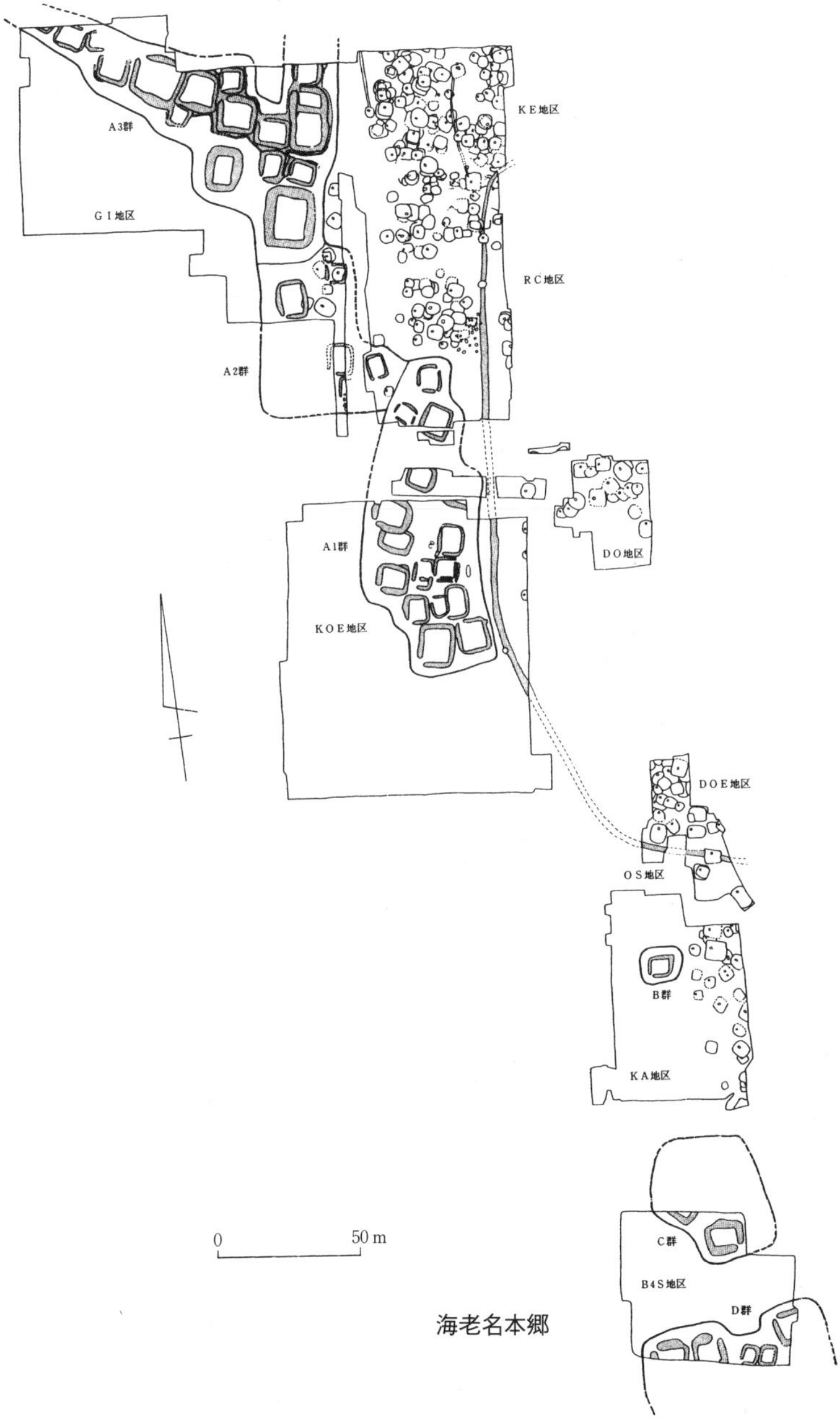
A3群
G I 地区
K E地区
R C地区
A2群
A1群
D O地区
K O E地区
D O E地区
O S地区
B群
K A地区
C群
B4S地区
D群
0
50 m
海老名本郷

図6　方形周溝墓例（4）

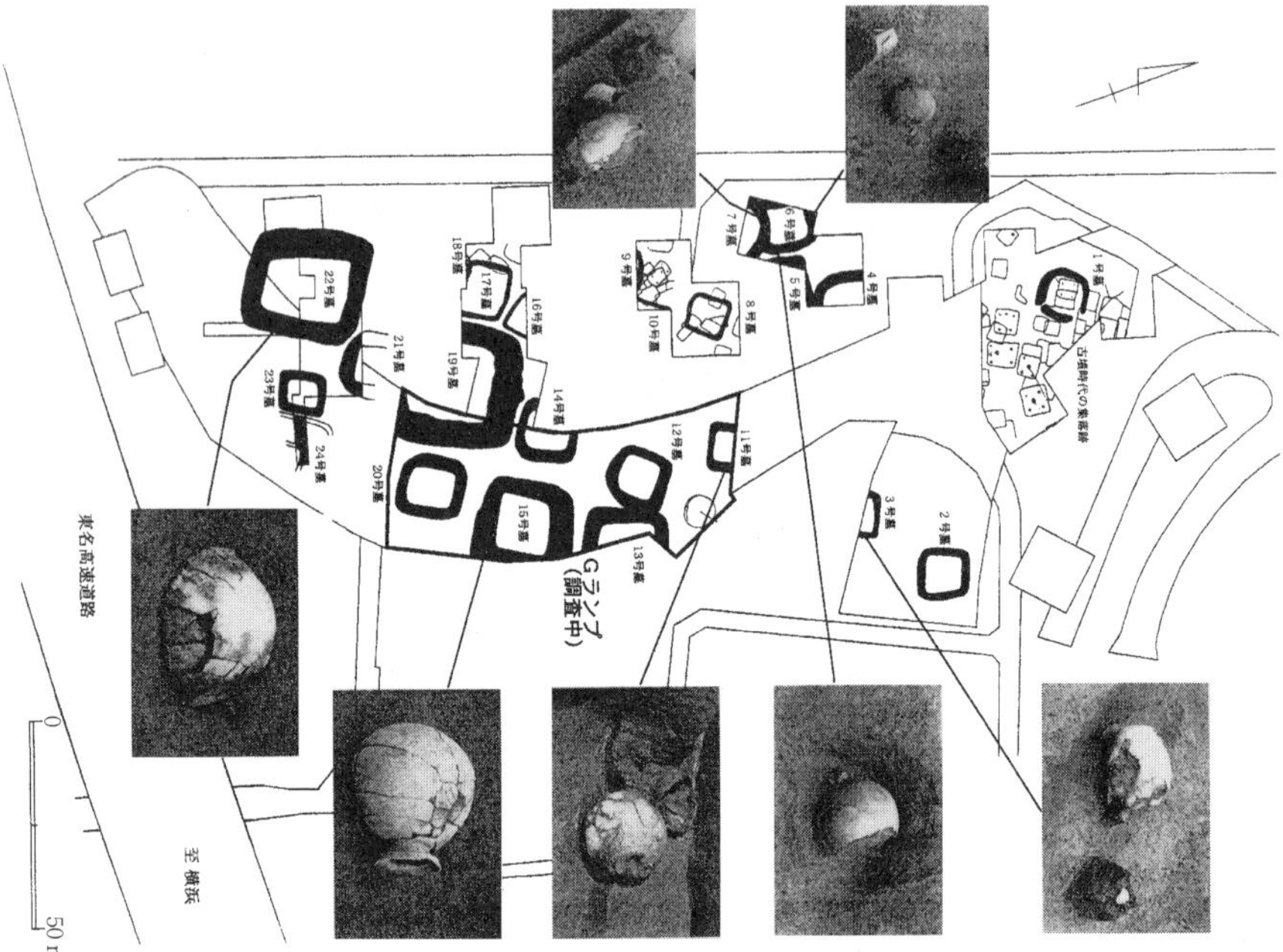

社家宇治山

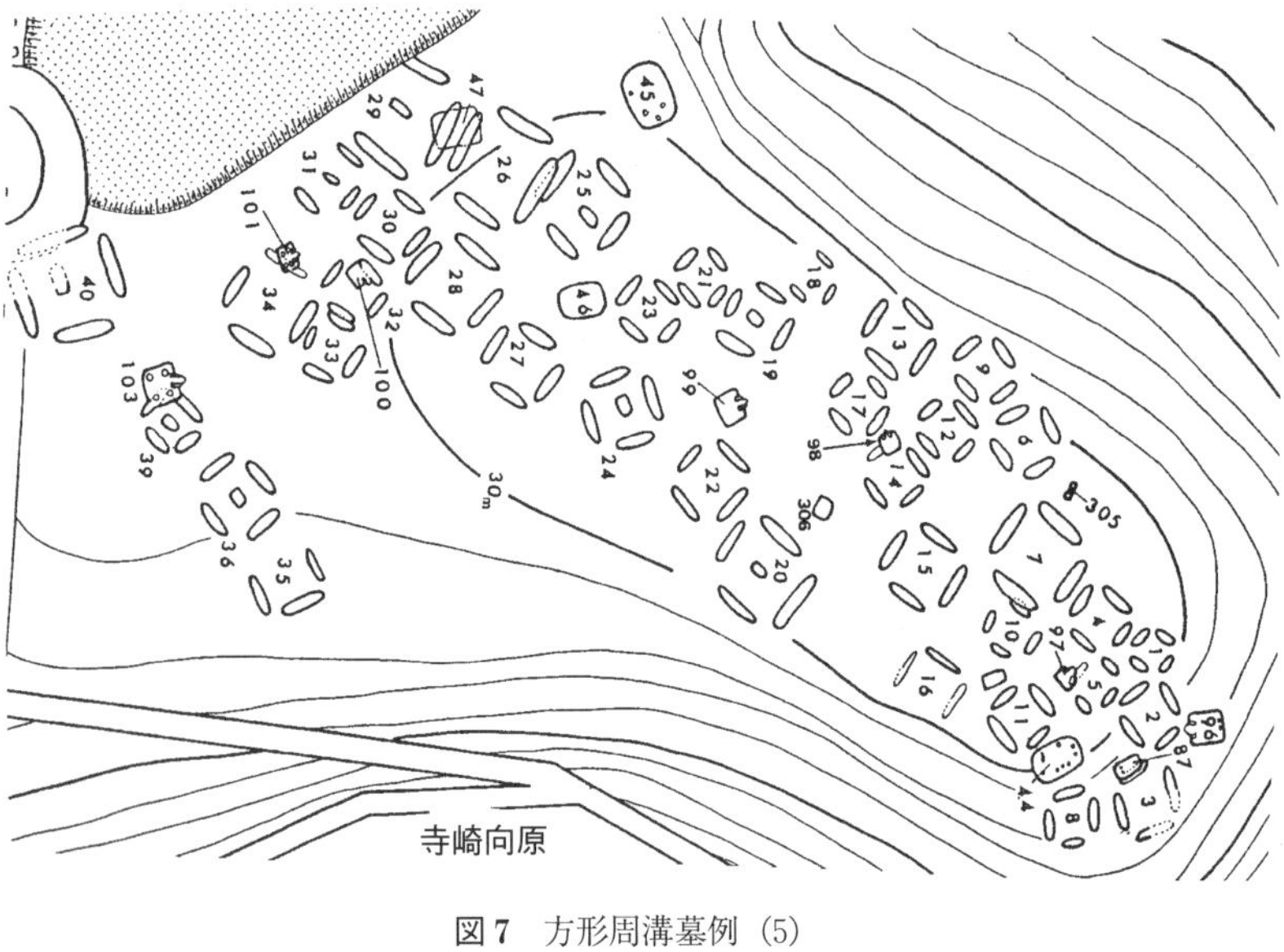

図7　方形周溝墓例 (5)

図８　市原市国分寺台地区の旧地形と調査遺跡（『千葉県史』資料５より）

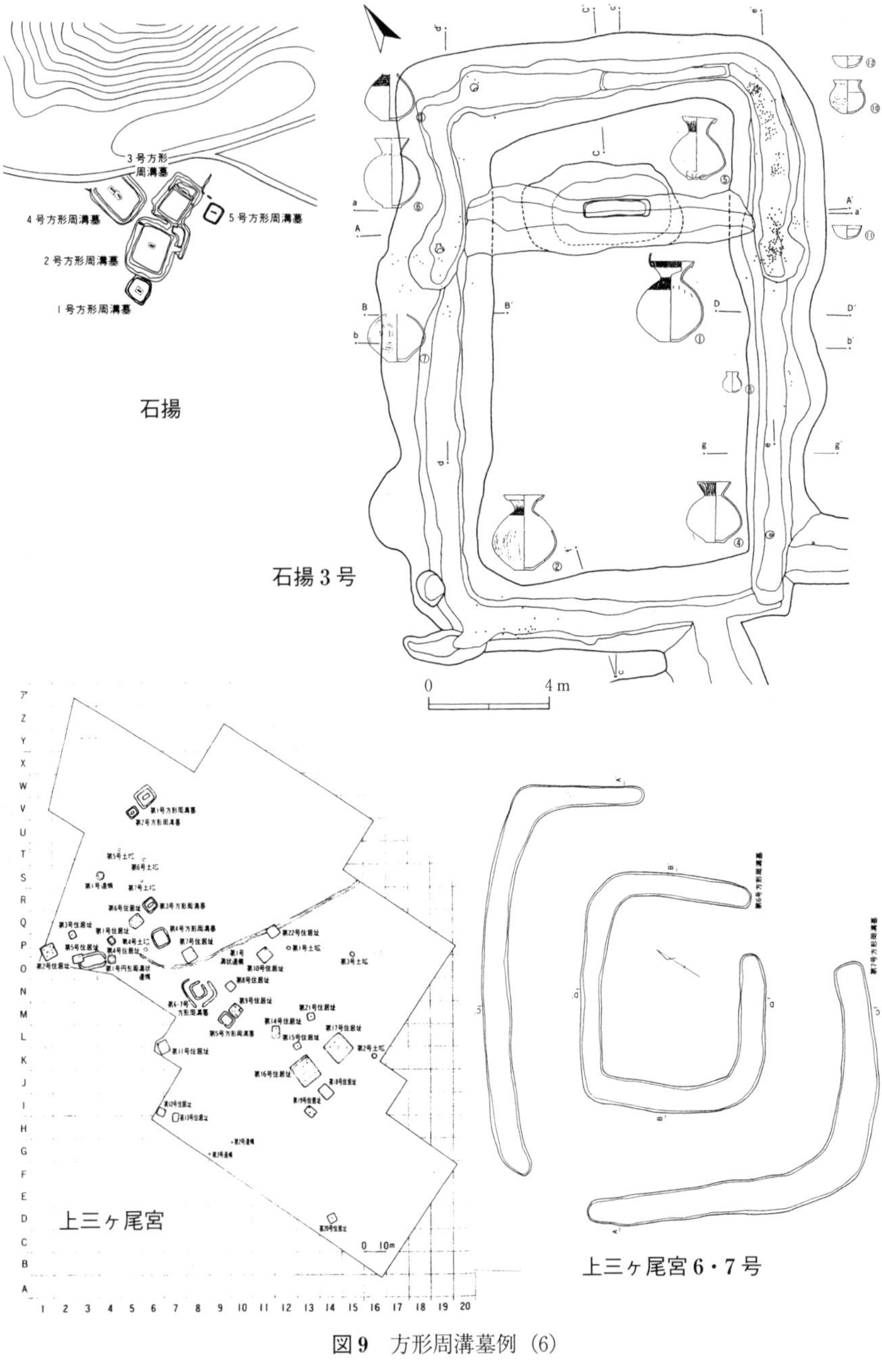
3号方形
周溝墓
4号方形周溝墓
5号方形周溝墓
2号方形周溝墓
1号方形周溝墓
石揚
石揚3号
0
4 m
上三ヶ尾宮
0 10m
上三ヶ尾宮6・7号

図9　方形周溝墓例（6）

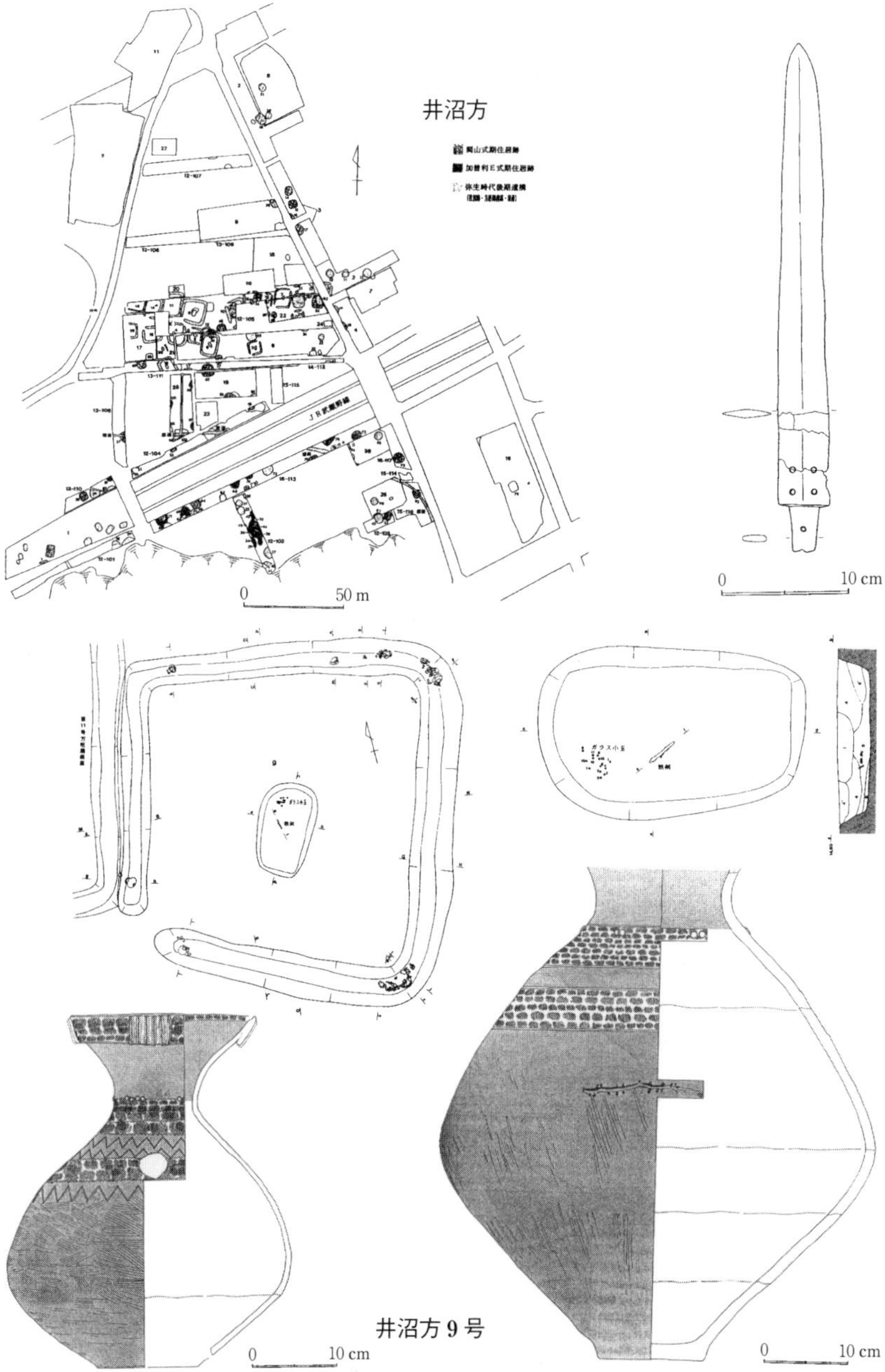
井沼方
関山式期住居跡
加曽利E式期住居跡
弥生時代後期遺構
JR武蔵野線
0　50 m
0　10 cm
ガラス小玉
鉄剣
井沼方9号
0　10 cm
0　10 cm

図10　方形周溝墓例（7）

東川端

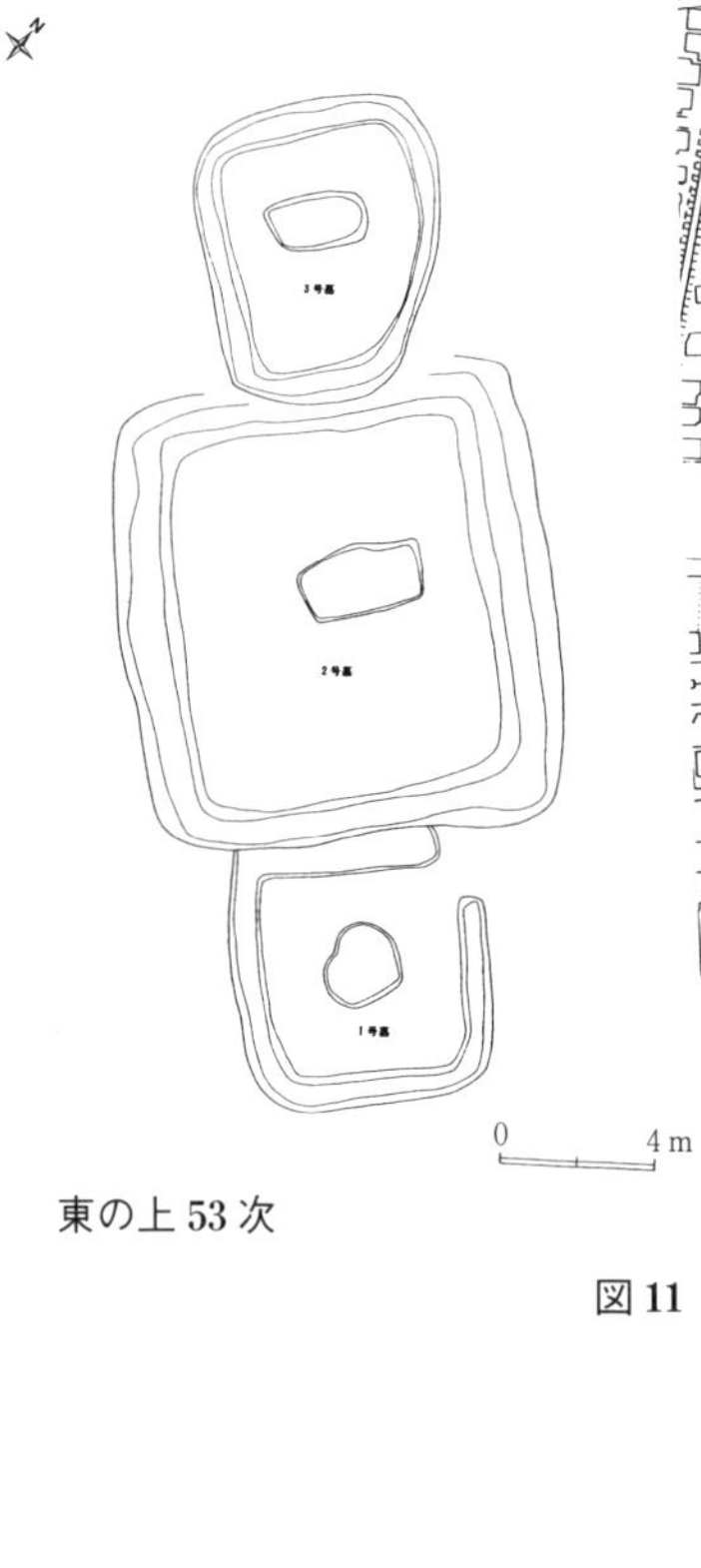

東の上53次

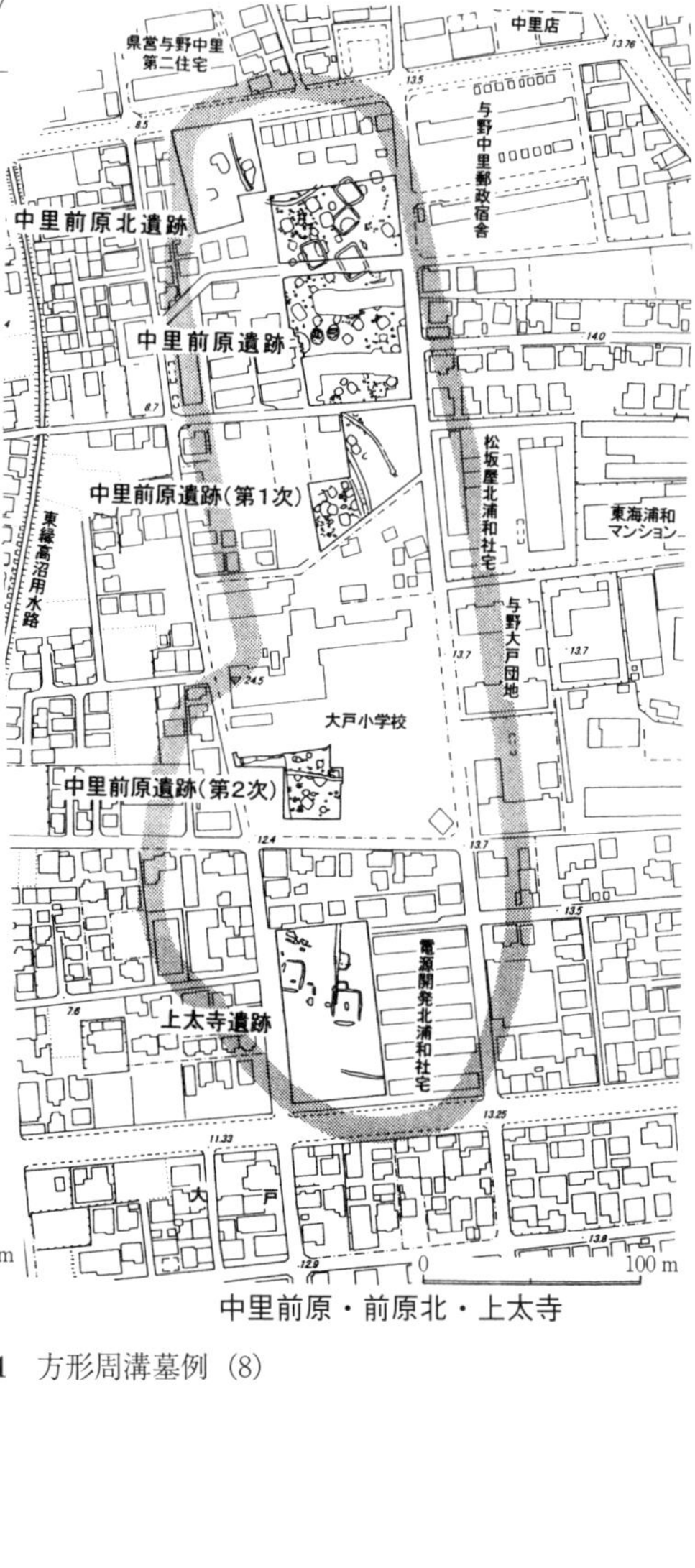

中里前原・前原北・上太寺

図11　方形周溝墓例 (8)

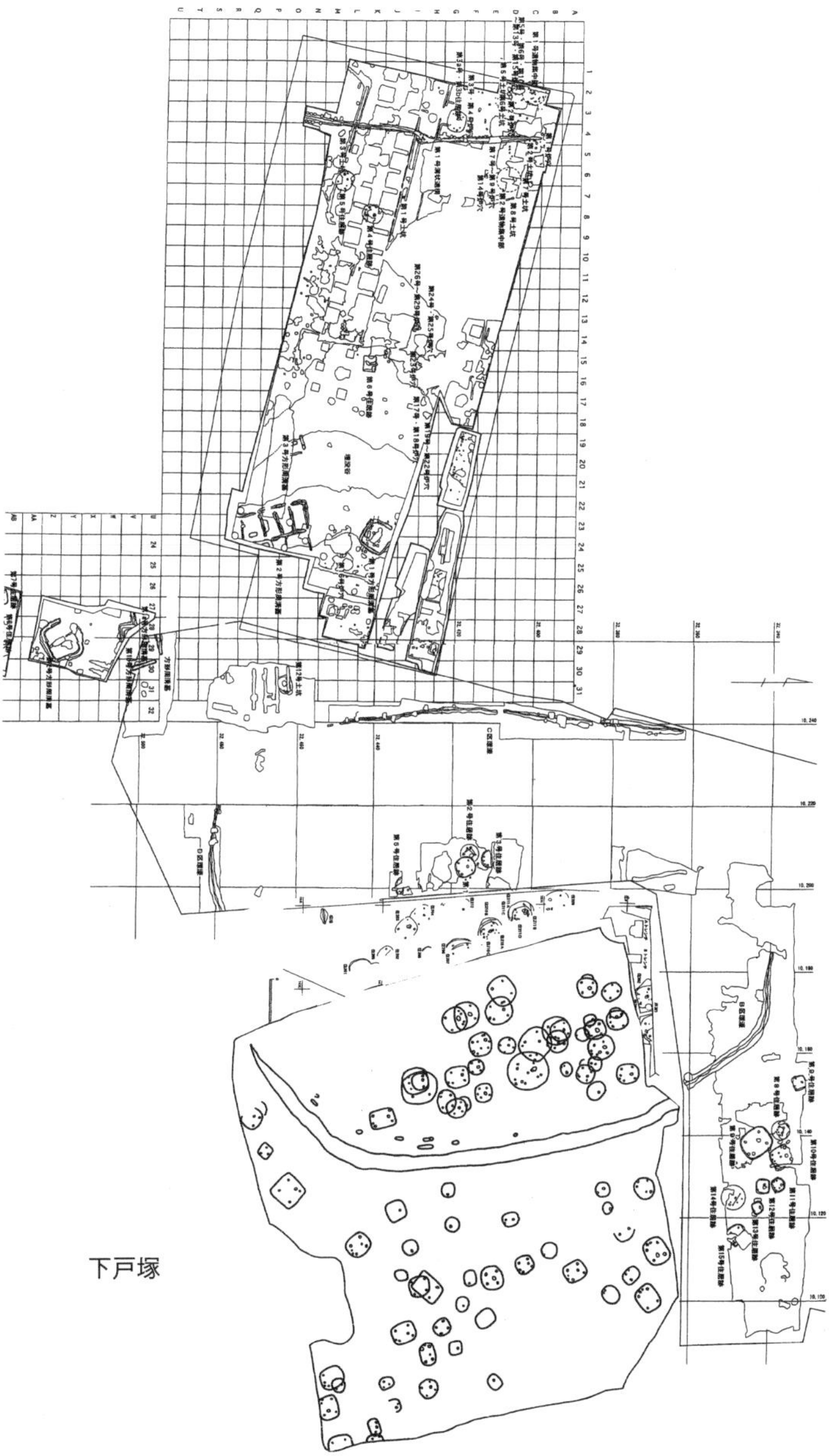

図12　方形周溝墓例（9）

図11左下の東の上と言うのは所沢なんですが、八〇次の調査まで進んでいますけれど、周溝墓は、この三つしか見つかっていないと思います。

時間が押してきましたので、あと説明させていただきたいのは図12にある下戸塚というのは早稲田大学の元の安部

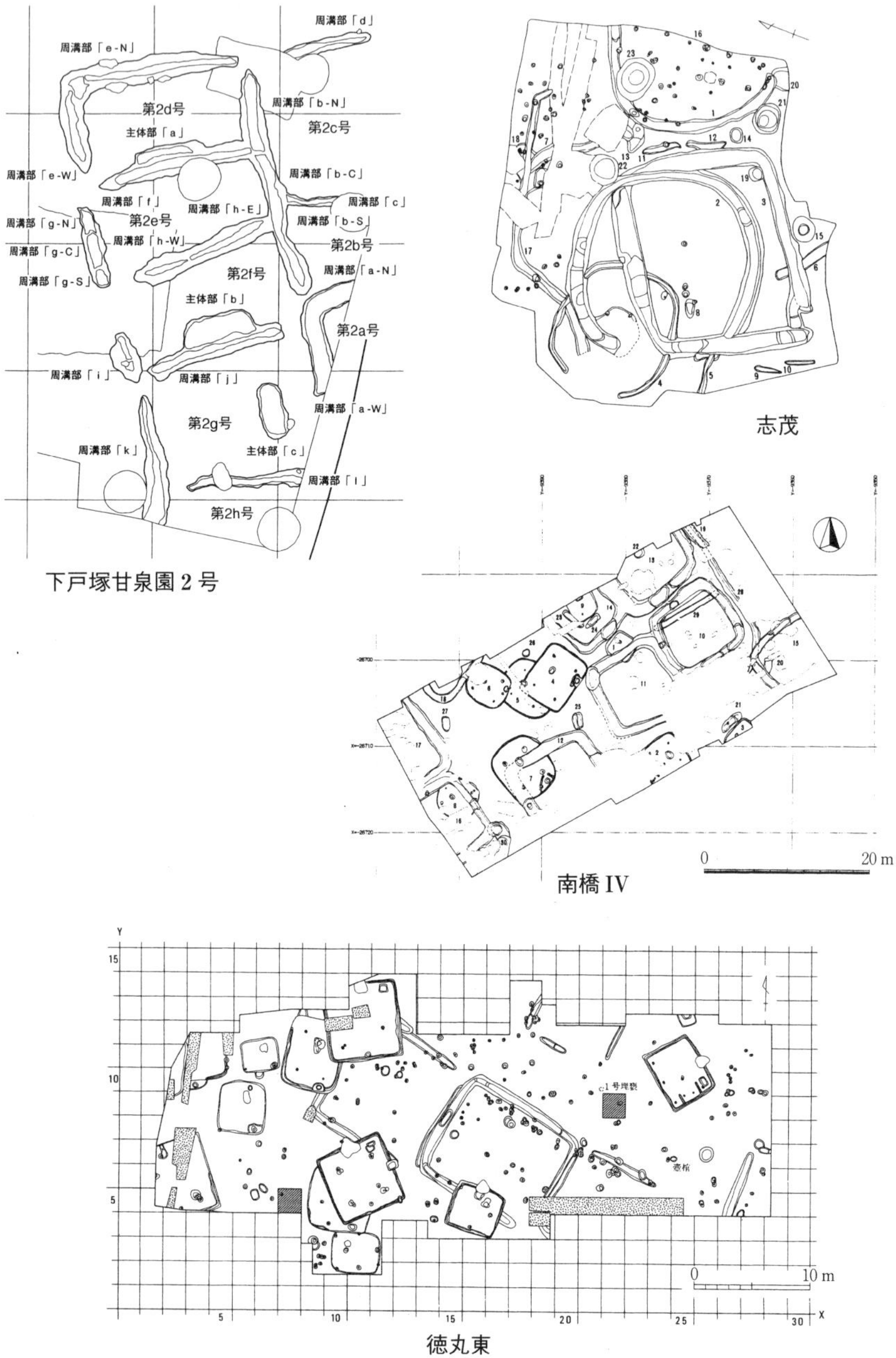

図 13　方形周溝墓例（10）

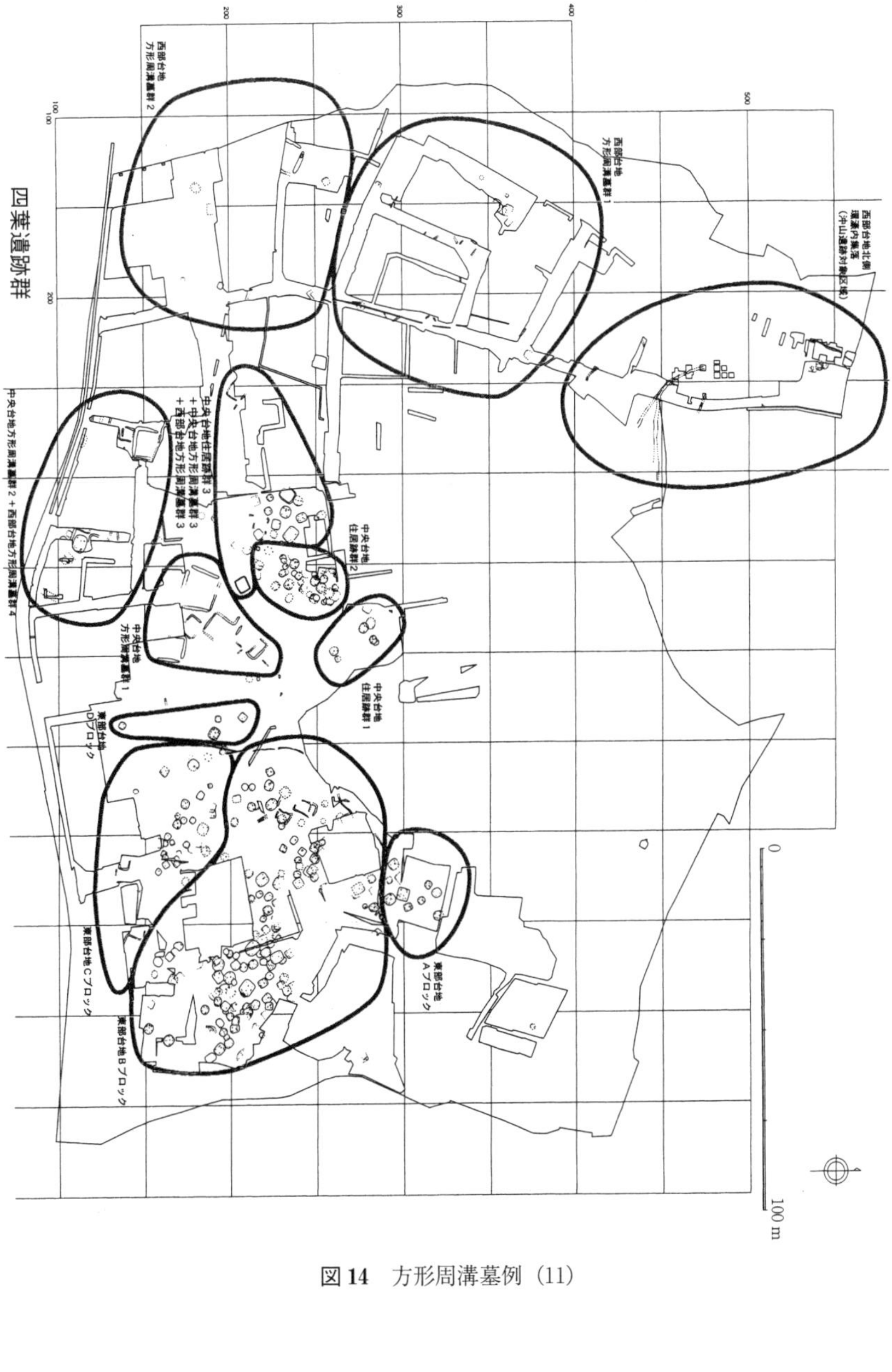

図 **14**　方形周溝墓例（11）

球場の所なんですけれど、この環濠の図は恐らく初めて出たと思います。私が合成させていただきまして作っております。

次の図13の左側の上の所にある下戸塚甘泉園二号というのが八つに並んだ拡張方形周溝墓とされるもので、ちょっと本当なのかなというのがあります。

図14は板橋区の四葉遺跡群で、ここが東京では一番、方形周溝墓の数が多い遺跡になります。

三　八王子の方形周溝墓

八王子の話をさせていただきますと、八王子の分布図が図15にあります。八王子については椚先生が非常に精力的に調査をされていますので、椚先生の説明のほうが私よりとてもいいんですけど、表2に方形周溝墓以外の弥生時代から古墳時代初頭にかけての遺跡も、すべて載せております。

八王子では弥生時代後期の、しかも後半に川口川流域などで遺跡が見つかりますが、それ以降、椚先生の研究によりますと、低い所から高い所に遺跡が移ってくるということです。それに伴い、方形周溝墓も増えてくるわけですけれども、方形周溝墓が一番多いのは、先ほども話題になりました神谷原遺跡というのが湯殿川の流域にあります。そこが八王子盆地では一番大きな集落と方形周溝墓群になります。

それで、あともう一つ特徴的なのが図16の上の段、平塚遺跡というのが、これが広園寺さんのある所のすぐ上の涯の高台に広がる遺跡群ですが、御所水からこの平塚にかけて一つの集落とされている所です。円形の周溝墓が群集するタイプで、円形の周溝墓が群集するのは非常に類例が少なくて、ちょっと四角じゃないかなというのもあるんですが、一応ここの類例が珍しいということが言えると思います。

単独で発見される円形周溝墓もありまして、神谷原にも群集する中にあります。図17の真ん中の段の右側に神谷原の周溝墓が載っておりますけれど、この中にａと書かれているのが円形周溝墓です。四角い中に円形が一基、見つか

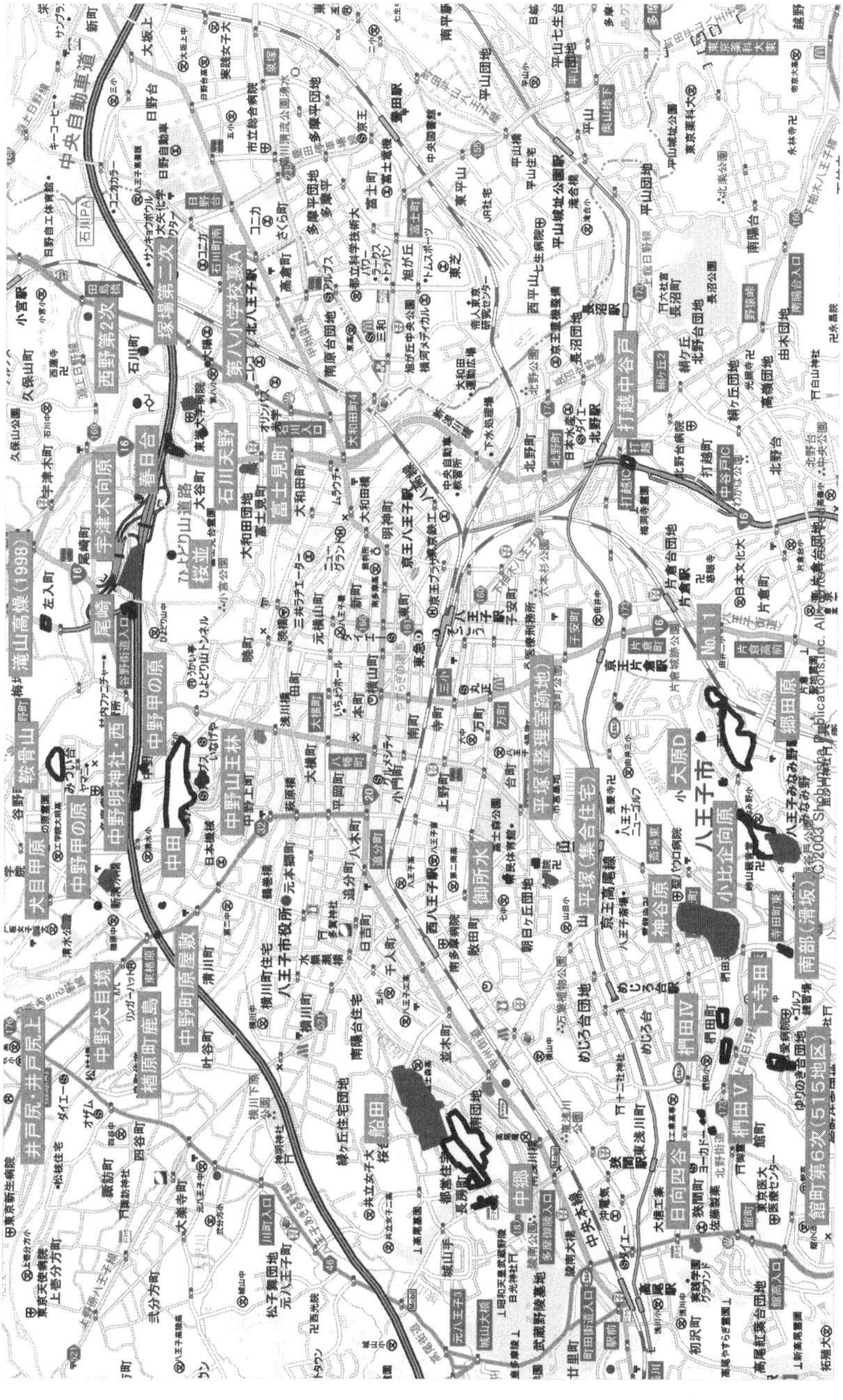

図15　八王子盆地遺跡分布図

表2　八王子盆地の弥生遺跡

	遺跡名	所在地	水系	立地	時期	遺構			文献	備考
						住	方	他		
川口川流域										
1	井戸尻・井戸尻上	八王子市犬目町136他	川口川左岸	犬目甲原と戸板女子短大を挟んだ反対側。	後Ⅲ新	4			多摩考古26(1996)	犬目甲原を含むと300m程度の遺跡となる。
2	犬目甲原・戸板女子短大	八王子市犬目町226、139他	川口川左岸	川口川左岸。方形周溝墓は段丘端より125m奥。標高135m	後Ⅲ新～古Ⅰ(不明)	5	1		多摩考古14(1979)	
3	中野犬目境	八王子市中野町	川口川左岸	戸板女子と同一の段丘上	古墳初(不明)	1			高校生の発掘(1995)	詳細不明
4	中野甲の原(西中野団地)	八王子市中野町2546	川口川左岸	川口川右岸のきわの段丘上。標高133m	古墳Ⅰ古	20	6(独立2連結4)	掘立1	中野甲の原遺跡2002	
5	中野明神社周辺(明神社・明神社西)	八王子市中野町・中野山王	川口川左岸	川口丘陵南端。南側を川口川の旧河道がある谷を隔て南岸は中田遺跡。標高130m程度	後Ⅲ新・古Ⅲ	5(後Ⅲ新1軒、古Ⅲ4軒)			多摩考古17(1985)	
6	中野甲の原(プロミス研修所地点)	中野山王町2-2058	川口川左岸	川口川左岸中野明神社の東側。標高130m程度	後Ⅲ古	2			中野甲の原遺跡1986	
7	中田	八王子市中野3丁目	川口川左岸	中野山王林のすぐ北側、北側南側とも川口川(旧氾濫現含む)に削られた微高地上。山王林とは谷を隔てそう。標高140m程度	後Ⅲ古(?)、古Ⅰ新	7			中田資料編1・3 1997・1998	A区3・9・16号、B区4・5号(Ⅲ古)B区12号、E3号は古Ⅰ新2軒
8	中野山王林	八王子市中野山王1丁目	川口川右岸(現在は左岸)	川口川と浅川に挟まれた楢原から続く比高3m、幅200mの微高地。ただし、現川口川は河川改修で流路が変わり左岸となり地図上は楢原からつながっていない。標高120m	後Ⅲ新	6			多摩考古8(1967)・19(1988)	川口川流域で最も古い(栁)。微高地の少しの調査なので全貌不明。比高差3m
9	八王子市鹿島遺跡	八王子市楢原町	川口川右岸	河岸段丘上	後Ⅱ新から後Ⅲ古にかけて	1			宇津木遺跡とその周辺　1973	詳細不明。宇津木向原の報告書に記載あり。中央道調査の際、楢原遺跡で発見された。
10	原屋敷	八王子市中野町原屋敷	川口川右岸	川口川と浅川に挟まれた微高地。楢原台地より一段低く、水田面から1.5m、台地より4mの比高さあり。標高135m程度	後Ⅲ新	1			多摩考古10(1970)	
谷地川流域										
11	鞍骨山	八王子市谷野町	谷萩川(谷地川の支流)右岸	加住丘陵の中を谷地川の支流谷萩川がつくるところへ東方向へむかってやや傾斜する丘陵頂に位置する。ややひろまったところだが山の頂に近い。標高160m程度。	後Ⅲ新	18			鞍骨山1971	丘陵頂のひとまとまりの遺跡。
12	滝山高燥	八王子市滝山町	谷地川右岸	加住南丘陵の東先端の1つの舌状台地の基部にあたる。南側を矢萩川と北側の現在は水田となっている谷に挟まれた舌状台地の北側に位置する。本調査区の標高は135m程度。矢萩川の南岸には宇津木向原遺跡・尾崎遺跡。	古墳Ⅱ(?)	1			滝山高燥調査団1998	1軒のみで、残りも悪い。舌状台地の基部にちかく、先端には該期の集落があってもよさそうだが、過去4回の調査では出ていない。しかし、大きく削平されている点や試掘の密度の問題もある。
13	尾崎	八王子市尾崎町	谷地川右岸	宇津木向原の西隣。標高135m前後	古Ⅰ新から古Ⅲ	26(終末5軒、前期21軒)			尾崎調査団1998、1999	宇津木向原と同一遺跡か
14	宇津木向原	八王子市宇津木町	谷地川右岸	加住丘陵南端の舌状台地。標高135m程度。比高差20m程度。	後Ⅲ新から古Ⅰ新	55(八工調査、工事中調査を加えると60軒)	5基(1号から4号は古Ⅰ古～新)、5号の時期は不明		宇津木遺跡とその周辺　1973 多摩考古5(1963)・6(1964)・15(1982)・20(1990)	内径11mの円形周溝墓らしきものあり
15	桜並	八王子市大谷町956	谷地川右岸	宇津木向原の南側	古墳初	?			高校生の発掘(1995)	詳細不明

	遺跡名	所在地	水系	立地	時期	遺構			文献	備考
						住	方	他		
16	春日台	八王子市石川町・大谷町	谷地川右岸	石川天野の西側、16号バイパスと中央道が交差する南側。標高125m～130m程度	Ⅲ新(1973)、古Ⅰ古(1990)	7(1973調査4軒・1989調査3軒)			春日台・下耕地1974、春日台遺跡1990	
17	西野	八王子市石川町	谷地川右岸	北側の谷地川に臨み、西側に小谷、東側は大沢谷に画される。石川天野遺跡は大沢谷から入る谷によって隔たれる。標高105m程度。	Ⅲ新	1			西野(第2次)2004	
18	石川天野	八王子市石川町・大谷町	谷地川右岸(大谷沢)	加住南丘陵の南東端に位置し、南と東を大谷澤が深く入る。北側にも急崖の谷が入り、三方が谷の舌状台地となっている。西側やや高くなる春日台遺跡が続く。A区120m程度。D区125m程度。	A区住居Ⅲ古～古墳Ⅰ古 A区方は概ね古墳Ⅰ D区は概ね後Ⅲ古	23(A区8軒・D区15軒)	5(3基の連結と2基の独立)	土坑その他	石川天野1981、1984、1997(A区)、1992(D区)…調査年度	D区西側は未調査。A区方形周溝墓は連結のものが独立のものより新しいとされる。
19	富士見町	八王子市大谷町・散田町	浅川左岸(谷地川流域の大谷沢に面している。)	加住南丘陵の最南東に位置する。日野台地に接するあたりで、浅川左岸だが、遺跡は南浅川と加住南丘陵に入り込んだ谷地川から入る大谷沢に面している。標高133m程度	後Ⅲ新		11		富士見町1987	大谷沢を挟んで石川天野・春日台に対峙。
20	第八小学校裏	八王子市石川町	谷地川右岸(大谷沢)	石川天野遺跡と大谷澤を隔てた東側の台地上。標高65m程度	古Ⅱ	1			石川天野1979年度調査	
21	塚場	八王子市石川町2511-1他	谷地川右岸	石川天野の東側で谷地川右岸に面し緩やかに傾斜する段丘上。標高110m付近	古Ⅱ	8			塚場第2次1998	
南淺川流域										
22	船田	八王子市長房町	南浅川左岸・船田川	船田丘陵が南東へ伸びる丘陵の先端。南側の南浅川と比高差8から10m。北側を船田川とその名残川の水田が広がり、舌状台地となっている。	後Ⅲ古(船田D)から古Ⅲ	34(船田D区後Ⅲ4軒、AB区古Ⅰ14軒、E区古Ⅲ16軒)	1(Ⅲ新)		船田Ⅰ(1969)、船田Ⅱ(1973)、中郷(蒲田・服部　古代54(1971))、センター2003調査(未報告)	方形周溝墓の北側は削平が著しい。方形周溝墓に対比できる住居はD区とされる。
23	中郷	八王子市長房町	南浅川左岸・船田川	中郷は北側に急峻な舟田丘陵がせまり北側にはひろがらない。標高162m程度	後Ⅱ新(中郷)から古Ⅰ新	21(中郷1969－4軒、中郷1990－5軒、中郷1998－10軒・掘建1、土坑5、船田(センター)2軒)			中郷(蒲田・服部　古代54)、中郷1990、中郷1998、センター2003調査(未報告)	1998年4号住から小銅鐸。
湯殿川流域										
24	日向四谷	八王子市椚田町1212	湯殿川左岸・山田川	北側を山田川、南側を湯殿川、に挟まれた舌状台地の1つの小台地の東端。この同じ台地の東側に椚田遺跡が続く。標高172m	弥生後期(?)から古Ⅰ新	9(第一次住居(後期とされる)2軒。第二次6軒(古Ⅰ古程度)第三次1軒(古Ⅰ新))			日本考古学年報29(昭和52年度調査)、日向四谷遺跡調査団1994、1997	
25	椚田Ⅳ	八王子市椚田町	湯殿川左岸	湯殿川左岸にそって東西にのびる丘陵の真ん中あたりで一番せまくなっているところ。北側には谷が入っている。標高160m程度	不明(古墳Ⅰ?)	2			椚田遺跡群1978年度概報	遺物なし。 形態から時期は推定
26	椚田Ⅴ	八王子市椚田町	湯殿川左岸	湯殿川左岸にそって東西にのびる丘陵の基部(西側)。北側には谷が入っている。標高166m程度	古墳Ⅰ新	1			椚田遺跡群1976年度概報	

	遺跡名	所在地	水系	立地	時期	遺構			文献	備考
						住	方	他		
27	神谷原（椚田Ⅱ）	八王子市椚田町	湯殿川左岸	湯殿川左岸にそって東西にのびる丘陵の一番東側。南側は湯殿川、東側は湯殿川がまがって北東側へのびるのにそって崖となっている。北側には谷が入っている。標高160m程度	古墳Ⅰ～Ⅱ	163	34		神谷原Ⅰ1981、神谷原Ⅲ1982	
28	平塚	八王子市山田町	山田川左岸（湯殿川右岸）	南浅川と山田川に挟まれた舌状台地の南側縁辺部。標高156m程度	後期Ⅲ古（集合住宅地区2住）から古Ⅰ（主に古）	26（整理室跡地22軒、集合住宅4軒）	円形周溝墓5基（古Ⅰ古）		平塚（整理室跡地）1993 平塚（集合住宅）1993 平塚Ⅲ1994	整理室跡地ではやや古く後期Ⅲ新中心。集合住宅地は円形周溝墓と住居で小型土器があり整理室跡地よりやや新しい。2号円形周溝の上に2号住居があり、まとめでは円形周溝墓から居住域への転換といっているが、2住は古い。
29	御所水	八王子市台町2−13−14	南浅川右岸（山田川）	南浅川と山田川に挟まれた舌状台地の北側縁辺部。標高156m	後Ⅱ新からⅢ古程度	6軒			柴田1965（未見）。八王子市史下巻。八王子市郷土資料館収蔵目録Ⅰ（1985）盤古堂2002	昭和38年と40年に隣の第七中学校により発掘された遺跡。2・3号住居址が当時の調査住居のもよう。当時の資料の全貌が不明で弥生町新から終末までであるみたい。平塚遺跡と隣接し、同一遺跡の可能性あり。
30	館町第6次（館町515地区隣接）	八王子市館町2069	湯殿川	湯殿川へ南から伸びてぶつかる丘陵で西側を殿入川が流れる殿入川から浅い西谷を挟んだ1つ東側の中尾根で、東側を旧河川の東谷に挟まれた先端方向のやや平坦地。標高160m程度。	古墳Ⅰ新	3			館町Ⅳ2001	北から東にかけての丘陵先端方向の同一広がりに館町515地区があり、縄文と古墳前期の集落40軒があるもよう。詳細は不明。
31	下寺田	八王子市寺田町123	湯殿川右岸	湯殿川と山田川に挟まれた館町団地方面から伸びる丘陵の先端、やや中央。標高135m程度。	古墳Ⅰ新～Ⅱ	3			下寺田・要石1975	
32	南部（滑坂）	八王子市小比企町	湯殿川右岸	小比企向原の基部の丘陵。東側は小比企向原・大原と郷田原ののる丘陵を隔てている兵衛川の支流の最奥部、西側は湯殿川へ注ぐ旧河川の谷の最奥部により細くなった丘陵の頂部。標高170m	不明		1		南部4（1988）	形状は全周（南北880、東西920）。しかし、遺物全くなし。形状と覆土から方形周溝墓と断定。下方の小比企向原の集落のものとしたら五領。
33	南部（小比企向原）	八王子市小比企町	湯殿川右岸	南部丘陵が北側の湯殿川に接する一番北側の丘陵の基部。標高150m程度。	古Ⅱ～Ⅲ（Ⅲ中心）	19			南部12（1998）	やや緩やかになる平坦部を中心に19軒まとまっている。
34	南部（大原D）	八王子市片倉町・小比企町	湯殿川右岸	南部丘陵が湯殿川にあたる一番北側の東西にのびる丘陵。しかし、調査区は南側の半分なので、実際には兵衛川の支流の谷に面している。標高は150m程度	古Ⅰ古から古Ⅱ	5（古1古?3軒、東側古Ⅱ2軒）			南部9（1995）	
35	南部（郷田原）	八王子市片倉町3080	兵衛川左岸	湯殿川へ向かって伸びる八王子南部丘陵は、湯殿川に近い丘陵の大原AからDがのり、それに兵衛川の支流を隔てた南側の支丘の基部が郷田原、先端がNo.11遺跡。住居は標高150m程度。尾根筋にまとまっている。	後Ⅲ古～新	10			南部10（1996）	
36	南部（No.11）	八王子市片倉町3080	兵衛川左岸	郷田原の先端。標高130m程度	後Ⅱ新	5			南部14（2001）	
37	打越中谷戸	八王子市打越町1211	湯殿川右岸	湯殿川と兵衛川が合流し、東よりに屈曲して浅川の合流へ向かう、南から北へ突き出た丘陵末端の屈曲部に位置する。遺構は標高110m程度。	古Ⅰ古	1			八王子バイパス打越遺跡調査会1984	

※時期は、比田井克仁2001『関東における古墳出現期の変革』（雄山閣出版）所収論文その他を参考に筆者が当てはめたものである。

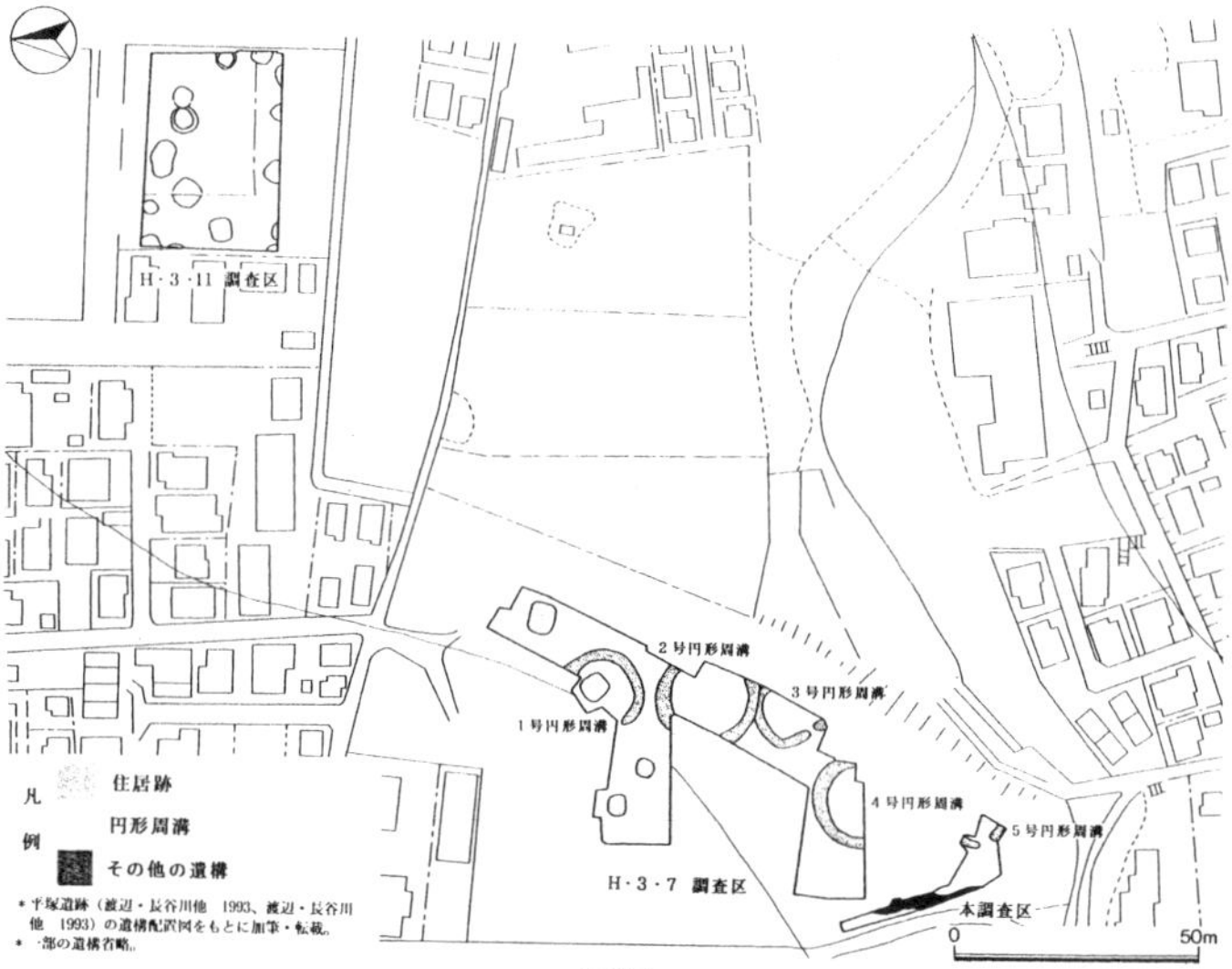

平塚

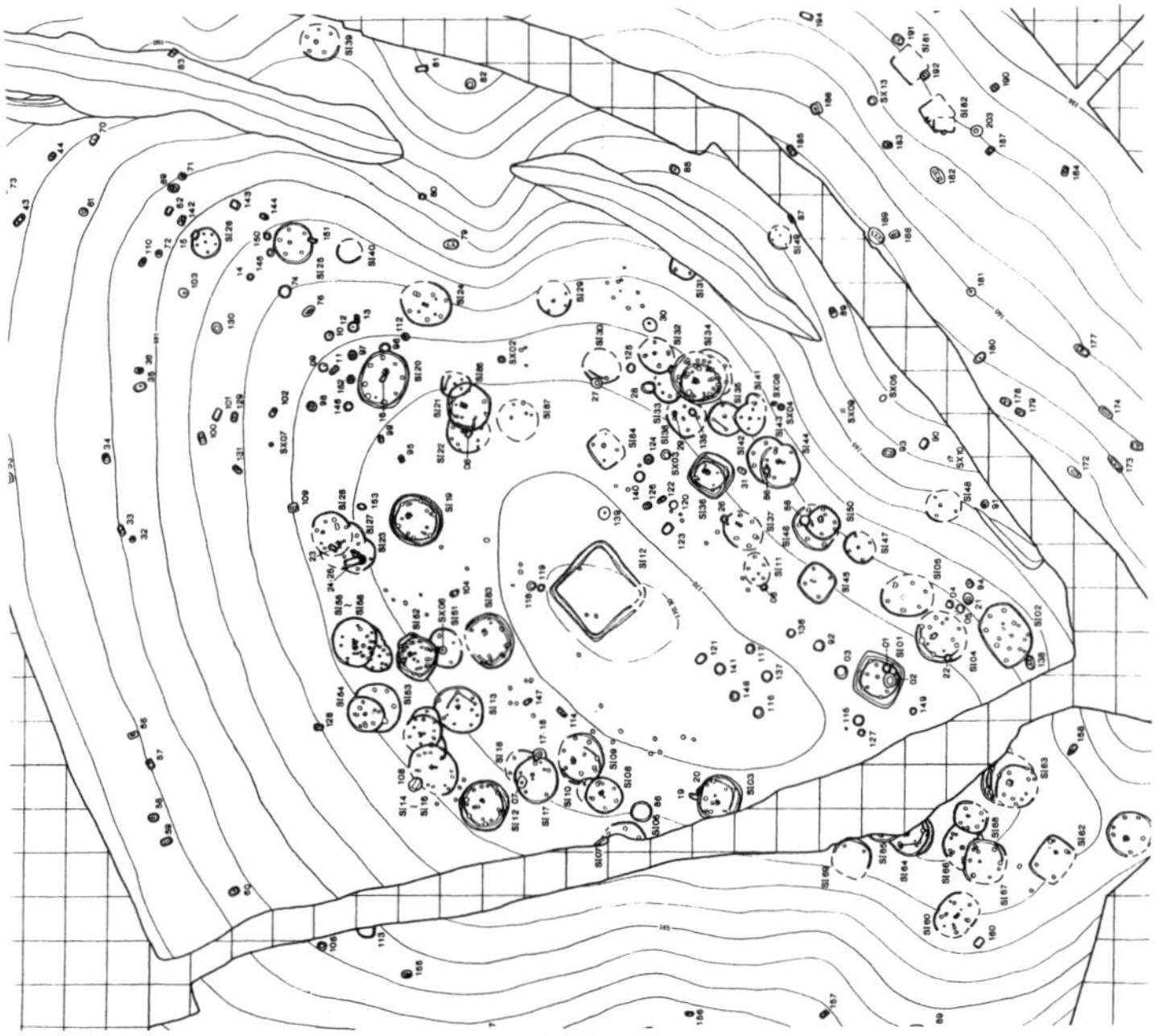

滑坂

図16　方形周溝墓例（12）

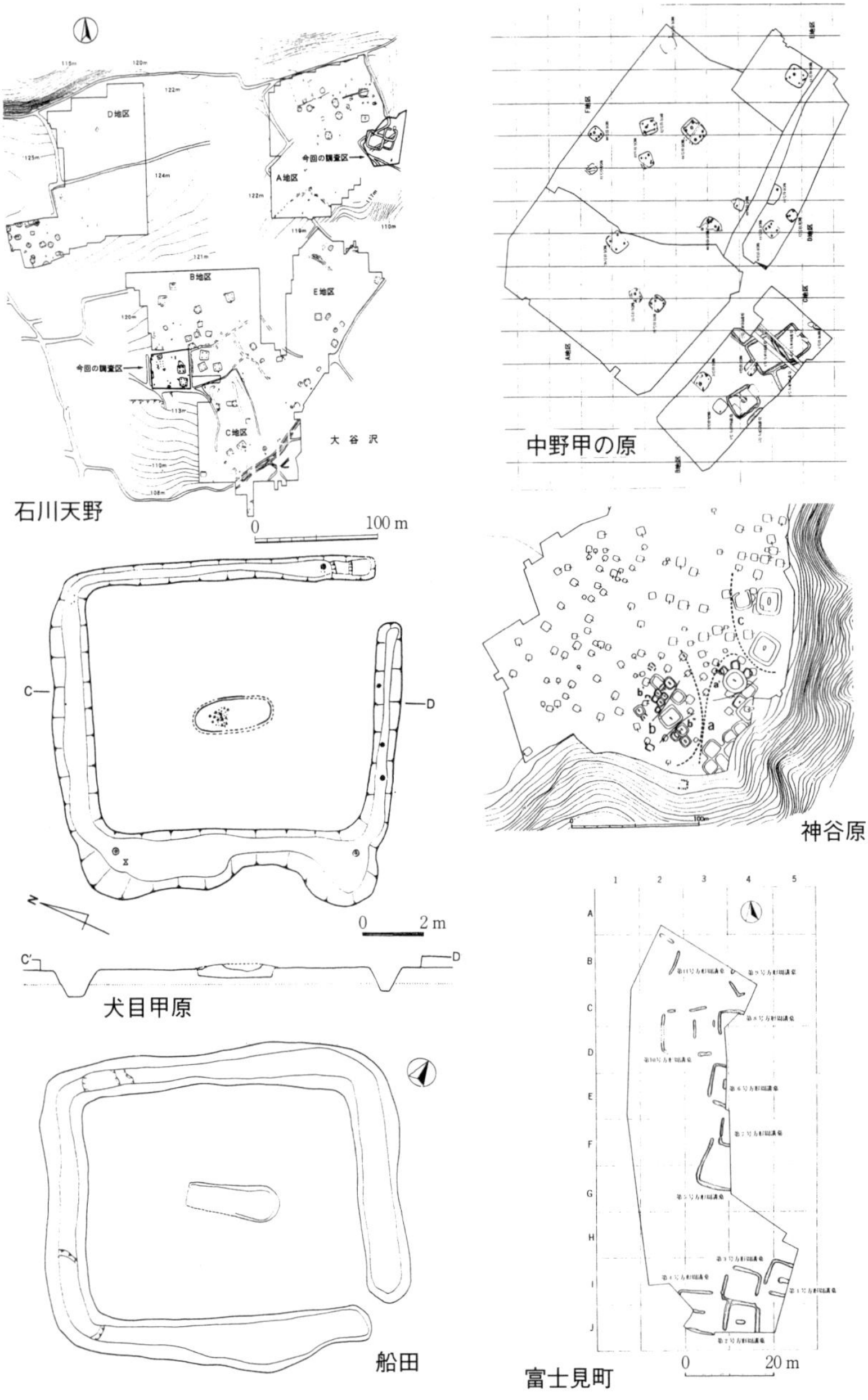

図17　方形周溝墓例（13）

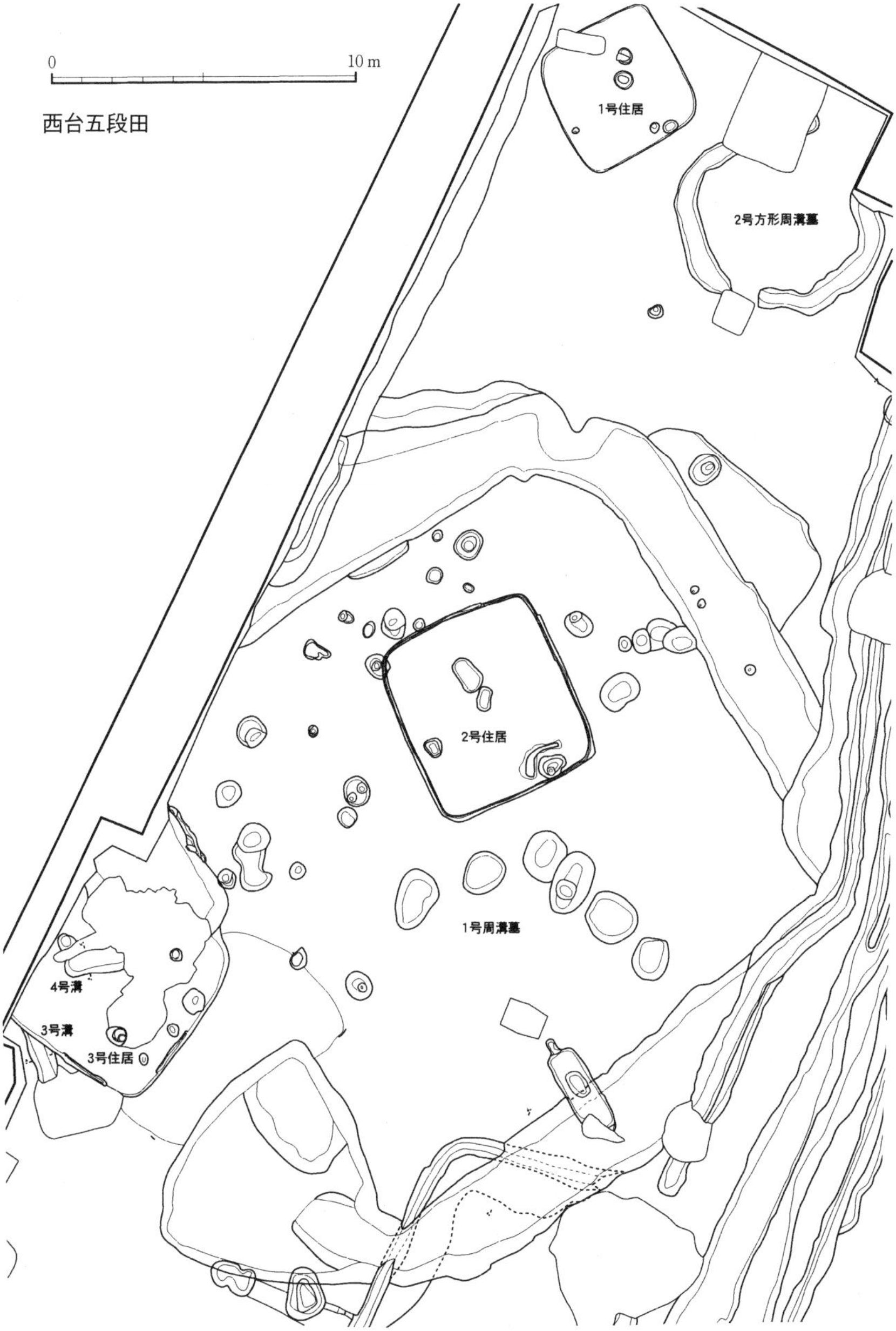

図 18　方形周溝墓例（14）

るということになります。同じ図17の上の段が石川天野になります。この遺跡については、崖の所だけに方形周溝墓が構築される遺跡群であろうというふうに考えられております。

八王子の駅から真っすぐ伸びている道で、浅川を渡ってひよどりの有料道路の上が尾崎遺跡で、宇津木向原はその東側ですから、恐らく八王子周辺の方々は、知らないときにたくさん通っていると思うんですけれど、あそこで見つかった遺跡が日本じゅうに名を知られたんだなということで、思いをはせていただけたらと思います。

最後に、八王子の話ではないのですが、図18の西台です。まだ調査中なんですが、真ん中が切れて少し広がる、いわゆる前方後方型の方形周溝墓と言われる類例ではないかとされる例（一号周溝墓）が板橋区で見つかっておりまして、報告は来年の春に出るということなんですが、東京都では、真ん中切れの方形周溝墓で前方後方型になるのではないかという例としては唯一のものです。

これについては、次の赤塚さんの話を聞いていただいて、そのあと「ああ、そうなのかな」というふうに思っていただけたらと思います。以上で終わります。（拍手）

○図3～7、9～14、16～18は各報告書から転載した。

東海地域の方形周溝墓

赤塚次郎

こんにちは。愛知県から来ました赤塚と申します。よろしくお願いします。

最初いただいたテーマは、「東海地域から、関東地域の方形周溝墓を評価しなさい」というような非常に難しいテーマでしたけれども、私、とてもそれだけの実力を持ち合わせておりません。そこで、とりあえず今回は勝手に、まず東海地域で方形周溝墓はいまどのような現状なのかということを少しお話させていただきたいと思います。その話が中心になると思います。それを受けて、関東地域の状況を、各々それぞれ考えていただければよいかと思っております。

もう一つは、私がここへ引っ張り出されたのは、多分「前方後方墳に関して」ということではないかと、勝手に思い込みまして、最後に少し前方後方墳の話をして終わりたいと思います。

一　墳墓の変遷とその概要

まず最初の問題ですが、東海地域で一番古く遡ることができる方形周溝墓はどこなのかという話ですけれども、今のところ、はっきり調査でわかっているのは、愛知県一宮市にあります山中遺跡です。この遺跡は弥生後期の標識遺跡でして、山中式土器と呼んでいます。しかし弥生前期の集落遺跡も見つかっており、図1に遺跡のイメージがありますが、四隅に陸橋部をもつタイプの方形周溝墓が発見されました。現状では最も古い確実な事例と思います。方形周溝墓は一〇ｍ前後のほぼ等質的な形であり、一辺がやや大きな長方形で、正方形にはならないものです。弥生前期

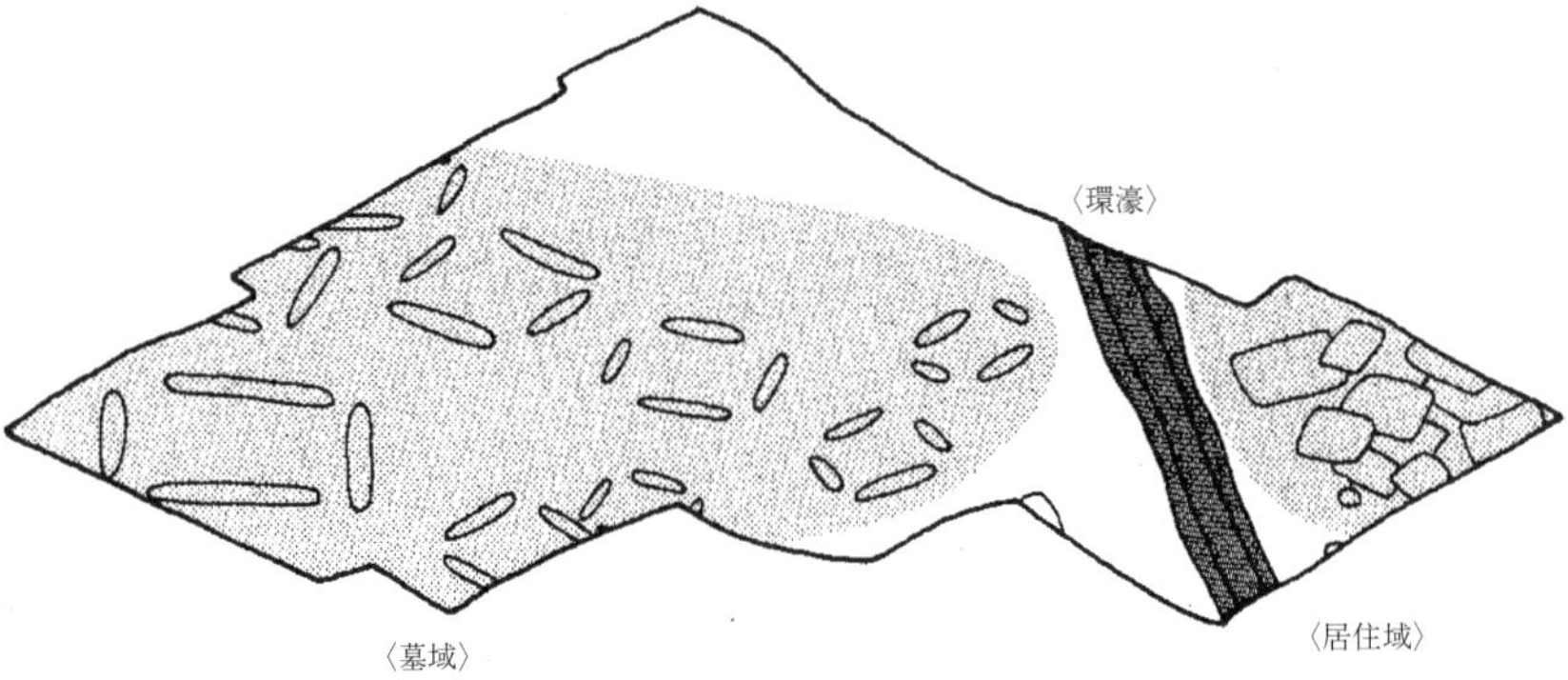

図1　山中遺跡集落イメージ（弥生前期）（『山中遺跡』より）

の終わり頃のものです。一応、居住域と区分する環濠状の溝があって、その図面でいきますと右側に住居がいくつか見えます。集落に接して墓域が作られるというもので、配置がよくわかる遺跡でして、東海地域では最も古く遡れる資料だと思います。

これ以降、東海地域の弥生時代前半期は、ほとんどが四隅陸橋型の方形周溝墓になります。代表的な集落遺跡である愛知県の朝日遺跡をはじめ、おおむねこうした状況であるというように考えていただいて結構だと思います。

二つ目の課題、弥生中期の方形周溝墓の特色と最大規模の墳墓はどこにあるのかという問題に行きたいと思います。その前に面白い調査事例をご紹介したいので、図3をごらん下さい。これは愛知県一宮市に所在する猫島《ねこじま》遺跡です。

弥生時代中期前半期にほぼ限定した集落遺跡でして、ムラの半分ほどが発掘調査されています。当時の集落遺跡の全体的な配置などを考える上で重要な資料となります。図を見ていただくとおわかりになると思いますが、集落は長軸約二〇〇ｍほどの小判状の二重環濠に囲まれております。その内側には住居が点在しており、円形の松菊里型住居と矩形の住居が併存しております。そして一番下の、図でいくと左下に共同墓地が存在することがわかります。環濠の外側にあたります。墓域と居住域が環濠を接して存在する。集落全体が細長い微高地上に立地しておりまして、その南西端にムラの墓地が営まれています。

いま少し共同墓地に近づいてみてみましょう。墓地へは二つの環濠にはさま

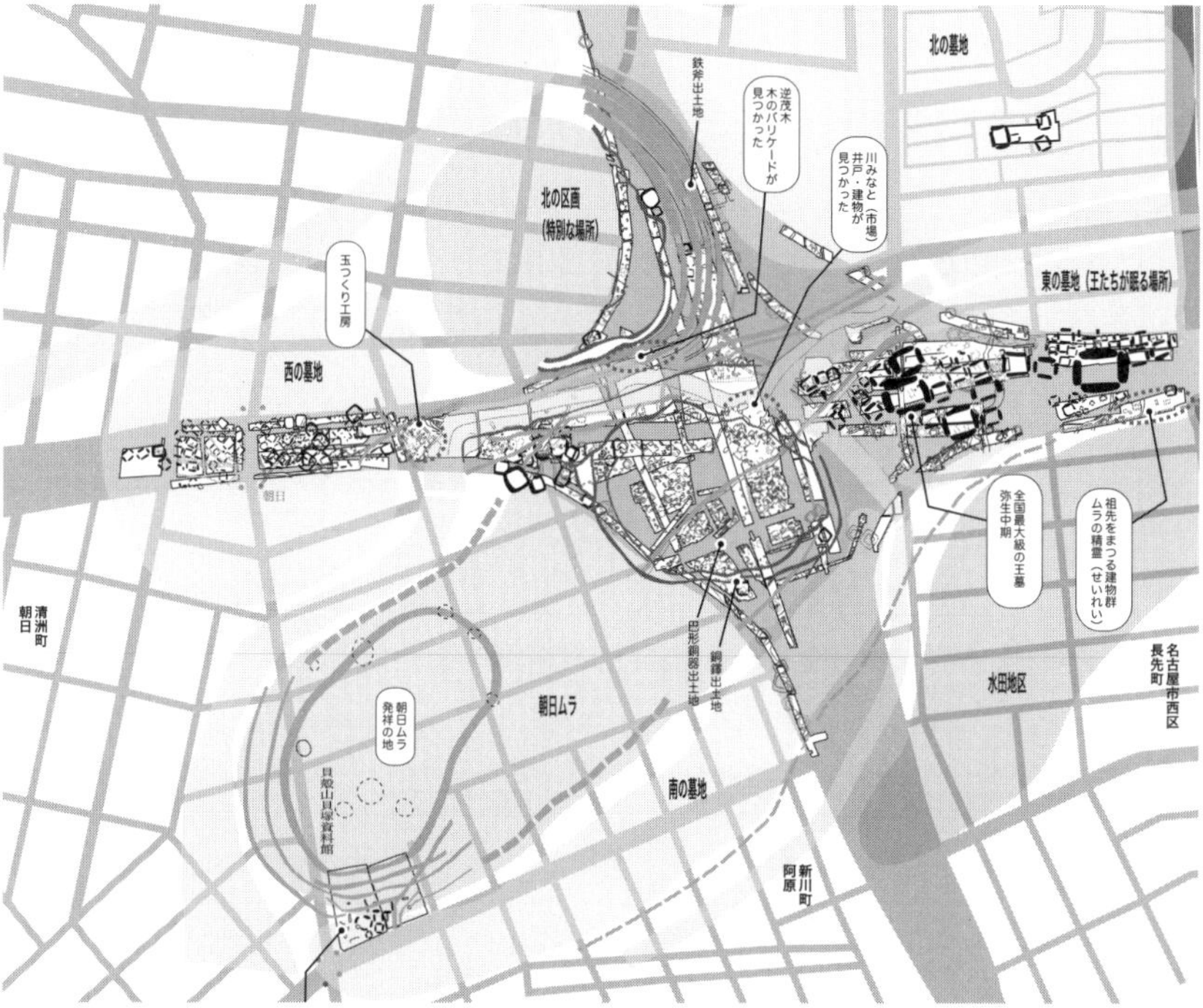

図 2　朝日遺跡集落イメージ（弥生中期）（『朝日ムラ map』より）

れた間の通路を通って行き来できます。外側の環濠が切れている部分ですね。その入り口には掘立柱建物が一棟建っております。墓地の出入り口に建てられた精霊を祀る場所でしょうか。その前には広場があり、その広場の周囲に土壙墓や方形周溝墓が営まれていました。

方形周溝墓ですが、すべて四隅陸橋型で、プランはほぼ正方形になります。これがいくつも並んで配置されている状況がわかります。ここでさらに興味深いことがあります。それは墓域の入り口付近を見てみますと、何と環濠の内側にも方形周溝墓が存在します。多くの方形周溝墓が共同墓地内に造られるのに比べて、環濠の内側に一基、方形周溝墓が存在する。つまり一般のお墓とは区別された特別な墳墓が存在するという点は重要です。

もう一つ付け加えると、その環濠内の方形周溝墓の横に大きな土壙墓があります。図3のSK41付近を注目してください。その周囲にはまったく遺構が存在しません。ちょうど一〇mほ

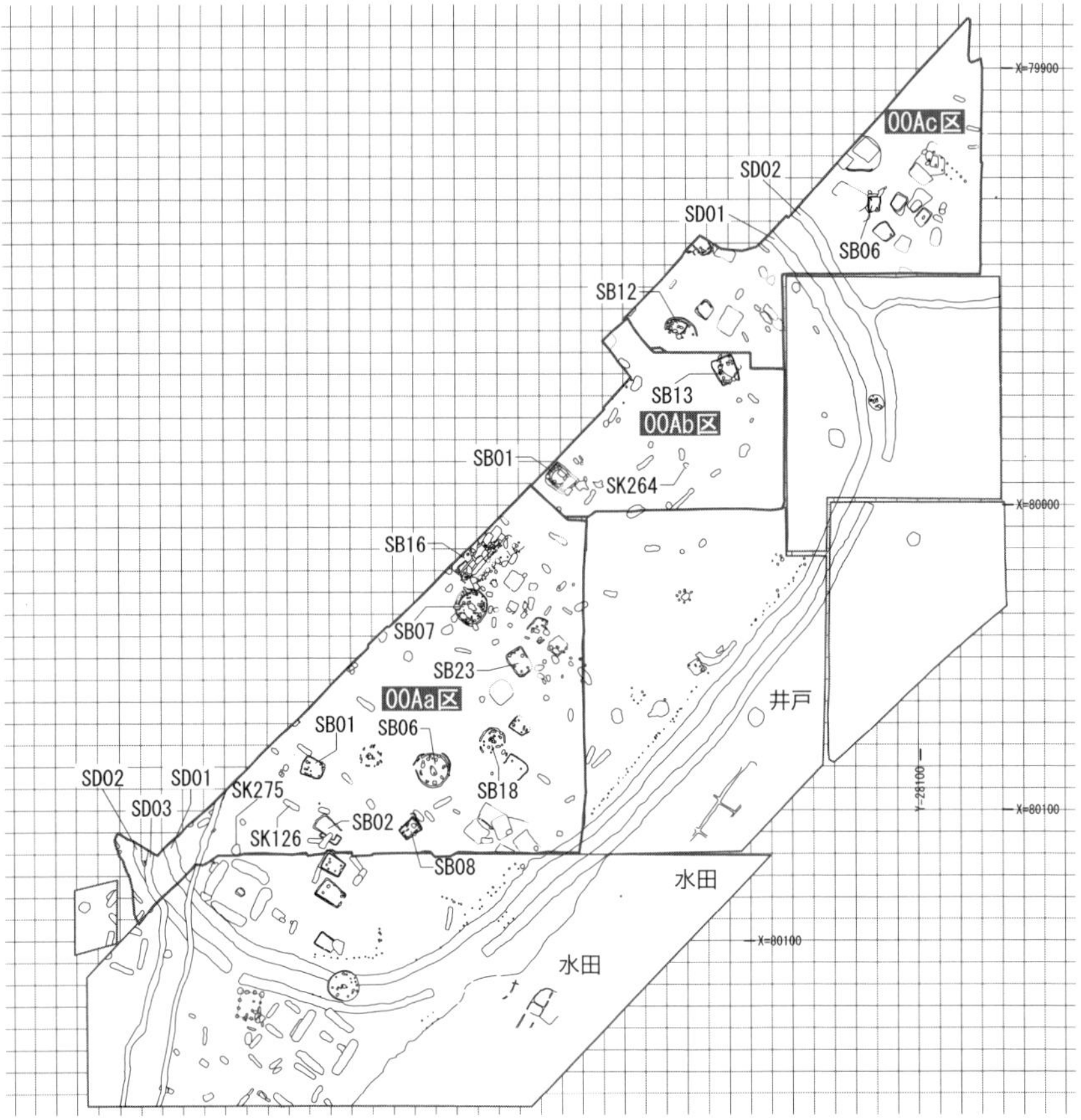

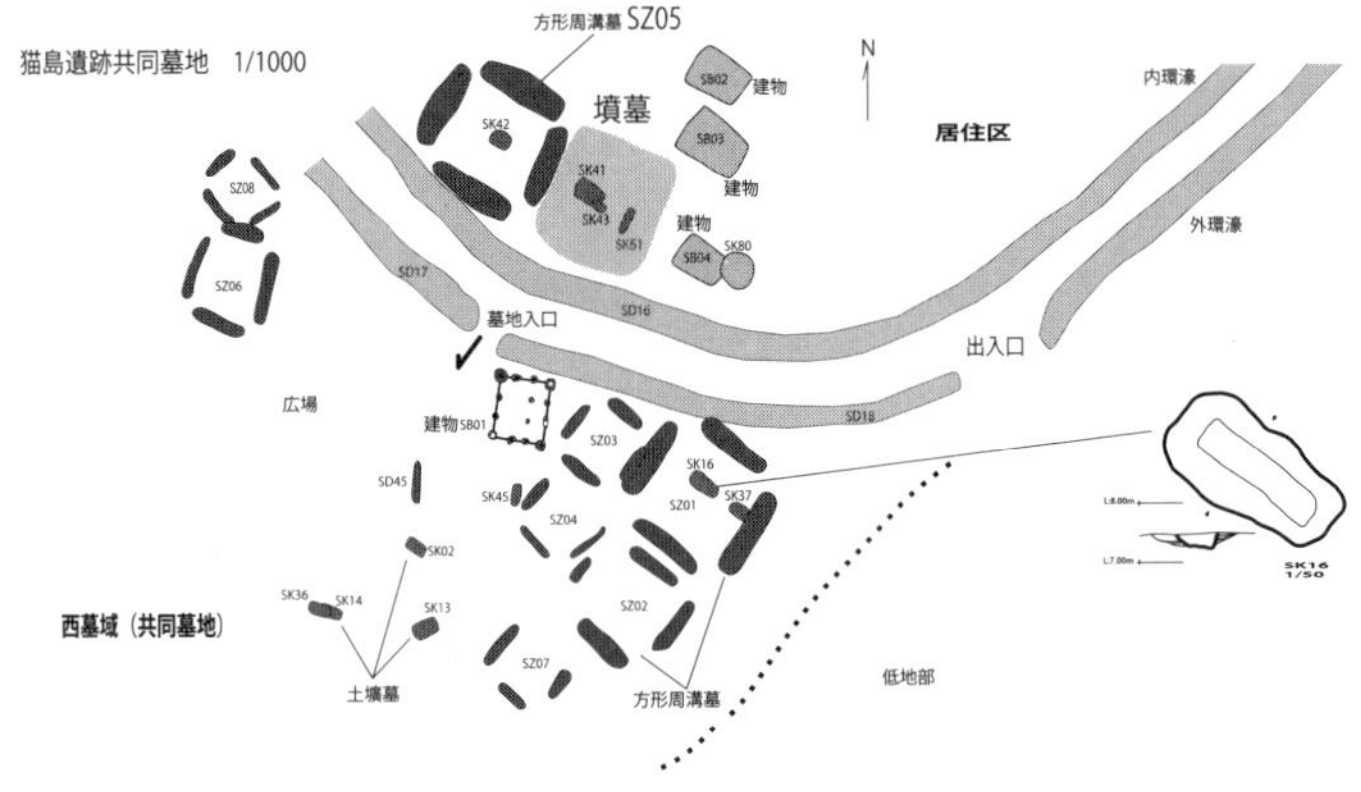

図３　猫島遺跡集落配置（弥生中期前半）と共同墓地（『猫島遺跡』より）

どの大きさの空間があることになります。私はここに盛土を伴う墳墓が存在した可能性を想定しております。つまり周溝を持たない墳墓ですね。その墳墓の主体部が大型の土壙墓ＳＫ41ではないかと。この土壙墓は大きさが三ｍほどあります。一般の土壙墓に比べてはるかに大きく、やや複雑な掘り形をしております。どうやら共同墓地の入り口には掘立柱建物や特別に区別された人々が祭られた墳墓が存在したと考えることができるのではないでしょうか。その人物とはおそらくムラの開闢や数奇な出来事に活躍された英雄ではないかと思っております。ムラの伝説に登場するような方でしょうね。いずれにしろ大変面白い事例です。

話を元にもどしまして、この時期の最大規模の墳墓はどこにあるのかということですが、それは愛知県の朝日遺跡にあります。朝日遺跡は、弥生中期になると巨大な集落遺跡へと変貌を遂げていきます。その時に朝日遺跡のリーダーたちのお墓は、ある特定の場所に集中して営まれていきます。図２に示したような「東の墓域（王たちが眠る場所）」という所です。この場所に三〇ｍを越すような巨大な方形周溝墓が出現します。おそらく現状では、日本において最古・最大級の方形周溝墓だと思っておりますが、そういう破格の大きさをもつ墳墓が存在するのです。

朝日遺跡ではすでに大変多くの方形周溝墓が発見されており、現在も発掘調査中なのですが、図を見てわかるように集落を囲むようにいくつもの墓域が存在します。まさにお墓に取り囲まれたムラとでも言いましょうか。その中の一つに、特別な人たちが眠る場所が設定されていることになります。猫島遺跡や朝日遺跡では、このような特別な場所に、より大きな墳墓を営む人々が存在したことがわかります。三〇ｍ規模の巨大な墳墓が弥生中期前半期にすでに存在しているという事実があります。

ところがこうした伝統的な集落構成を再編成させるような出来事が起こります。三つ目の課題に入っていきます。今まで守られてきた約束事、例えば建物はこのような場所に建てましょうとか、方形周溝墓は墓地の中に整然と列状に配置し、軸線を守りましょう、といったような原則が無視されるような出来事が突然に興ってきます。それは弥生中期末葉の高蔵《たかくら》式土器と呼ばれている段階です。この時期だけに顕著に認められる現象のようです。それまで整然と方形周溝墓を営んできた場所に、全く異なる方向性をもつ大きな方形周溝墓が造られ、ときにはそれまでの方形周溝墓を壊して、その上にお墓を造るといった場合もしばしば見られます。環濠や建物もその例外ではありません。つまり従前の規則を無視するかのような状況が起こっているようです。一見するとまったく異なる部族的な風習が出現したかのような印象なのです。

　こうした凹線文系土器のインパクトを境にして、東海地域は次なる方形周溝墓の時代へと移って参ります。象徴的なものが、それまでほぼすべての形態が四隅に陸橋部をもつ方形周溝墓が主体であったのに比べて、この時期からは多様な形が見られるようになります。それまでの四隅陸橋型が消失して、全周型やコ字型・L字型など、陸橋部のあり方が多様になります。そして周溝のほぼ中央部に陸橋部をもつ前方後方型に発展していく形も出現します。と同時に方形周溝墓の形が長方形プランをもつものが見られたのですが、正方形プランをもつ形が主体的になっていきます。方形周溝墓の形に混沌とした状況が生み出されたといってもよいと思います。

　因みにこの高蔵式の時期の集落の特徴を少し見てみますと、まず面白いのは、この段階にはいまの所一部の例外を除いて、濃尾平野内には環濠を掘削した明確な事例がありません。環濠を持たない集落が形成されています。つい最近、愛知県埋蔵文化財センターが発掘調査しました、愛知県中島郡平和町の一色青海《いっしきあおかい》遺跡では、中期末葉の高蔵式にほぼ限定した集落遺跡でありまして、ムラの中央部に大型の掘立柱建物が発見されました。一間×六間の大型建物で、長軸は一六ｍほどの大きさがあります。この大型建物を中心に掘立柱建物や大型の竪穴住居が整然と配置された状況が確認できました。そしてその南東には方形周溝墓が営まれており、環濠は存在しません。集落そのものの配置や動向を踏まえると、この時期に伝統性の再編が多様な形で進行していたことがわかります。方形周溝墓の変革もその一つの要素です。

四つ目の課題、特定個人墓や特定集団墓はいつ出現するのかという問題ですが、現在の所は弥生中期末葉の高蔵式の段階、あるいはその直後の弥生後期初頭段階と想定しております。その根拠になるのは、まず朝日遺跡の墓域の変遷です。図2をもう一度見てください。王たちが眠る東墓域ですが、現状では巨大な方形周溝墓が数基見られます。二〇mから三〇m規模のものです。こうした飛び抜けた大型の方形周溝墓なのですが、おおむね高蔵式以降になるとその存在がわからなくなります。つまり朝日遺跡の王墓が忽然と東墓域から消失するのです。どこへ行ってしまったのでしょうか。特定の場所に大型墳墓を造ることを止めてしまいます。おそらく、それまでの集落に近接して作られてきた墓域での王墓の造営を止めてしまい、変って別の地点に新たに特別なお墓を造営しはじめたことを教えてくれているものと考えたいのです。いよいよ集落から飛びだして独立して特定の墓を造る時代がやってきたようです。まだ具体的な事例は見つかってはいないのですが、その中で大変興味深い資料があります。図6をごらん下さい。

愛知県豊田市の川原遺跡で、愛知県埋蔵文化財センターが発掘調査したものです。ここでは弥生時代後期の初めに造られました墳丘墓が見つかっております。台地の端部に大型の墳墓だけが営まれた遺跡でして、母体となる集落は矢作川の低地部に想定されております。時期は、川原上層Ⅰ式と呼んでおりまして、おおむね尾張地域の八王子古宮式から山中Ⅰ式に併行するものだと考えております。最大規模のＳＺ02（図4）は八王子古宮式併行期まで遡るものだと思います。ですから後期初頭段階における、集落域から隔絶した、大型墳丘墓群の姿であると位置づけてよいものです。

図6を見てください。川原遺跡の墓域の変遷を図示したものです。居住域から区別され、特別な場所に葬られた、指導者たちの墓域と考えられます。面白いのは、はじめ頃はＳＺ02を中心にやや規模が小さい四基ほどの墳丘墓が取り巻くように造られています。その後、後期の中葉になるとＳＺ02の東側にあった竪穴状の遺構がある広場に、あらたに墳丘墓が作られていきます。その形は前方後方型を志向したB型墳と呼んでいるタイプですね。基本的にはＳＺ02からＳＺ01へと中核となる墳丘墓が移動します。その過程で取り巻いていたやや小規模な墳丘墓が欠落していく様子

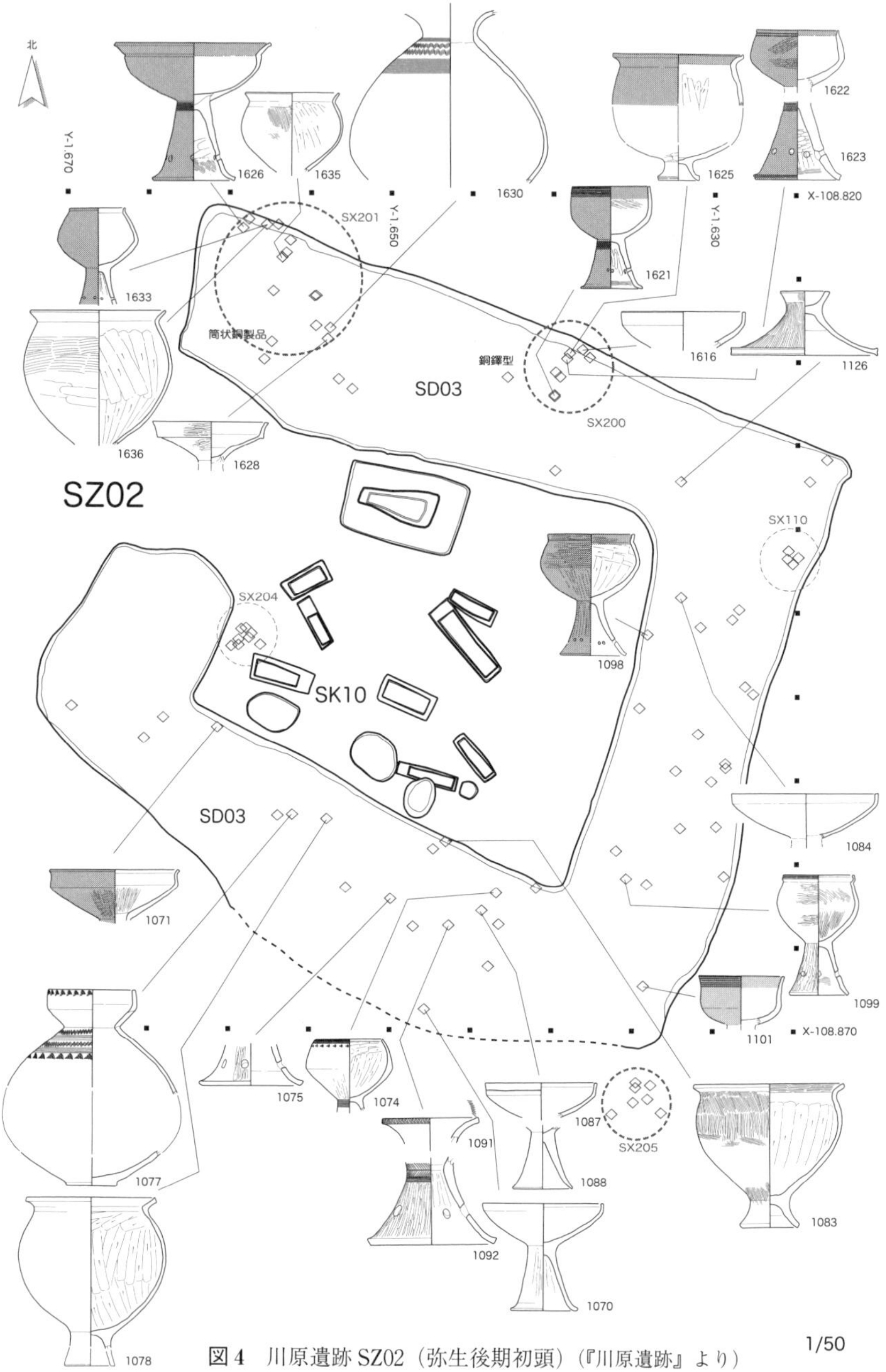

図4　川原遺跡 SZ02（弥生後期初頭）（『川原遺跡』より）

がうかがいしれます。どうやら複数の家族墓が営まれた空間から、ある特定の家族墓のみの墓域に転化していく様子が想定できるようです。特定集団墓から特定家族墓へということになり、弥生後期の中でこうした変化がこの川原遺跡を抱える集団内部で起こっていることがわかります。

そして特定の個人墓が登場いたします。その代表的なものが、図5の岐阜市の瑞龍寺山《ずいりゅうじやま》山頂墳であります。四〇mクラスの大型の墳丘墓と考えられますが、その形は南側に小規模な突出部をもつものと想定しております。前方後方墳に近い形であるともいえましょう。出土した遺物や土器からは、その造営が山中I式の中で考えることができるものだと思います。川原遺跡でいえばちょうど、ＳＺ02からＳＺ01へ、中心的な墳墓が動くその間にあたるようです。中央部に二つの主体部が発見されており、第二主体部の方から大型の内行花文鏡が出土しております。中国鏡を伴う特定個人墓が、遅くとも弥生後期中葉には登場していることになります。

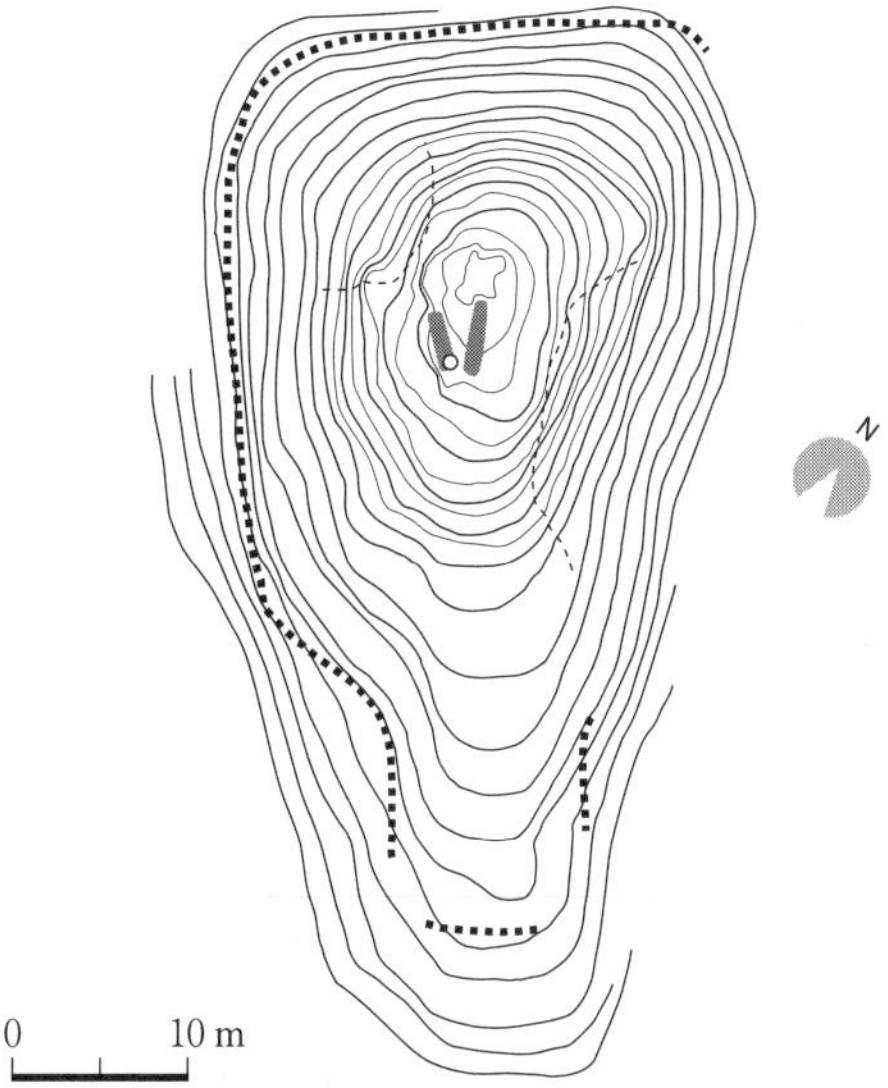

図5　瑞龍寺山山頂墳（弥生後期）
（赤塚 1992 より）

次に前方後方墳はいつから出現し、広まっていくのかということについて、お話したいと思います。前方後方墳とは簡単にまとめれば、弥生時代の方形周溝墓の一形態から進化したもので、前方後方墳および前方後方型墳丘墓は、東海地域から列島内に広く分布したものと考えています。前方後方型の墳墓は弥生時代後期から多く見られるようになりますが、その祖型は中期末葉まで遡ることができます。そして前方後方墳へと進化した形ですね。ここでは一応、前方部の長さが後方部の長さの二分の一以上に発達したもので、おおむね三〇m規模以上の大きさをもつものを対象

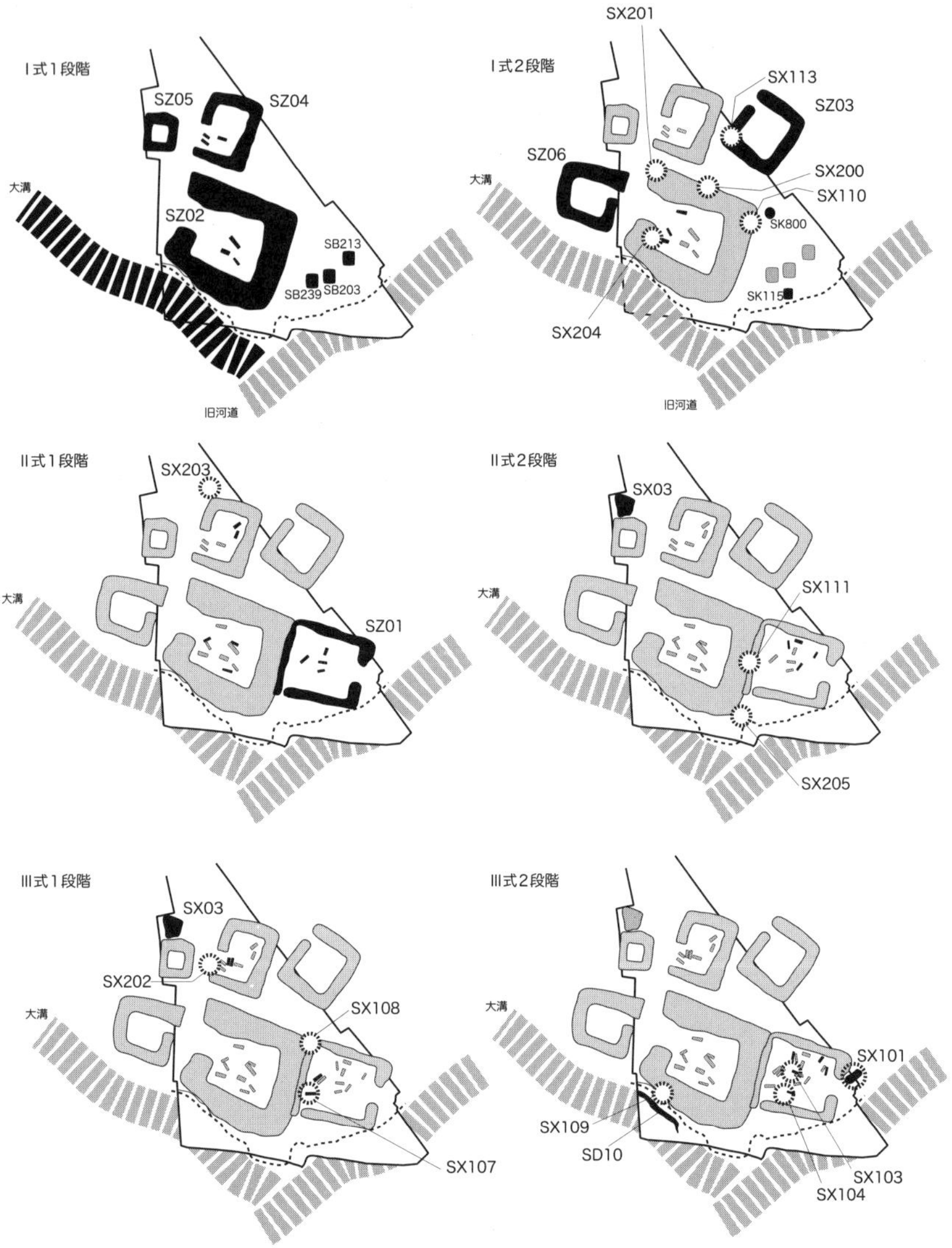

図6　川原遺跡墓域変遷図（『川原遺跡』より）

にしたいと思います。すると、現状において最も古く遡ることができる確実な事例としては、愛知県一宮市の西上免《にしじょうめん》古墳が考えられます。西暦二世紀末葉の時期を想定しております。つまり三世紀初頭には、東海地域において前方後方墳が出現しており、その形が主に東日本に広まっていくということになります。

次に方形周溝墓はいつまで造られ続けるのかという問題ですが、古墳時代になってもほとんど変わることなく存続すると思っております。私は弥生時代後期以降になると、地域型の墳丘墓が各地で大きな規模と地域的なまとまりが鮮明になってくると考えております。さらにその地域型墳丘墓は古墳時代になっても継続して、墳墓の形に影響力を残しつつ存在し続けると思います。この弥生時代以来の方形周溝墓に葬られる人々が、そのまま古墳時代後期になると、いわゆる横穴式石室を採用した群集墳を築いた人々になっていくとは思っておりません。それはまったく別な流れであって、彼らはほとんど変わることなく同じような階層的な社会構造を保持しつつ、古墳時代全般にわたって存在したものと考えられます。そしてそうした構造を根本的に変革する時代は、おそらく律令期を待たねばならないと思います。

さて、ここでとくに注目したい問題を二つほど指摘しておきたいと思います。まず一つは方形周溝墓の副葬品の問題です。主体部から副葬品が発見されることがありますが、現状ではほぼ弥生時代後期の山中Ⅰ式期の中で、明瞭に副葬品を伴う墳墓が見られます。それ以前は土器を伴うものはありますが、ほとんどないようです。濃尾平野では、とくにガラス小玉が主体部周辺から発見される事例が、いくつか確認できます。また先ほど述べました岐阜市の瑞龍寺山山頂墳では、中国鏡が存在します。このように二・三世紀では装身具を中心に副葬されるようであり、それ以外には鉄剣・銅鏃などが見られる程度です。

二つ目は棺の形についてです。先ほどのスライドで見させていただいた、宇津木向原遺跡の方形周溝墓の主体部の

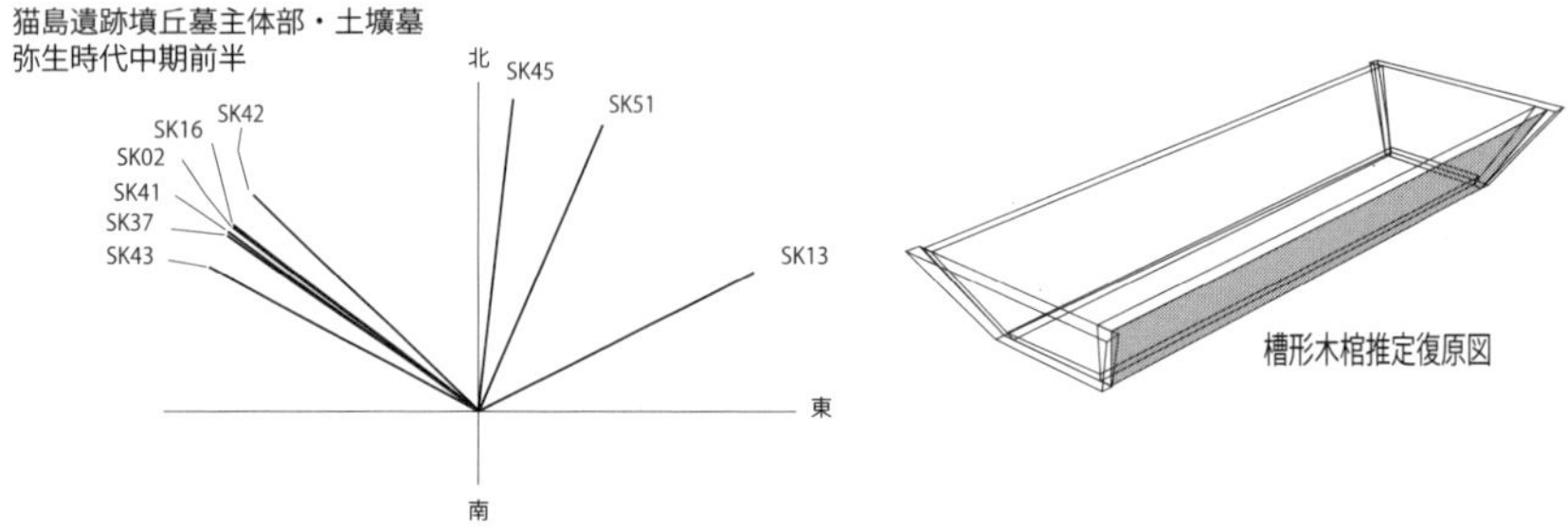

図7　土壙墓の主軸方位と槽形木棺（『川原遺跡』より）

形ですね。大変興味深く拝見しました。実は、濃尾平野には弥生中期初頭まで確実に遡ることができる独特の木棺が存在しているようです。槽形木棺と呼んでいます。田舟のような形というか、側板や小口板が斜めに傾斜した形で、木製品の槽や盤と呼んでいる容器に近いものだと思ってください。この形の木棺が、中期から後期の方形周溝墓の主体部に痕跡的に確認することができます。どうやら当地域の伝統的な棺の形であり、板を組み合せる場合や刳貫きの場合などが想定できます。そして重要な点は、この形が前方後方墳の主体部にも継承されていくということです。東日本に存在する前方後方墳の中のいくつかには、東海の槽形木棺に類似するものではなかろうかと思われるものがあります。

因みに、図7は埋葬された方の頭の向きを示したものです。こうした頭位を濃尾平野全体で概観しますと、弥生時代中期はほぼ西向きであると考えることができます。つまり太陽がしずむ方向ですね。西方向に頭位が統一してまして、こうした風習が大きく崩れるのが、廻間Ⅰ式期です。全体に統一性がなくなりバラバラですね。そしてこの段階から、北に頭位を置くものも見られるようになります。東西方向が人を葬る場合の基本形として風習化していたものと考えられます。

ここで、「もう一つの墳丘」について少しだけ述べたいと思います。まず先ほどの猫島遺跡で触れましたが、周溝を伴わない区画墓の可能性ですね。猫島遺跡の環濠内に存在する特別な墳墓に盛土だけによる墳丘墓が存在したのではないかと考えております。それからいま一つは、方形壇の可能性です。川原遺跡ですが、その中に一番小さな周溝状の遺構がありますが、ＳＺ05と呼んでいるものです。様々な理由から、私はこれは人を葬る墳墓ではなく、この特定墓域のために設置された祭祀場ではないかと思っております。祭祀用の方形壇ですね。こういうものも、周溝が巡る墳墓群内に存在するのではないかと考えまして、周溝が方形状に廻るからといって、無条件に墳墓と認定するには、問題な場合もあると思われます。

二　邪馬台国時代の墳丘墓について

最後に前方後方墳についてお話しておきたいと思います。まず図8をごらん下さい。これは濃尾平野の土器編年を基軸にした編年表です。そこに前方後方墳や前方後円墳の所属時期を重ねてみました。図の左には西暦の年代を書き込んであります。さらに暦年代は従来の見解を見直したものにあらためてあります。一つの考え方として受け止めていただければと思いますが、少々古くしすぎというご意見もあるようですが、とにかくこのように考えています。弥生時代後期から古墳時代にかけての濃尾平野の土器編年は、山中式・廻間《はさま》Ⅰ式・Ⅱ式・Ⅲ式、そして松河戸《まつかわど》式というように呼んでおります。

ここでいうC型と書いてあるのがいわゆる前方後方墳でして、前方後円形と書いてあるのは、後円部が正円ではなく、やや不定形なもの。いってみれば、前方後円形を志向する地域型墳丘墓の延長に位置づけられるものです。この表からは濃尾平野では正円形の前方後円墳が出現するのは廻間Ⅲ式後半期をまたねばならないことになりまして、それ以前は多様な墳丘墓、とくに前方後方墳や前方後方形の墳墓が主体であることは明らかだと思います。こうした状況が濃尾平野の実態でもあります。

ところで、邪馬台国の時代はどこだということですが、一般的には二世紀の終わりごろから三世紀の中頃だというふうに考えられておりますので、この表でいきますと、廻間Ⅰ式の終わりからⅢ式のはじめ頃までを含めてよいようです。おおむね廻間Ⅱ式と呼んでいる土器様式の時代が中心だと言えます。そうしますと、関東地域まで含めても、

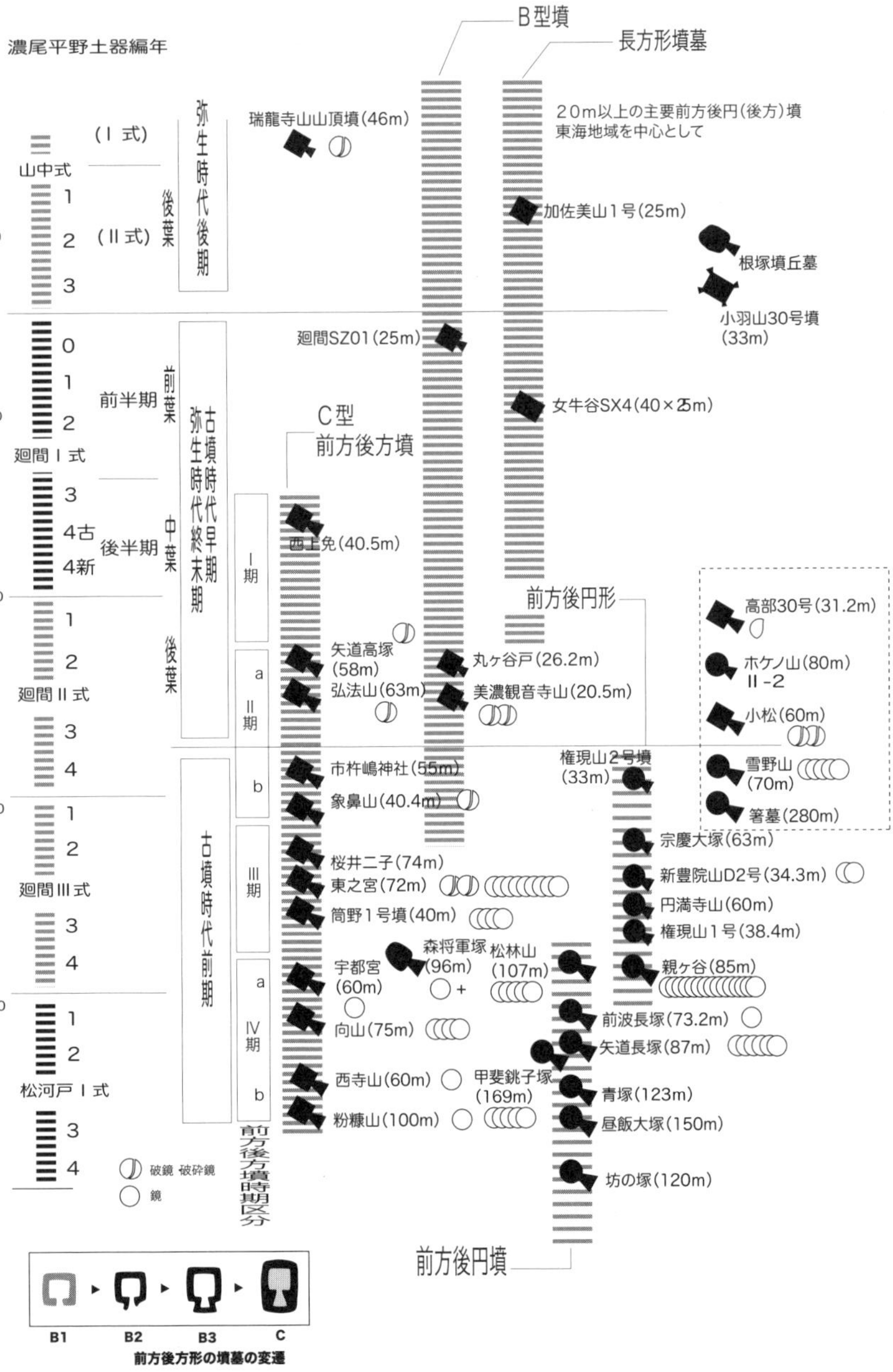

図８　濃尾平野の土器編年と墳墓

邪馬台国の時代にはすでに六〇mから八〇mの大型の古墳が数多く点在することになってしまいます。暦年代が遡りましたので、当然のように古墳の出現が遡り、かつ列島内に広く分布することになります。邪馬台国の時代は関東地域まで含めて、すでに大型の前方後方墳や前方後円墳が中心を成す時代であると言ってもよいかと思います。

関東地域で初原的な前方後方墳として著名な千葉県木更津市の高部《たかべ》古墳群ですとか、市原市の神門《ごうど》古墳群、さらには埼玉県吉見町の三ノ耕地遺跡などで見つかっている墳墓は、ほぼ廻間Ⅱ式前葉段階を中心としたものであり、三世紀前半期に所属することになります。まさに邪馬台国時代の墳丘墓と言ってよいものです。しかも中国鏡を伴ったりしておりますので、従来の見解とは大きく異なる歴史像を描くことが必要だと考えられます。因みに、奈良県の箸墓古墳ですが、その報告書に掲載された東海系土器などを参考にしますと、廻間Ⅲ式の1段階を中心とした造営であり、西暦二五〇年前後を所属時期としてよいと思います。このように予想に反してこの時期に東日本の地域社会は多様なあり方を示し、大型の古墳や大陸系の文物を入手するなど、豊かな地域社会像を想定する必要があります。

さらに興味深いものがあります。表の中の弥生時代後期の所を見ていただくと、すでに大きな墳丘墓が点在することもわかって参りました。例えば、長野県木島平村の根塚《ねつか》墳丘墓ですね。箱清水《はこしみず》式土器が共伴し、造営時期は西暦一〇〇年前後に遡る可能性が高いと思っております。また墳丘の形も貼石を伴う大型の円丘に、突出部を伴うもので、大きく見れば六〇mクラスの墳丘墓に復原できる可能性もあります。頂部には円形の周溝が存在し、その形は箱清水式土器分布圏に見られる円形周溝墓の祖型でもあります。こうした大型の墳丘墓が長野に存在する。また二世紀初めには福井市の小羽山三〇号墳も見られる。東海地域では一世紀の中で中国鏡を伴う前方後方形の墳丘墓である瑞龍寺山山頂墳が存在します。このように二世紀段階になると東日本の地域社会でも多様な地域型墳丘墓が大型化していくことがわかると思います。墳形だけではなく、例えば群馬県有馬遺跡のような礫床墓をもつ円形墓や千曲川水系から普遍化した、帯状銅釧といった独自の様式をもつ風習も顕著に見られます。お墓の形やそれに伴う葬送の風景などはまさに多様であり、豊かな地域社会がそこにあるようです。重要なのはこうした地域性を前提にして、前方後方墳や前方後円墳が受け入れられていくという視点を持つことが必要です。

どうもありがとうございました。（拍手）

引用・参考文献

赤塚次郎　一九九二「瑞龍寺山山頂墳と山中様式」『弥生文化博物館研究報告』第一集
赤塚次郎　二〇〇一「墳丘墓と槽形木棺について」『川原遺跡』愛知県埋蔵文化財センター調査報告書第九一集
赤塚次郎　二〇〇二「東海・中部」『日本考古学協会橿原大会研究発表資料集』日本考古学協会橿原大会実行委員会
服部信博編　一九九二『山中遺跡』愛知県埋蔵文化財センター調査報告書第四〇集

墓と住居の誤謬

及川《およがわ》良彦《よしひこ》

及川と申します。よろしくお願いします。

今までの皆さんの発表は方形周溝墓研究に関して、直球勝負のようなお話ばかりでしたけれど、私の話は変化球といいますか、ナックルボールのような、どこにおちるかわからないお話をしたいと思っております。

まずお話の前に、前提を一つ作らせていただきます。私たちが発掘をしているとき、遺跡の面というのは、当然ながら当時の地表面がほとんど残っていない状態で発掘しています。その前提を考古学の分析の中にも当然持ってくるべきですが、実は考古学研究者、とくに遺構研究の面で、そういう分析視点を意外と欠いているということです。そこで、図1をご覧になっていただきたいと思います。

左に建物跡、それから右に墓を示しています。右は方形周溝墓の削平模式図、平面図と断面図で示しています。一番上の段が当時の地表面が残る状態、中段が約五〇㎝削平されたら、こんな平面形になり、さらに一m削平されると、またこういう平面形に変わる、もしくは、なくなってしまうという状態を模式図に示しております。

それと同じ条件で、図の左は、私が今いわゆる「周溝を有する建物跡」と呼んでいますけれど、その削平模式図を示しております。一番上は、やはり当時の地表面が残り、周堤帯、それから周溝がきれいに残る状態です。その下は、五〇㎝削平されますと、当然、周堤はなくなっています。一部の竪穴の掘り込みが残る場合と残らない場合があって、柱穴の一部が残ります。それから一m削平されますと、もう何もなくなってしまうか、柱穴のみが残る、あるいは溝だけが残るという模式図になっております。

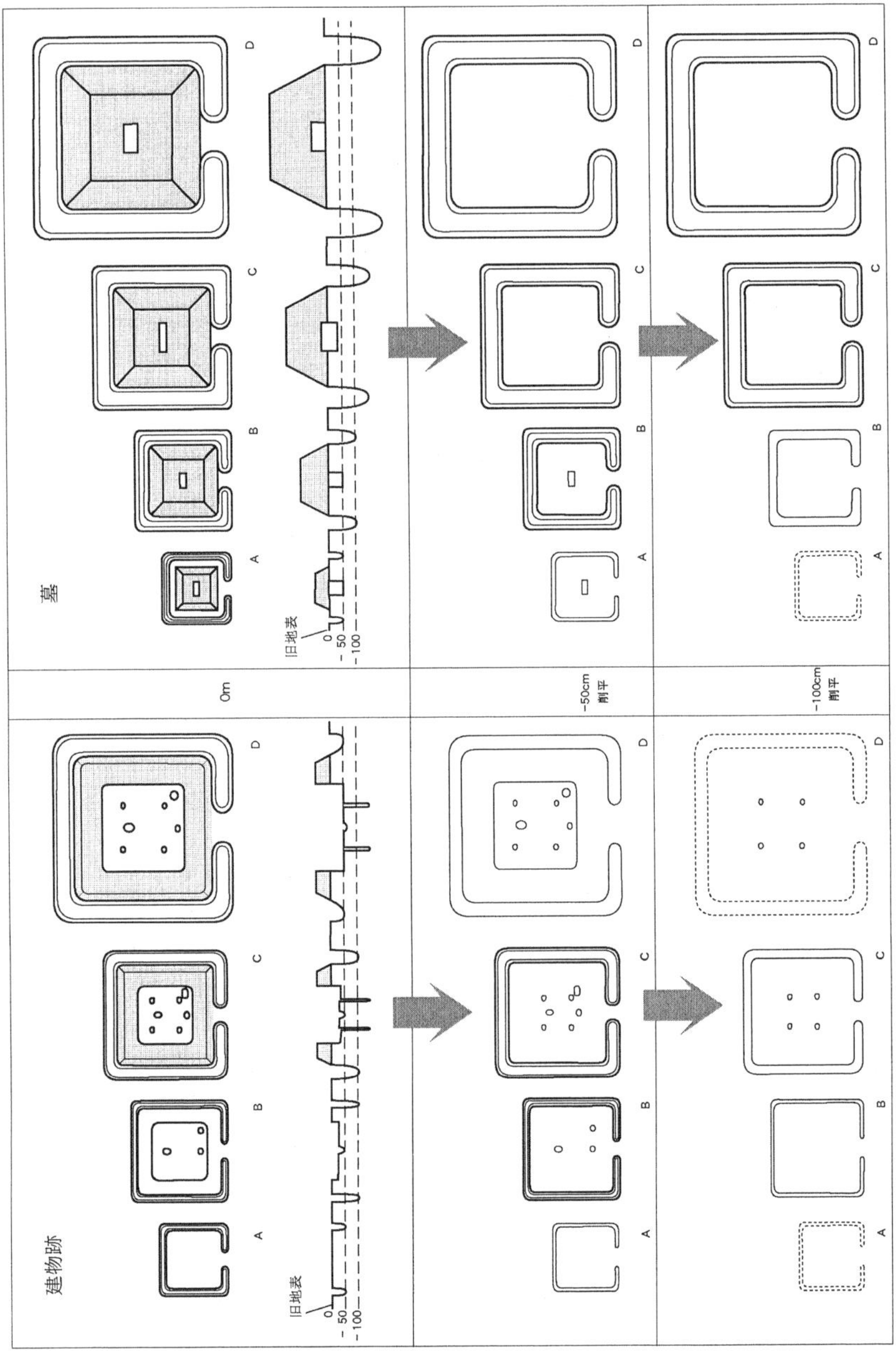

図1　「周堤・周溝を有する建物跡」と方形周溝墓の旧地表面と削平模式図（及川 2004b より転載，一部改変）

朝から、学史の整理の途中でお話が出たと思いますが、方形周溝墓を認定するときに、周溝が巡ってさえすれば周溝墓だというような意識が実は一部にありました。

次頁に、一から一四までいろいろサンプルとして出してありますが、ここに出したものは、論理学的に見ても誤りが多いだろうと思います。例えば一番の「弥生〜古墳時代の方形周溝墓は周溝を巡らす。↓周溝を巡らすのは方形周溝墓」という例は、これは多分誤りであると思います。

方形周溝墓が発見されてから四〇年たってきますと、どうも溝を巡らす遺構は、方形周溝墓だけではなく、建物を囲む周溝もあることがだんだんわかってきました。

一　研究略史

この「周溝を有する建物跡」についての簡単な研究史をこれからお話したいと思います。ひとまず手前味噌ですが、私及川と群馬の飯島義雄さんが似たような論文を発表していますので、それを境に「飯島・及川論文以前」と「以後」とに分けてお話させていただきます。

そもそも最初に方形周溝墓が発見されたのは宇津木向原遺跡ですが、それ以前にも方形周溝墓が見つかっていたということは、今日の午前中のお話でも多々出ていたと思います。方形周溝墓という概念あるいは定義が確立する前は、方形周溝墓というのはどういうふうに見られていたかといいますと、方墳、住居であるとか、あるいは溝状遺構というような、いろいろな視点で見られております。

ところが、「方形周溝墓」というものが命名されてしまいますと、周溝が巡るとすべてがお墓だという視点のみに限定されてしまうようになります。多分ここに大きなつまずきが出てきたと思います。溝が巡ってさえすれば、当然、「方形周溝墓」だという前提を付けて見てしまうというような研究動向になりました。

それから、方形周溝墓という名前とはまた別に、「周溝墓」という用語を使うようになります。今までは平面が

1　弥生～古墳時代の方形周溝墓は周溝を巡らす。→周溝を巡らすのは方形周溝墓。
2　弥生～古墳時代の方形周溝墓の周溝形態の一つに中央陸橋タイプがある。→中央陸橋タイプの周溝は方形周溝墓。
3　弥生～古墳時代の方形周溝墓の周溝は（周溝内埋葬の可能性がある）土坑が伴うことがある。→(周溝内埋葬の可能性がある)土坑が伴う周溝は方形周溝墓。
4　弥生～古墳時代の方形周溝墓の周溝には周溝内埋葬がある場合がある。周溝内埋葬は周溝内の土坑として認められる場合がある。→周溝内の土坑は埋葬施設である。
5　弥生～古墳時代の方形周溝墓は周溝を巡らすが，方台部に主体部（埋葬施設）が削平されて検出されないことがある。→方台部に主体部（埋葬施設）が検出されなくても周溝が巡れば方形周溝墓。
6　弥生～古墳時代の方形周溝墓の周溝からは底部穿孔土器が出る場合と出ない場合がある。→周溝から底部穿孔土器が出土しなくても周溝は方形周溝墓である。
7　弥生～古墳時代の方形周溝墓は群を構成することがある。→群を構成する周溝は方形周溝墓。
8　弥生～古墳時代の方形周溝墓は単独のほか群を構成することがあり，周溝を接し，切り合う場合がある。→接したり切り合う周溝は方形周溝墓（注）。
9　弥生～古墳時代の方形周溝墓の周溝に囲まれた方台部にある埋葬施設は土坑の場合がある。周溝に囲まれた方台部の土坑は方形周溝墓の主体部(埋葬施設)。
10　弥生～古墳時代の周溝に囲まれた方台部に柱穴が矩形に並ぶことがある。→周溝が巡るのは方形周溝墓であり，方台部の柱穴も墓に伴う。これは殯屋かもしれない。
11　弥生～古墳時代の方形周溝墓は拡張されることがある。周溝が二重に巡り，周溝が方台部に大きく切り込む例もある。→周溝が巡るのは方形周溝墓であるので，周溝が拡張され，周溝同士が切りあうのも方形周溝墓として問題はない。
12　弥生～古墳時代の方形周溝墓には平面形が方形のものから長方形，円形のものまである。→平面形が隅円方形や不整円形に巡る周溝も方形周溝墓の周溝。
13　弥生～古墳時代の方形周溝墓は集落が近辺に位置することがある。→集落のそばにある周溝は方形周溝墓。
14　弥生～古墳時代の方形周溝墓は墓群を形成し同時代の集落と重複する例がある。→周溝やその内部まで住居に壊されても方形周溝墓。

（注）周溝同士の切合および新旧関係については立花実氏の検証がある（立花 2000）。
（及川 2004 b より転載，一部改変）

「方形」の「周溝墓」だったものが、方形だけじゃなくて丸もあるし、突出部があるものもあるというので、「方形」というのを一回取って、「周溝墓」という名前を使うようになってきます。さらに、どんな形の周溝でもいいから回っていれば、お墓だという、またそういう議論になりました。

そんな中で、一九七〇年に、石野博信さんが注目すべき指摘を行なっています。そこを読みますと、「これらは墓でないと考えるのであれば、全国すべての方形周溝墓のうち、明らかに墓であるものと、他から類推して墓と考えているものを明確に区別しなければならない。したがって、類推した墓によって、形態、分布、生成、消滅などの方形周溝論を展開してはいけない」（石野一九七〇、三〇頁）というふうに述べております。

しかし、その後どんどん方形周溝墓が出てきますので、こういった提言は、あまり省みられることはありませんでした。その後、山岸さんや伊藤さんらの研究で、方形周溝墓研究のターニングポイントはいくつかありましたが、方形周溝墓とはどういうものなのかという議論にはなかなか行き着きませんでした。

さらに、先ほど、赤塚さんが発表されているように、方形の溝の真ん中が切れるタイプの方形周溝墓、それから、これは田中新史さんたちの神門《ごうど》古墳群などもそうなんですけど、どうも溝の真ん中が切れるものが、発展して前方部になっていくんだという視点が出てきます。そして真ん中が切れている周溝があれば、それもまたみな前方後方形に、あるいは前方後円形に関連するといったような視点に向かってしまったのが現状だと思います。

そういった中で注目されているのが、一九九一年に行なわれました東海大学でのシンポジウム「西相模の三・四世紀」だったと私は思っております。

そのシンポジウムの直後に、加納俊介さんから「埼玉の方形周溝墓のうち、一部おかしいものがあるんじゃないか」というような疑義が出されました。それを受けまして、私あるいは飯島さんから「現在、方形周溝墓として報告されているもののいくつかは、やはり墓ではないものが含まれている。具体的に言うと、それは建物ではないのか」というような仮説が出されるようになりました。

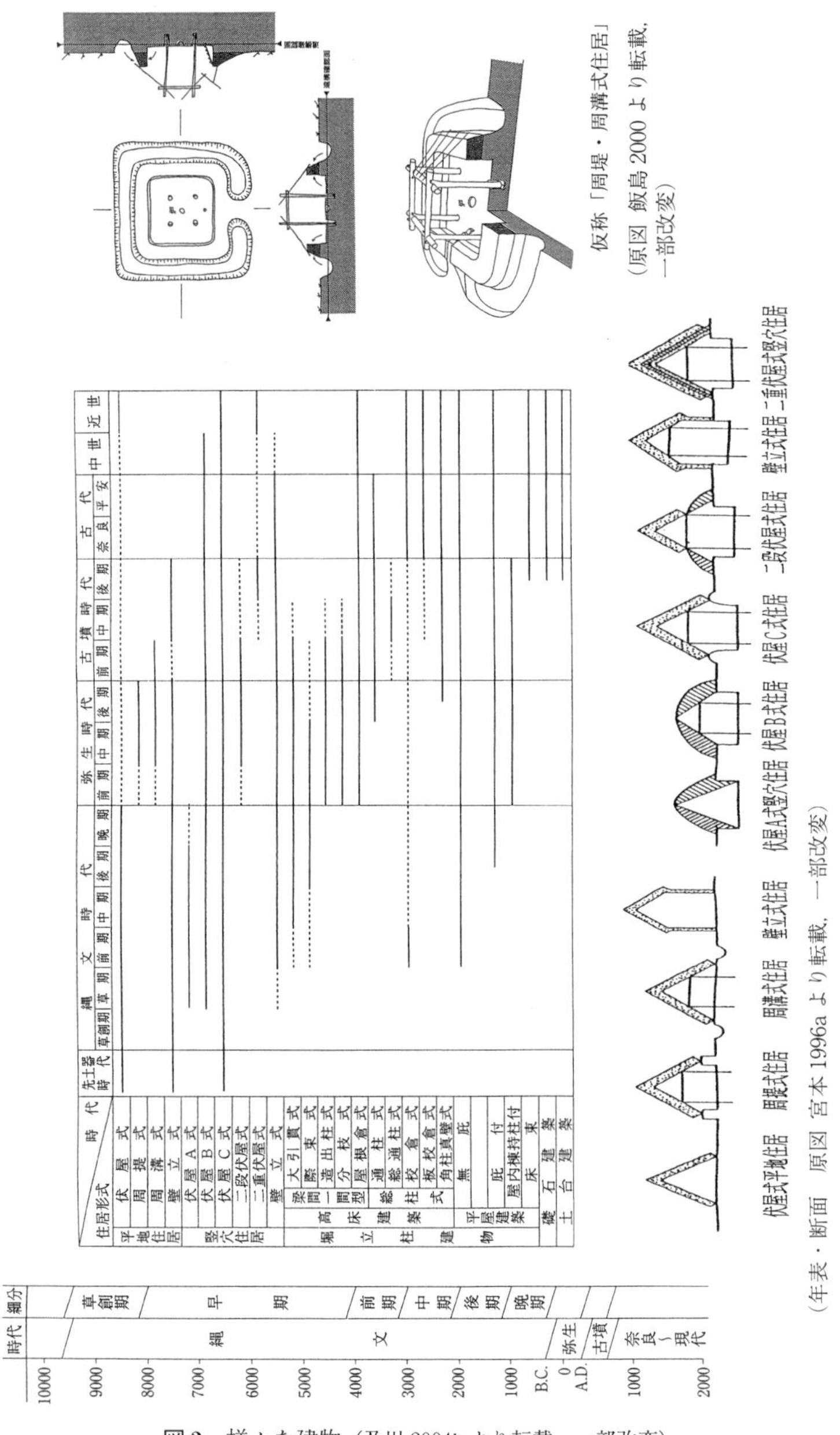

図2　様々な建物（及川2004bより転載，一部改変）

この仮説を私、もしくは飯島さんが出しますと、大きな議論になりまして、賛成・反対いろいろ出ました。反対論といっても、直接に反対するというよりは、「もう一度過去の資料を掘り起こして再検討してみよう」というような動きになっております。具体的には埼玉県の福田聖さん、それから東京都北区の教育委員会を中心としたメンバーの方たちが従来の資料をどんどん見直して、「本当に墓なんだろうか。あるいは、そうじゃないのだろうか」というようなことを検討し始めています。

それから、肯定論としましては、飯島さんと私、全く面識はありませんでしたが、たまたま同じテーマを同じ時期に同じ論文にしたということで、タッグを組みましょうかということで、お互い連携しました。従来の説を覆すためには、まず本来の振子がこの位置だとしますと、それ以前は少し本来の位置とは違う所に振れてきているんじゃないかなというイメージでしたので、「振子をまず反対の方向に大きく振ってしまおう。振れたあとに、また本来の正常な位置に揺れで戻ってくるんじゃないか」という、あまり学問的ではないですが、そういう思いがありまして、二人で連続的にあちこちのデータを再検討再検討ということで、議論を続けてきました。で、実際に墓か建物かという議論は机上の議論ではなく、発掘できちんと解決したほうがいいのではということで、調査する例も出てきております。

それから、埼玉県の駒見佳容子さんのように、規格という視点から方形周溝墓の溝と建物の溝を区別できるんじゃないか、というような意見も出るようになってきております。

以上が、方形周溝墓と「周溝を有する建物跡」に関する今までの研究略史になるかと思います。

二　「周溝を有する建物跡」

今度は、図のほうを見ながら、ざっと全体の説明をしていきたいと思います。図3の左側が埼玉県の鍛冶谷・新田口遺跡の新幹線地区です。ここで方形周溝墓と言えるのはほんの数基（図アミかけ部分）で、そのほとんど、周溝が巡るものは、多分、建物跡だろう（図ベタ塗り）と私は考えております。

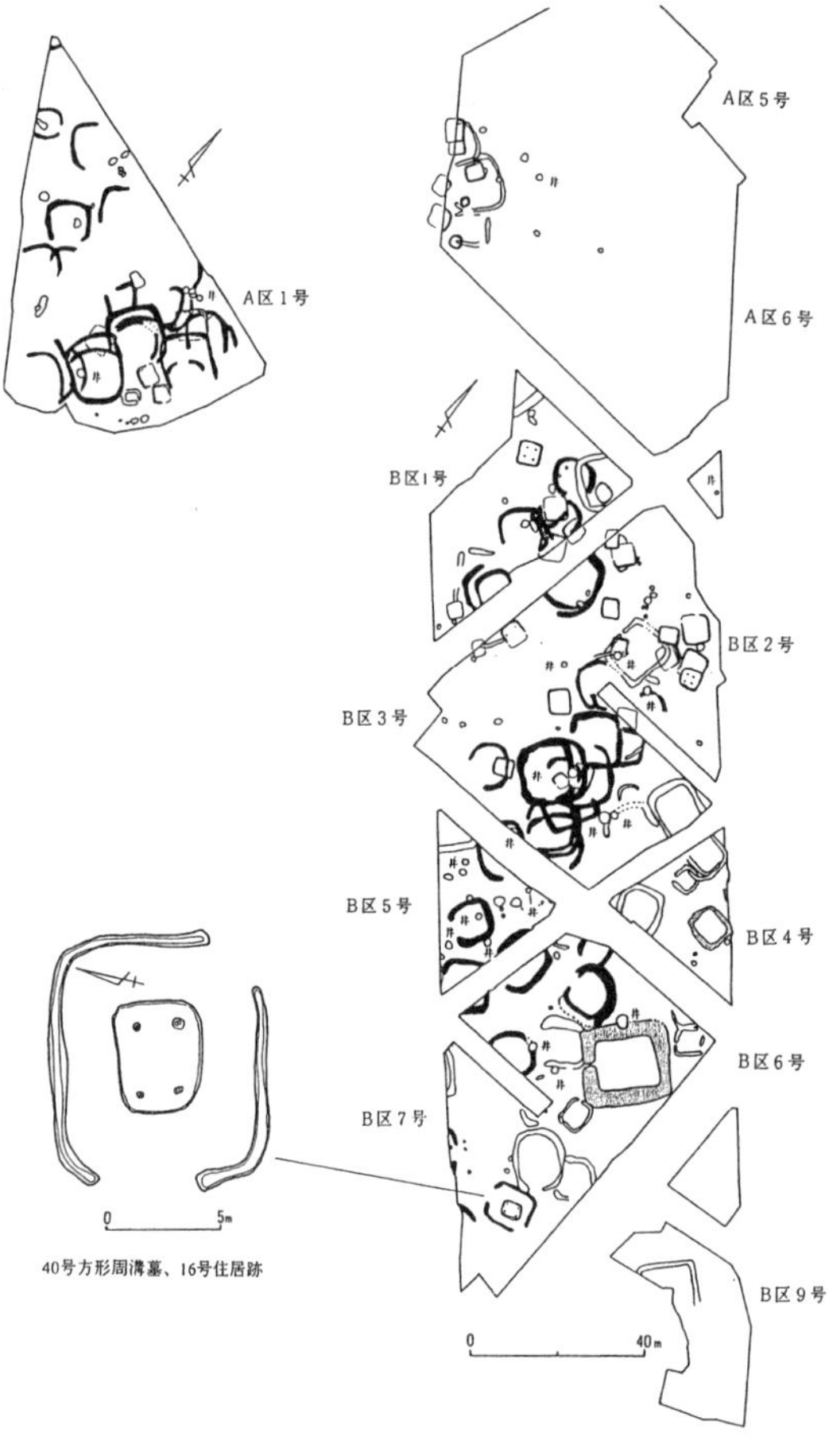

埼玉県鍛冶谷・新田口遺跡新幹線地区（原図 西口1986）

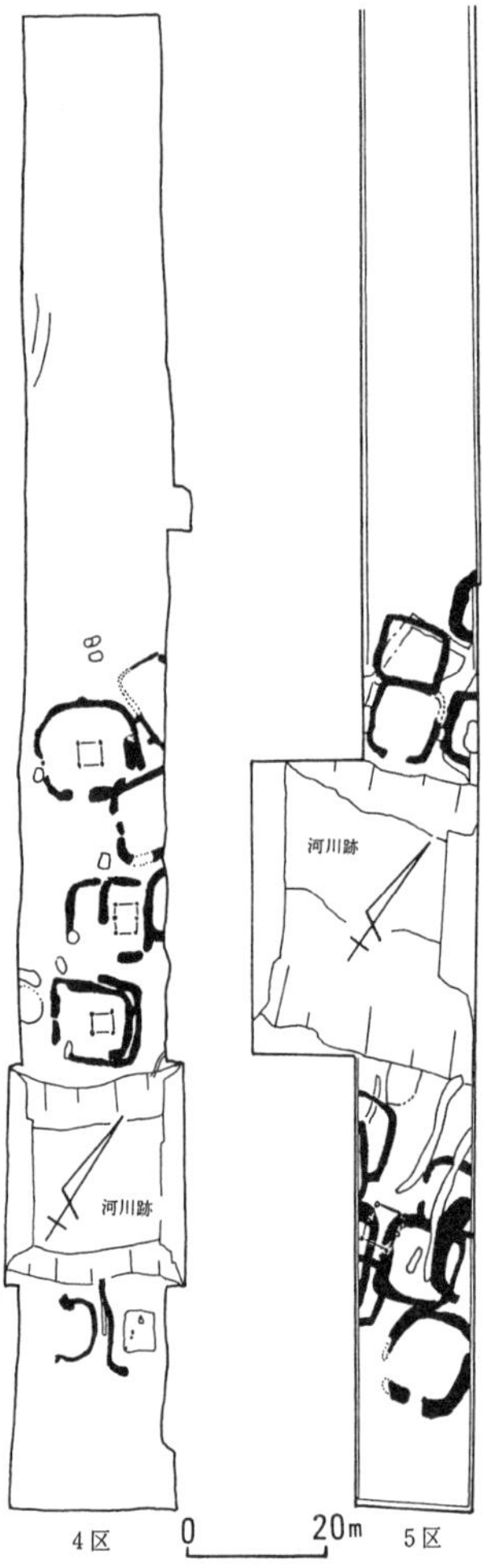

埼玉県小敷田遺跡（原図 吉田1991）

図3　方形周溝墓と報告された遺跡（1）（及川1998より転載）

それから、図の右は埼玉県の小敷田遺跡です。この遺跡に関しましても、周溝墓とされているもののほとんどは、「周溝を有する建物跡」と考えております。

同様に、図4の埼玉県大久保領家片町遺跡ですが、こちらは、「周溝を有する建物跡」と方形周溝墓が重複している遺跡になると思っております。墓が建物跡を切っています。

その上は千葉県の芝野遺跡です。こちらは、方形周溝墓とは書いてなくて、二号周溝あるいは一号周溝と書いてありますけれども、これについても、恐らく建物跡であろうと考えています。

この芝野遺跡は、後ほど出ます登呂遺跡と非常によく似ている遺跡ではないかと思われます。集落と水田との間に大きな溝があり、その溝を境にして前面に水田が広がる低地の遺跡です。多分、両者が似たような立地と集落のスタイルを持っていると思っています。地域を異にした共通性に注目しています。

それから今度は図5です。今まで「周溝を有する建物」は、みな低地ばかりでした。群馬県の三和工業団地遺跡は台地の上にある周溝を巡らすタイプの建物跡です。当初、「周溝を有する建物」というのは低地特有なものと思ってましたが、実はいろいろあって、低地の中でも竪穴状、平地状、あるいは掘立て状、台地の上でもあるというように、実は、いろんな姿を持っているということがだんだんわかってきております。同様な例に静岡県大平遺跡があります。

図6は登呂遺跡の姿です。従来の登呂遺跡の五〇年前の成果は、実は全くの空想といいますか、あまり根拠のあるものではないということが一九九九年以来の再調査でわかってきております。概要報告書を参考にしますと、ここにあるように、1から7の大体七段階の変遷がたどれます。最後にまた洪水に埋もれるということで、洪水はどうも二回、登呂遺跡はかぶっているようです。5という所の洪水1で埋没する段階、それから復興してさらにもう一度洪水2で埋没する段階です。

この中で注目したいのは4という段階です。この段階では、登呂遺跡へ行かれた方はわかると思うんですけど、平地住居の周りに周堤帯が巡らしてあります。さらに、周堤帯の外に溝が巡らしたままで復元されております。ところ

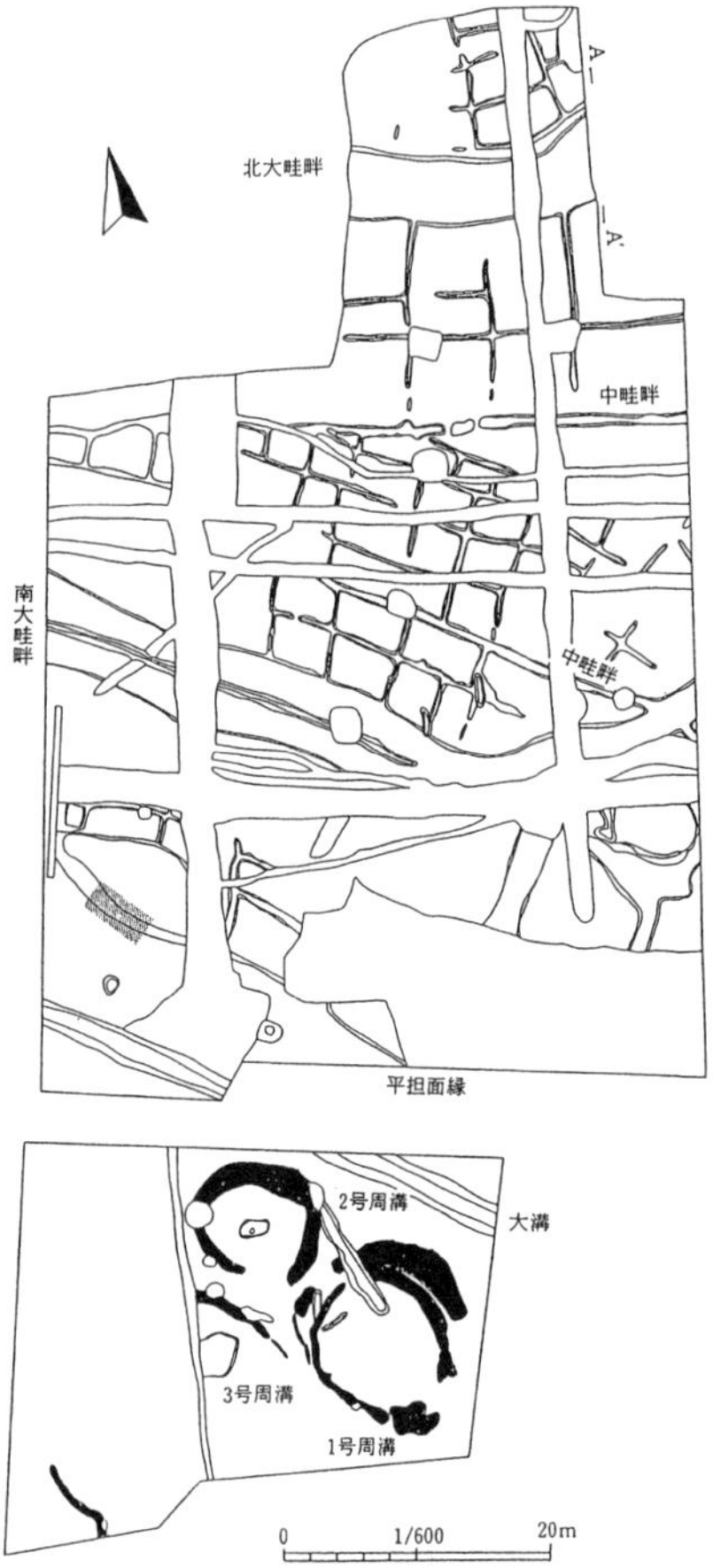

千葉県芝野遺跡（原図 神野・加藤・沖松 1992）

埼玉県大久保領家片町遺跡（原図 青木ほか 1996）

図4　方形周溝墓と報告された遺跡（2）（及川 1999・2001 より転載）

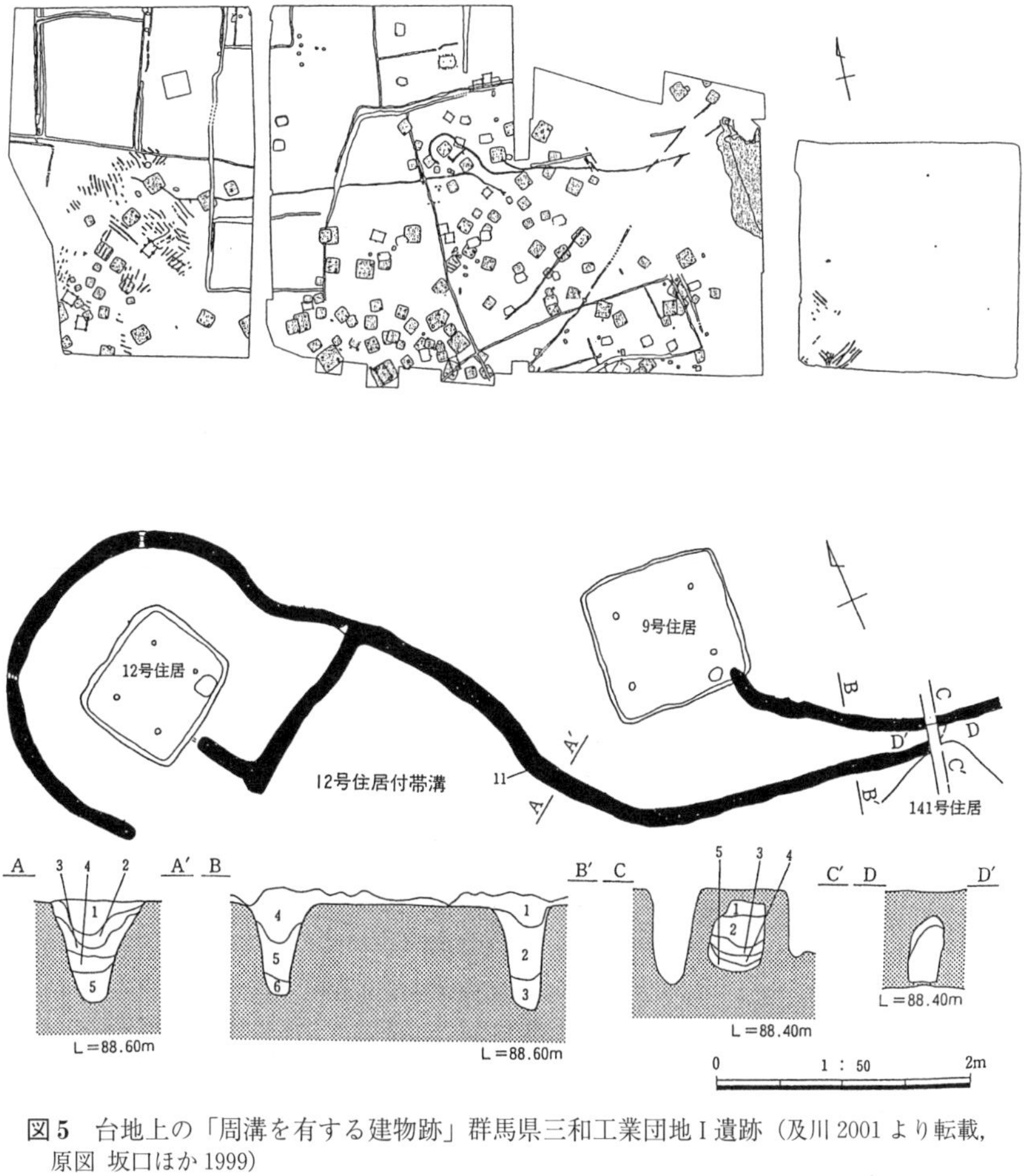

図5　台地上の「周溝を有する建物跡」群馬県三和工業団地Ⅰ遺跡（及川2001より転載，原図 坂口ほか1999）

が、報告書を見ますと、その溝についてはとくにコメントは出されておりません。

今回再調査をやりますと、周堤帯だけではなく、全部建物跡の周囲に溝が巡らされるということがわかってきました。しかも、その溝は単純に巡るだけではなくて、溝や周堤帯同士がつながったりしているような姿がわかってきております。いずれは、こういった姿に復元された形で報告されると思います。

図7の群馬県保渡田・荒神前遺跡は台地の上の遺跡ですが、竪穴の周囲に周堤帯が見つかっております。その周堤帯も、周堤帯同士

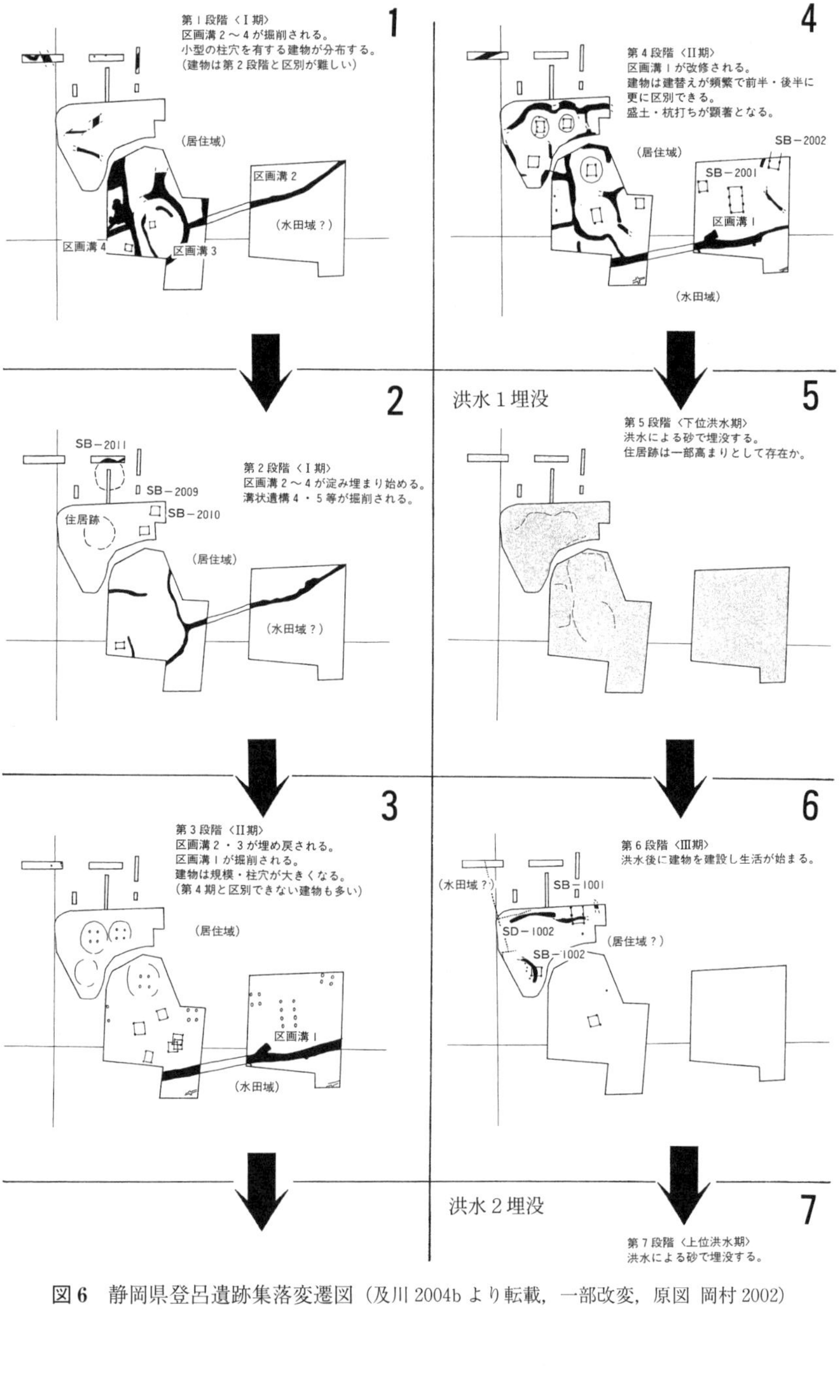

図6　静岡県登呂遺跡集落変遷図（及川 2004b より転載，一部改変，原図 岡村 2002）

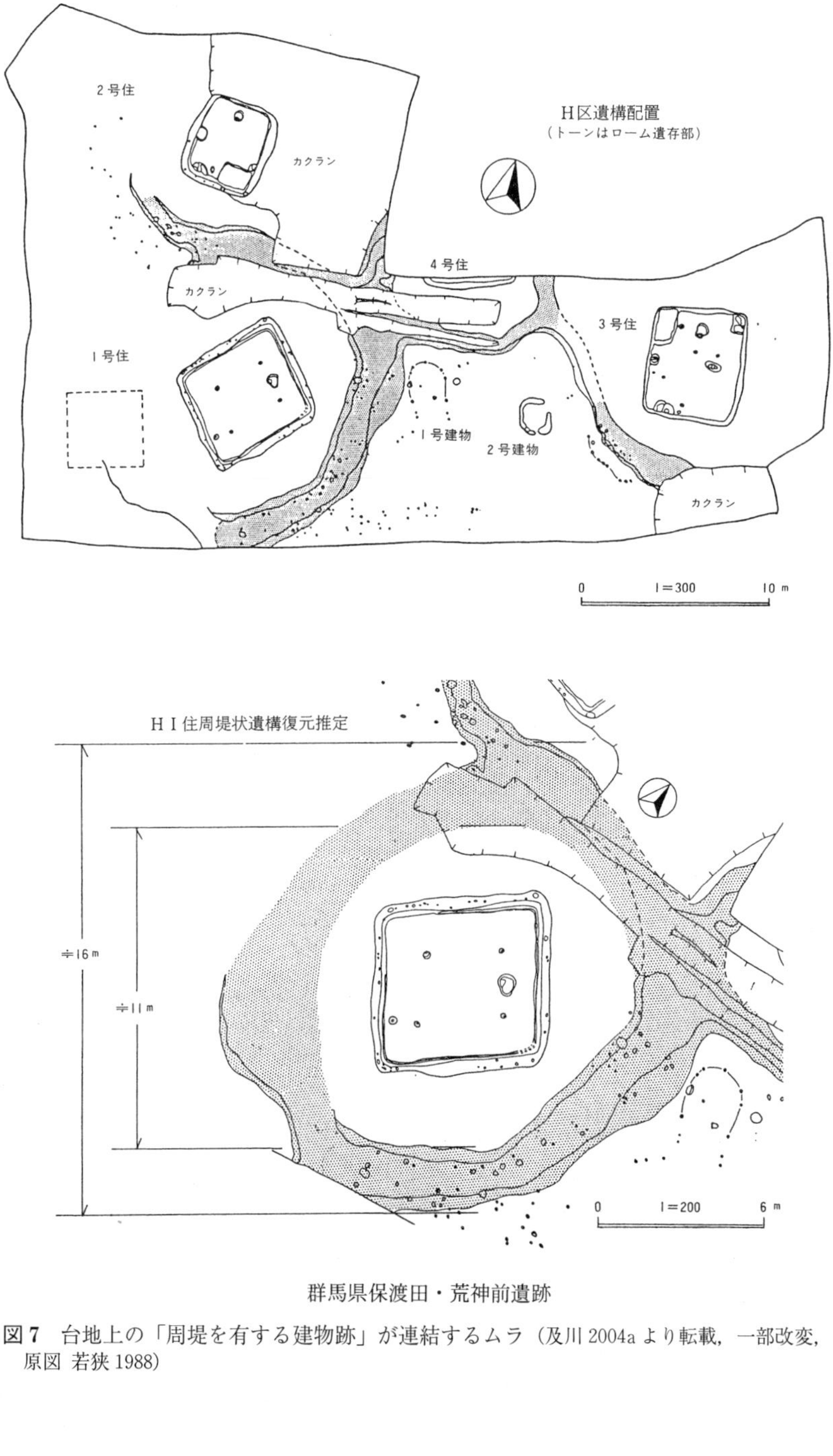

群馬県保渡田・荒神前遺跡

図 7　台地上の「周堤を有する建物跡」が連結するムラ（及川 2004a より転載，一部改変，原図 若狭 1988）

が一部接したり、重なったりするような状況が認められますので、どうも台地の上でも低地でも、竪穴の周囲にある周堤帯、あるいはそのさらに外にある周溝などが必ずしも単独で巡るわけではなくて、一部共有し合いながら連続する姿があるということがわかってきております。

それから図8には低地で、周堤帯も残るし、さらに外側の周溝も残るよい遺跡の例を挙げております。弥生時代後期から末の富山県の下老子笹川遺跡です。A地区、B地区と二地点に分かれていますが、左側のA地区は四つ、「周溝を有する建物跡」がありまして、そのうちの三つから周堤帯が見つかっています。図9はB地区です。この「周溝を有する建物跡」を中心としまして、掘立柱建物跡、それから「周溝遺構」等々が、溝に区画されて何地点かに分かれて分布しているということがわかると思います。図8の江上A遺跡はこれらの遺構が溝に区画された状態です。

それから今度は図10の大阪府八尾南遺跡です。これも最近、衝撃をもって報道された資料で、こちらも洪水でパックされていた低地の遺跡でして、建物跡に周堤帯がきれいに残っております。しかも周堤帯の外側には溝といいますか、土坑といいますか、そういうものが巡っているということがわかってきております。時期は弥生時代後期です。

この八尾南遺跡の場合、たまたま洪水層に集落がパックされて出ていますが、どうも大阪の低地一帯を掘っている所は、報告書をよく読んでも書いてないんですけれど、ほとんど洪水をかぶっていると考えていいそうですので、もう一度過去の大阪辺りの低地の報告書を丁寧にチェックしていくと、周溝や周堤帯がもっと見つかってくるのではないかと考えています。

その次の図11は、大阪府の尺度遺跡です。やはり「周溝を有する建物跡」、それから、その中心に方形の居館があるというような弥生時代末～古墳時代初頭の遺跡になっております。

さらに今度は西のほうの遺跡を見て行きますと、図12の岡山県の百間川原尾島遺跡です。弥生の前期から続く遺跡で、後期の中を大体Ⅰ、Ⅱ、Ⅲ、Ⅳ期に分けておりますけれど、そのうちのⅡ期とⅢ期とⅣ期に、「周溝を有する建物跡」が出ております。もちろん周溝を持たない住居跡も出ております。ここで注目したいのは、Ⅳ期といった時期

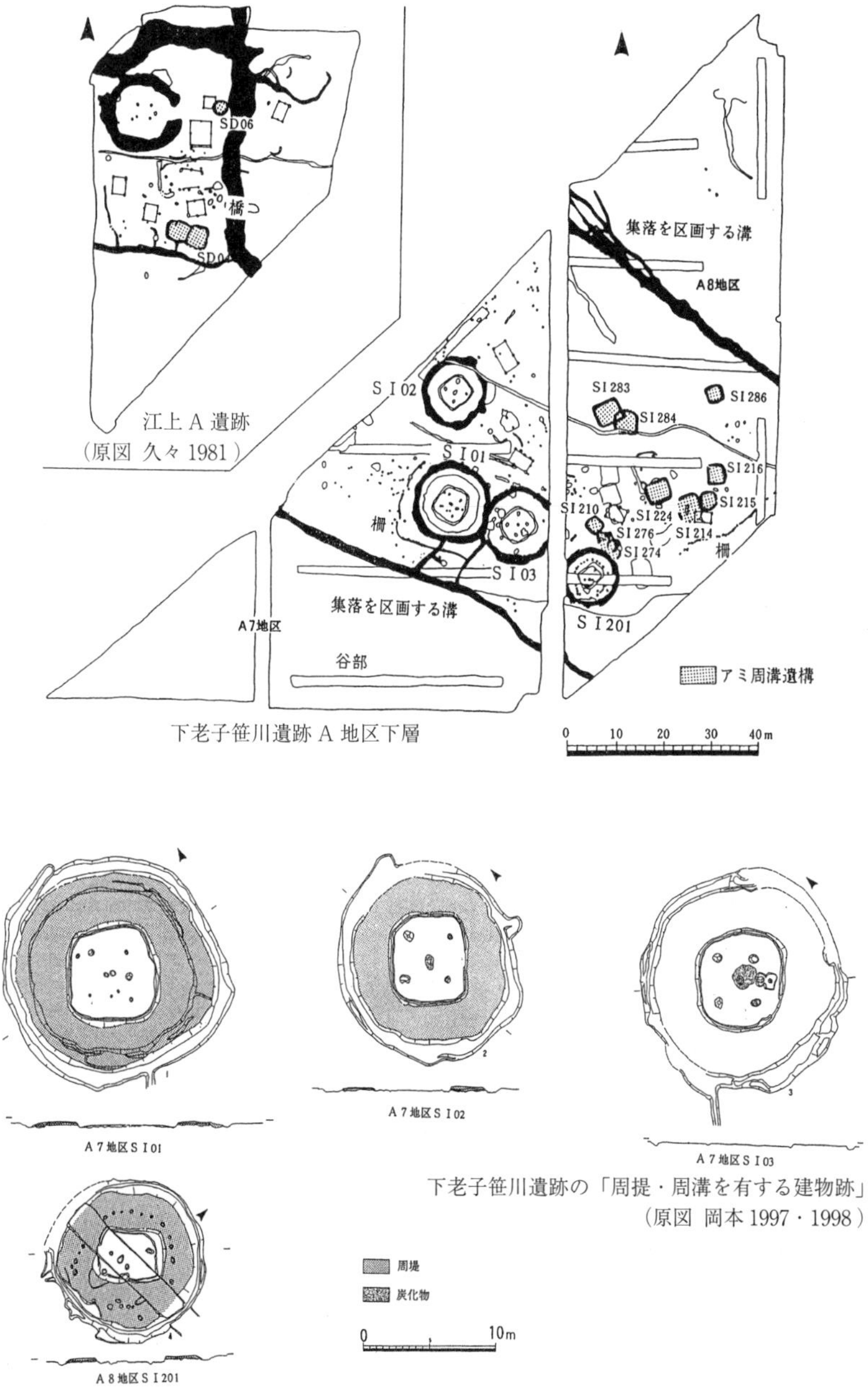

図8　富山県の「周溝を有する建物跡」と集落 (1)（及川 1999 より転載，一部改変）

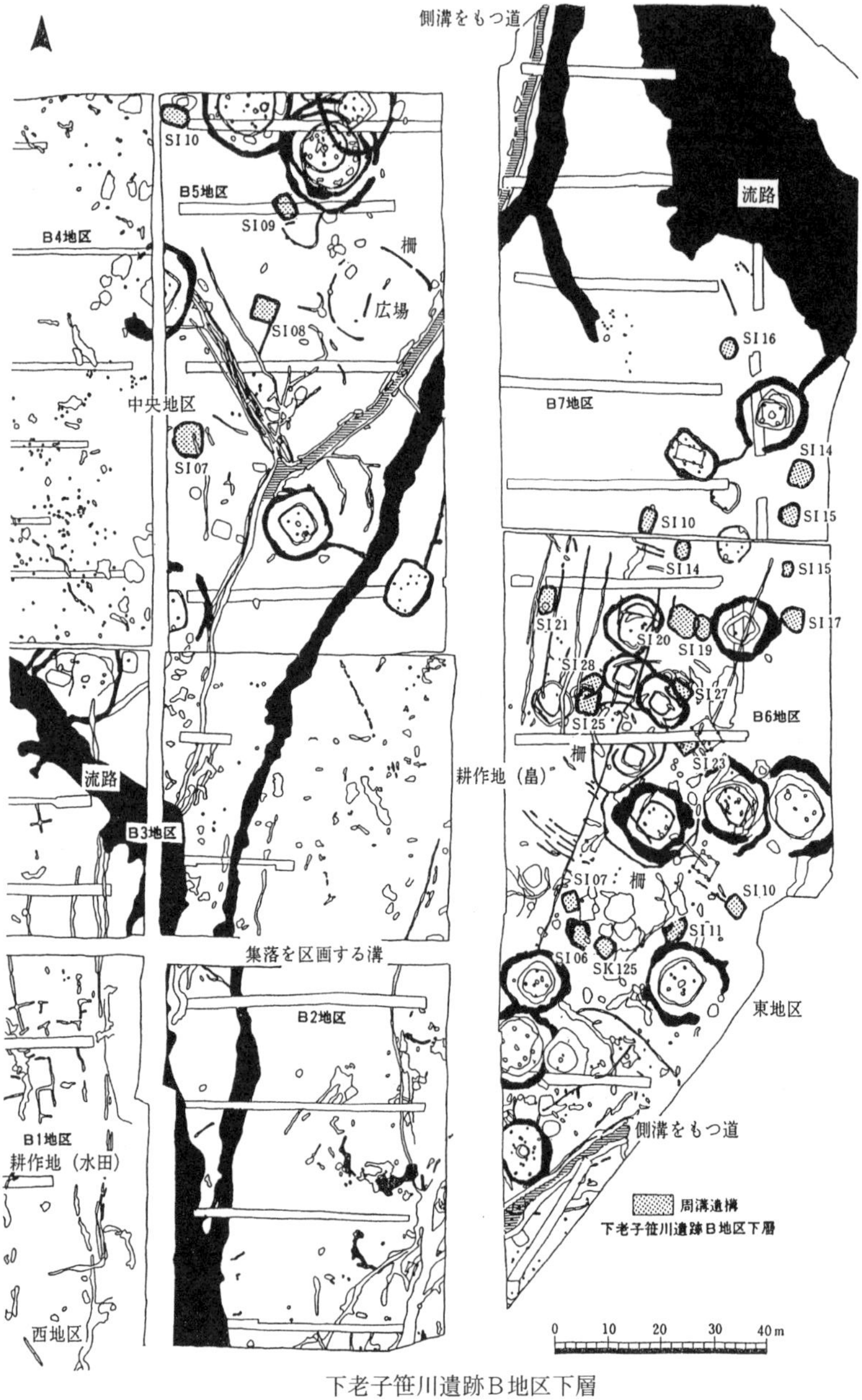

下老子笹川遺跡Ｂ地区下層

図９　富山県の「周溝を有する建物跡」と集落（2）（及川 1999 より転載，一部改変，原図岡本 1998）

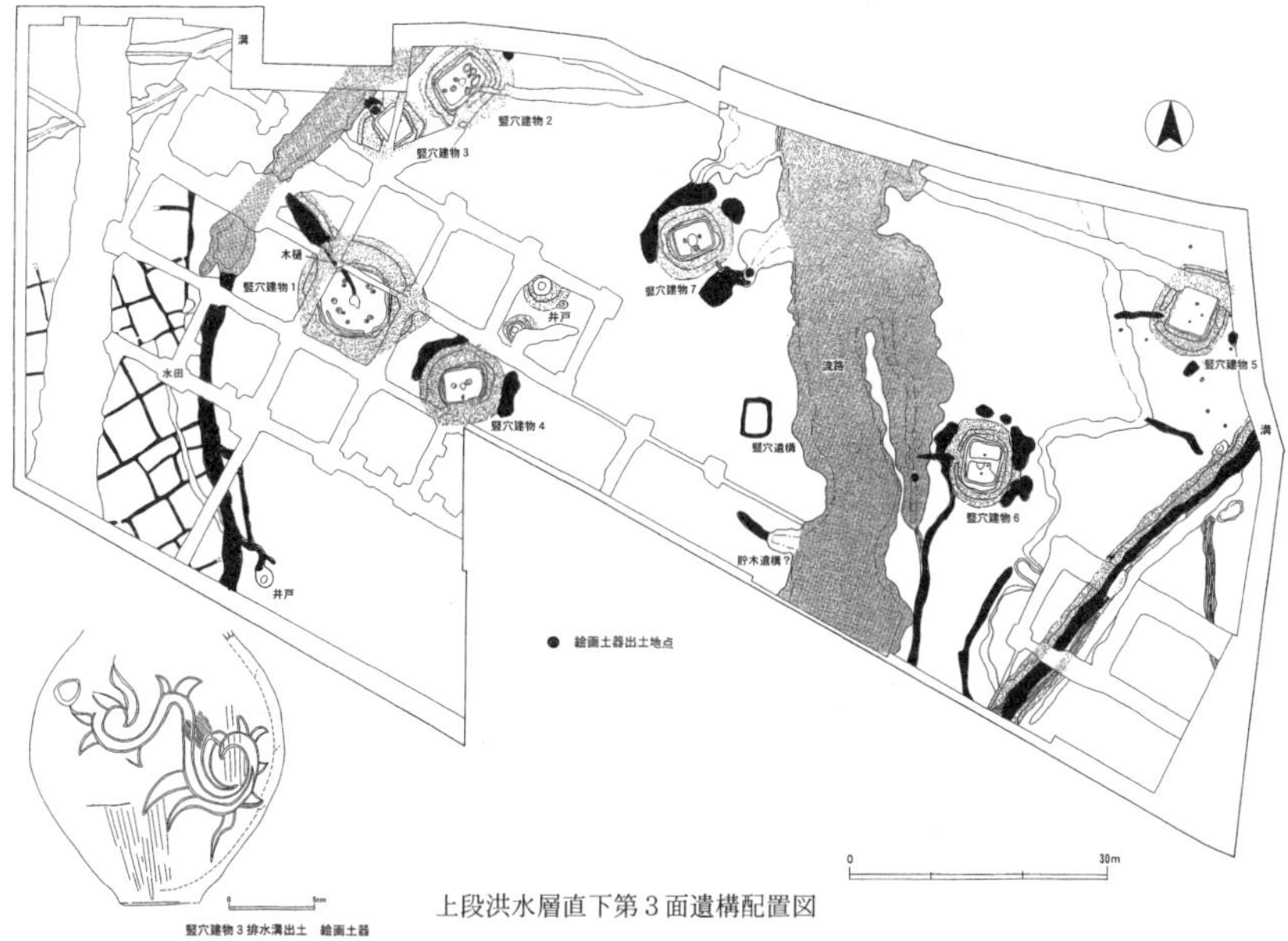

上段洪水層直下第 3 面遺構配置図

下段第 3 b 面遺構配置図

図 10　大阪府八尾南遺跡（及川 2004b より転載，一部改変，原図 岡本 2004）

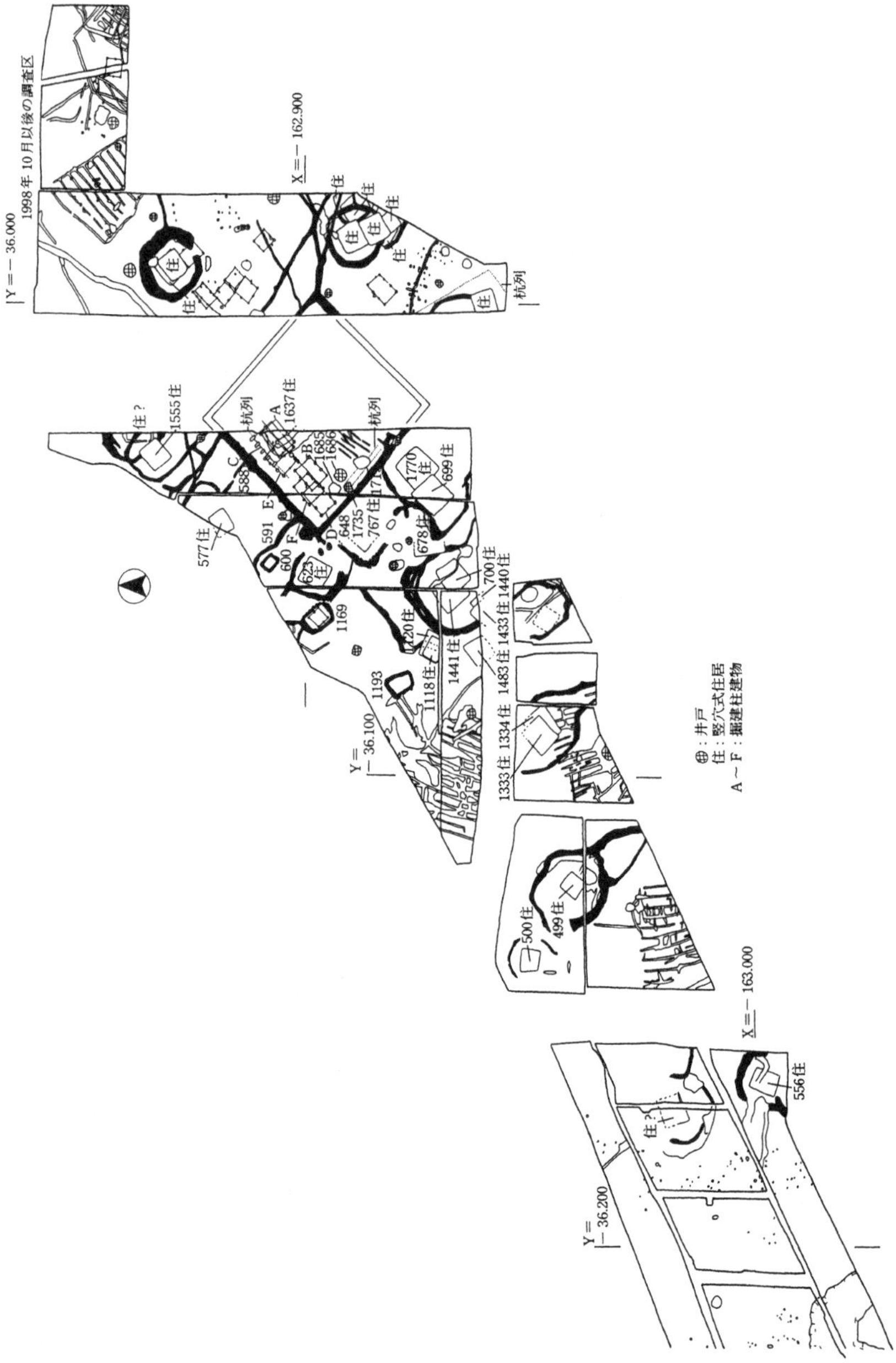

図11　大阪府尺度遺跡（及川2002aより転載，原図 三宮1999）

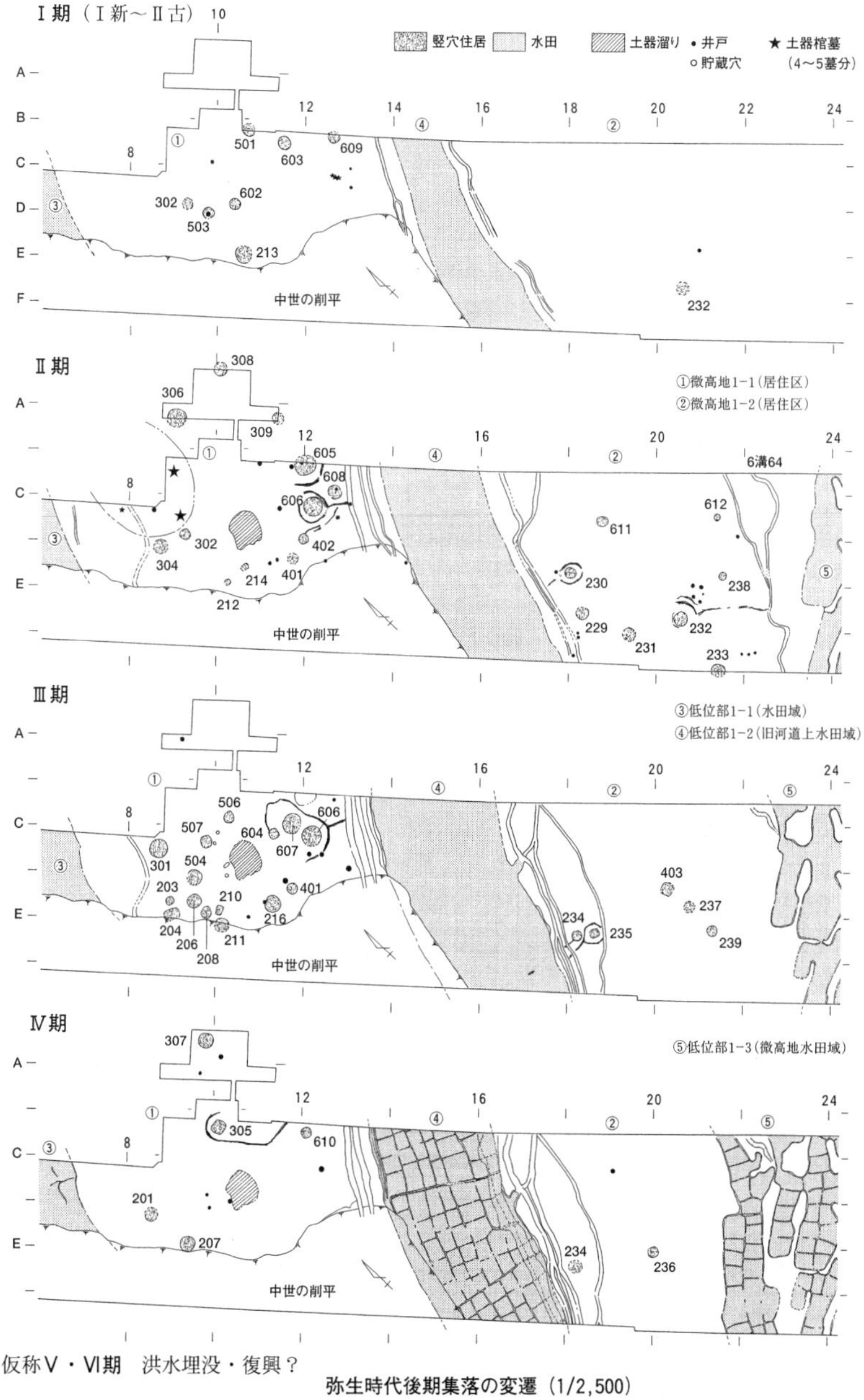

図 12　岡山県百間川原尾島遺跡変遷図（及川 2004b より転載，一部改変，原図 柳瀬 2004）

に、厚い洪水層に埋もれて集落が一度廃絶するというところに特徴があるかと思います。

面白い図がありましたので、ここに採録しております。図13の上は洪水に覆われた砂を丁寧に除去した直後の遺構面の等高線図を載せているものです。その下は、さらに遺構を実際に掘り上げた面になります。ですから、上の図は洪水が襲撃する直前の姿ということになります。その下の図に関しましては、洪水が襲撃する以前のそこに存在した遺構の掘り方の姿になります。

ここで注目しておきたいのは、例えば井戸などで、土器のみの分析をしますと、みんなⅣ期という時期で同一時期になるんですけど、それをさらに細かく、どのように埋め戻しているのか、あるいはどのように洪水の砂が入り込んでいるのかといったようなことを分析していきますと、従来の土器編年ではわからないような細かな遺構の変遷をつかむことができます。

例えば建物跡の27というのは、上の図でいきますと二つのピットしか見つかっておりません。二つのピットのみわかるんです。ところが、実際に発掘調査してみますと、下にあるような一間×二間の建物跡になります。それから、一部の土坑なんですけれど、全く土器は出土していないのですが、洪水砂をキー層にしていきますと、洪水にパックされていることがわかりますので、その直前に機能していたことが証明できる資料になります。

ですから、先ほどの大阪の八尾南遺跡資料や、この百間川原尾島遺跡にしましても、洪水による砂というものをキー層にしていきますと、従来、考えられていた以上に細かな遺構分析、それから集落分析等々が可能になるのではないかと考えております。

次に図14の静岡県伊場遺跡。これは直接洪水とは関連するわけではないんですけれど、従来、弥生時代後期の方形周溝墓が二群に分かれておりまして、そのうちの一つは三重環濠内に位置すると言われていました。この伊場遺跡につきましても、最近、見直しが進みまして、少なくとも北別区と言われていた方形周溝墓に関しては、静岡県浜松市の鈴木敏則さんによりますと、どうも平地住居の可能性が高いということです。墓か建物跡かは大きな違いになりま

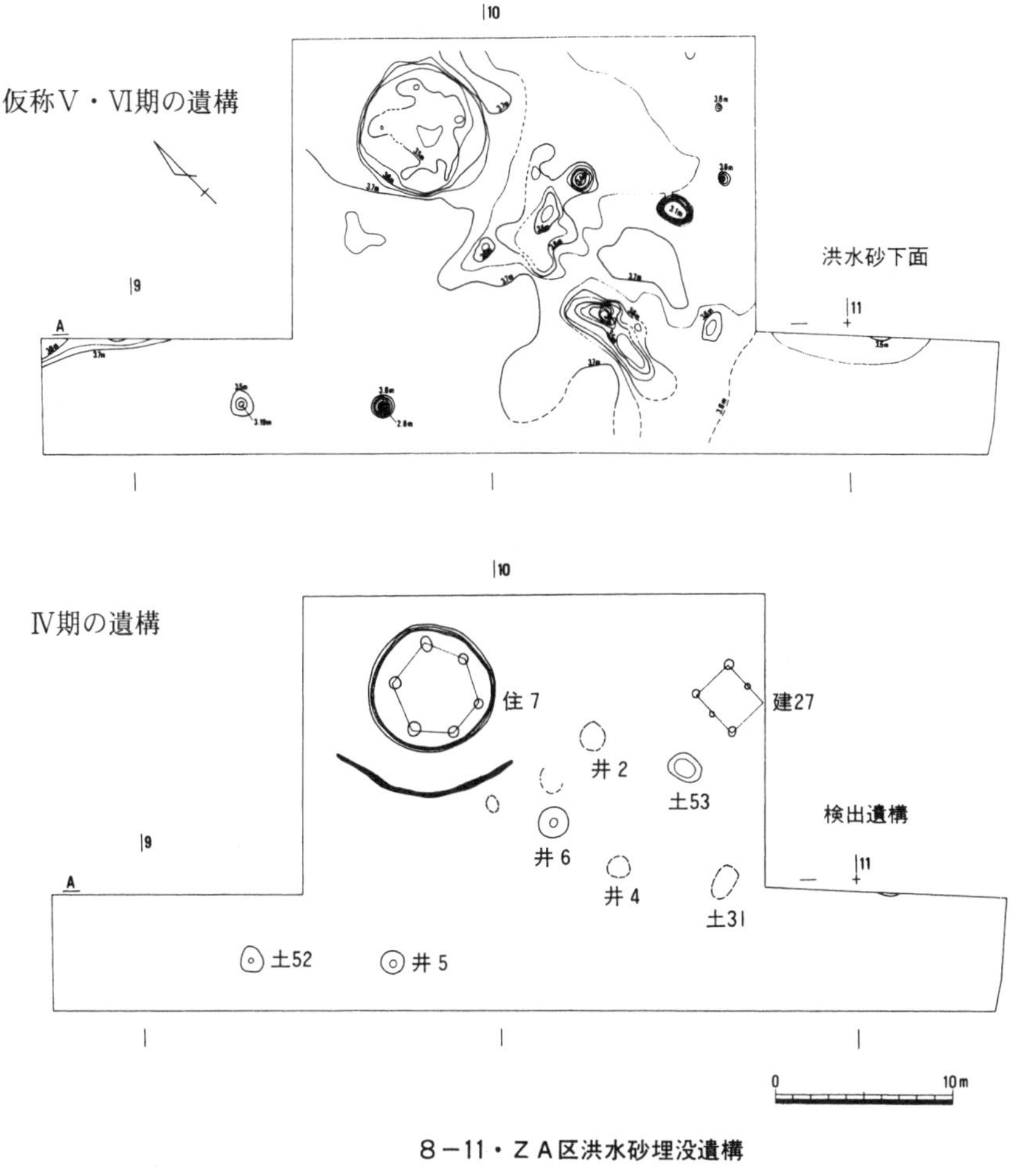

図 13　岡山県百間川原尾島遺跡後期洪水埋没状況（及川 2004b より転載，一部改変，原図宇垣 1994）

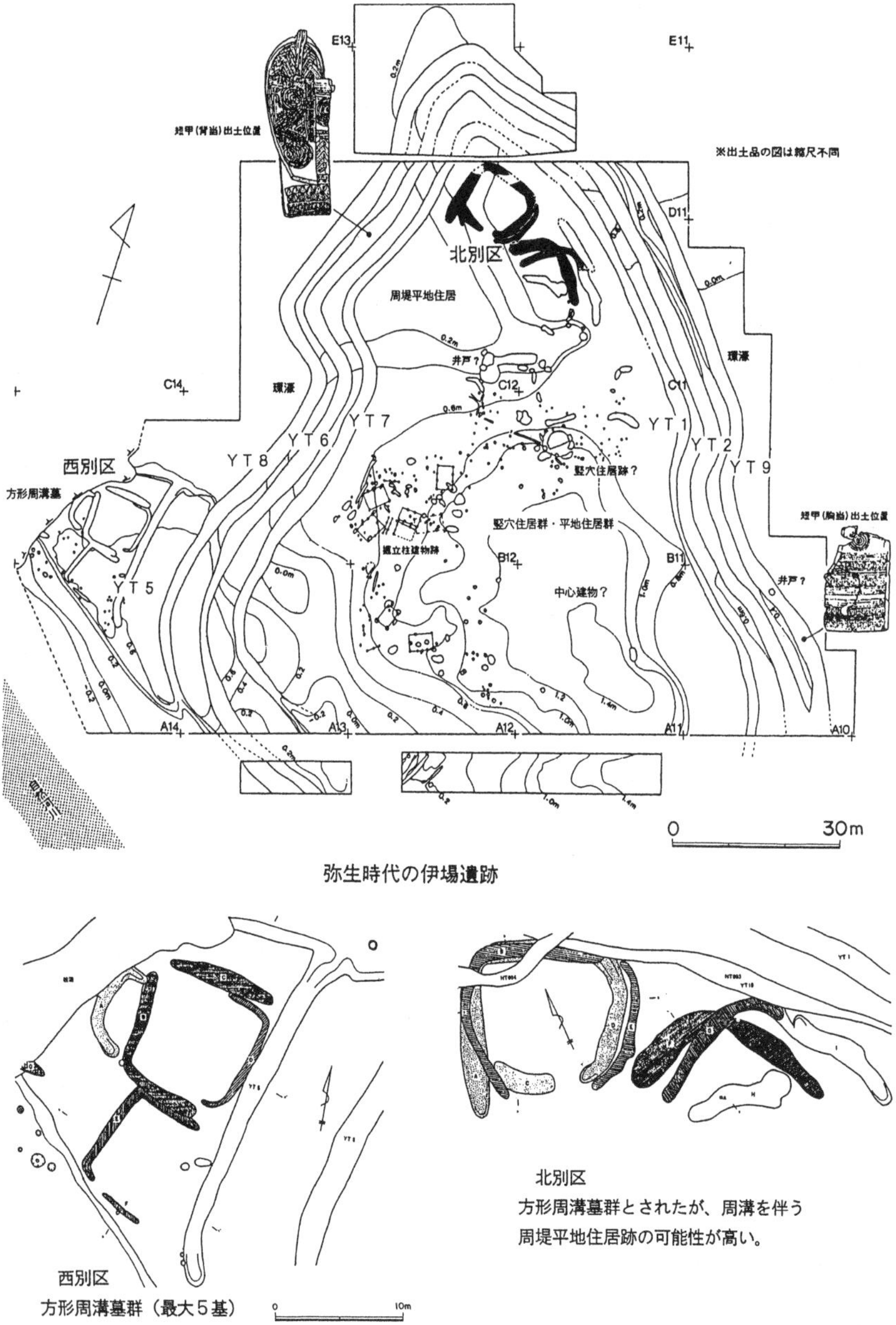

図 14　静岡県伊場遺跡の「方形周溝墓」（及川 2004b より転載，一部改変，原図 鈴木 2002）

すので、従来の伊場遺跡の集落論をすべてもう一度見直す必要が出てきていると考えております。

それから図15に長野県の浦田A遺跡というのがあります。ここでも「周溝を有する建物跡」であろうというものが見つかっております。調査区の真ん中に大きな溝がありまして、その北東側にどうも掘立柱が並ぶようです。ここで注目したいのは、その報告の内容を検討してみますと、長野県の北部の遺跡ですけれど、北陸系の土器が多いということで、もしかしたらその北陸系の土器とともに、北陸にある「周溝を有する建物跡」のような村の姿そのものが移ってきているのではないかというような説明をされているので、一応ここに採り上げております。

それから図16ですが、最近、群馬県のほうで、この「周溝を有する建物跡」、大体弥生の終わりから古墳の初頭ぐらいなんですけど、続々と出てきております。そういうのを見ておりますと、群馬の低地帯に、ある時期いきなり「周溝を有する建物跡」を持つような集落が一気に進出してきているような姿が少しずつ見えてきております。

今までずっと「周溝を有する建物跡」を見てきておりますが、私自身は何の問題もなく、方形周溝墓のうち、このうちのいくつかについては「建物ですよ」と言ってきているんですけど、「おまえ、それは本当かい」という説が、まだまだ多いんですね。ただ、その議論をお互いやっていても、水掛け論になってしまうところがあるかと思います。その水掛け論になってしまう一番の根拠は、報告書を見ても分析に耐えられるような情報が盛り込まれてない場合が多い。ここが知りたいんだけど細かく書いていない、ここの微細が見たいんだけど写真に載っていないというようなところがたくさんあります。

今、この方形周溝墓と「周溝を有する建物跡」論についての決着は、実際の発掘現場で発掘して決着をつければいいんだと、私個人としては思っています。その代わり、その決着をつけるには、それなりの問題意識、それから技術などを持って掘っていかなければいけないと考えています。

ですから、過去のデータを掘り起こして検討するのも、もちろん大事なんですけれど、これから実際の現場に立って、その内容をもう一度確認していくことが大事になってくると思います。

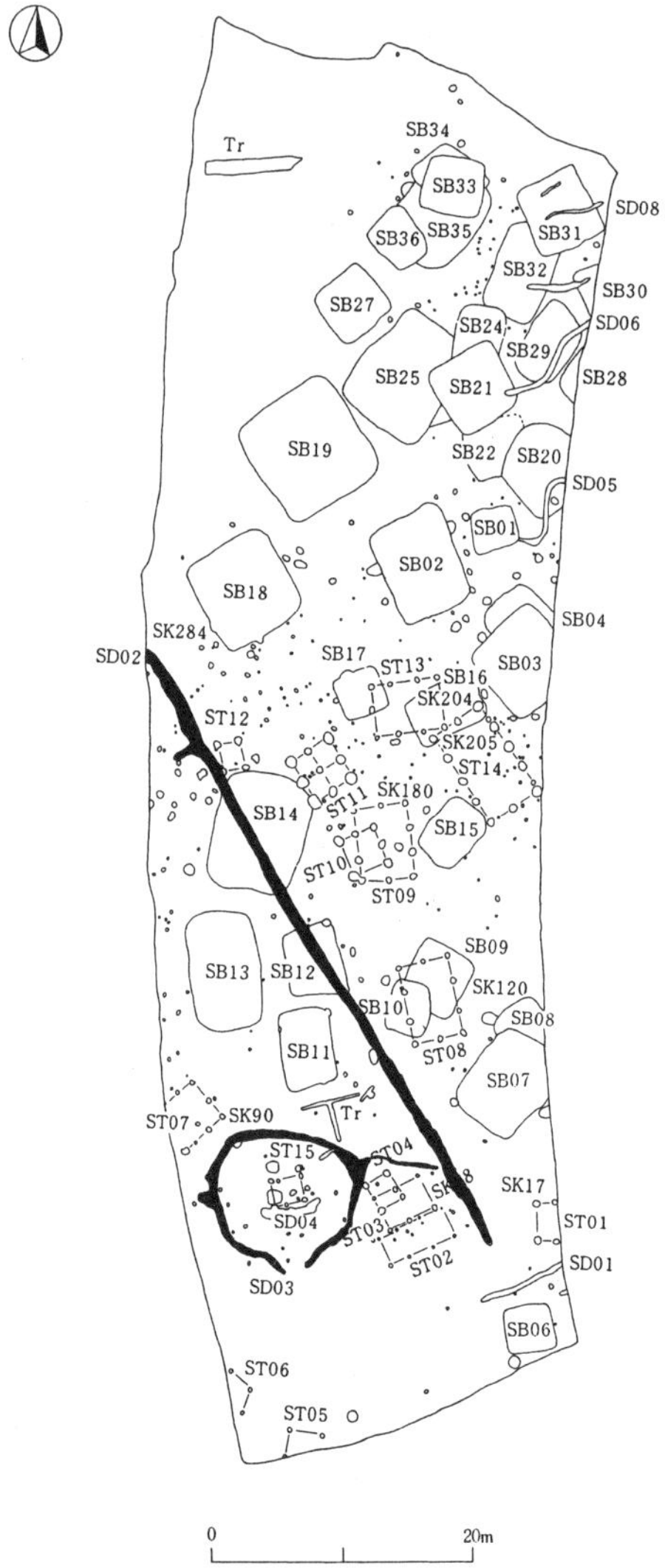

浦田A遺跡全体図（原図 尾見1998）

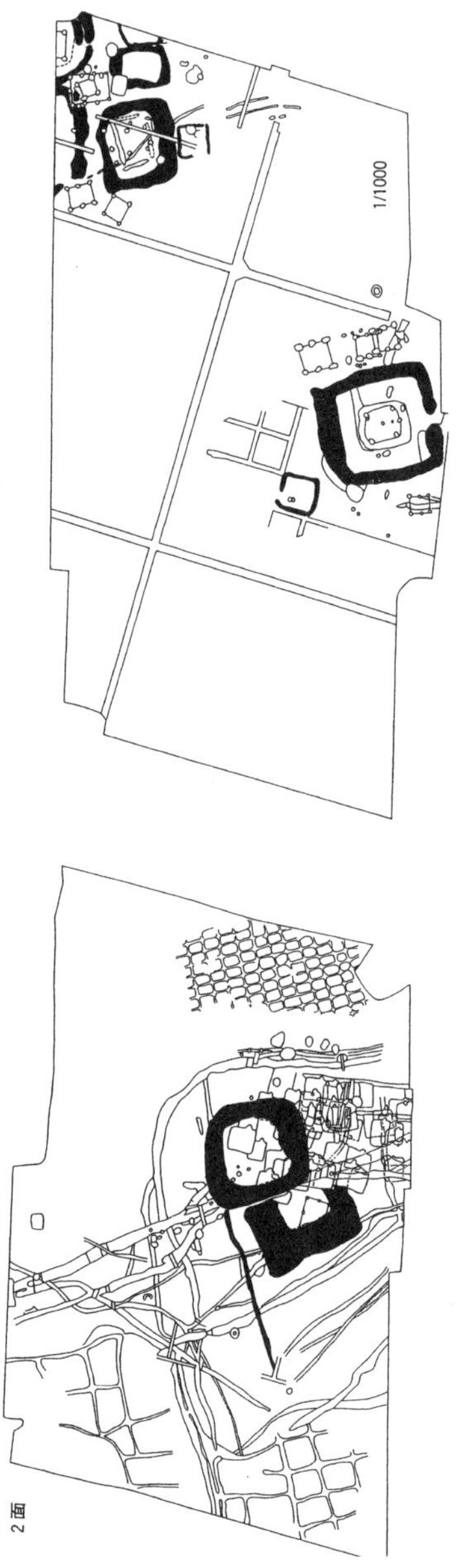

中内村前遺跡（原図 石守2003）

図15　長野県浦田A遺跡・群馬県中内村前遺跡6・7区（及川2004bより転載，一部改変）

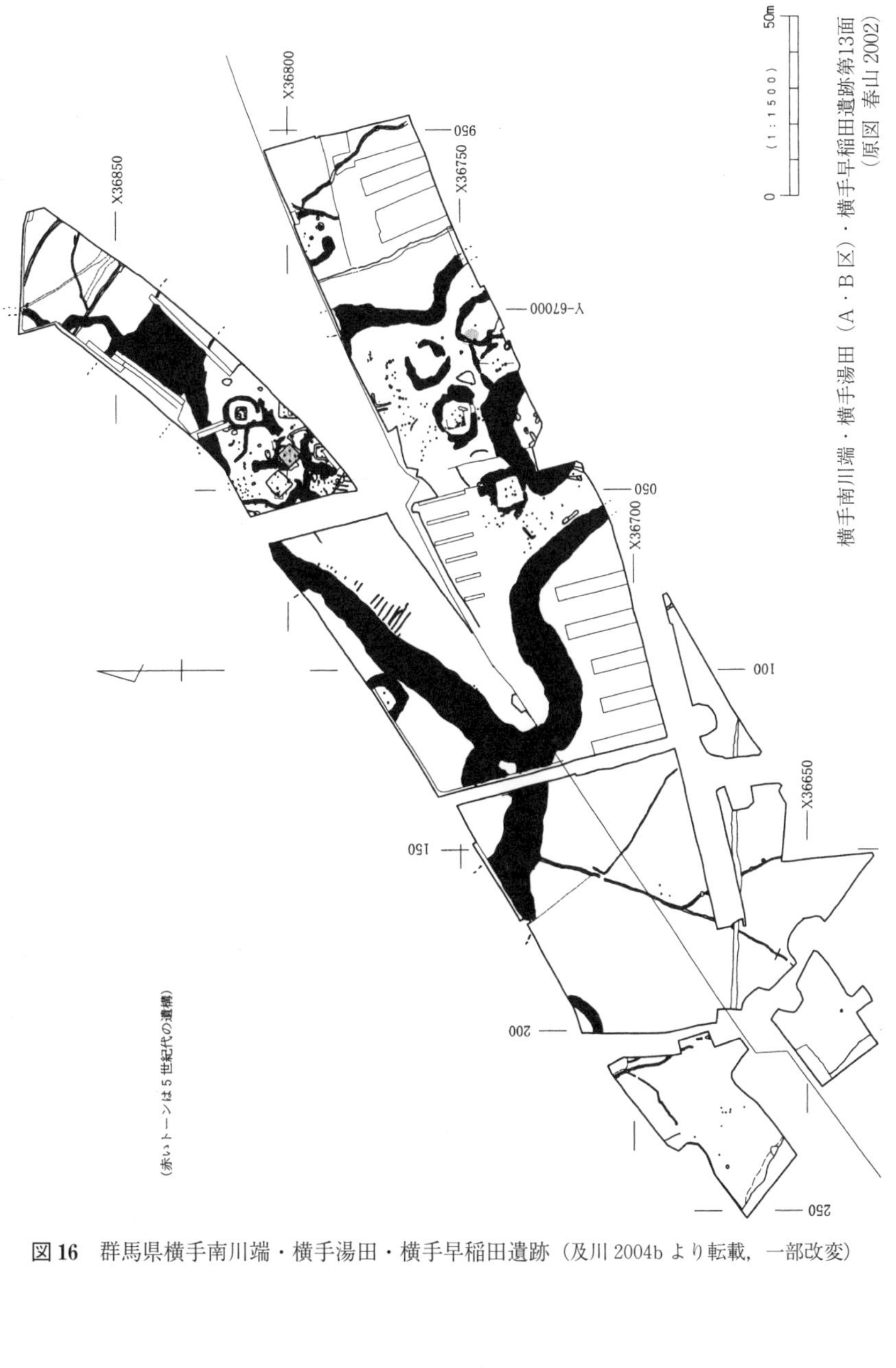

図 16　群馬県横手南川端・横手湯田・横手早稲田遺跡（及川 2004b より転載，一部改変）

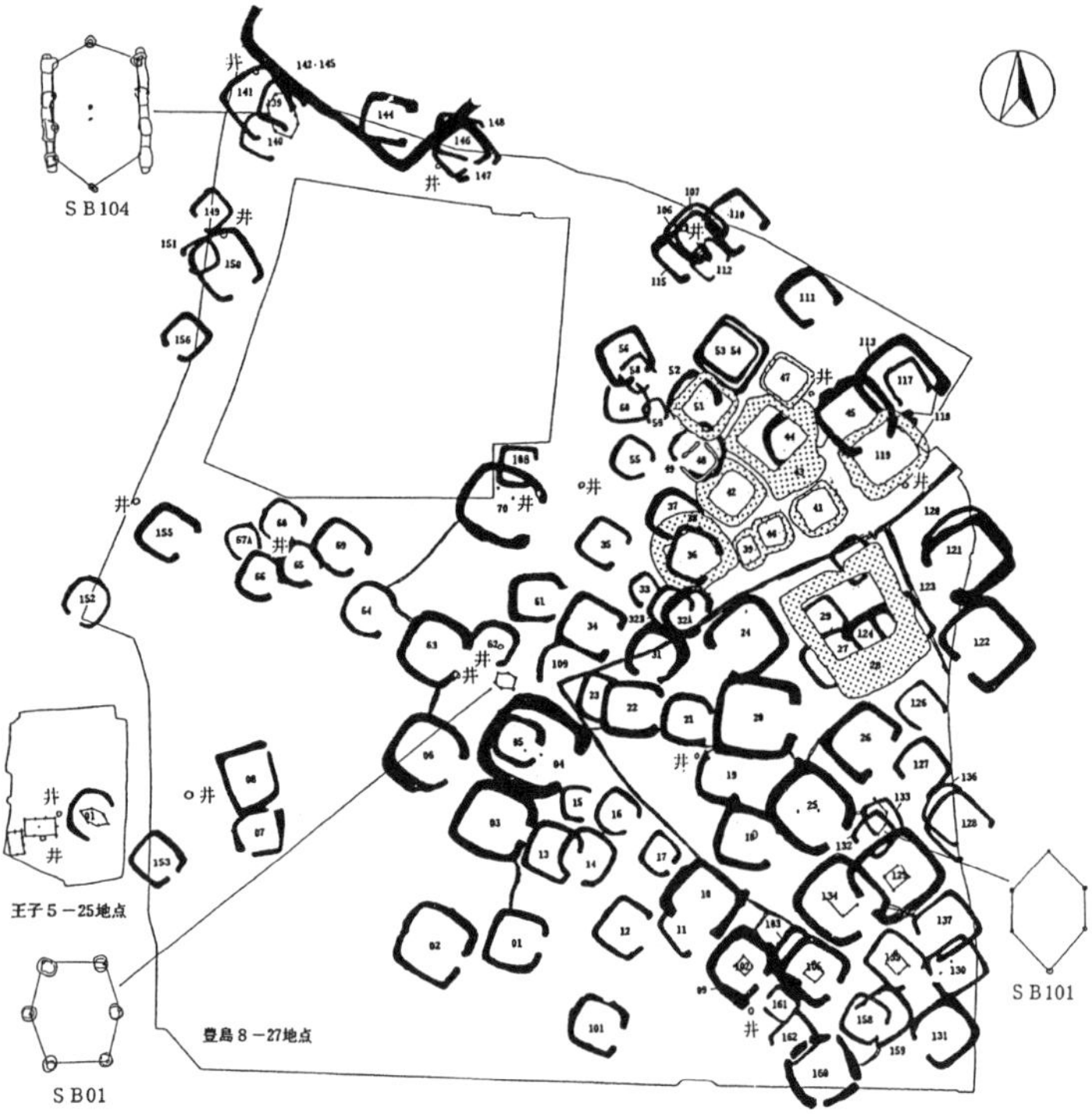

豊島馬場遺跡（原図 中島・嶋村・長瀬 1999）

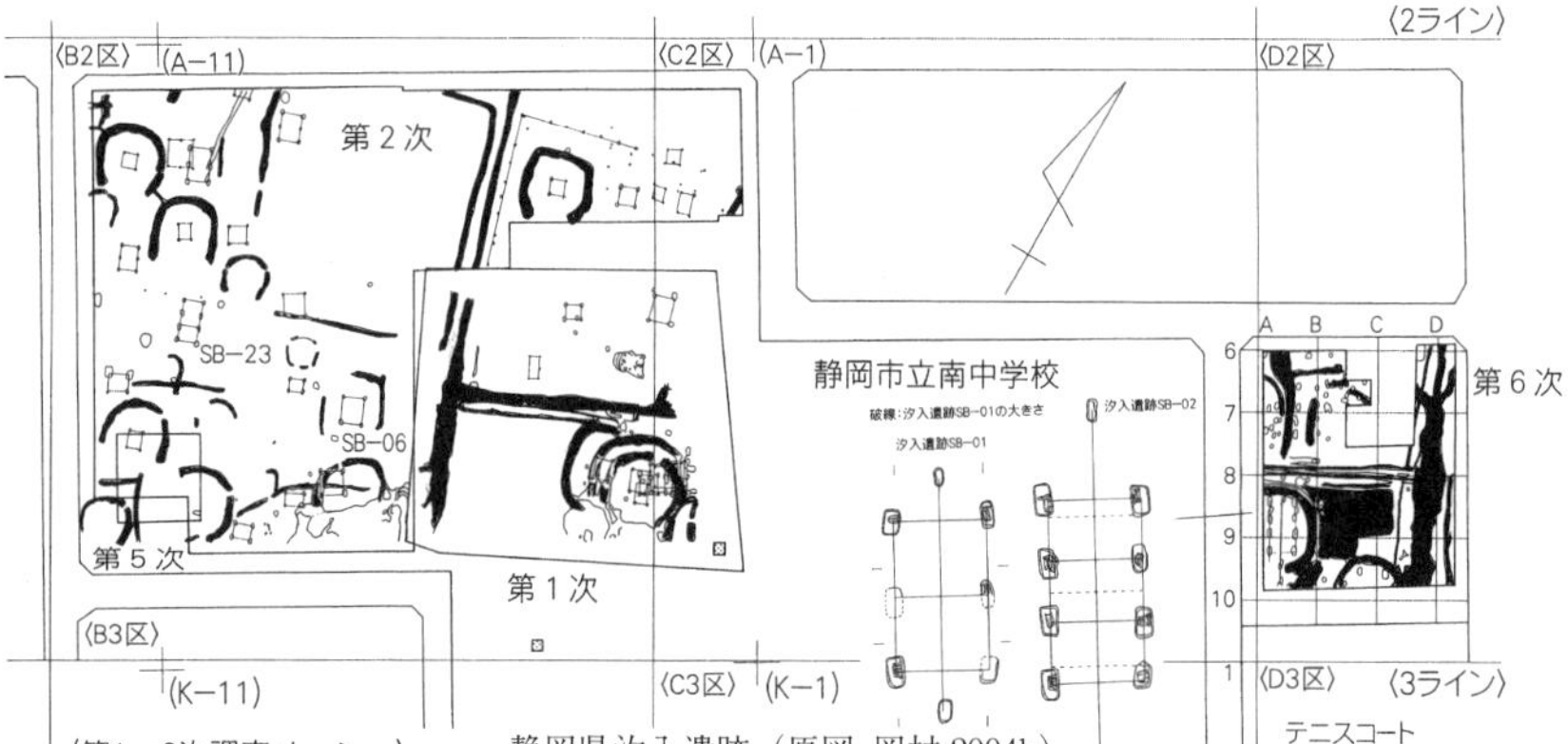

静岡県汐入遺跡（原図 岡村 2004b）

図 17　東京都豊島馬場遺跡，静岡県汐入遺跡（及川 2001，2004b より転載，一部改変）

図17をもう一度見ていただきたいんですけど、上の東京都北区の豊島馬場遺跡。最初、ここに一〇〇基以上の方形周溝墓があるということでしたが、私がいろいろ検討しましたところ、明らかに方形周溝墓と呼べるのは、周溝の全周する網点の掛かった一〇基程度で、残りの周溝が巡っている、あるいは中央土橋型ですか、前方後方墳の子供のようなプランがたくさんありますけれど、そのほとんどについてはお墓ではないと思います。

その理由はいくつかあります。例えば土器の出土状態が違うとか、土器の組成率が違う。それから、そもそも溝同士が大きく重複する。お墓であれば、溝同士が大きく重複することは、通常、考えがたい。先ほど、赤塚さんのほうでは尾張の中期末、それから後期初頭では何か不連続で、前のお墓を壊すようなことがあるというような話がちらっと出ておりますけど、もし関東地方でも、そういった事例を想定しない限りは、こういった周溝、溝同士が大きく切り合う、要は、お墓がある所に次のお墓がぽんとまた重なってきて、さらにもう一回重なってくるようなことは、なかなか考えがたいのです。

伊藤敏行さんがおっしゃるように、お墓の拡張ですとか、そういうものでしたら理解できますが、その上にどんどん重なっていくような、それも均等に、上に重なるんでしたらわかるんですけど、めちゃめちゃに切り合うようなところは、なかなか考えがたい。実際の方形周溝墓と呼べるものは、その真ん中が切れるタイプではなくて全周するタイプ。その網の点々を付けたようなものが本来の方形周溝墓であって、その周りに位置している溝は全部、これは建物跡ではないかと思うのです。

そういった目でよく周りを見ていきますと、掘立柱建物跡もあるし、井戸もあると。そういった井戸や掘立柱建物跡を無理やりお墓に伴うものと理解するのではなく、ごく普通に集落を構成する一部の遺構と考えたほうがよいと思って、この豊島馬場遺跡を分析しました。

今まで、説明してきました、「周溝を有する建物跡」の集落と、もう一度、豊島馬場遺跡をよく見比べると、それでも、やはりまだこの豊島馬場遺跡というのは何か違う遺跡なのではないかというイメージがあります。これだけ近接し重複し、しかも溝の軸をそろえるような遺跡はほとんどないのです。

ところが、最近、静岡県の汐入遺跡の第六次調査の報告書が出まして、従来は、この第一次調査と第二次調査を合成した図が出てたんですけど、今回、図17下の右にあります第六次調査という所の調査結果が出ております。それを一枚の図面にしてあります。この図をよく見ますと、どうも一、二次調査で東西南北に溝がクロスするように出ていたのが、東のほうに延長していくと、またさらに区画がありそうです。その区画の中に収まるようにして「周溝を有する建物跡」が多数出ている状態というのがわかってきております。

ですから、どうもこの静岡県の汐入遺跡というのは、登呂遺跡よりもさらに海側の低地の所に位置しておりますが、そういった所に適応した集落の形をなす。しかも、溝を縦横無尽に巡らし、ただ巡らすだけではなくて規格性を持った溝を巡らすような姿。どうも汐入遺跡のようなものがあるからこそ、先の豊島馬場遺跡の建物跡の周溝の主軸をそろえたり、大型の棟持柱を持つ掘立柱建物跡をもち、あるいは溝で区画をしたりするような村の姿が理解できるのではないかと、今では考えております。

それから最後にもう一点、図18なんですが、豊島馬場遺跡の方形周溝墓と報告されて、私は「周溝を有する建物跡」ではないかと思っているものです。先ほど、決着は現場でつけたほうがいいという話をしましたが、その報告書の周溝の土層説明をよく読んでみますと、埋め土があると書いてあります。通常、お墓であれば、お墓の溝を意図的に全面に埋めるようなことは、まずあり得ません。もしこれを建物跡の溝だと考えれば、ごく一般に溝を埋めて次の建て直しをするという竪穴の廃棄と全く同じ姿になるのではないかと思っています。

ですから、今、このお墓か建物かという議論は、こういった例えば土層の観察の所見を重視して、ただ現場で色の違いで線を引くのではなく、それが埋めた土なのか、埋まった土なのかということをよく見ていきさえすれば、今までの周溝が巡る墓か建物跡かという論争や議論も解決できるのではないかと私は個人的に思っております。以上です。

（拍手）

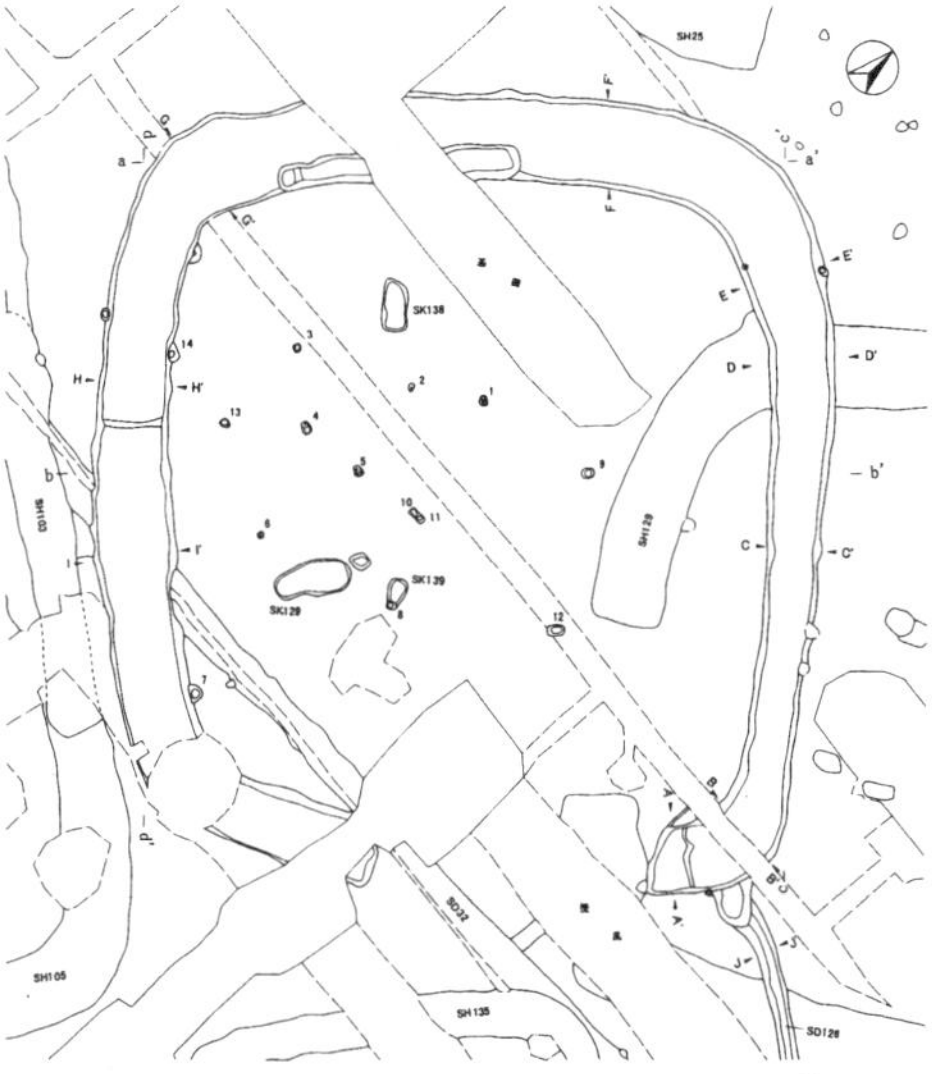

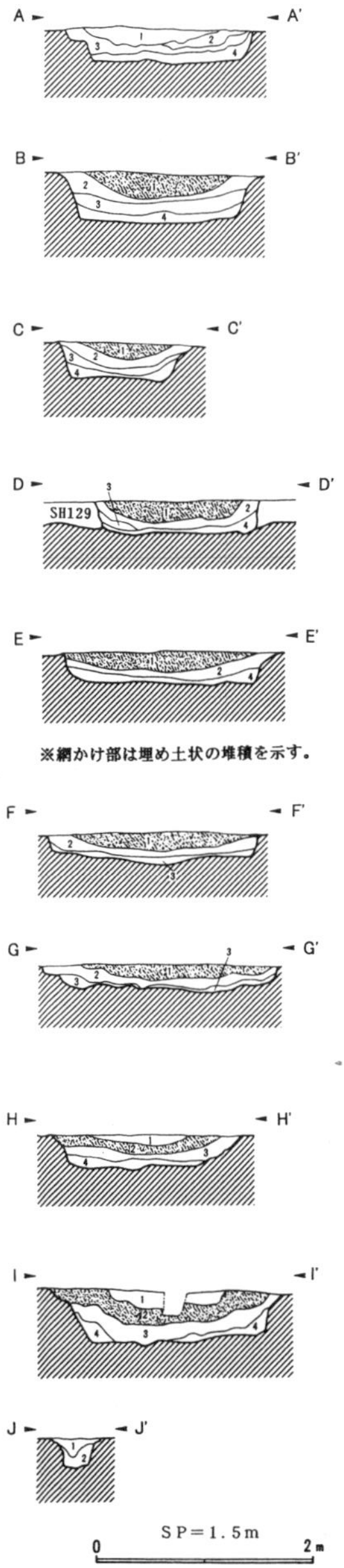

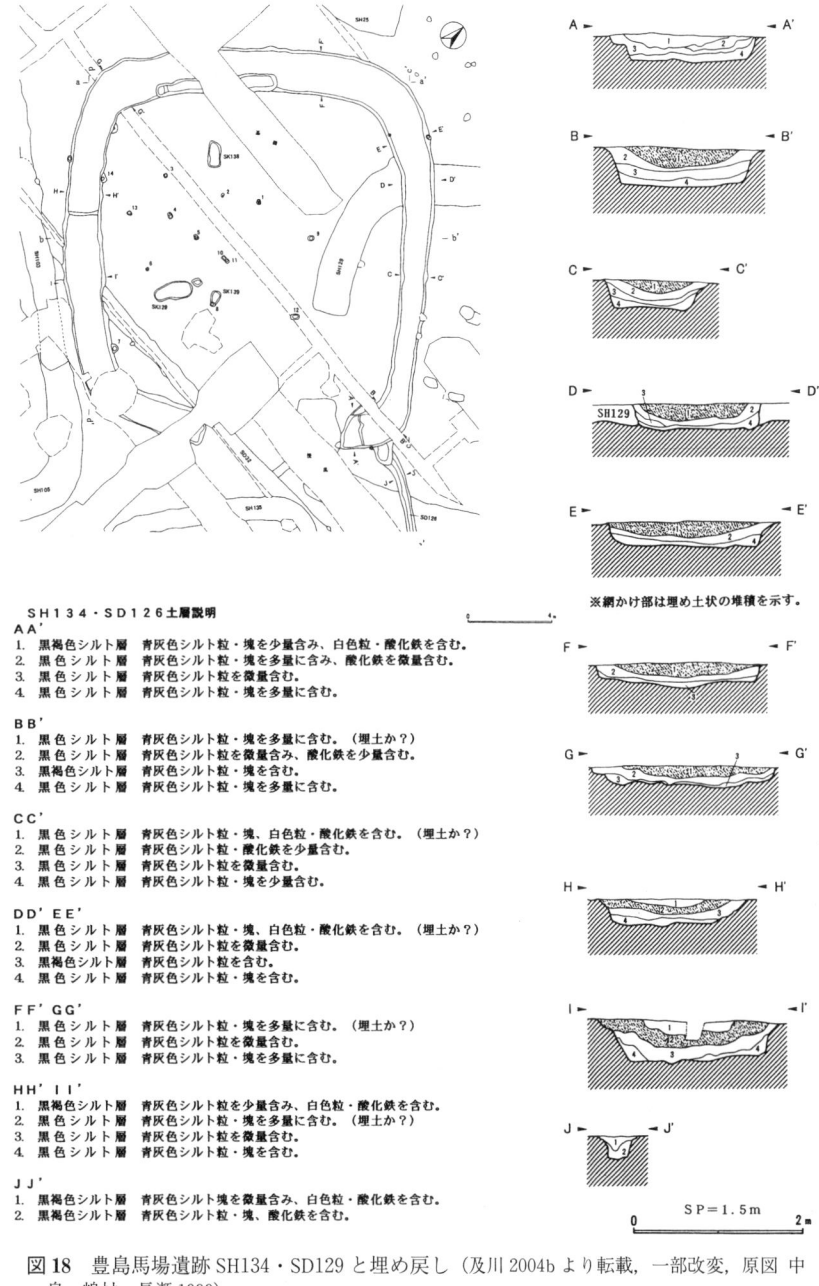

SH134・SD126土層説明

AA'
1. 黒褐色シルト層　青灰色シルト粒・塊を少量含み、白色粒・酸化鉄を含む。
2. 黒色シルト層　青灰色シルト粒・塊を多量に含み、酸化鉄を微量含む。
3. 黒色シルト層　青灰色シルト粒を微量含む。
4. 黒色シルト層　青灰色シルト粒・塊を多量に含む。

BB'
1. 黒色シルト層　青灰色シルト粒・塊を多量に含む。（埋土か？）
2. 黒色シルト層　青灰色シルト粒を微量含み、酸化鉄を少量含む。
3. 黒褐色シルト層　青灰色シルト粒・塊を含む。
4. 黒色シルト層　青灰色シルト粒・塊を多量に含む。

CC'
1. 黒色シルト層　青灰色シルト粒・塊、白色粒・酸化鉄を含む。（埋土か？）
2. 黒色シルト層　青灰色シルト粒・酸化鉄を少量含む。
3. 黒色シルト層　青灰色シルト粒を微量含む。
4. 黒色シルト層　青灰色シルト粒・塊を少量含む。

DD' EE'
1. 黒色シルト層　青灰色シルト粒・塊、白色粒・酸化鉄を含む。（埋土か？）
2. 黒色シルト層　青灰色シルト粒を微量含む。
3. 黒褐色シルト層　青灰色シルト粒を含む。
4. 黒色シルト層　青灰色シルト粒・塊を含む。

FF' GG'
1. 黒色シルト層　青灰色シルト粒・塊を多量に含む。（埋土か？）
2. 黒色シルト層　青灰色シルト粒を微量含む。
3. 黒色シルト層　青灰色シルト粒・塊を多量に含む。

HH' II'
1. 黒褐色シルト層　青灰色シルト粒を少量含み、白色粒・酸化鉄を含む。
2. 黒色シルト層　青灰色シルト粒・塊を多量に含む。（埋土か？）
3. 黒色シルト層　青灰色シルト粒を微量含む。
4. 黒色シルト層　青灰色シルト粒・塊を含む。

JJ'
1. 黒褐色シルト層　青灰色シルト塊を微量含み、白色粒・酸化鉄を含む。
2. 黒褐色シルト層　青灰色シルト粒・塊、酸化鉄を含む。

図18　豊島馬場遺跡SH134・SD129と埋め戻し（及川2004bより転載，一部改変，原図 中島・嶋村・長瀬1999）

群 馬 県　1：上之手石塚　2：上之手八王子　3：横手湯田・早稲田　4：中内村前　5：三和工業団地Ⅰ
6：唐桶田・中溝深町

埼 玉 県　7：北島　8：小敷田　9：小沼耕地　10：三ノ耕地　11：尾崎　12：外東　13：大久保領家
14：大久保領家片町　15：本村　16：下大久保新田　17：鍛冶谷・新田口　18：南原　19：前谷
20：辻字畑田　21：前田字六反田・二軒在家　22：榎堂

東 京 都　23：徳丸原大橋　24：舟渡　25：志茂　26：豊島馬場

千 葉 県　27：国府関　28：高砂　29：芝野　30：常代

神奈川県　31：池子№4　32：中里

図19　関東地方の「周溝を有する建物跡」とその可能性のある遺跡（及川2004bより転載，一部改変）

文献

青木義脩ほか　一九九六『大久保領家片町遺跡発掘調査報告書（第五地点）』浦和市遺跡調査会報告書第二一五集、浦和市遺跡調査会

赤塚次郎　一九九二a「東海のB型墳」『シンポジウム　西相模の三・四世紀　方形周溝墓をめぐって』東海大学校地内遺跡調査団報告三、東海大学校地内遺跡調査委員会・東海大学校地内遺跡調査団

赤塚次郎　一九九二b「東海系のトレース」『古代文化』四四―六、古代学協会

飯島義雄　一九九七「墓が壊されることの意味―渋川市有馬遺跡における検討を中心として」『群馬県立歴史博物館紀要』第一八号、群馬県立歴史博物館

飯島義雄　一九九八「古墳時代前期における「周溝をもつ建物」の意義」『群馬県立歴史博物館紀要』第一九号、群馬県立歴史博物館

飯島義雄　二〇〇〇「古墳時代前期集落の研究における排水溝の意義」『一所懸命　佐藤広史君追悼論文集』

飯島義雄　二〇〇三「大間々扇状地の扇端低地に立地する唐桶田遺跡における「方形周溝墓」の再検討」『利根川』二四・二五号、利根川同人

石野博信　一九七〇「一九六九年度の歴史学界―日本・先史・原始」『史学雑誌』七九―六、史学会

石野博信　一九九〇『日本原始・古代住居の研究』吉川弘文館

石野博信　一九九五『古代住居のはなし』吉川弘文館

石守　晃　二〇〇三『中内村前遺跡（二）―五～七区―北関東自動車道（高崎―伊勢崎）地域埋蔵文化財発掘調査報告書』（財）群馬県埋蔵文化財調査事業団発掘調査報告書第三二一集、（財）群馬県埋蔵文化財調査事業団

伊丹　徹　一九九二「相模の方形周溝墓を取り巻く諸問題」『シンポジウム　西相模の三・四世紀　方形周溝墓をめぐって』東海大学校地内遺跡調査団報告三、東海大学校地内遺跡調査委員会・東海大学校地内遺跡調査団

伊藤敏行　一九八六・一九八八「東京湾西岸流域における方形周溝墓の研究Ⅰ・Ⅱ」『研究論集』Ⅳ・Ⅵ、（財）東京都埋蔵文化財センター

伊藤敏行　一九九二「方形周溝墓の掘削手法の検討」『学芸研究紀要』九、東京都教育委員会

伊藤敏行　一九九三「方形周溝墓の「拡張」」『学芸研究紀要』一〇、東京都教育委員会

伊藤敏行　一九九六「群構成論」『関東の方形周溝墓』同成社

宇垣匡雅　一九九四「洪水砂埋没の遺構」『百間川原尾島遺跡三』岡山県埋蔵文化財発掘調査報告八八、岡山県教育委員会

大場磐雄　一九六五「方形周溝墓」『日本の考古学　Ⅲ　弥生時代月報三』河出書房新社

大場磐雄　一九六九「東京都八王子市宇津木遺跡」『日本考古学年報』誠文堂新光社

大場磐雄　一九七〇「武蔵国内の方形周溝墓」『東京史談』菊池山哉先生追悼号

大場磐雄　一九七五「方形周溝墓」『大場磐雄著作集』第二巻先史文化論考（下）、雄山閣出版

岡村　渉　二〇〇〇『特別史跡　登呂遺跡　発掘調査概要報告書Ⅰ』静岡市埋蔵文化財調査報告五四、静岡市教育委員会

岡村　渉　二〇〇一『特別史跡　登呂遺跡　発掘調査概要報告書Ⅱ』静岡市埋蔵文化財調査報告五七、静岡市教育委員会

岡村　渉　二〇〇二『特別史跡　登呂遺跡　発掘調査概要報告書Ⅲ』静岡市埋蔵文化財調査報告六〇、静岡市教育委員会

岡村　渉　二〇〇三『特別史跡　登呂遺跡　発掘調査概要報告書Ⅳ』静岡市埋蔵文化財調査報告六三、静岡市教育委員会

岡村　渉　二〇〇四a『特別史跡　登呂遺跡　発掘調査概要報告書Ⅴ』静岡市埋蔵文化財調査報告、静岡市教育委員会

岡村　渉　二〇〇四b『汐入遺跡　第6次発掘調査報告書』静岡市埋蔵文化財調査報告、静岡市教育委員会

岡本茂史　二〇〇四「八尾南遺跡の発掘調査」『第七回　近畿弥生の会　大阪場所』近畿弥生の会

岡本淳一郎　一九九七「〝周溝をもつ建物〟について」『埋蔵文化財調査概要―平成八年度』（財）富山県文化振興財団・埋蔵文化財調査事務所

岡本淳一郎　一九九八「弥生時代周溝遺構に関する一考察」『富山考古学研究』―紀要創刊号―、（財）富山県文化振興財

団・埋蔵文化財調査事務所
岡本淳一郎　二〇〇三「「周溝をもつ建物」の基礎的研究」『富山大学考古学研究室論集　蜃気楼―秋山進午先生古稀記念―』六一書房
岡山県教育委員会　一九八〇『百間川原尾島遺跡一』岡山県埋蔵文化財発掘調査報告三九、岡山県教育委員会
岡山県教育委員会　一九八四『百間川原尾島遺跡二』岡山県埋蔵文化財発掘調査報告五六、岡山県教育委員会
岡山県古代吉備文化財センター　一九九四『百間川原尾島遺跡三』岡山県埋蔵文化財発掘調査報告八八、岡山県教育委員会
岡山県古代吉備文化財センター　一九九五『百間川原尾島遺跡四』岡山県埋蔵文化財発掘調査報告九七、岡山県教育委員会
岡山県古代吉備文化財センター　一九九六『百間川原尾島遺跡五』岡山県埋蔵文化財発掘調査報告一〇六、岡山県教育委員会
岡山県古代吉備文化財センター　二〇〇〇『原尾島遺跡　沢田遺跡』岡山県埋蔵文化財発掘調査報告一五三、岡山県教育委員会
岡山県古代吉備文化財センター　二〇〇四『百間川原尾島遺跡六』岡山県埋蔵文化財発掘調査報告一七九、岡山県教育委員会
尾見智志　一九九八『浦田Ａ・宮脇遺跡』上田市文化財調査報告書第六六集、上田市教育委員会
及川良彦　一九九八「関東地方の低地遺跡の再検討―弥生時代から古墳時代前半の「周溝を有する建物跡」を中心に―」『青山考古』第一五号、青山考古学会
及川良彦　一九九九ａ「関東地方の低地遺跡の再検討（二）―「周溝を有する建物跡」と方形周溝墓および今後の集落研究への展望―」『青山考古』第一六号、青山考古学会
及川良彦　一九九九ｂ「Ⅲ―二　集落の展開―丘陵・山間部」『文化財の保護』第三一号、特集「弥生時代の東京」、東京都教育委員会

及川良彦　二〇〇一「低地遺跡の再検討（二）―「周溝を有する建物跡」の再検討―」『青山考古』第一八号、青山考古学会

及川良彦　二〇〇二a「住居と掘立柱建物跡（関東）―関東地方の弥生時代集落の様相―」『静岡県考古学会シンポジウム資料集　静岡県における弥生時代集落の変遷』静岡県考古学会

及川良彦　二〇〇二b「地域の様相　東京湾北西岸」『弥生時代のヒトの移動～相模湾から考える～』考古学リーダー1、六一書房

及川良彦　二〇〇三「多摩ニュータウン（T．N．T．）遺跡群の方形周溝墓―No.２００遺跡の研究　古墳時代編１―」『青山考古』第二〇号、青山考古学会

及川良彦　二〇〇四a「深い竪穴、浅い竪穴」『原始・古代日本の集落』同成社

及川良彦　二〇〇四b「関東地方の低地遺跡の再検討（五）―墓と住居の誤謬―」『シンポジウム　宇津木向原遺跡発見四〇周年記念「方形周溝墓研究の今」』方形周溝墓シンポジウム実行委員会

加納俊介　一九九二「シンポジウムへのコメント　方形周溝墓研究への再出発」『シンポジウム　西相模の三・四世紀　方形周溝墓をめぐって』東海大学校地内遺跡調査団報告三、東海大学校地内遺跡調査委員会・東海大学校地内遺跡調査団

久々忠義　一九八一「江上A遺跡」『北陸自動車道遺跡調査報告―上市町遺構編―』上市町教育委員会

久々忠義　一九八四「江上弥生遺跡群について」『北陸自動車道遺跡調査報告―上市町木器・総括編―』上市町教育委員会

駒見佳容子　二〇〇一「方形周溝墓の企画―方形周溝墓にまぎれた〝住居〟との区別―」『利根川』第二二号、利根川同人

駒見佳容子　二〇〇二「北陸と関東―弥生時代後期から古墳時代前期の周溝を有する住居の比較―」『富山市日本海文化研究所報』第二八号、富山市日本海文化研究所

斉藤利昭ほか　二〇〇一『亀里平塚遺跡・横手宮田遺跡・横手早稲田遺跡・横手南川端遺跡』主要地方道前橋・長瀞線改築工事に伴う埋蔵文化財発掘調査報告書、（財）群馬県埋蔵文化財調査事業団調査報告書第二八〇集、（財）群馬県埋蔵文化

財調査事業団
坂口　一　一九九九「周溝の巡る住居について」『三和工業団地Ⅰ遺跡（二）―縄文・古墳・奈良・平安時代編―　三和工業団地造成事業に伴う三和工業団地Ⅰ遺跡埋蔵文化財発掘調査報告書第二集』（財）群馬県埋蔵文化財調査事業団調査報告書第二五一集、（財）群馬県埋蔵文化財調査事業団
坂口　一ほか　一九九九『三和工業団地Ⅰ遺跡（二）―縄文・古墳・奈良・平安時代編―　三和工業団地造成事業に伴う三和工業団地Ⅰ遺跡埋蔵文化財発掘調査報告書第二集』（財）群馬県埋蔵文化財調査事業団調査報告書第二五一集、（財）群馬県埋蔵文化財調査事業団
三宮昌弘・河端　智　一九九九『尺度遺跡　Ⅰ―南阪奈道路建設に伴う調査―』（財）大阪府文化財調査研究センター調査報告書第四四集、（財）大阪府文化財調査研究センター
神野　信・加藤修司・沖松信隆　一九九二「木更津市芝野遺跡における水田跡について」『研究連絡誌』第三四号、（財）千葉県文化財センター
鈴木敏則　二〇〇二「西部地域主要遺跡の概要　伊場遺跡群」『二〇〇一年度静岡県考古学会シンポジウム資料集　静岡県における弥生時代集落の変遷』静岡県考古学会
立花　実　二〇〇〇「方形周溝墓の常識」『西相模考古』第九号、西相模考古学研究会
田中新史　一九七七「市原市神門四号墳の出現とその系譜」『古代』六三号、早稲田大学考古学会
田中新史　一九八四「出現期古墳の理解と展望―東国神門五号墳の調査と関連して」『古代』七七号、早稲田大学考古学会
田中新史　一九九一「神門三・四・五号墳と古墳の出現」『歴博フォーラム・邪馬台国時代の東日本』六興出版
東海大学校地内遺跡調査団　一九九二『シンポジウム　西相模の三・四世紀　方形周溝墓をめぐって』東海大学校地内遺跡調査団報告三、東海大学校地内遺跡調査委員会
中島広顕・小林　高・小林理恵　一九九五『豊島馬場遺跡』北区埋蔵文化財調査報告書一六集、北区教育委員会

中島広顕・黒田恵之　一九九五「志茂遺跡」『志茂遺跡・神谷遺跡』北区埋蔵文化財調査報告書一八集、北区教育委員会

中島広顕・嶋村一志・長瀬　出　一九九九『豊島馬場遺跡Ⅱ』北区埋蔵文化財調査報告書二五集、北区教育委員会

長瀬　出　一九九七「南関東地方における方形周溝墓の方台部被葬者の検討」『法政考古』第二三集、法政考古学会

長瀬　出　二〇〇〇「豊島馬場遺跡における「方形周溝墓」の再検討」『法政考古』第二六集、法政考古学会

長瀬　出　二〇〇三「南関東地方における「周溝をもつ建物」の検討―東京都北区豊島馬場遺跡の再検討を中心に―」『法政考古』第三〇集、法政考古学会

西口正純　一九八六『鍛冶谷・新田口遺跡　東北新幹線関係埋蔵文化財発掘調査報告書―Ⅳ―』埼玉県埋蔵文化財発掘調査事業団報告書第六二集、（財）埼玉県埋蔵文化財調査事業団

日本考古学協会編　一九七八ａ『登呂　前編』東京堂出版

日本考古学協会編　一九七八ｂ『登呂　本編』東京堂出版

春山秀幸　二〇〇二『横手南川端遺跡　横手湯田遺跡』北関東自動車道（高崎〜伊勢崎）地域埋蔵文化財発掘調査報告書第一一集、（財）群馬県埋蔵文化財調査事業団発掘調査報告書第二九二集、（財）群馬県埋蔵文化財調査事業団

福田　聖　一九九五「方形周溝墓と溝―方形周溝墓に伴う溝について―」『研究紀要』第一二号、（財）埼玉県埋蔵文化財調査事業団

福田　聖　一九九六「方形周溝墓の死者儀礼」『関東の方形周溝墓』同成社

福田　聖　一九九九ａ「埼玉県における低地の方形周溝墓と建物跡（一）―周溝墓とは何かを探るための試み―」『埼玉考古』第三四号、埼玉考古学会

福田　聖　一九九九ｂ「埼玉県における低地の方形周溝墓と建物跡（二）―周溝墓とは何かを探るための試み―」『研究紀要』第一五号、（財）埼玉県埋蔵文化財調査事業団

福田　聖　一九九九ｃ「埼玉県における低地の方形周溝墓と建物跡（三）―周溝墓とは何かを探るための試み―」『土曜考

古』第二三号、土曜考古学研究会
福田　聖　二〇〇〇a「埼玉県における低地の方形周溝墓と建物跡（四）―周溝墓とは何かを探るための試み―」『埼玉考古』第三五号、埼玉考古学会
福田　聖　二〇〇〇b『方形周溝墓の再発見』ものが語る歴史三、同成社
福田　聖　二〇〇一「埼玉県における低地の方形周溝墓と建物跡（五）―周溝墓とは何かを探るための試み―」『埼玉考古』第三六号、埼玉考古学会
福田　聖　二〇〇三「埼玉県における低地の方形周溝墓と建物跡（六）―周溝墓とは何かを探るための試み―」『研究紀要』第一八号、（財）埼玉県埋蔵文化財調査事業団
福田　聖　二〇〇四「埼玉県における低地の方形周溝墓と建物跡（七）―周溝墓とは何かを探るための試み―」『埼玉考古』第三九号、埼玉考古学会
宮本長二郎　一九九六a「竪穴住居の復元」『考古学による日本歴史』第一五巻家族と住まい、雄山閣出版
宮本長二郎　一九九六b『日本原始古代の住居建築』中央公論美術出版
柳瀬昭彦　二〇〇四「弥生～古墳時代の集落変遷」『百間川原尾島遺跡六』岡山県埋蔵文化財発掘調査報告一七九、岡山県教育委員会
山岸良二　一九八一『方形周溝墓』考古学ライブラリー八、ニュー・サイエンス社
山岸良二　一九九一「方形周溝墓」『原始・古代日本の墓制』同成社
山岸良二　一九九六a「序　研究史と問題の所在」『関東の方形周溝墓』同成社
山岸良二　一九九六b「関東の「古墳」と「方形周溝墓」」『関東の方形周溝墓』同成社
山岸良二編　一九九六c『関東の方形周溝墓』同成社
吉田　稔　一九九一『行田市・熊谷市小敷田遺跡　一般国道一七号熊谷バイパス関係埋蔵文化財発掘調査報告』埼玉県埋蔵

文化財発掘調査事業団報告書第九五集、（財）埼玉県埋蔵文化財調査事業団

若狭　徹　一九八八『保渡田・荒神前　皿掛遺跡』群馬県群馬町教育委員会

第二部　シンポジウム「方形周溝墓研究の今」

椚　國男
椙山林繼
鈴木敏弘
伊藤敏行
赤塚次郎
及川良彦
司会　山岸良二

山岸　お待ちどうさまでした。それでは午前中の発表、それから午後の発表を踏まえまして、「方形周溝墓研究の今」という題でのシンポジウムに入りたいと思います。とりあえず壇上に六名座っておりますが、この六名以外にも会場内からいろいろご意見をいただきたいと思っておりますので、よろしくお願いいたします。

それでは、私が先に、現在周溝墓が抱えている問題点を全部で一〇挙げたと思うんですが、これは一〇年前の『関東の方形周溝墓』という本を出した段階からのある意味では宿題なんですが、それらと今日いろいろ講演をいただいた内容を踏まえて、話を進めていきたいと思います。

シンポジウム会場の風景

なお、本日は「宇津木向原遺跡発掘四〇周年」ということで、この八王子が、ある意味では代表する遺跡の表題を掲げている関係がありますので、これからのシンポジウムの流れは、まず最初に宇津木向原遺跡の持つ意味や特徴を現出させて、その中から、今度は関東の方形周溝墓というものがどういう特徴なり問題があるかということ、および全国的な視点から見た場合に、関東の方形周溝墓をどういうふうにとらえることができるかというような点を明らかにしていきたいと思います。

そして議論がある程度白熱してきましたら、方形周溝墓個々の持っているいろいろな問題点、一〇個の項目なんですが、こういったものを踏まえ、そして前々から話題となっています古墳とのつながりの問題、それから方形周溝墓という名称自体に対する問題ですね。こういったものも議論していきたいと考えております。よろしくお願いいたします。

一　宇津木向原遺跡の意味

山岸　それでは、まず最初に宇津木向原遺跡発掘の特徴を踏まえまして、お話いただきたいと思います。宇津木の調査は、椚先生の記録によりますと、二次調査ですね。

椚　そうです。

山岸　一次調査というのは、まずどういう内容であったかということと、それから中央自動車道のコース設定の段階で、北ルートと南ルートがあったと漏れ聞いているんですが、その辺の経緯をお話し願えますか。

椚　宇津木向原遺跡は市街地の北側ですから北ルートです。

私は最初、弥生遺跡を探して夢中で掘っていたのですが、のちに前方後円墳の設計研究の方に行ってしまったので、方形周溝墓にすっかりご無沙汰してしまいました。そのため、今日は「こんなに研究が進んだのだな」と驚きながら勉強をさせていただき、まずお礼を申し上げます。最近、気になっていますのは、方形周溝墓の溝のことです。私、ここ五、六年、纒向古墳群の研究をやっていますが、纒向型の前方後円墳は全国各地にかなりの数あります。そうした中で、桜井市の纒向古墳群のものは、平地に造られ、いずれも周囲に堀をめぐらしていますが、これはどこかに方形周溝墓とつながるものがあるように思われます。

一方、岡山県などのものは丘陵を利用して造っていますね。ですから、両地域は前方後円墳の出現期からすでに違いがみられ、平地型の方は周囲から盛り土を採取するだけでなく、方形周溝墓につながる何かがあるように思われるのですが、まだわかりません。教えていただければ幸いですが。

山岸　ありがとうございました。先生、一次調査というのは、どこの場面でやっているんですか。

椚　一次調査は中央部よりも西の方ですね。三月一五日から一カ月余り行なわれましたが、この時も方形周溝墓が一基発見されました。しかしまったく問題にならず、二次調査で発見された四基が有名になりました。写真を見ると、主体部らしい痕跡もありますが、最初に発見されながらその栄誉を担えませんでした。

山岸　ありがとうございました。先ほどからこの宇津木で実際に方形周溝墓を掘ったのはだれかということが話題だったんですけれども、椙山先生、最初に宇津木の調査で周溝墓を発見した時に、大場磐雄先生の反応はどんな感じだったんですか。

椙山　実はブルドーザーがひっかいたあとに出てきたわけです。その現場にいたのは、現在茨城大学教授の茂木雅博さんとか、もう亡くなりましたが大塚実さんがいました。大塚さんが一番先に本部のテントへ転がるようにして知らせてきたんですよ。それで「出た」と言うんですよ。出たって、何が出たのか。ずっと住居跡や何かしら掘っているわけですからね。

だけど、今私が考えると、まだ方形周溝墓という名前も付けられていない状態であったにもかかわらず、なぜかあの時に方形周溝墓の重要性をみんなが意識していて、何か待っているような雰囲気があったんです。それで「出た」と言ってきたんですよ。それが何かということは、あとでわかるんですが……。大場先生もあのころ、毎日のように来ていました。われわれはお寺に泊まっていましたが、先生は通っていたんです。そういう状態でしたから、先生がすぐに反応を示したというと変ですが、全体の雰囲気が、待っていたものが出たというような感じでした。

山岸　発見の最初の段階からお墓という認識がかなり強かったということですね。

椙山　五〇％ぐらいあったと思います。

山岸　そうですか。では佐々木蔵之助さん、突然で済みませんが、調査報告書を読みますと、約五〇〇〇人くらいの市民の方、学生などが参加していたということですが、調査自体に対して、佐々木さんをはじめとして、地元はどういう感じでどんどん参加しようという雰囲気になったんですか。

佐々木　私、今、八王子城跡から帰ってきたばかりで、何か発言するというような心の準備がなくて、お答えになるかどうかわかりませんが……。

こちらのほうに多摩考古学研究会というのがございまして、事務のお手伝いをしておりましたところ、昭和三七年ごろから「中央道路関係が北路線に決まりそうだよ」と、東京都のほうから連絡がありまして、私と、古い仲間で大谷勉さん、あるいは椚先生や塩野半十郎さんらと話し合いまして、「それじゃ、路線の中にどれくらい遺跡があるか歩いてみないか」という話で、八王子市内を通る路線ですので、石川町から大谷町、宇津木町、それから横川町、元八王子町と歩きまして、その中で五カ所の大きな遺跡を候補に挙げて、東京都へ「こういう遺跡があるから、何とか事前調査だけでもやってくれないか」と報告しておいたところ、多摩考古学研究会に話があったのが翌年の早い時期でした。

八王子市に言ってもあまり反応がよくなかったのですが、たまたまその時期に、多摩考古学研究会が井上郷太郎さんのコレクションの品々を八王子市郷土資料館のほうへ寄贈したいという運動がありまして、そこで調査のことが話題になりまして、本格的に道路公団八王子事務所と交渉を開始しました。当時、東京都から積算された調査費用は、確か三〇万か三五万円くらいだったような気がします。とてもそんなことでできるような遺跡じゃないということで、椚先生と駆け回りまして、和島誠一先生の研究室にお伺いしたり、斎藤忠先生のお宅に伺って実情を訴えたところ、本格的な調査ができるだけの予算を道路公団が組んでくれました。

発掘調査にあたり、國學院大學の大場磐雄先生を団長に、国立音楽大学の甲野勇先生が副団長として、事務局は地元多摩考古学研究会の有志が引き受け、実際の調査には國學院大學の椙山先生と学生さん、早稲田大学の桜井清彦先生と学生さん、立正大学の坂詰秀一先生と学生さん方のご協力をえて発足したのです。また、地元では多摩考古学研究会と八王子市教職員組合の先生方の呼びかけで、市内中学校、高等学校、小学校の先生方と生徒さんが多数参加されました。

苦労話の一つに、調査に従事された先生方や学生さん方の宿舎では、地元宇津木町の竜光寺のご住職堀江承宝師のご協力で、國學院大學の学生さん方には寺の本堂を宿舎としたことなど思い出されます。

以上が昭和三九年の宇津木向原遺跡第一次調査に入るまでの動きです。

山岸　どうもありがとうございました。今から四〇年ぐらい前ですと、手弁当という感じですね。

椚　司会者が「大場先生が遺跡が見つかった時にどういうふうに受け止められたか」と椙山先生に聞いていましたが、僕の記憶では、大場先生は墓跡か祭祀跡かで慎重に検討されていたように思います。ですから、完全に掘り上がった八月六日に現地のテントの中で記者会見が行なわれ、かなり多くの新聞社が取材に来ましたが、その時も大場先生は、まだ墓と決めていません。「方形周溝特殊遺構」と「方形環濠」という言葉を使っていました。

二通り使ったのは、幅が一ｍから一・五ｍぐらいで、溝にしては広すぎ、堀にしては狭いためだったと思います。「方形環濠」の方は、のちに「水が入っていないのにさんずいはおかしい」という声が調査担当者から出て、土偏に変わった記憶があります。

そして大場先生が正式に「方形周溝墓」の名前を使ったのは、先ほどお話ししましたように、その年の秋、群馬大学で開かれた日本考古学協会大会の研究発表の時です。

山岸　ありがとうございました。椙山先生、またもう一度振りますが、お墓と確定する五〇％の根拠が底部穿孔土器と玉だと僕は思うんですが、いかがでしょうか。

椙山　それは確かにそうです。大場先生はかなり慎重にしていまして、結局群馬の大会で言うんですが、予稿集を出した段階ではまだ言ってなくて、発表の時に初めて言って、そのあと宇津木遺跡を日本考古学協会の年報に載せた時は、もう文字になっていました。

ですから口で言ったのがやはり先なんですね。今、山岸さんが言ったように、基本的には中央に土壙のあるのが一基出て、それからガラス玉が出たということが決め手です。

それからもう一つは、周辺に土器がある程度配置されているという見方をしたわけですけれども、土器があってさらにそのなかのいくつかは底を抜いている。抜いただけではなくて、焼く前から刳り抜いて、そして焼いている。その段階で、奈良県桜井茶臼山古墳など関西の古式古墳の中に、底の刳り抜かれた壺が出ていることは、もうわかっていたわけですから、それとの関係は重視したんだと思います。

山岸　はい、ありがとうございます。のちほど祭祀および副葬品の部分で、この底部穿孔土器と玉の問題が出てくると思います。

椙山先生、先生がお書きの資料集のⅠ（本書第三部）に、五区の南の方で、もう一基大型方形周溝墓らしいものがあったのではないかという文章があるのですが、これについてちょっと説明をお願いできますか。

椙山　あまり大きな声では言えないのですが、もう四〇年も経ったことですからいいかもしれないんですが、実は、最後に本線のかなり西のほうで断面が出たんです。指定されていた調査区からははずれていたんですけれども、この時、方形周溝墓を掘っていましたから、断面でも気になりまして、掘り方もほとんど同じでした。ただ、規模はかなり大きいということです。

ですから、図には全く載っていないんです。地点だけでも落としてあるかと思って探したんですが、二一六頁の図２には出てこない範囲だと思います。図２の左端に6―1とか6―2という住居跡がありますが、そっちのほうです。それは本当の最後の最後に断面が出てきて、しかもコーナー部分の二辺が少し出ていて、それが近接していたものですから、同一の遺構であるということもあって、これはどうも今まで掘っている方形周溝墓の遺構とほぼ似たものであろうと、その時は判断したんですが、実は調査地域外ということが一つと、もう一つは期間もなかったので掘れなかったということです。当時の何人かが確認していますが、私の感覚では少し大型のものであったと思っています。

山岸　はい、ありがとうございます。２区で見つかった四基よりも大きいということですね。

昭和39年7月29日	中央高速道八王子地区遺跡調査団　宇津木向原遺跡　地　第2,3環溝区
調査員	責任者　茂木　大学生　大塚,下村,大久保,宮野,鈴木,村田,関口,福田 その他　南多摩高校,明星,二商,　作業時間　9.00～17.00
調査の概要	午前中8号地区の19号住居跡の全面実測,sectionを大久保,関口により終える.第2地区にブルドーザがはいり表土を適当にはがし,後3班及び南高,明星,二商,他の班も多少参加し,総勢30人ほどでトレンチを掘り,溝のようなものを見つける。溝内より土器が1個体になるようなのが多少出土。溝は巾50cmほどで一定でない.
出土遺物	種別　出土地点、状況、遺物番号 壷,高杯(3個)
写真	
所見	
備考	記録者氏名　福田幸雄

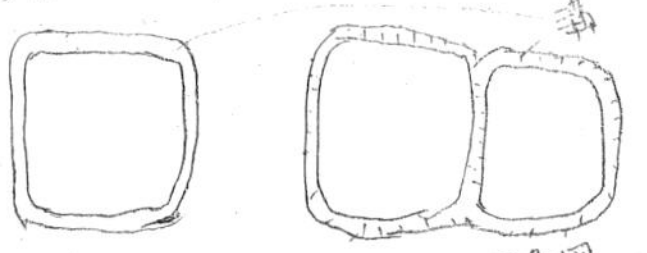

略図

(國學院大學学術フロンティア事業実行委員会提供)

昭和　年 7 月 3 日　中央高速道八王子地区遺跡調査団　宇津木向原遺跡　2 地区

調査員　責任者　坂本　大学生　宮野　大久保　大塚　福田　環濠状特殊遺構

その他　9.00～17.00

調査の概要

2地区環濠状特殊遺構の追求。

Pit 1の溝内を底面まで下げる。

中央で深くなっており四隅に来て浅くなっている。

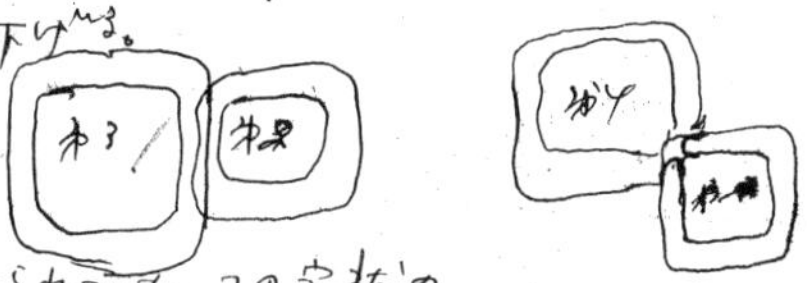

Pit 1の北側に昨日見つけられていたコの字状の遺構は四角くつながってしまい他と同様な遺構となってしまった。北側溝の上部より壺型と器高坏破片が出土している。

出土遺物　種別　出土地点、状況、遺物番号

遺物は上げないがPit 1より高坏破片壺型と器台が出土している。

写真　無

所見

第一・第二・第三・第四環濠状遺構内より出土土器は弥生式後期前野町期と考えられる。

それでも既、Ⅰは考えられると思う。

備考

記録者氏名　大塚 実

図1　宇津木向原遺跡の調査日誌

二　方形周溝墓の初期の研究

山岸　そういうようなかたちで、大場先生が苦労なさいまして方形周溝墓という命名に至りましたが、そんな中でいろんな地域で同類の遺跡が見つかってくるんですが、それについて、初期段階の研究をやっておられた鈴木さん、一九六四年前後の再検討で見つかった遺跡などを踏まえた上で、方形周溝墓が墓と位置付けられてくる背景をお願いします。

鈴木　八王子の周溝墓が見つかったのは七月二九日だったと思います。僕は二九日まで参加していて、そのブルドーザーのあとを追いかけて遺構を確認していました。その日の作業を終わって僕は帰ったので、その後のことについては全く知らなかったのですが、後から大塚実さんたちから発掘の状況を聞くことができました。

大場先生は、ガラス小玉が出土した翌日に、多分、安房田子台遺跡の報告書などの類例を集成されて、学生たちに「ガラス小玉がこれだけ出土している」と説明され、「そういう遺跡や資料を念頭に発掘しなさい」という調査指導を現地でなさったと聞きました。

「方形周溝墓」の命名については、いろいろ説明がありましたが、僕の修士論文で学史を整理していて、群馬大学での日本考古学協会大会で、「方形周溝特殊遺構」と題した研究発表の中で、口頭ではあるいは「方形周溝墓」という用語を使われたかも知れませんが、ほとんどの考古学者が「方形周溝墓」という名称を見たのは、『日本の考古学』Ⅲ弥生時代の月報三で、大場先生が一九六五年一二月に「方形周溝墓」という題名で、一一遺跡の類例を示して墓制として説明されたのが最初ですが、本は翌六六年の刊行です。

二四～二五頁の表1で上段に六三年までで線が引いてありますが、実は先ほども少しお話しましたが、五領遺跡B区で小出義治先生と大塚実さんが発掘されていて、大塚さんはそもそも方形周溝墓を掘るのは初めてではなかったわけですね。それで、出たというのは「実は去年の夏にも掘っています」と、まさに前年に、この方形周溝墓を掘っていたわけです。そういう意味だと思います。

それから、土器の底に穴が開いているということについては、確かに奈良県桜井茶臼山古墳出土の底部穿孔土器が注意されていたのですが、埼玉県吉見町の和名遺跡を金井塚良一先生が『古代』四二・四三合併号（一九六四年）で紹介しています。横川好富さんは、権現山遺跡の調査報告を『台地研究』一三号（一九六三年）で、焼成前の底部穿孔の壺形土器の意義を検討されています。確かに宇津木向原遺跡ではっきりしたのですが、関東地方、とくに埼玉県ではこのような例がありました。僕は六四年から七〇年代前半までは夢中でやっていたのですが、その頃までに集成したのが二四〜二五頁の表1です。僕の修論で作成したものに、原史墓制研究会で山岸君や坂本和俊君たちと共同研究をやり、一応東北から九州まで集成しました。

ただ、これを見ていただくとわかりますが、七〇年代に入ってからの資料が圧倒的に多いのです。そういう意味では、方形周溝墓研究が六〇年代の後半から本格化しますが、六〇年代前半以前の田辺昭三先生の南滋賀遺跡、斎藤優先生の王山・長泉寺山遺跡、横川好富さんの権現山遺跡、下津谷達男先生の千葉県戸張遺跡・堤台遺跡など、東日本で研究が開始されたといえると思います。

椙山　今、鈴木さんが言われたように、実はこの発掘に参加したメンバーは、いろいろ各地でこのお墓にぶつかっているんですね。たまたまそういうのが気になっていた人たちがいたからかも知れませんが、福井県の王山・長泉寺山というのは、斎藤優さんから大場先生のところへ「手伝いに来てくれ」という話があって、私が学生と一緒に行ったんです。

雪の中を見に行ったら五〇㎝ぐらいの墳丘しかないんです。どれも五〇㎝か、せいぜい一ｍしかなくて、雪も積もっているものですから、何とも言いようがない。「これ、古墳ですか」と言ったのですが、「いや、これが古墳なんだ」と斎藤先生は一生懸命案内してくれるんです。この八王子の調査に参加していたメンバーのほとんどが行っていまして、あと柳田康雄君とか木村巖、山中進、栗本（山本）佳弘、富田紘一君らが行きました。

この王山・長泉寺山は、高校の予定地だったんですが、斎藤先生は必死で残そうとしていました。あとでの話ですが、国の史跡に指定されました。最近史跡整備関係でまた一部を調査していますけれども、われわれは「座布団古墳」と呼んで、後期の古墳だと思っていました。ほとんどは方形で、こちらで言っている方形周溝墓と同じで、墳丘といっても五〇cmから一m。そして溝の中には土器が入っている。その土器も古いところでは弥生土器があるという状態でしたから、確かにそういう目で見るようになっていったのかもしれません。

三　方形周溝墓の溝

山岸　はい、どうもありがとうございました。それでは少し論を進めたいと思います。二一七頁の図3に二区から出ました四基の周溝墓が載っていますが、四〇年たちまして研究が進みますと、弥生後期の関東地方で、このタイプは全然不思議なタイプではないのですが、一隅が切れるタイプと四隅が全周するタイプがこういう形で並ぶというのは、多分最初のころは奇異に映ったのではないかと思います。

伊藤さん、先ほどのお話と絡めて、東京都内で構わないんですが、弥生後期で四基なり五基が、こういうセットであるというのは典型的な例と考えてよろしいのでしょうか。

伊藤　八王子では弥生後期の後半にならないと、集落自身が築かれませんので、方形周溝墓を持つ遺跡も限られております。九二頁の図17に宇津木以外は八王子の方形周溝墓をすべて掲げておりますが、一番古く見つかっているのが椚先生が精力的に調査されました犬目甲原の方形周溝墓で、一隅切れです。下の段の船田もこれは一基のみしか見つかっておりませんで、一隅切れ。そういうかたちで考えますと、弥生の後期に、この関東、とくに東京の周辺で一隅切れが比較的多いというのがわかると思います。

一方で、時期的には若干それより新しい段階、どちらかというと宇津木と同じくらいの時期が石川天野とか中野甲の原という遺跡ですけれども、中野甲の原は直線に並んで三基の四角い方形周溝墓と、一基並ぶのと、切れ目を持たない四号という方形周溝墓という、こういうかたちの組み合わせが全周型です。石川天野には真ん中切れもあります。三つが固まっているので非常にわかりずらいんですが、ちょっと離れた所に二基、別にあります。

そういうかたちで見ると、むしろこの宇津木の四基のような並びをするのは、多くなく珍しいと思います。ただ、この時期の周溝墓の形として、一隅切れと全周のものがあるというのは、特別珍しいわけではないというふうに思います。

山岸　はい、ありがとうございました。宇津木向原の2区の方形周溝墓を見ていただくと、ちょっと不思議に思うのは、左側のほうにある二つの周溝墓ですね。これが溝を接しているというのがお気づきになるかと思うんですが、私どもが研究を始めた最初のころは、この接合しているのが非常に奇異に映りまして、切り合い関係、断面を取ればわかりやすいので、研究するほうは楽なんですが、なぜこういうふうに接するのかと……。さらに右側の二基を見ていただければわかりますように、二つはわざと接していないわけですね。伊藤さん、もう一度すみませんが、この溝を接するということに関して、東京都の類例などを頭に入れながらお願いします。

伊藤　今、山岸さんのお話にありましたように、溝を接するグループと溝を接しないグループがあるということについては、とくに弥生の後期になると多いのですが、中期の段階では歳勝土でもそうですし、ほかの四隅切れのものでも、連続して並ぶように方形周溝墓を構築するという例は、結構あります。

ただ、山岸さんが先ほど言いましたけれども、二基から三基くらいの組み合わせでつながるのではないかというのが一つは指摘できるんですけれども、一方でたくさん連続して構築される例もありますし、溝が完全にくっついている例もあります。例えば、図2の文脇とか、片又木Ⅲとか、あるいは図3の薬師耕地前では二基並んでいるその下に七号、一号が二基ずつ並んでいく。一基だけのものと、溝を接したり重なったりして集団を形成する例などのいくつかが見られると思います。図5の関東なども、そういう離れている例とくっついている例のように思いますので、この時期には割合あるといえるのではないかと思っています。

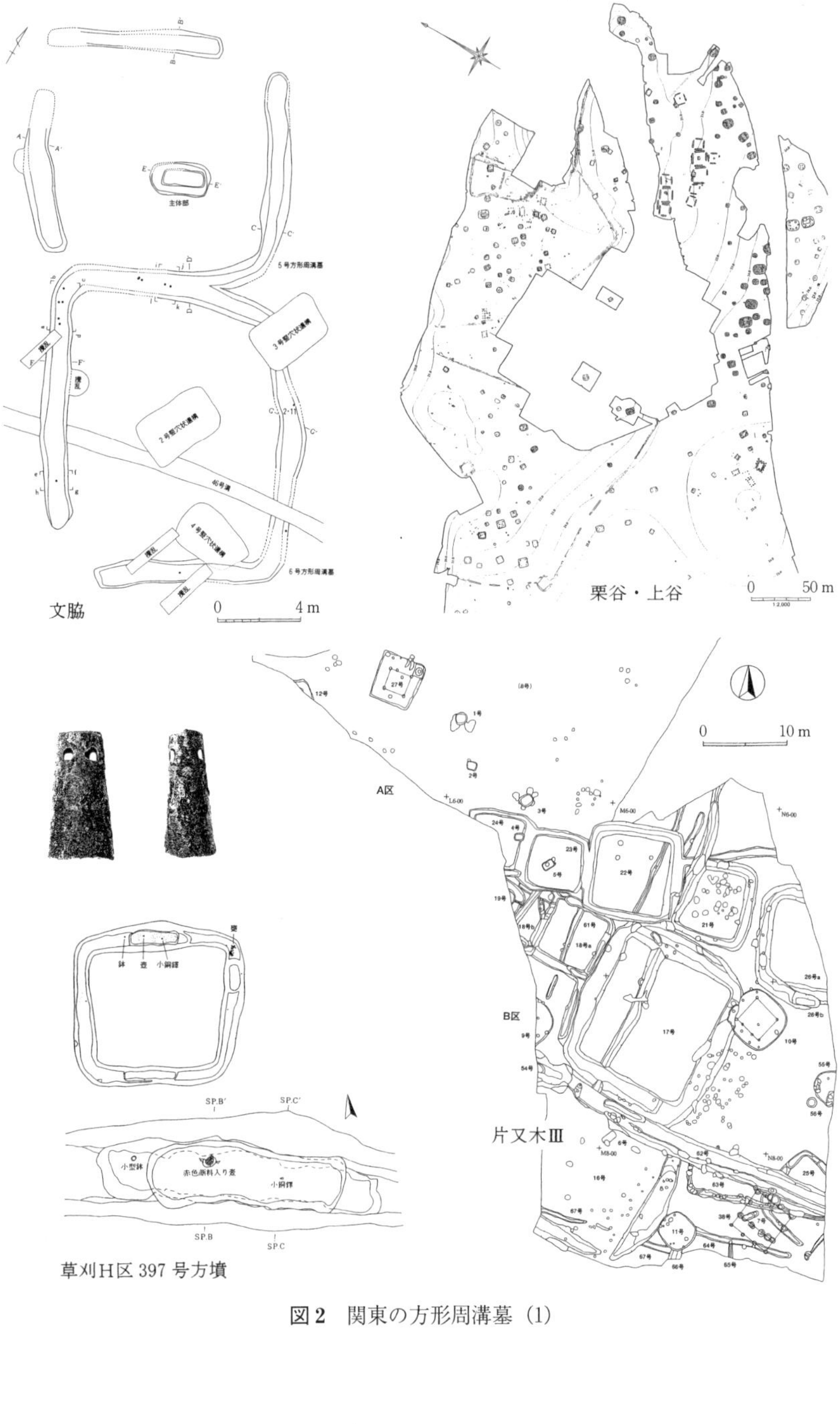

図2　関東の方形周溝墓（1）

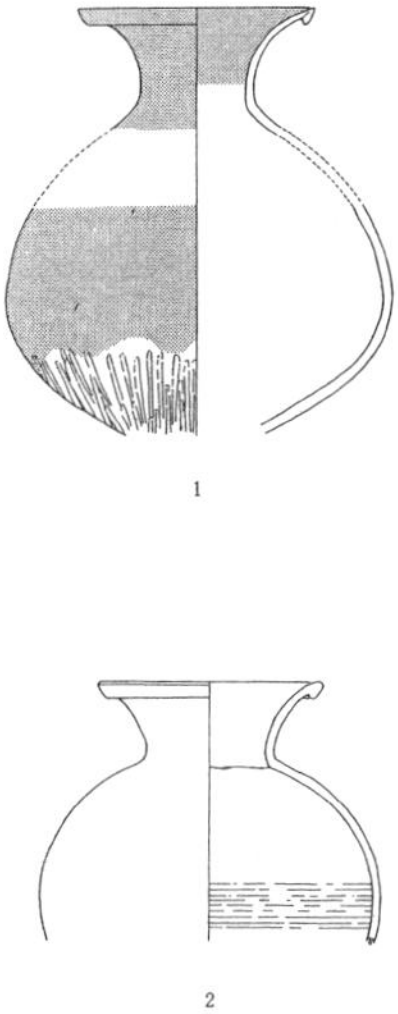

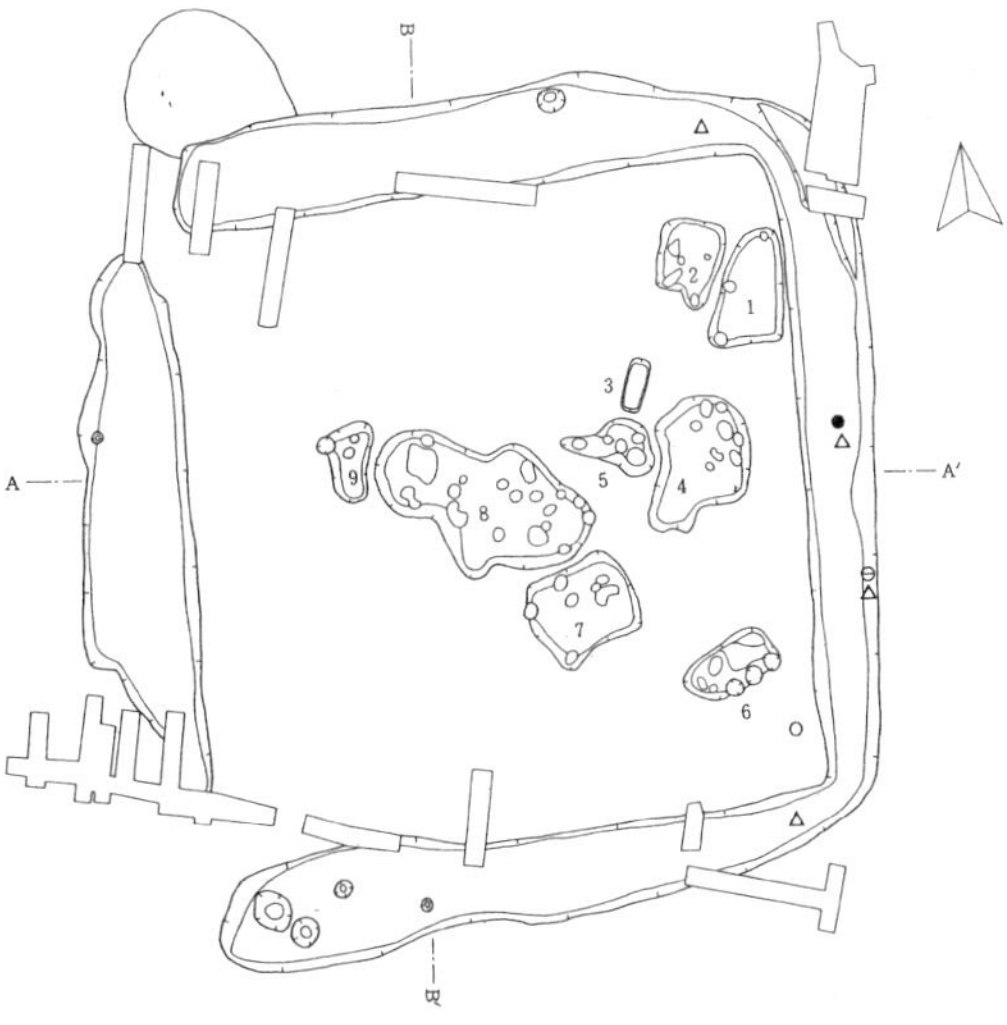

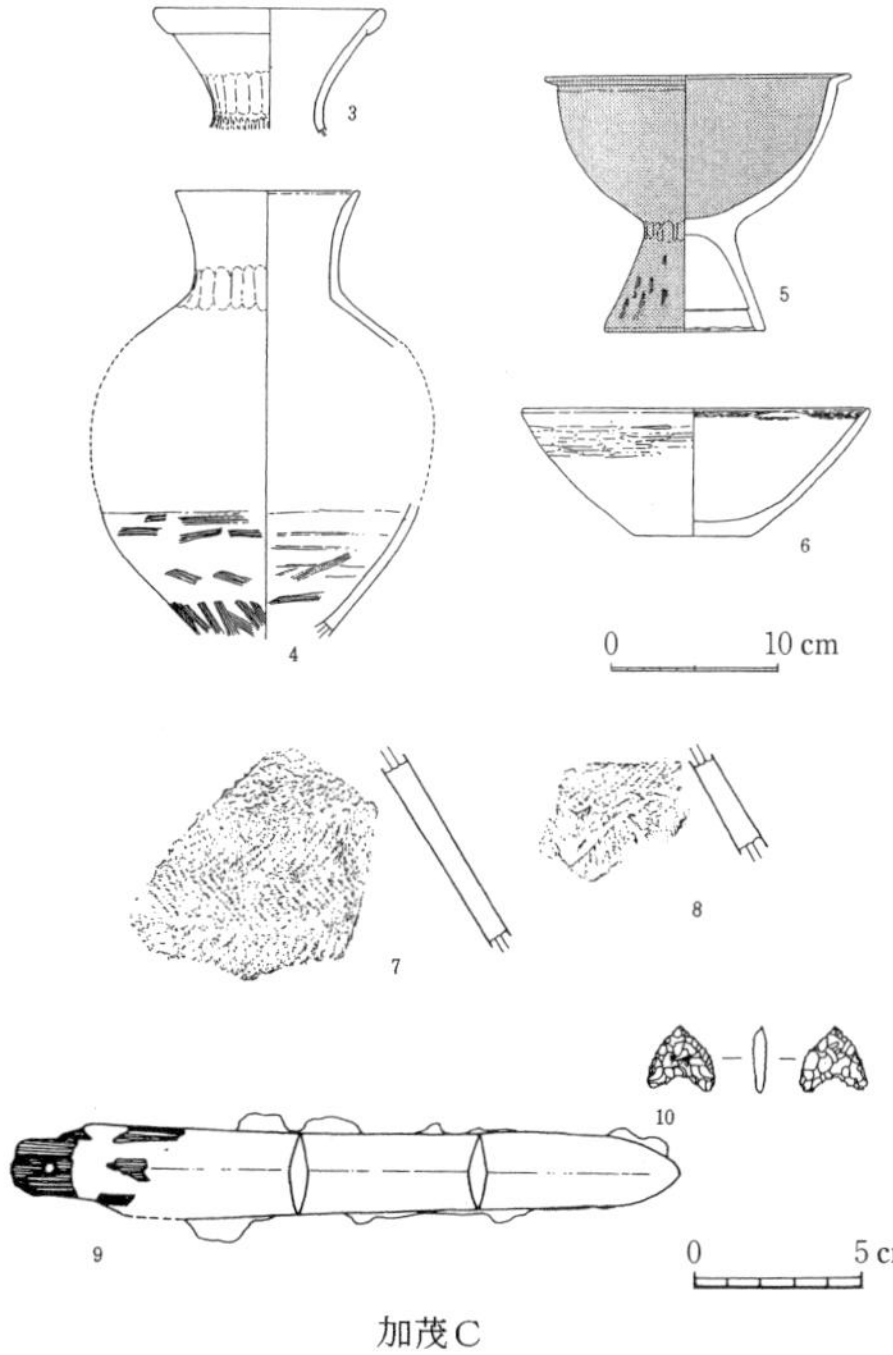

加茂C

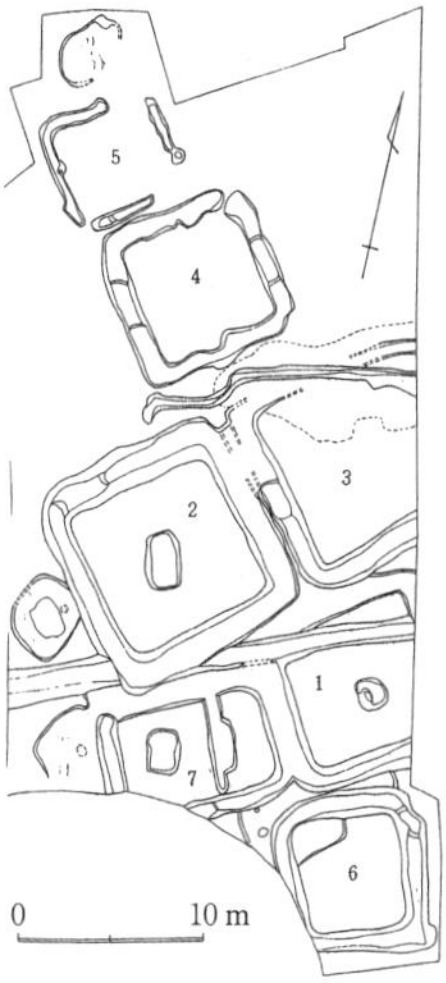

薬師耕地前

図3　関東の方形周溝墓 (2)

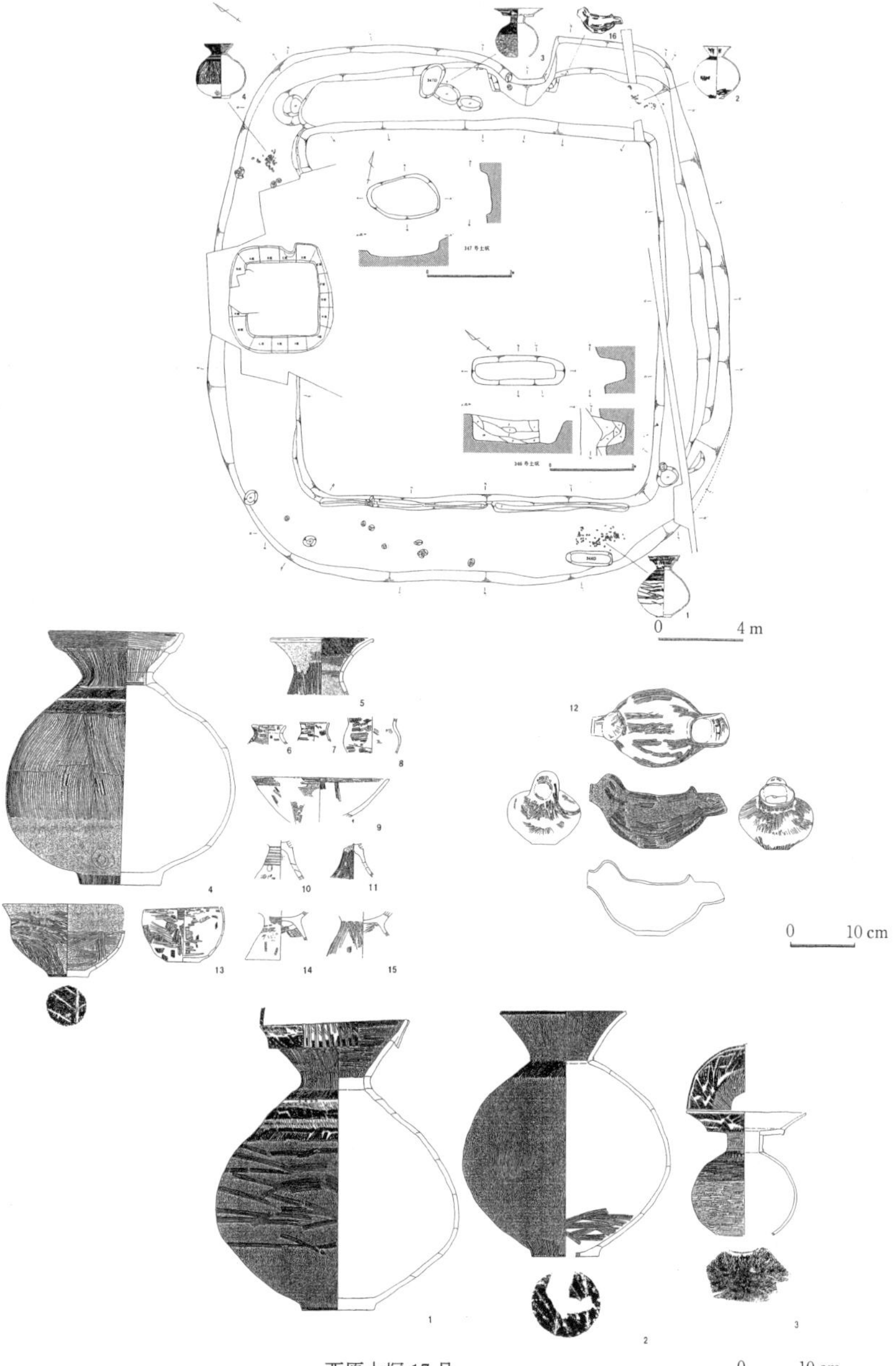

西原大塚 17 号

図４　関東の方形周溝墓（3）

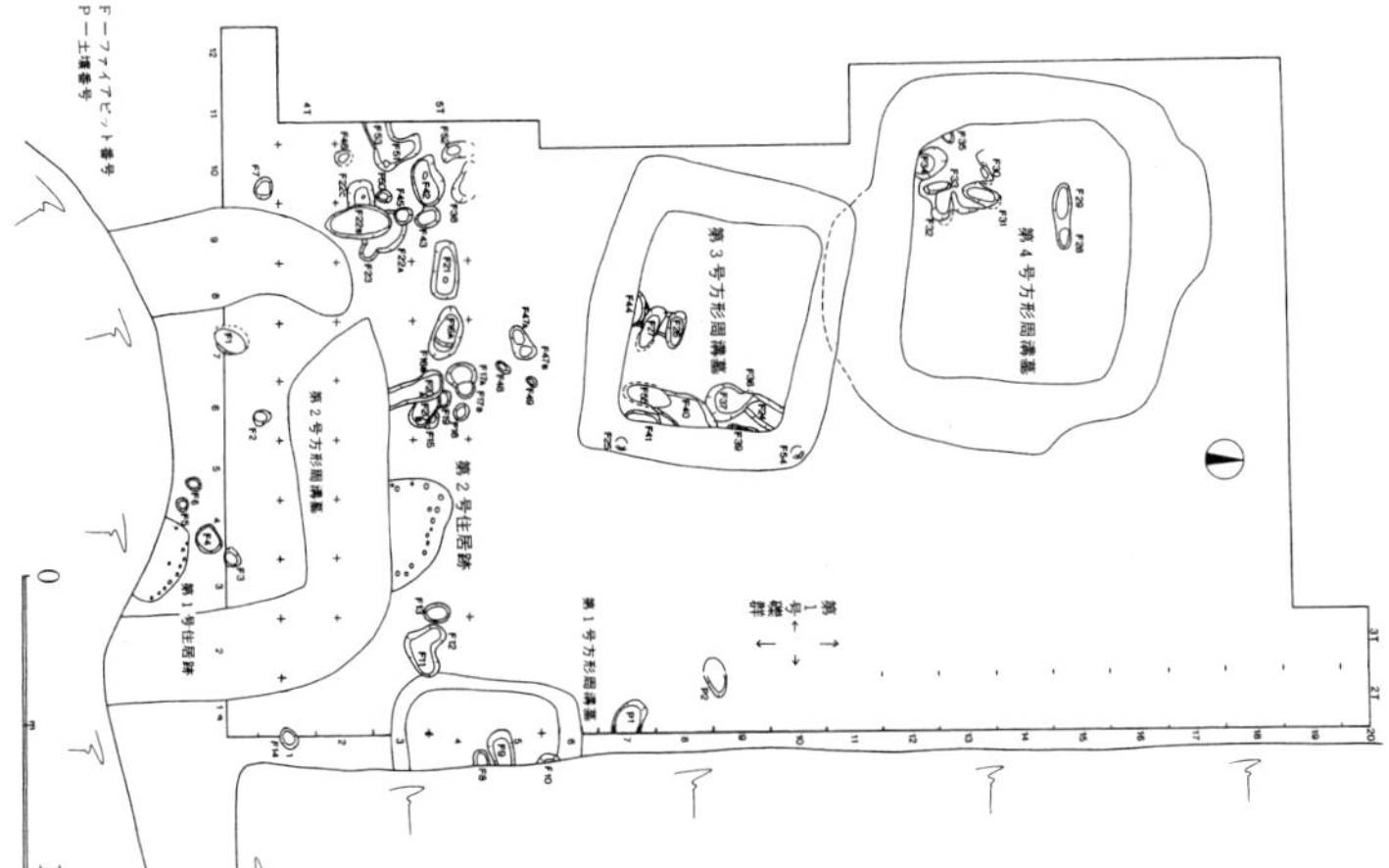

篠山

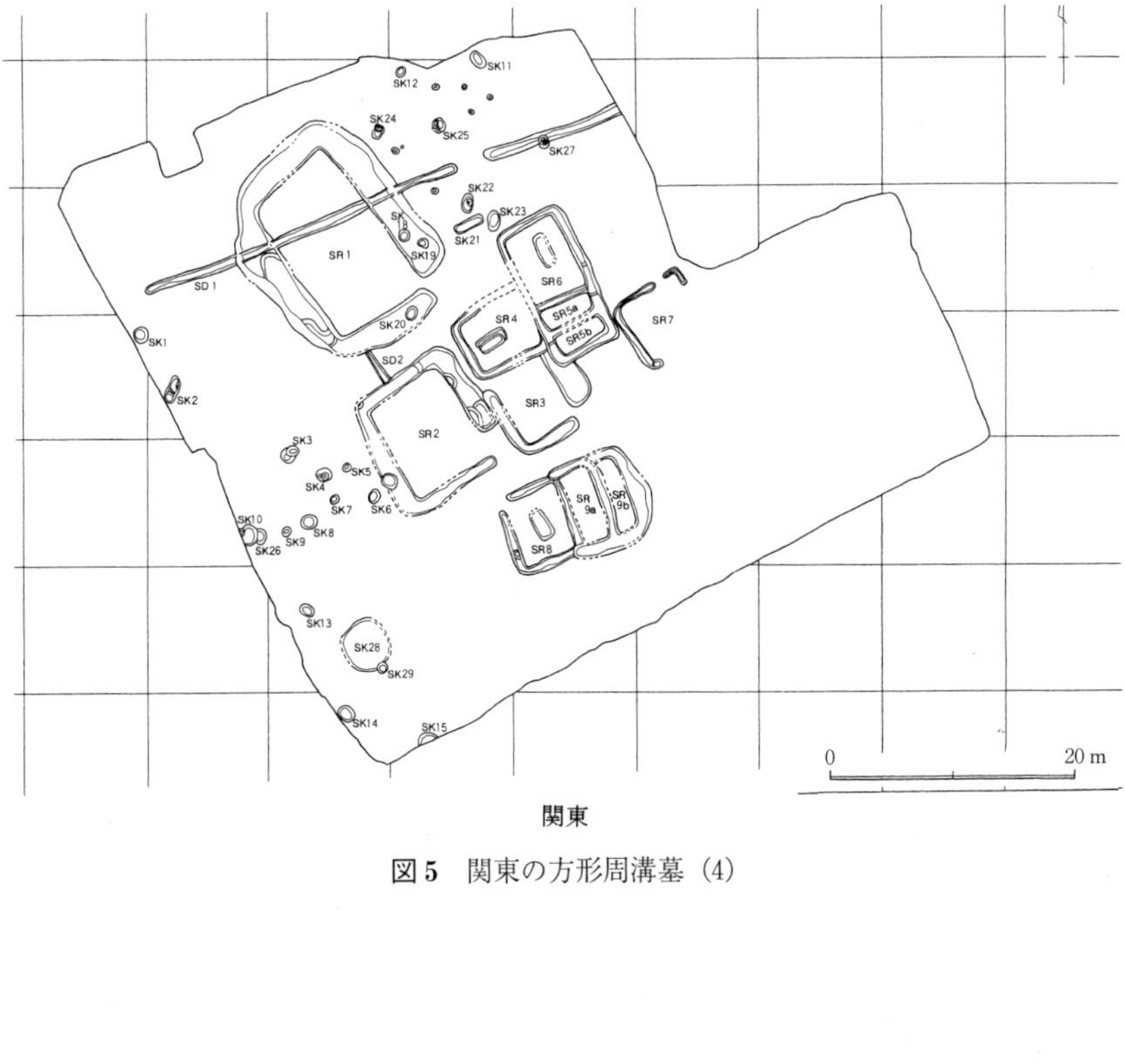

関東

図5　関東の方形周溝墓（4）

山岸　はい、ありがとうございました。それでは赤塚さん、先ほどの川原遺跡ですが、ここは一基だけ四隅が一周するタイプですが、尾張台地の地域では一周ぐるっと回るというタイプはどんな感じでしょうか。

赤塚　弥生後期以降はいくつかの遺跡で見つかっています。川原遺跡の場合は、さっきお話したように、全周する一番小さいのはお墓ではないというふうに考えています。要するに、方形周溝墓のような主体部を埋葬するものではなくて、お祭りをする特別な場所ではないかと考えています。

山岸　このＳＺ04みたいな、一番端の隅が切れる一隅切れのタイプもありますか。

赤塚　たくさんあります。

山岸　やはり時期は弥生の後期ですか。

赤塚　要するに高蔵式の弥生中期末葉で一つ大きな画期があり、それ以降はもう何でもありですね。一方が切れるものもあるし、コの字状に切れるタイプのものもあるし、全周するのもあるし、その中で真ん中が切れてくる前方後方形になってくるのもあるというように考えております。

山岸　なるほどわかりました。それでは、そういう平面型が注目されて、基本的に宇津木の遺構がお墓という認知で、全国的に方形周溝墓を探していこうというかたちになってくるんですが、伊藤さん、また振ります。関東では現状で一番古いタイプ、四隅切れなんですが、それ以降からの平面形態の変遷を簡単にお話いただけますか。

伊藤　現段階では神奈川県小田原市中里の四隅切れの方形周溝墓群が一番古いと言われています。まだ報告書が出ておりませんので、全体的なことはわかりませんが、これ以降、南関東・北関東も含めて、弥生時代中期の段階は基本的には四隅切れです。赤塚さんの先ほどの話のように、中期後半の問題があるんですが、少なくとも中期後半のこの時期に、コの字形のもの、あるいは全周するものも現われているというのが事実です。ただ、基本的には四隅切れです。それが後期になりますと、このようにたくさん群集するものはなくて数基、三、四基です。そう言いな千葉ではもう少し数の多いものもありますが、基本的にはあまり多くない数の方形周溝墓群となります。

がらも多い例が井沼方とか徳丸、下戸塚、それから四葉です。

東京では四葉が一番多いんですが、いかんせん区画整理で上が削られてよくわからないのです。範囲が広いんで、母体となる集落がもう何か所かあったのだろうと思っています。

次に丸山東（図6）です。これは外環の調査で出ていますが、七基の方形周溝墓のひとまとまりです。この幅だけに限られると思いますが、これくらいの基数がせいぜい多い程度に変わります。形も全周と一隅切れという特色があります。

ただ、四隅切れが千葉では後期の半ばぐらいまで群集するタイプとして残ったり、埼玉の比企丘陵の比較的低い所ですと、中耕、広面、稲荷前など全周と四隅切れが群集する墓域がありますが、広面では真ん中に古墳と言えるような大きな墳丘もあります。全周するのが大きくて四隅切れが小さいという傾向が指摘されていますが、吉ケ《よしが》谷《やつ》式の土器を持つ方形周溝墓では古墳時代の前半まで四隅切れが残るという地域もあります。四隅切れについては、どのくらいまで残る地域があるのか、まだはっきりしない部分があると思っています。

山岸　はい、ありがとうございました。

赤塚さん、先ほど東海地域で一番古いのは四隅切れだとおっしゃいましたが、これは例えば三重とか岐阜とか、そのゾーンまでひろげるとどんな具合でしょうか。やはり四隅切れが一番古いのですか。

赤塚　はい、このタイプが弥生時代前半期の東海地域を代表する方形周溝墓であって、ほぼこの形で決まりというもので、一番古いのは、確実な例としては前期の終わりぐらいまで溯れるということだと思います。

山岸　古い例として山中遺跡が出ていますが、この四隅切れ一基一基の大きさには大小あるかと思うんですが、いかがですか。

赤塚　多少見られますが、極めて大きな差はなく、基本的にはほぼ等質的な気がします。

山岸　そうすると、今のお二人の意見ですと、四隅切れのタイプは大体、規模的にはほぼ同じような大きさで、東

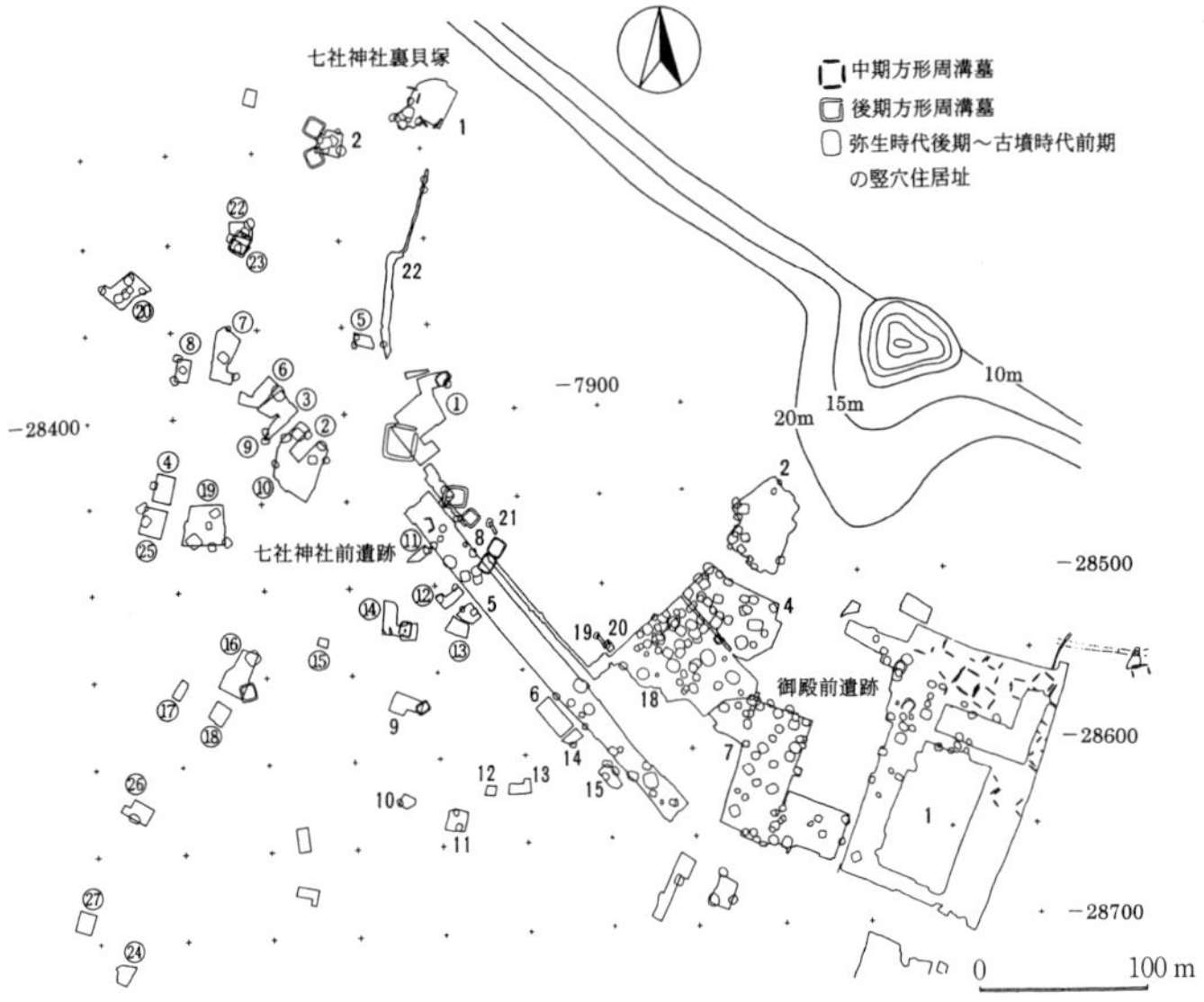

西ヶ原遺跡群弥生時代後期～古墳時代前期遺構分布図

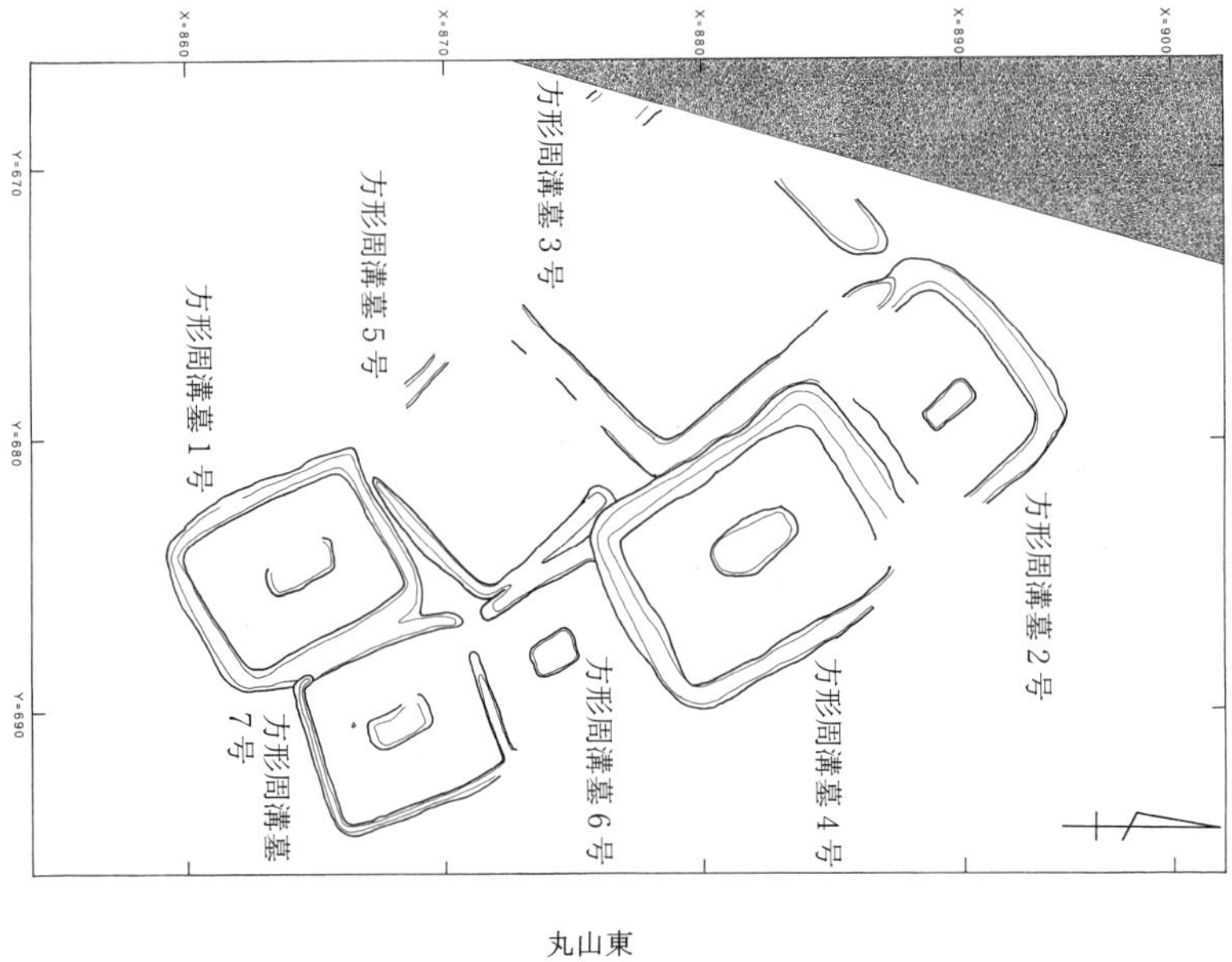

丸山東

図６　関東の方形周溝墓（5）

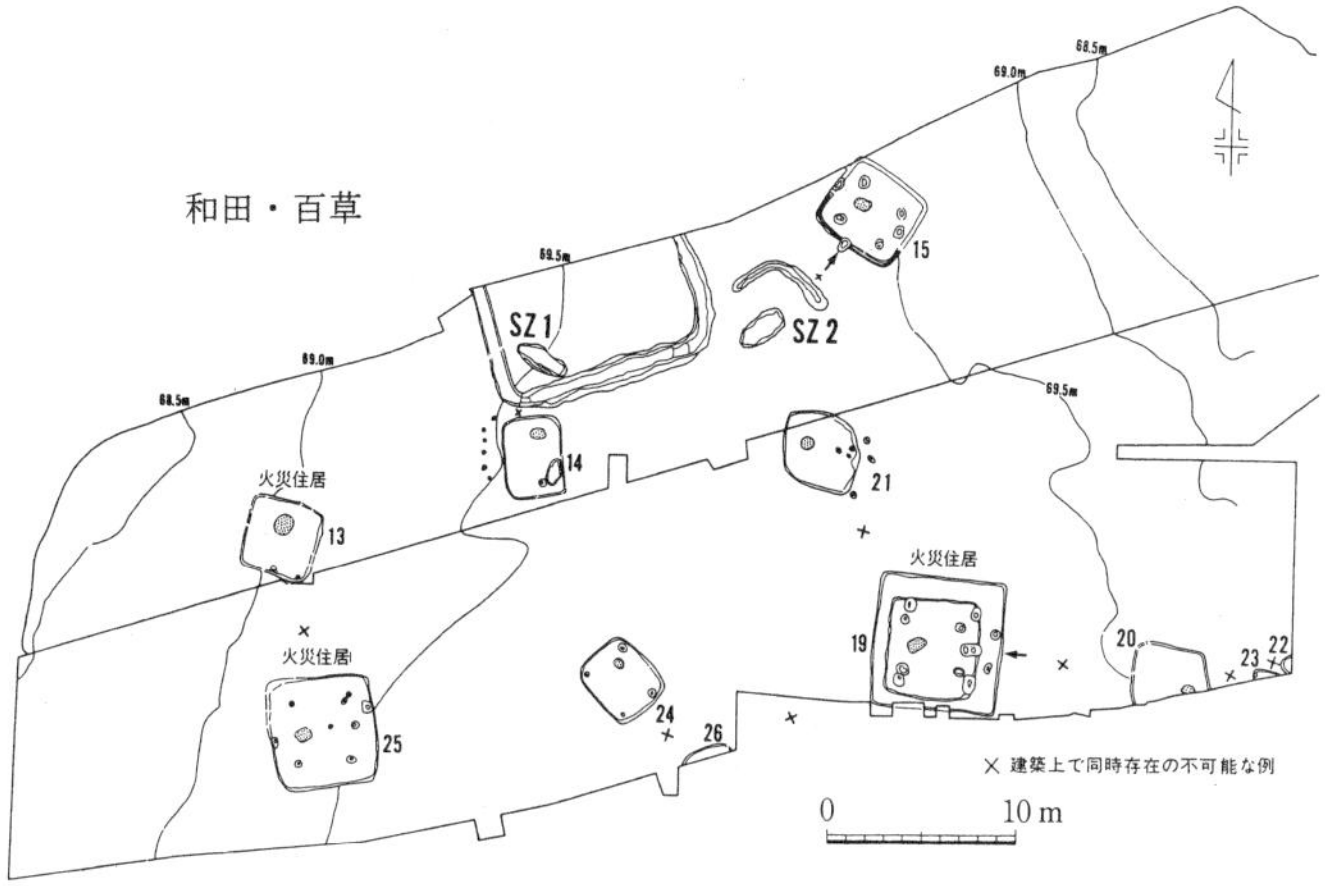

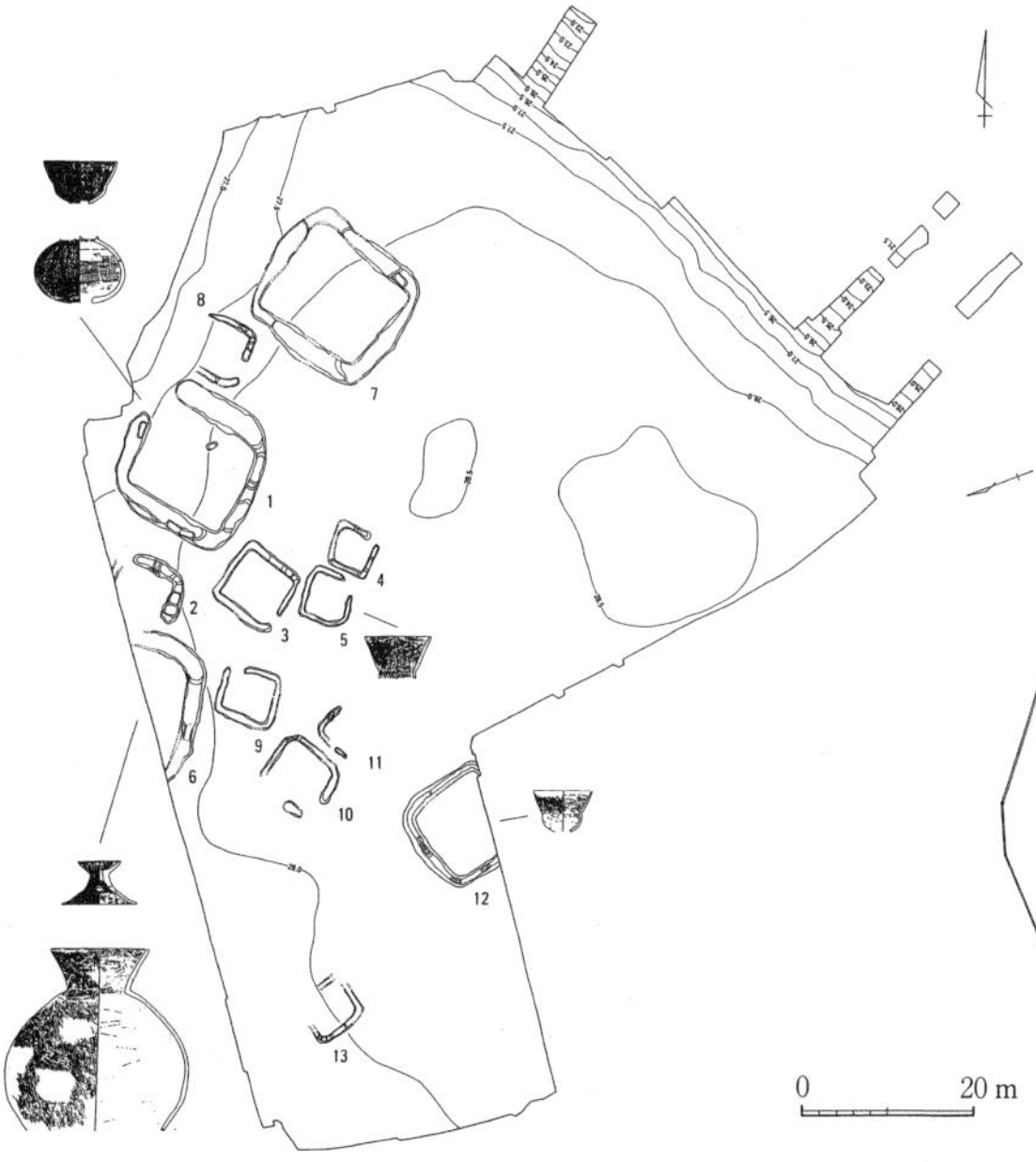

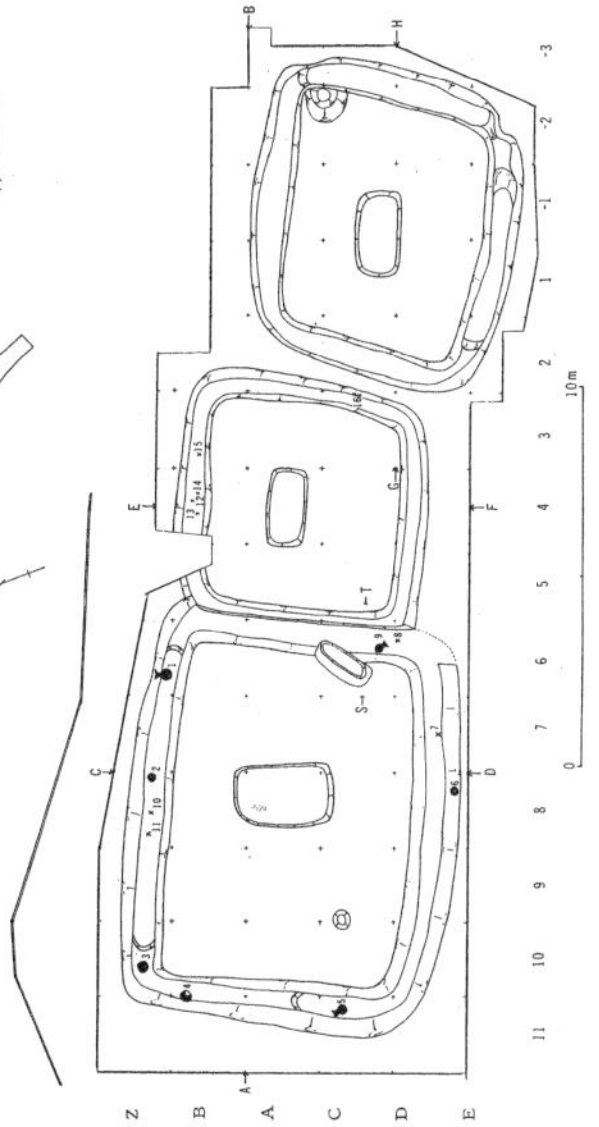

和田堀・大宮

菅原神社台地上

図7　関東の方形周溝墓（6）

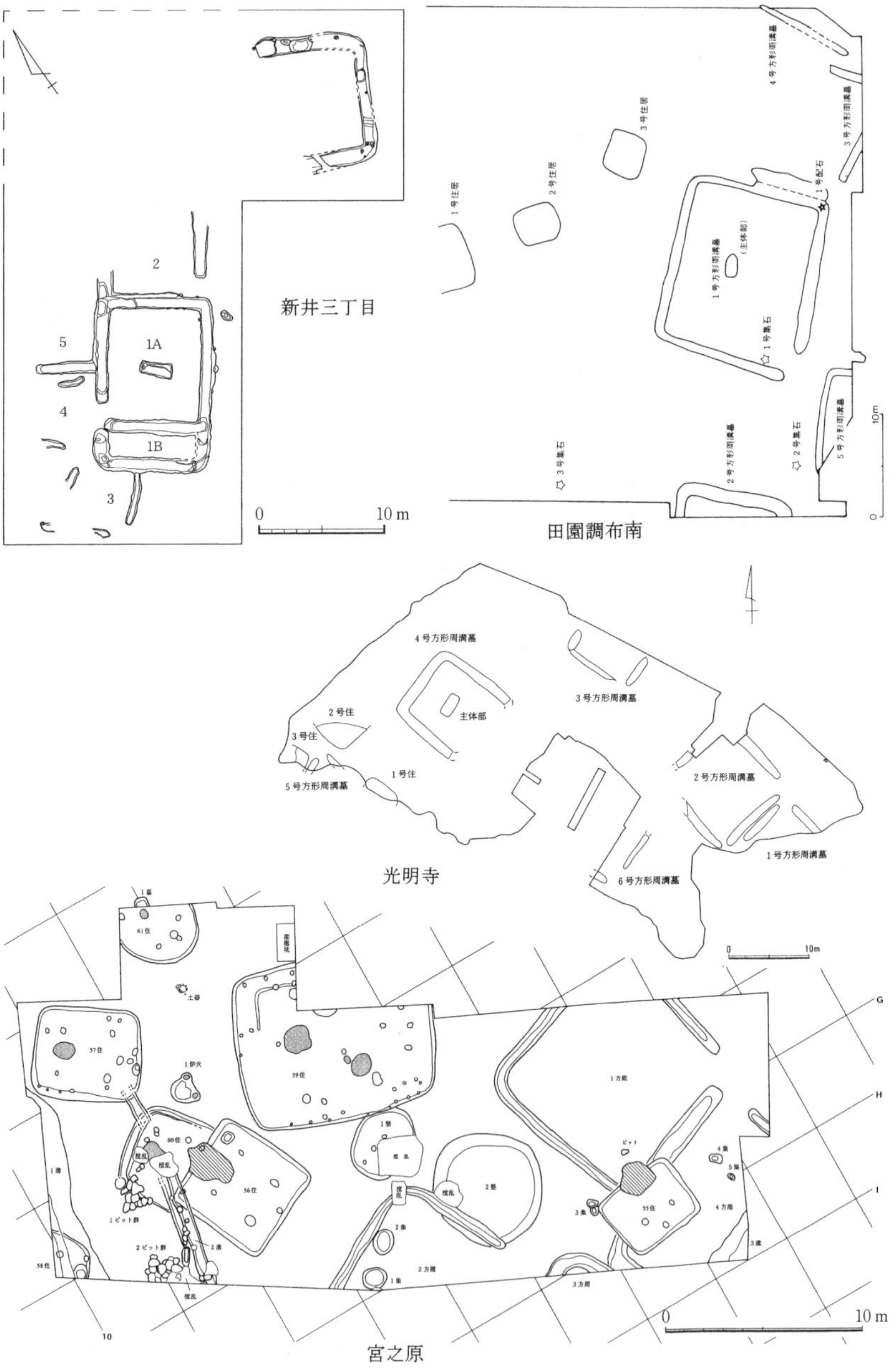

図８　関東の方形周溝墓（7）

海も関東もそういう解釈でよろしいですか。現時点ではそれぞれの地域の最古のタイプは四隅切れであるという確認をしたいと思います。

四　方形周溝墓の主体部

山岸　それでは、今お話が出た最古の周溝墓、これがこのあと関東エリアでどんどん変化していくわけですが、その中で、いくつか主体部などで大きな変化が出てきます。まず一つは、先ほど赤塚さんがお話になった槽形の、いわゆる木棺ですが、尾張地区では、木棺のほかのタイプはありますか。

赤塚　いわゆる西日本に多い、側板を立てて小口を中へ落とし込むタイプの木棺も若干見られます。そういうのが弥生時代中期前後に確かに平野部では存在します。そのほかに申しあげました槽形木棺的なものとか、刳り抜きかもしれませんが、そういうものが弥生中期前半まで溯って存在すると考えています。

山岸　木棺が出てくるのは主に河内平野を中心とした近畿地方という時期があったんですが、先ほどもちょっとお話しましたように、尾張台地を含む東海地方、それから長野県といった所でも今、木棺が出ているんですが、伊藤さん、草刈なんかもそうですが、関東ではっきりしている木棺は大体いくつぐらいありますか。

伊藤　今、草刈の話が出ましたが、ほとんど主体部は土壙でしかわかっていません。痕跡として木棺というかたちで報告されているのは、たとえば及川さんが調査された多摩ニュータウンの例とかあるにはあります。木棺が確実に残っているのは千葉県飯《い》合作《ごうさく》遺跡です。

山岸　及川さん、お願いします。

及川　私が掘った多摩ニュータウン遺跡群については、図9の上のT・N・T№二〇〇遺跡という所で、木棺の痕跡を持つ主体部を二基、それからT・N・T№二〇一遺跡という所で一基掘っています。

しかし、福永分類に基づく、どういう木棺構造になるのかは、私自身はっきりとはわかりませんでした。箱型であ

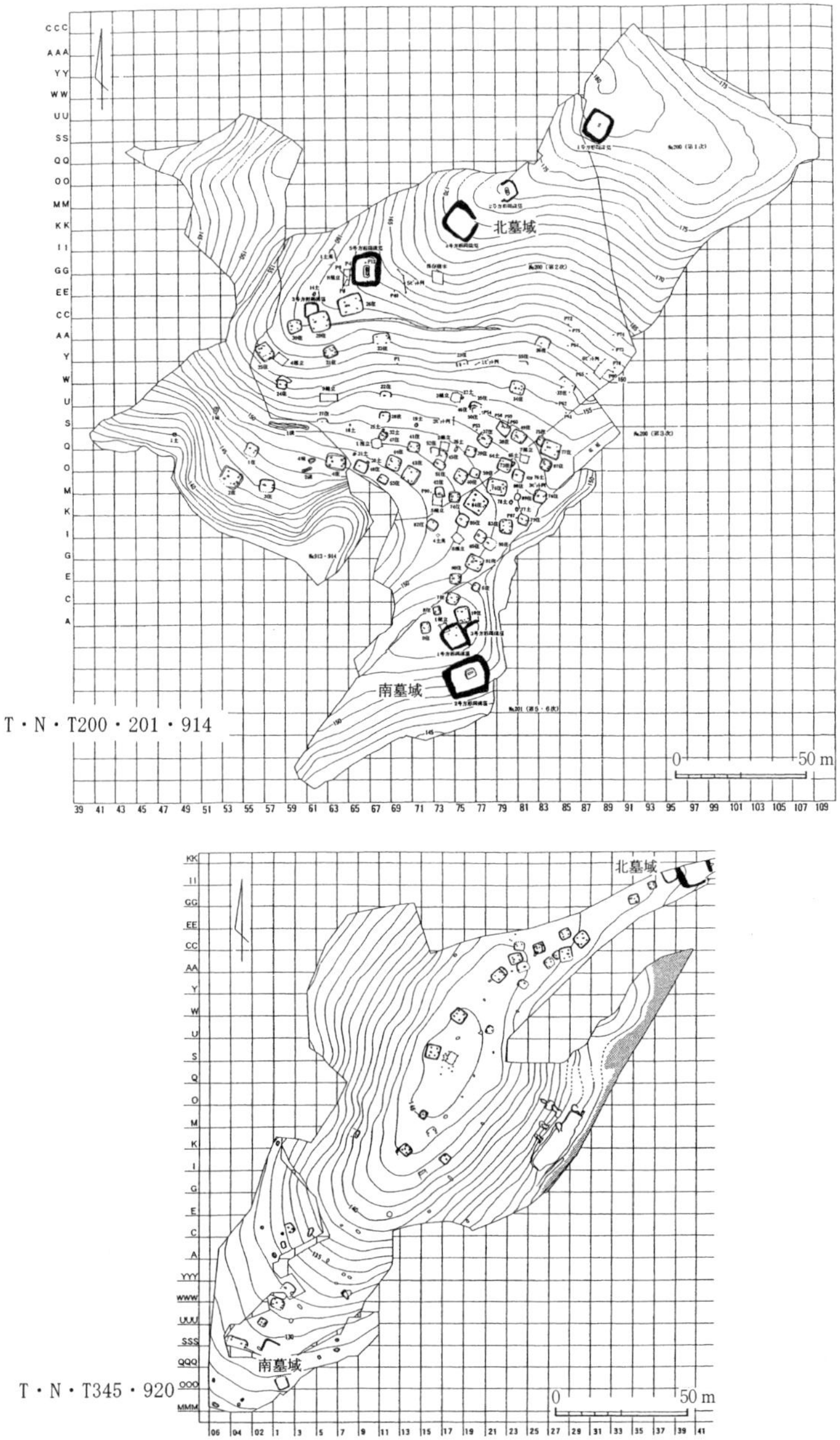

図9　関東の方形周溝墓（8）（及川 2003 より転載，一部改変）

ることは間違いないだろう、その程度です。板がどういう組み合わせになるかというところまではよくわかりませんでしたが、高さが四〇㎝程度の極めて浅い木棺であると考えています。

それから関東の木棺の実例ですが、私もあまり記憶がないんですが、木棺そのものは多分出ていないと思います。ただ埼玉の古墳前期に確か刳り抜きの木棺が出ているはずですが……。

山岸　それでは予定外なんですが、埼玉の坂本和俊さん、お願いします。

坂本　私も最近細かく見ていないので、埼玉の事例をすぐには挙げられないのですが、木棺の問題で言えば、やはり群馬の礫床墓か方形周溝墓的なものがあると思います。群馬には木棺の短辺を掘り込んで棺を据える礫床墓があります。

周溝墓ではないのですが、そのタイプと思われる土壙墓、礫床墓に近いものが大里村で出ていたと思います。刳り抜きは最近私も細かく見ていないのでわかりません。

山岸　はい、ありがとうございました。神奈川の立花実さん、二つお聞きしたいのですが、一つは周溝墓の概況と、二つ目は木棺の件、主体部に木棺らしきものがあるかないか。この二点をお願いします。

立花　神奈川の概況については、基本的には先ほど伊藤さんがまとめられたとおりです。弥生時代中期の方形周溝墓は四隅が切れるものが中心になります。ただし、秦野市の砂田台遺跡や横浜市の折本西原遺跡では全周するものも見つかっています。とくに折本西原遺跡では、環濠の内側に全周するタイプの周溝墓が一つだけ造られていて、それが飛び抜けて大きいという状況がみられます。他の周溝墓との隔絶性を感じさせる事例です。そういう意味では、中期後半段階の四隅切れと全周には、多少意味付けが異なる可能性があると言えるかもしれません。

それから後期になりますと、全周するものと一隅切れのものが中心となります。四隅切れはありません。それ以外の形態もありますが、基本はこの二つと言っていいと思います。そして、この二つが一つの周溝墓群に混在する例が多々見られます。その後、後期以降になると、全周するものの割合が次第に増えていくという傾向が見られます。

二つ目の木棺の件ですが、神奈川県内で木棺は見つかっていません。痕跡というものも、確認されていないと思います。

山岸　はい、どうもありがとうございました。

関東の場合は土層の関係で、小口板なんかがはっきり残っているケースの場合は、木棺を使っていた可能性があるわけですが、基本的にはなかなか残りが悪いというのが一般的のようです。諸墨知義さん、木棺もそうなんですが、四隅切れについて、中期から後期にかけての千葉県の概況をお願いします。

諸墨　大体ほかの地域とそんなに大差はないのですが、どちらかと言えば、四隅切れのほうが後期に残るという傾向があろうかと思います。ただ、遺物が少ない例が多いので、必ずしもそこに帰属するかという基本的な点が残ってはいますが、ないということはないと思います。ただし、広面のような全周のものを中心として四隅と混在するというのはないと思います。

木棺は私が記憶しているのでは、佐倉市の飯合作とか、市原市の草刈遺跡の土壙墓で小口が溝で残っているものとか、掘り込みのあるものがあるので、それなどは組み合わせ式の木棺だった可能性が濃厚だろうと思っています。

山岸　ありがとうございました。飯合作は古墳時代の前期という判断でよろしいでしょうか。

諸墨　あれはもう古墳に入っている時期だと思いますが、その時期にあったとしてもそれ以前になかったということにはならないと理解しています。

山岸　なるほど、わかりました。

諸墨　だから例えば、市原市草刈遺跡の土壙墓とか、君津郡内でもあったと思うんですが、弥生の後期の段階からあるけれども、請西遺跡群の周溝墓の掘り方の楕円形土壙の中に顕著にそれが認められたかというのは、はっきりはわからなかったというのが事実です。

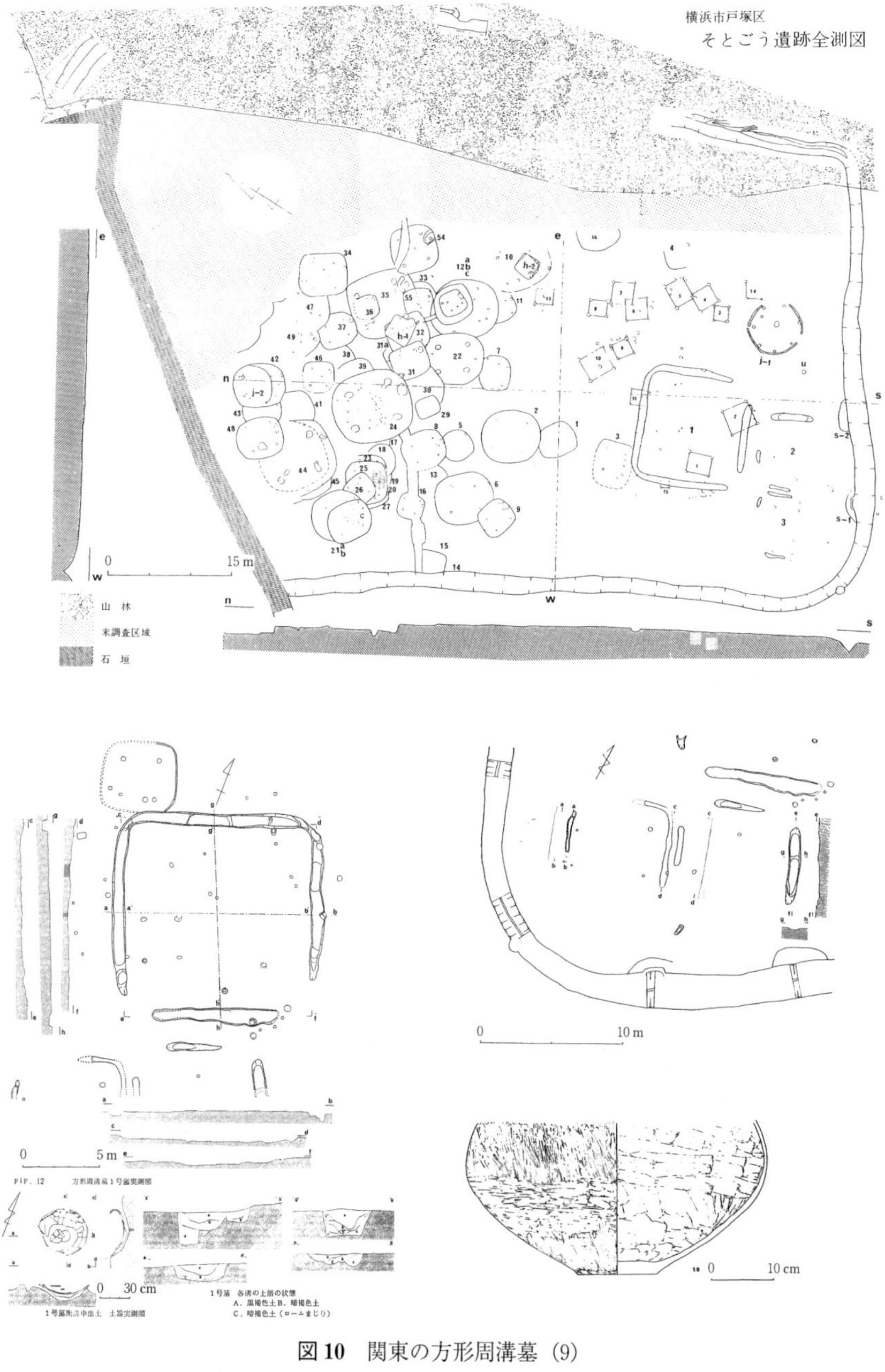

図10　関東の方形周溝墓 (9)

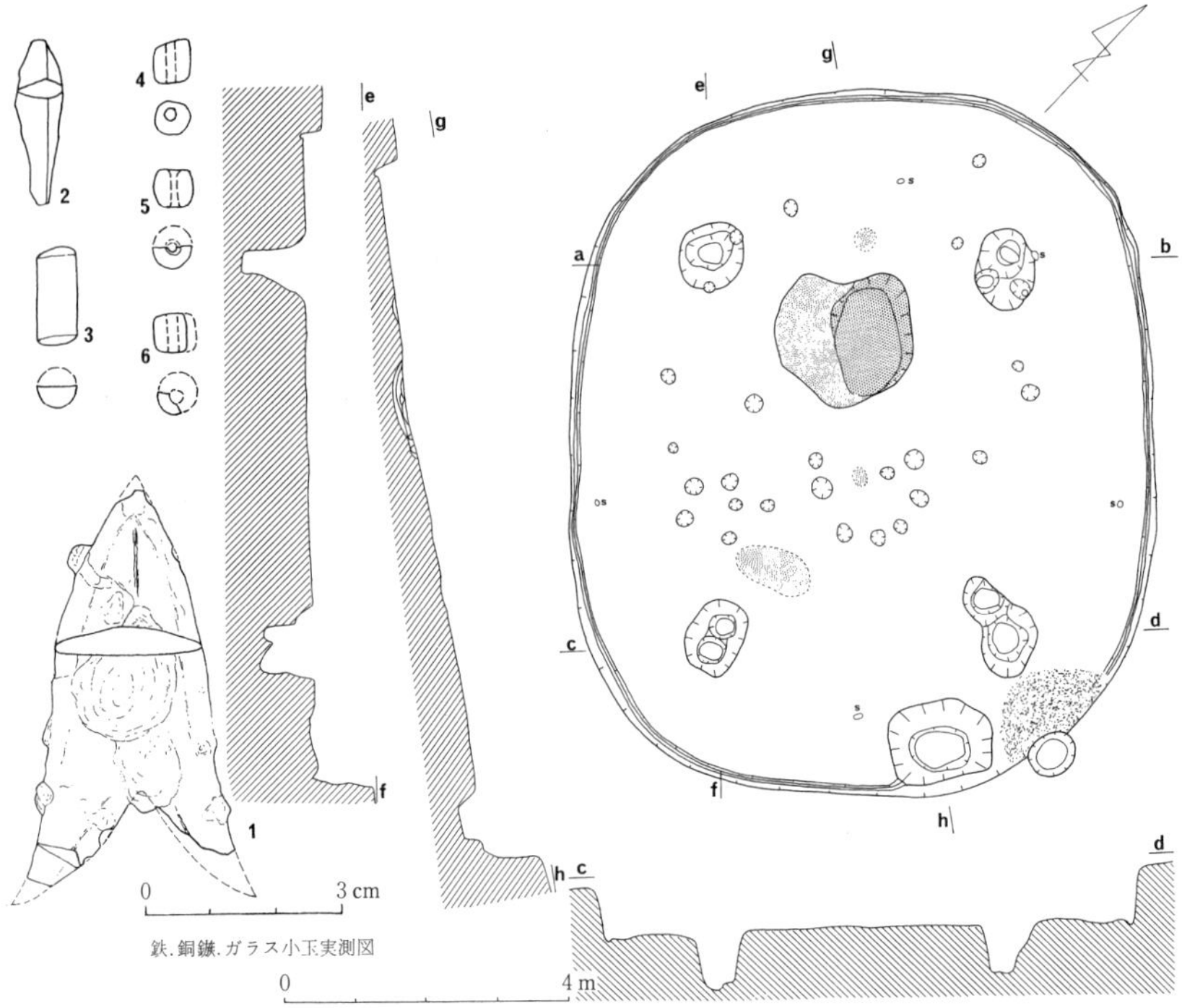

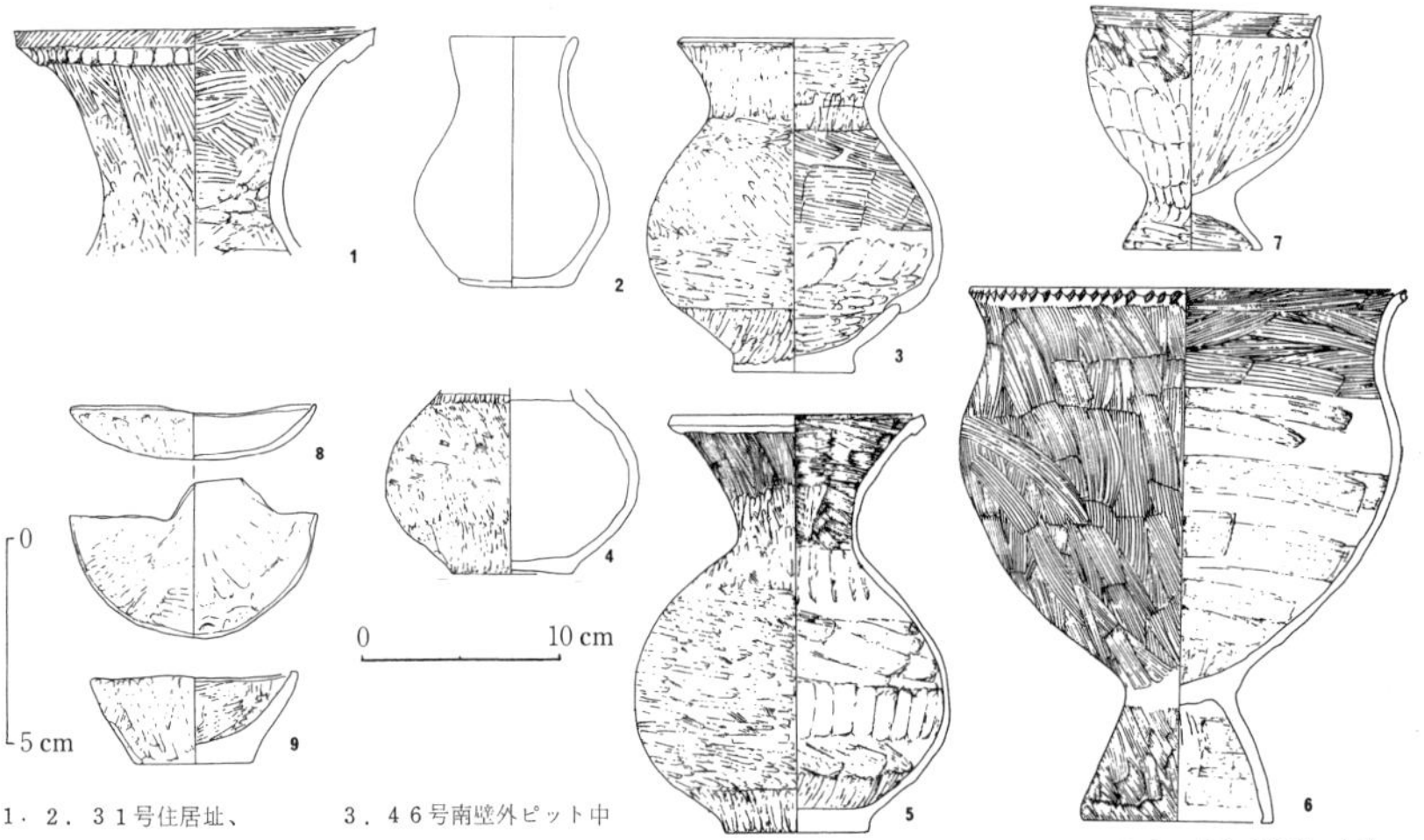

1・２．３１号住居址、　3．４６号南壁外ピット中
4．２６号住居址、　5・6．１８号住居址、　7．8．9．５４号住居址

そとごう遺跡（2）

図 11　関東の方形周溝墓（10）

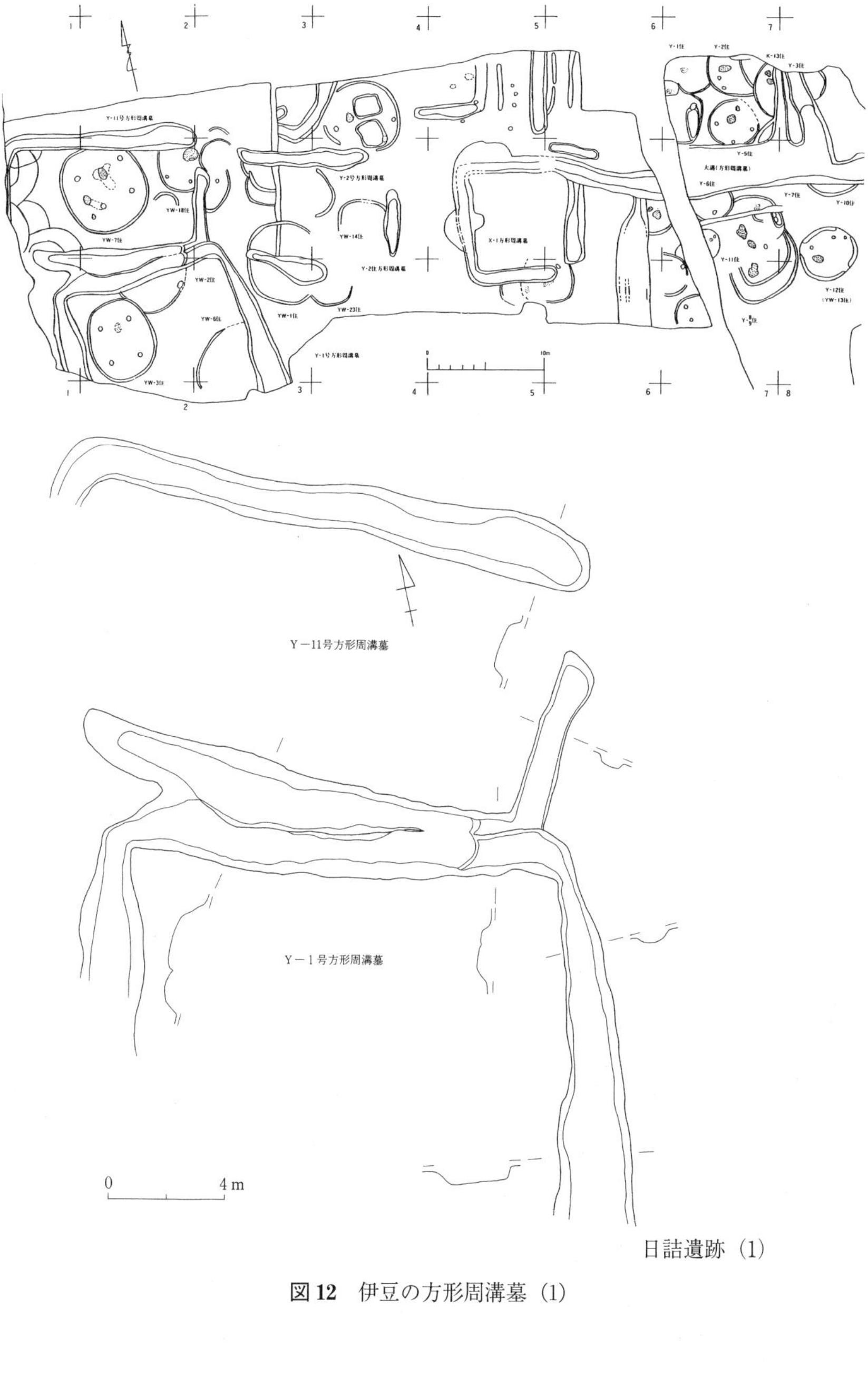

日詰遺跡（1）

図12　伊豆の方形周溝墓（1）

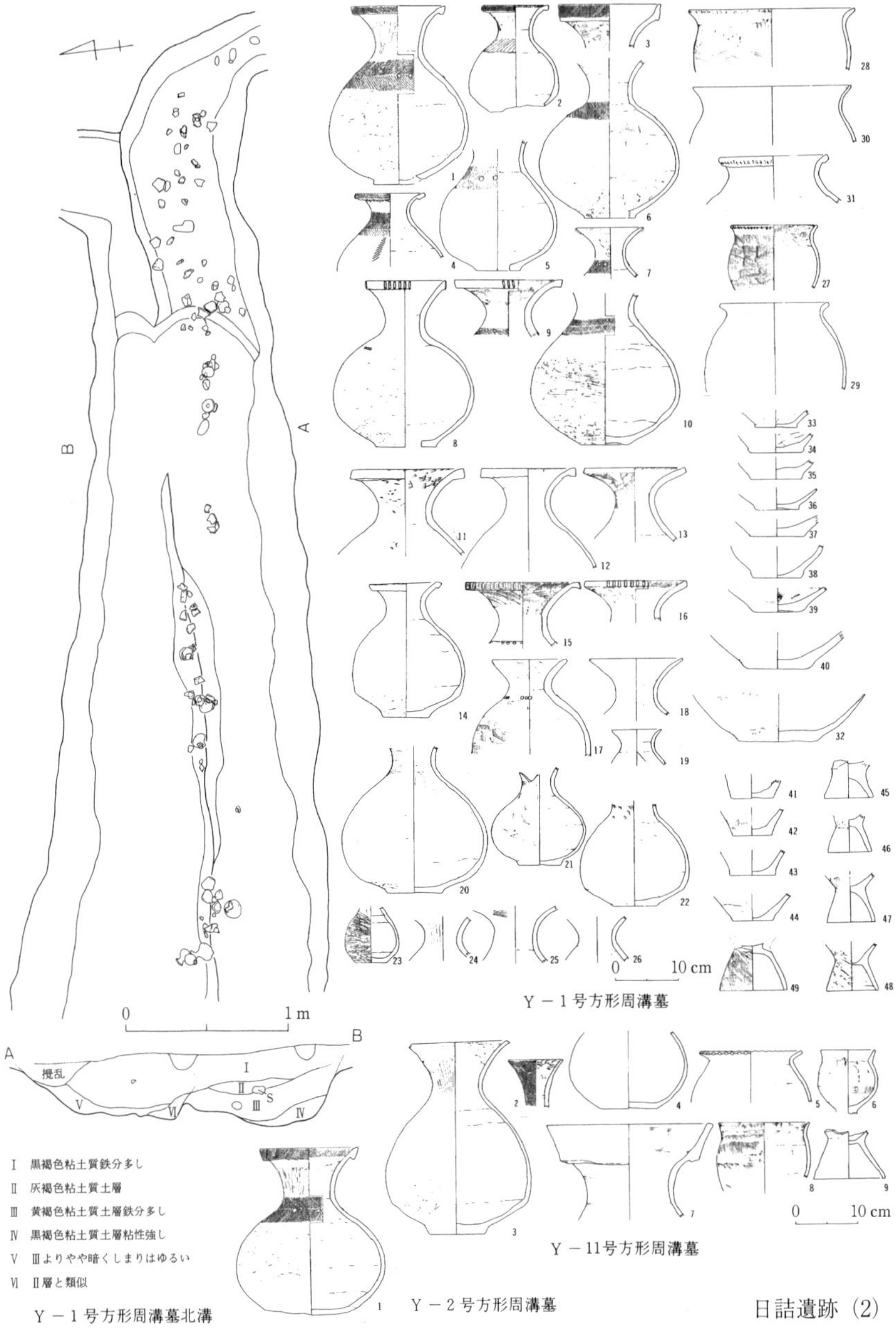
A
B
0
1 m
撹乱
I
II
III
IV
V
VI
S
I　黒褐色粘土質鉄分多し
II　灰褐色粘土質土層
III　黄褐色粘土質土層鉄分多し
IV　黒褐色粘土質土層粘性強し
V　IIIよりやや暗くしまりはゆるい
VI　II層と類似
Y－1号方形周溝墓北溝
0　10 cm
Y－1号方形周溝墓
Y－2号方形周溝墓
0　10 cm
Y－11号方形周溝墓
日詰遺跡（2）

図13　伊豆の方形周溝墓（2）

五　周溝墓の副葬品の問題

山岸　土壙、いわゆる主体部の真ん中にどなたかを埋める施設として、木棺を使うかどうかということになりますが、そこに埋葬されているということの証明として、宇津木で出てきたようなガラス玉なり底部穿孔土器なりという、明らかに埋葬者に対する副葬品が注目されてくるわけです。まずガラス玉に話を進めていきたいと思いますので、鈴木さん、お願いします。

鈴木　今日、宇津木向原遺跡の方形周溝墓から出土したガラス玉を久しぶりに見ました。そとごう遺跡では、ブルドーザーで整地され上面を削り取られた環濠や方形周溝墓と、その溝から一抱えもある大型壺の上部が失われて発掘されています。この一号方形周溝墓の溝からガラス玉一個が出まして、大型の二四号住居址から半分や三分の一に割れた二点が発見されています。周溝墓の溝から出たガラス小玉は完形品で、方台部の土壙から流れ込んだ副葬品です。住居址の二個は割れていました。

もう一つの静岡県日詰遺跡も僕たちが掘ったのですが、ここでは弥生時代の住居址からガラス小玉が出土しました。ここは伊豆半島の先端で、西方から海上交易で運ばれてきたものです。

本日の僕の発表は、ガラス小玉にこだわっていますが、宇津木向原、そとごう、日詰遺跡など、僕自身が参加して発掘した遺跡から副葬品や住居址が出土することから、その階層性というかむしろ富裕性という、集団内外の優劣の発生から、副葬習慣が後期になって顕著に出てくるという話です。それから少し戻りますが、四隅の切れるものについては、港北ニュータウン内の歳勝土遺跡で斜面のもの、あるいは僕の掘った横浜市朝光寺原遺跡などでも、平坦や緩い傾斜では四隅切れで、斜面のものは同じ時期でもコの字形になる例があります。ですから、位置や地形によって平面形態が左右される場合が中期の遺跡ではあります。

それから後期以降の宇津木向原遺跡の配列ですが、辺を共有する二号と三号墓の並び方というのは、比較的弥生時代的なものです。それに対して南側の四号と一号墓は、対角線方向で溝が重ならず、個々に自立というか独立するような傾向になるのは古墳時代的なもので、まさに全体が過渡期的な様相を示しています。

　それと、この遺跡から出土した底部穿孔の壺形土器がありますが、僕の最初の論文「関東地方における方形周溝墓出土の土器」（『常陸須和間遺跡』一九七二）の考察編で、弥生時代と古墳時代の区別をどうしたらできるのだろうかということで、焼成前に穿孔しているものを古墳時代と自分で規定して探してみたわけです。当時はまだ資料が少なかったのですが、これは今でも大体同じと考えています。もちろん弥生時代に焼成前に穿孔する例があるかどうかの問題がありますけれども、楯築《たてつき》古墳の立坂式と、次の向木見式特殊器台・特殊壺で、両者の穿孔は前者が焼成後であるが、後者では焼成前で、その前後関係を見てもおもしろい問題があるのです。

　関東地方で弥生時代と古墳時代を分けるのは、壺形土器の穿孔の焼成前か後かと、出土土器の器種構成の変化を指摘したのが僕の最初の論文でしたので紹介させていただきました。

山岸　弥生と古墳の話はあとで出てきますので、もう一度ガラス玉に戻ります。椙山先生、宇津木では溝を接した三号と二号の二つの周溝墓からガラス玉が出ていますね。これが出た時の状況と、その時の先生を含めて皆さんの反応はどんな感じでしたか。記録によると、主体部からは八点と一点出ているとあります。

椙山　それはやはり気にしていましたから、「中心部に何かないか」と探していたんです。とくに一番最後の三号墓のほうは、土壙らしいのは初めからわかっていたからいいんですが、二号墓のほうは最後までわからなかったんですよ。ガラス玉は出ていたんですけどね。

　ですから、一応辺に対して斜めの、主体部はこれでいいだろうということにしたんですけれども、二号墓はローム層に接しているのですが、結局ローム層までは掘り込んでいません。三号墓のほうはローム層まで入り込んでいるから「これで間違いない」と言えたんですが、二号墓は基本的にはローム層の上ですから、ほとんど「これでいいだろう」というぐらいしか言えなかったんです。

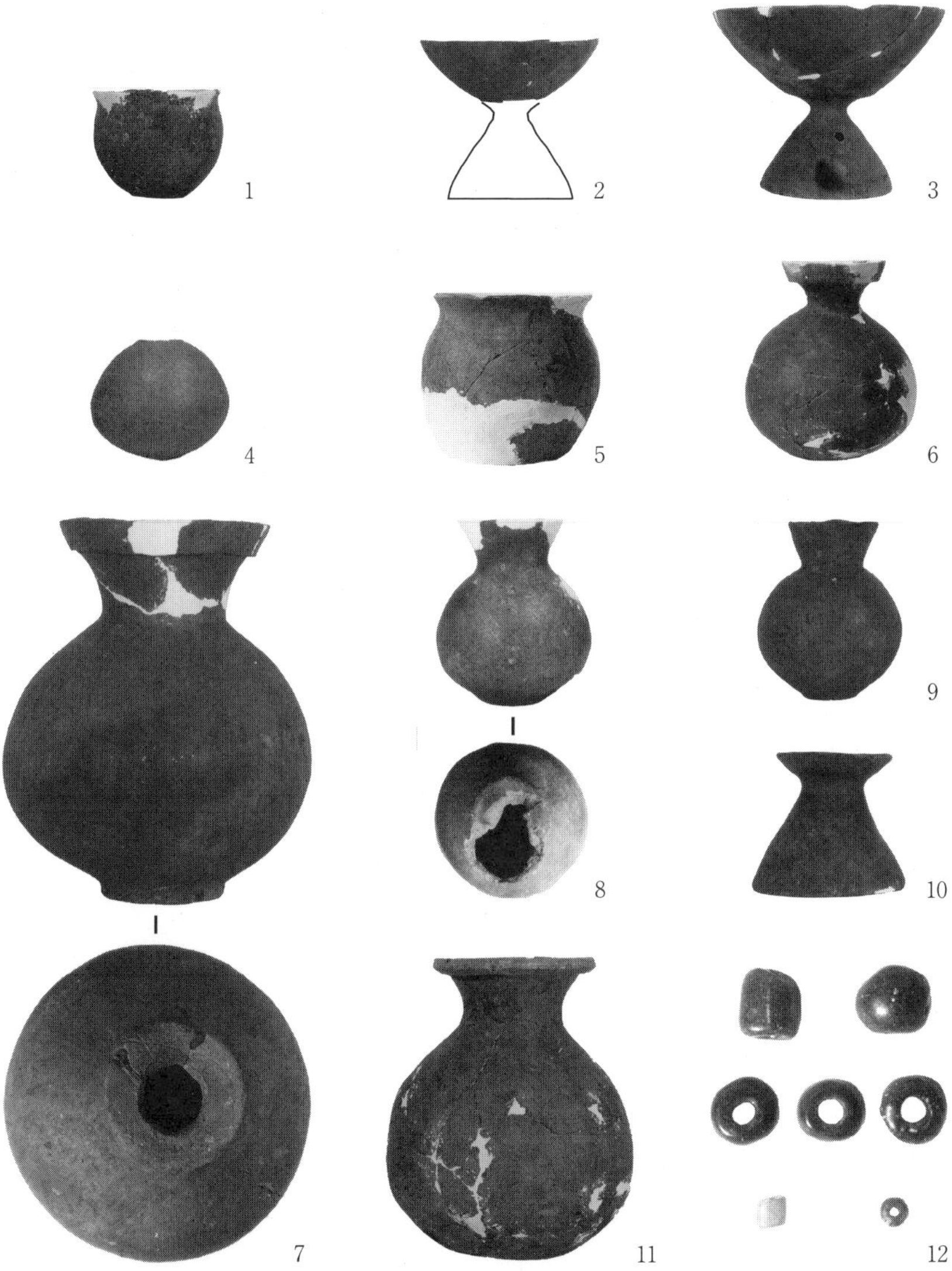

図 14　宇津木向原遺跡 2 区方形周溝墓出土遺物
（1～3：1 号方形周溝墓，4・5・12：2 号方形周溝墓，6～11：4 号方形周溝墓）
（大場磐雄博士資料より）

ガラス玉が出てきたことによって墓だという言い方ですが、住居址からガラス玉が出ないわけでもないし、やはりかなり墓に対する思い込みがあったと思います。その辺は先ほどの及川さんの話だと、気をつけなければいけなかったんでしょうけれども……。しかし、大場先生が最後まで気をつけながら話していたのは、それがあったから余計そうだったと思います。それで先ほど鈴木さんが言ったように、住居址ですが田子台の例を持ってきたり、そういうことはありましたね。

だけども、出土の仕方も散っていて、まとまって首飾りになるというような状態ではないので、その辺はいろいろ問題があったと思います。

山岸　はい。そのあとこの周溝墓を掘った場面で、ガラス玉が多数出る遺跡がいくつか見つかってきまして、それがより一層、この周溝墓の性格を考える上で重要なポイントになってくるわけですが、椚先生、今の件で補足がありますか。ガラス玉を見つけた場面についてはいかがですか。犬目などでも出ていますが、その時はどんな具合でしたか。

椚　犬目町甲原遺跡の方形周溝墓の場合は、埋葬部がやや攪乱されていましたので、中の土をふるったのですが、コバルトブルーの大きさが不揃いのガラス小玉が八個出てきました。炭化した大ムギ・小ムギや甘柿の種などとともに鏃を象ったと思われる石製品も出ました。溝が一隅切れていて、溝底に降りる階段が二段ありました。

山岸　はい、わかりました。いま、底部穿孔の土器の話が出ましたが、伊藤さん、関東で青銅器もしくは鉄器類の副葬品に関連して、代表的なものがあればお願いします。

伊藤　鉄製品とか青銅製品に関しては、もちろん関東地方のばあいは残りが非常に悪いという現実がありますし、主体部の残りも非常に少ないということがあって、発見例自体あまり多くありません。一〇年前にやりました関東の方形周溝墓の各県の集成を見ましても、鉄製品の伴出はそれほど多くありません。

それをどう考えるかというのは、次のテーマだと思いますが、出土品として一般的には鉄剣とか釧のたぐいで、釧は鉄釧と銅釧がありますが、それから今言った玉類、あと鏃が出ています。ただ類例的にそれほど多くないというのは、例えば東京で鉄剣が出ているのは三例です。釧のたぐいについては、早稲田の辺りを中心に、そこから北区にかけて比較的数が多いかなと思います。そういう意味で、やはり鉄製品が出てくる例は少ないと言えます。

埼玉や神奈川は遺跡としては東京よりも多いのですが、それでも五とか六遺跡。ただ一つの遺跡の中で比較的何本か出ているとかあって、その辺が一つ、被葬者像を考える意味であるのかと思います。千葉県の場合は、最近詳細に調べたんですが、報告がよくわからないのもありますが、表を見る限り、やはりベラボウに多いというわけではなさそうです。

山岸　ありがとうございます。東京でも伊藤さんの表1を見ていただくとわかりますが、この八王子近辺は少ないながら割と鉄製品が出ています。その中で及川さん、多摩ニュータウンで出ていますね。ちょっとご説明願います。

及川　先ほど出ました多摩ニュータウン遺跡群のNo.二〇〇遺跡、それからNo.九一六遺跡などで、弥生時代の末ぐらいの時期ですが、埋葬施設がかなり高率で検出されております。しかもその副葬品の中身も明らかになっております。埋葬施設ごとに鉄と玉類の組み合わせ、それから鉄のみ、玉のみというような、副葬品の組み合わせのランキングなどがありそうだという印象は持っています。

それから、とくに鉄製品でこれから注意しなければいけない点は、多摩ニュータウン遺跡群No.二〇〇遺跡では鉄剣が折り曲げられて出ています（図15）。それも折り曲げ方がどうも二タイプありまして、関西や西日本で、いわゆる折り曲げ鉄器と言われているような、鉇でも剣でもぐにゃと折り曲げるものと、鉄鏃や鉄剣の切っ先だけをきゅっと曲げるようなもの、どうもこの二つのタイプがありそうです。

大きく折り曲げるものに関してはみなさんも注目していると思いますが、切っ先だけをちょっと曲げるものについては、もう一度資料を見直していただくと類例が増えてきて、西日本の研究のように副葬品の鉄の取り扱いなどに踏み込んでいけるのではないかというような感想を持っております。

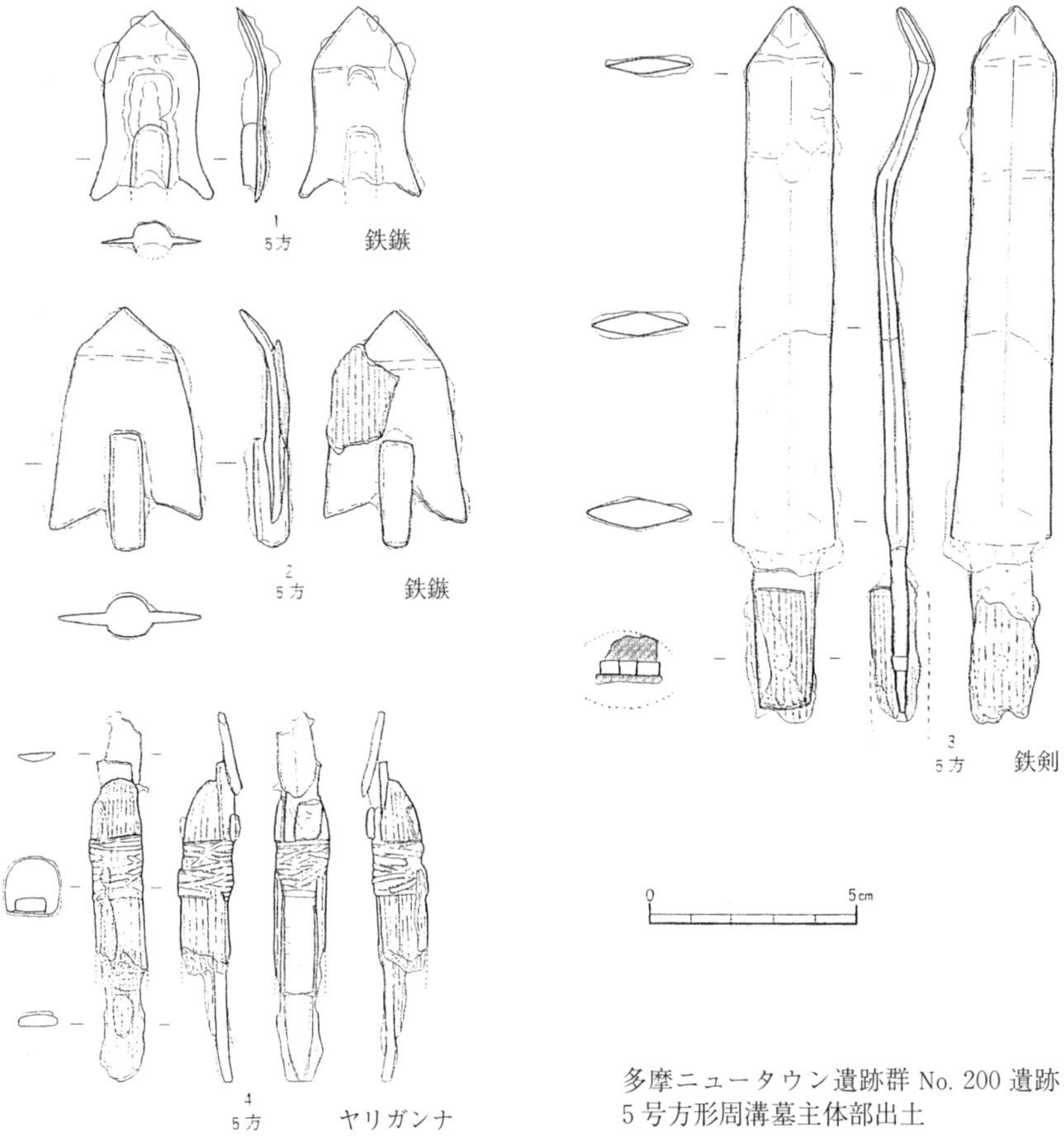

多摩ニュータウン遺跡群 No. 200 遺跡
5号方形周溝墓主体部出土

図15　折り曲げた鉄器

山岸　はい、ありがとうございます。釧などを見てみますと、中部高地からの流れが注目されますが、それを踏まえまして、赤塚さん、尾張・東海地域でのそういう青銅製品なり鉄製品の墓からの出土状況はどんな具合でしょうか。

赤塚　墓の調査はよくわからないので何とも言えないのですが、弥生後期、山中式の段階の副葬品は、ほとんど玉類が多くて、それ以外というのは非常に少ないですね。そして廻間Ⅰ式の時期だともう何でもありですね。鉄剣や銅鏃とかは多くはないんですけれども鏡のようなもの。ただ、山中式の段階で、例えば瑞龍寺山山頂墳のような、もう完形の大型鏡が副葬されている事例もありますが、類例は少ないですね。

むしろ集落遺跡からぽろぽろと青銅器とか鉄器が出るほうが多いのではないかと思っています。私は全般的に関東でもそういう傾向ではないかというふうにみています。お墓だけに伴うものではなくて、青銅器類も鉄器もむしろ集落遺跡から出てくるというほうが多いという気がしています。

鈴木　鉄の問題ですけれども、図16に氷川神社北方遺跡の方形周溝墓がありますが、遺構の重複が複雑で何がなんだかさっぱりわからなくて、どれが周溝墓かもわからないくらいです。一号方形周溝墓と書いてある所に三条の溝があるのですが、図17の左側にH―37と書いてある破線の溝は、本当に周溝墓の溝かどうかわかりません。住居址の壁際を深く掘っているだけなのかもしれません。上の南側の溝になりますが、土器の出ている部分と、右側の土壙状に掘り込んでいるのも周溝墓の東溝になります。僕らは素人で乏しい知識ですが、この覆土中から鉄滓の小さな破片が出ていました。

氷川神社北方遺跡では、図17の下に二〇八号土坑と二八七号土坑と、その出土した中期末か後期初頭の土器を載せておきましたが、鍛冶遺構かどうか、穴沢義功さんに見ていただいたんです。鉄滓でよいとのことでしたが、この遺構を掘った酒巻忠史くんが会場に来ていますので、本当にこれが鍛冶遺構かどうか、出土した鉄滓や焼土と炭の状況など、彼の所見を聞いてみたいと思います。

山岸　はい、突然ですみませんが、千葉の酒巻さん、お願いします。

酒巻　今、千葉県の木更津市のほうにいるんですが、学生の時に東京都の板橋区で遺跡の調査をする機会がありまして、二〇八号土坑も二八七号土坑も、偶然私が調査を担当するということになりました。

まず一つ、これは前から申し上げようと思ったんですが、各土坑の周りにある小さなピットですが、このすべてが土坑に伴うものなのかについては、ちょっと自信がありません。ローム層の掘り方を精査した段階で落ち込みがありましたので、こういうものを図示したということです。

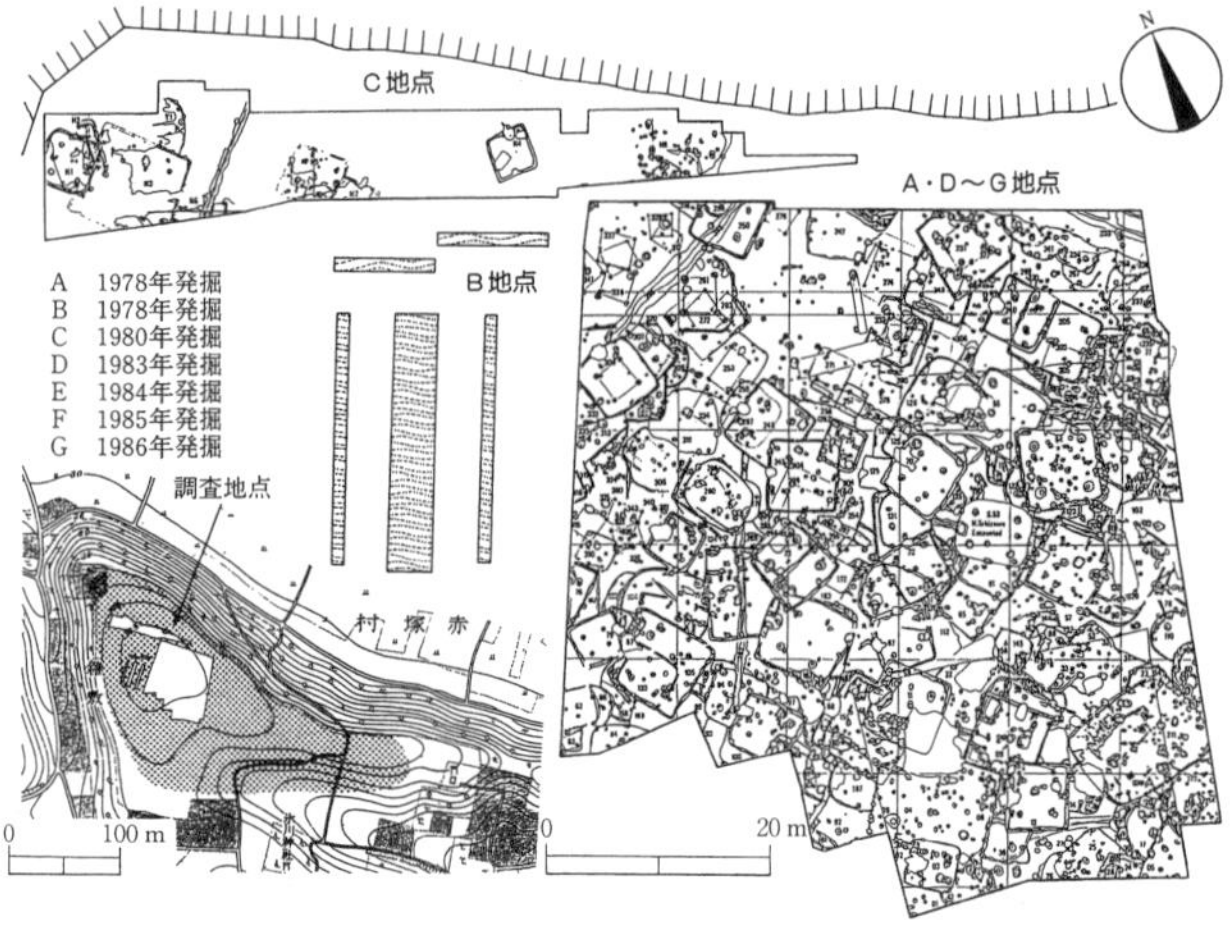

赤塚氷川神社北方遺跡の地形と調査地点

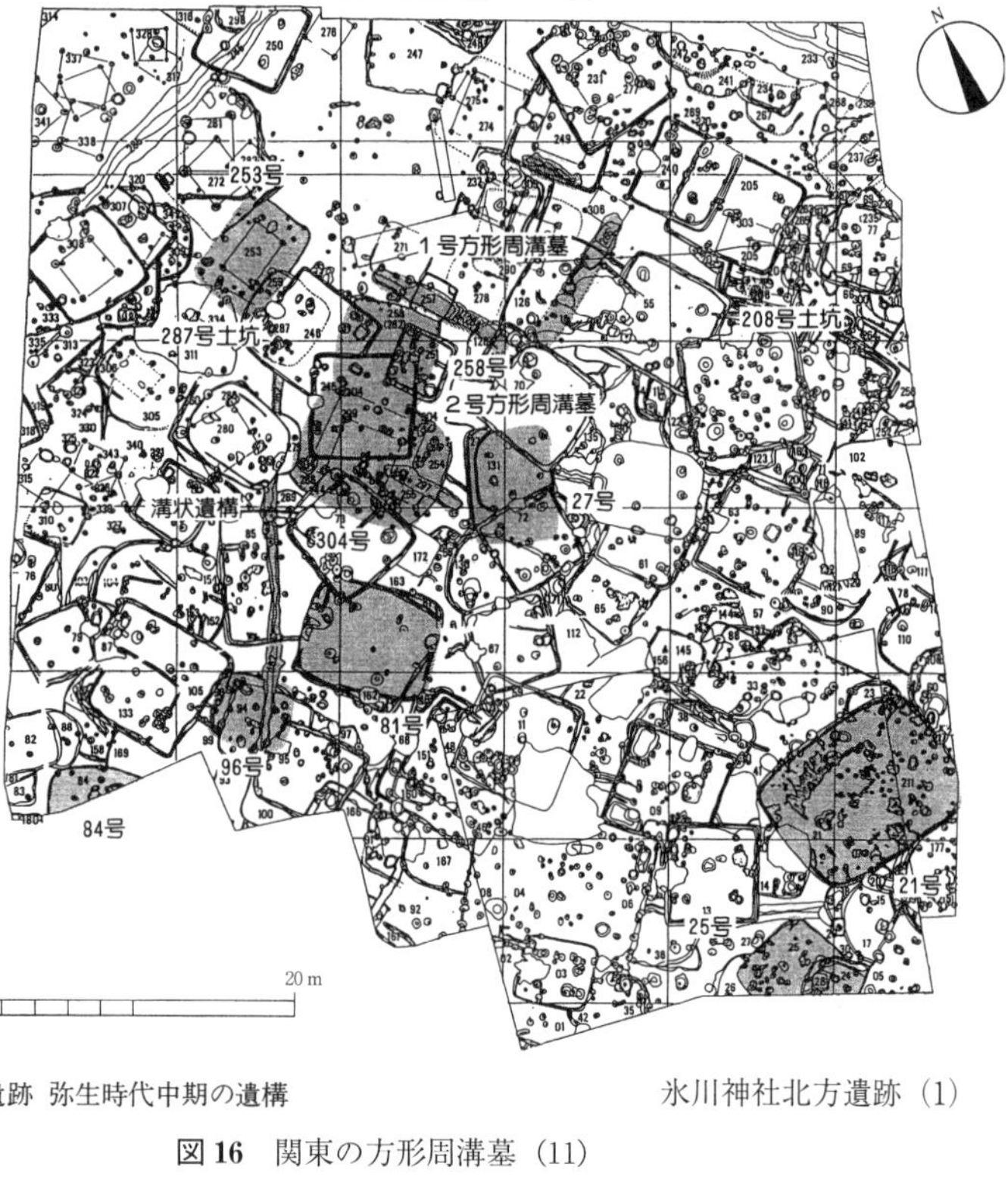

赤塚氷川神社北方遺跡 弥生時代中期の遺構

氷川神社北方遺跡（1）

図16　関東の方形周溝墓（11）

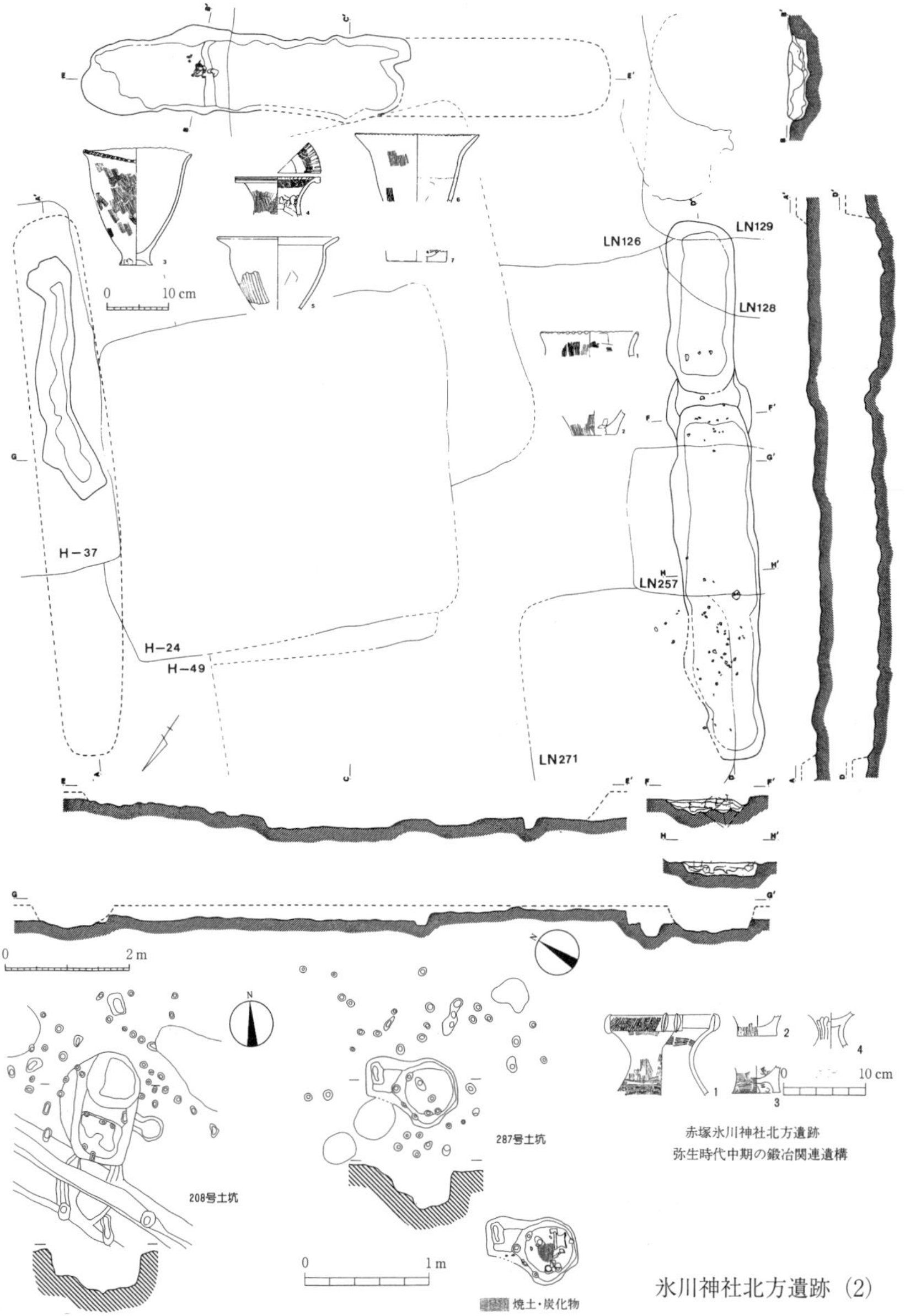

図17　関東の方形周溝墓（12）

遺構の切り合いから、あるいは住居址の張り床の下から出ていますので、出土した土器、とくに二八七号の土器は、ちゃんと土坑の中に入っておりましたので、この時期で間違いないと思います。

二八七号土坑の平面図（図17）の中にもありますが、かなりの焼土と炭化材、それから鉄が軽石状に抜けたような、いわゆる鉄滓がかなり出てきました。それは二〇八号土坑も一緒だったと思います。同じような規模で同じような形をしていますので、鍛冶遺跡で間違いないと思っています。

山岸　はい、どうもありがとうございました。かつて銅鐸・銅矛文化圏などが騒がれたころに、関東地方は弥生の文化で考えれば僻地だということで、祭祀には石器を使っていたというようなことがかなり大まじめに議論されたこともありますが、ご存じのように近年は、かなりの金属関係の遺構なり遺跡が見つかってきておりますし、この周溝墓に限っても、かなりの地域で鉄剣なり銅剣なり、それからなかなかおもしろい釧などもいっぱい出ておりますので、金属の問題は、これからの大きなポイントになってくるかと思います。

六　周溝墓の規格

山岸　時間の関係もありますので、先へ進めさせていただきます。

周溝墓はいろんなタイプが出ておりますが、この規格というものを考えた場合、群構成自体の企画をする、もしくは個々の周溝墓自体がある程度の規格性のもとに造られたというような研究が最近いくつか出ていますので、駒見佳容子さん、規格性の件で一言お願いします。

駒見　以前、前方後方墳に注目しまして、各前方後方墳の実測図の縮尺を統一し、それらを重ね合わせる作業を続けていったところ、相似形になるものが多くあることから、築造規格の存在を考えました。その視点で、飯合作遺跡などの前方後方墳と方形周溝墓群とで墓域が形成されている遺跡を見ると、これらにも何らかの規格性があるのではと思いました。

方法は、前方後方墳の後方部や方形周溝墓方台部の長辺を主軸に関係なく合わせると重なるというような規格性があったので、長辺を基準とした長さを考えました。そして、後方部や方台部の長辺を八等分した長さを一マスとしたメッシュを掛けていくと、各部分がぴったり収まることがわかったのです。

それで、そこから方形周溝墓を検討していくと、方形周溝墓は前方後方墳と同じ規格のもとに造られているわけで、その意味では方形周溝墓は前方後方墳の前方部がない形ではないかと思っています。

また、及川さんの発表に関することですが、こういう規格の検討から方形周溝墓とそうでないものの分別ができるのではないかと考えているところです。

山岸　はい、ありがとうございました。この規格の問題は、実は椚先生がかなり古い段階からおやりになっているんですが、先ほどは箸墓のお話もされていますので、周溝墓の規格についてお願いします。

椚　周溝墓の場合はわかりませんが、前方後方墳が前方後円墳と同じように墳丘の長さの八分の一を基準単位にしているのは、間違いないと思います。それから、方形周溝墓の平面形ですが、正方形も長方形もあり、長方形には長めのもの、正方形に近いものなどいろいろあります。

私は宇津木向原遺跡の報告書を書いた時、長方形は円を基にして造ったのではないかと思い、対角線の交点を中心点にして円を書き、中心角を測ってみました。その結果は、北側の丸味の強いものが九〇度で、溝をともにしているものが八二・五度、その南側の二基は七五度でした。七・五度（一二分の一直角）差で、その差が何を意味するのかわかりませんが、中心角が使われたことはほぼ間違いありません。弥生時代の後期には、角度と、直径の長さをモノサシで決めた規格化が行なわれているのではないかと思います。

山岸　はい、ありがとうございました。この規格の問題は、実は古墳時代についてはかなり古い段階からいろんな先生方が論考を発表されているんですが、近年は、この周溝墓を含めての規格性の問題がいくつか出てきておりますので、今後はさらに発展していくのではないかと予想されます。

七　低地住居跡と方形周溝墓

山岸　今、住居の話が出ましたので、先ほど発表がありました及川さんから低地住居と方形周溝墓の規定の厳密性なるものをお話いただきたいと思います。

及川　方形周溝墓を定義しようと思った時に、多分二つのレベルがあるかと思います。一つは、例えばその方形周溝墓という概念を決めるためのもの、それからもう一つは、方形周溝墓だということを認定するためのレベルという、多分二つに大きく分けて考えたほうがいいと思います。方形周溝墓は家族墓であるという議論は置いて、それとは別に、方形周溝墓だということを認定する条件をもう一度詰めていく必要があるのではないかと思います。

そうした面で過去のいろいろな研究を見ていきますと、別掲の方形周溝墓の認定条件は、実はあまり十分に検討されてきているとは言いがたいところがあります。例えば司会の山岸さんは、第一に、溝による隔絶性、第二に、中央方台部に墓壙らしき痕跡を持つ、第三に、墓壙内またはその周辺に副葬品らしき特殊遺物を伴う、第四に、方台部、溝内部などに穿孔、または破砕といった特別な土器を出土、第五に、集落とある程度至近の距離内に存在するという、これは大場先生の書かれた原稿の中からポイントを抽出しているわけですけれど、その中で最大公約数的なものを挙げるとすると、溝による区画だというふうな解釈も出てきます。あるいはまた、伊丹徹さんのように、やはり大場先生の書かれた原稿を基に、方形周溝墓をこう定義すべきだというような意見もあります。

最近の方形周溝墓の定義としてかなり突っ込んだ議論をしているのは、やはり福田聖さんだと思っています。福田さんの方形周溝墓の認定については、私どもが言っております「周溝を有する建物跡」と方形周溝墓の誤認説をいろいろ議論している中から、認定条件が出てきたものです。福田さんの認定条件は一から八まであり、さらにプラス四点があります。かなり細かいところまで条件を挙げております。

方形周溝墓という概念とは別に、こういった方形周溝を認定するという基準自身をこれからも明確にしていく必要大場磐雄氏は方形周溝墓の特徴を短い文章ながら，遺構・遺物・遺溝群，集落と墓，その発生と古墳との関係などからまとめている（大場 1965，1969，1970）。

山岸氏は 1991 年に大場氏の論をもとに第 1 に溝による隔絶性，第 2 に中央方台部に墓壙らしき痕跡を持つ，第 3 に墓壙内またはその周辺に副葬品らしき特殊遺物（土器を含む）を伴う，第 4 に方台部，溝内部などに穿孔または破砕といった特別の所作を施した土器が出土，第 5 に集落とはある程度至近な距離内に存在する，とまとめた（山岸 1991，120～121 頁）。しかし，この時点で山岸氏はこれら 5 つの条件をすべて満たすような例示は決して多くないことから，最大公約数的条件をあげるならば，第 1 の溝による区画だとした。そして，5 つの要件の再検討自体が必要となっているとした。

伊丹徹氏も方形周溝墓はそれが最初に命名された宇津木向原遺跡をもとに，それを命名した大場磐雄氏の言葉を基に考えるべきとし，①方形を基本とする，②溝を掘って区画する，③主体部は中央に一つ有する，④群集する，という 4 点をあげている。そして，「宇津木向原遺跡の様相に近似したものだけに方形周溝墓という名称を与えていたならば，今日のような多様な方形周溝墓は存在しなかったであろう」（伊丹 1992，88 頁）とする。

一方，伊藤敏行氏はこれらの定義はすでに無効と述べている（伊藤 2000）。

以上のように，方形周溝墓を認定する要素については，宇津木向原遺跡の認識以来ほとんど進展せず，明確な再定義もないのが現状である。

福田　聖氏の認定条件

この点に着手したのは福田氏である（福田 2000）。飯島・伊藤氏と及川の方形周溝墓への疑義に対して，1：方形周溝墓とはなにか，2：方形周溝墓を認定する条件はあるか，3：方形周溝墓は何によって支えられているかという設問を設定し，答えを試みた。

まず，検討の条件として，埋葬施設の検出，盛土の遺存，副葬品的遺物の出土，底部穿孔壺の出土の 4 点をあげ，4 つの条件のうちいずれかを満たすものを「良好な方形周溝墓」とした。「良好な方形周溝墓」と「周溝を有する建物跡」をその立地ごとにまとめた結果，周溝墓は，上記の 4 条件に加え，①直線的な辺を持つ方台部，②周溝が全周あるいはコーナーの一つに陸橋部を持つ，四隅切れの平面形，③施設としての溝中土坑，④壺の出土率の高さ，⑤出土土器の完形率の高さ，⑥コーナーや陸橋部際，特定の周溝からの出土，⑦整然とした群在のあり方，⑧幅 1 m 以上のもので，深さが 50 cm に満たないものはほとんどない，という 8 点をある程度の目安とした。一方，「周溝を有する建物跡」については，①一辺の中央が切れる，またはそれに加えコーナーの一つが切れるという開口部のあり方，② 13 m 前後，10 m 前後の周溝内の規模，③壺に加えて甕が多い，④周溝の幅と深さが相対的に細く，浅い，の 4 点を示した。この結果両者をある程度分離できるが，どちらとも認定できない例もあることから，これらがゆるぎない条件設定ではないとした。方形周溝墓を認定する要素は福田氏の検討により大きく進展した。少なくとも関東地方については。　（及川）

があると思います。ただ、先ほども言いましたように、この認定基準自身がまだまだ難しい状況です。今後もっと認定基準を詰めていく必要があると考えています。

山岸　はい。先ほどの講演の中でもお話がありましたが、スタート自体は低地での周溝墓から始まって、現在台地上なり、もう少し標高のたかい所でも溝を伴う建物跡というのが、いくつか類例が出ているということですね。それの認定をどこで線を引くかが一つの問題だということであるんですが、駒見さん、ではお願いします。

駒見　私は、方形周溝墓とされているものの中に周溝の廻る住居跡がまぎれているのではという及川さんの意見に、方形周溝墓が規格を持っているという考えから賛同するのですが、一つ疑問があります。

さいたま市の大久保領家片町遺跡（一二〇頁図4）ですが、ここは及川さんのおっしゃる周溝の廻る住居跡がたくさん含まれているとされる遺跡です。平成一三、一四年に12地点と13地点が、これらの遺構に隣接するように調査されまして、この周溝が廻る住居と思われる遺構を切って、周溝の廻らない竪穴住居が構築されている状況がわかりました。ということは、周溝の廻る住居はある一定の期間だけしか存続しておらず、五領式期の終わりぐらいの竪穴住居では溝を設けないで築造されているわけです。

この遺跡からは、方形周溝墓と考えられる26号墓から、鉄剣が折れ曲がって出土していて、何か緊急避難的な状況があったというか、戦闘状態だったのかなというような雰囲気があります。

それで、及川さんのお話の中で、富山県の下老子笹川遺跡の例を大久保領家片町遺跡などのものと同じ部類として挙げておられたのですけれども、下老子笹川遺跡と同様の遺構が見つかっている、一二五頁図8にある江上A遺跡を見ていただくとわかりやすいのですが、周溝の廻る住居があって、掘立柱建物があって、倉庫があって、この一群を溝が廻り、橋が架かって、これで一つのまとまりとなっています。こういった一群の中の住居と、大久保領家片町遺跡のような緊急避難的な住居とを、一緒にしていいのかなとちょっと疑問に思っています。

あと、注意してみてみると、下老子笹川遺跡では周溝から尻尾のように排水溝が延びているのですが、関東の遺構にはそれがないので、排水を考えた場合にも少し違うかなという気がしています。

山岸　はい、今の件について、及川さん何かありますか。

及川　そもそも私が関東の方形周溝墓の中にお墓ではないものが紛れているのではないかと言ったのは、北陸地方の集落研究の視点を関東のほうに導入してきたものなんです。北陸地方の研究成果を援用することで、関東の方形周溝墓とされるものが区別できるのではないかということで、ここ何年かやってきたところです。

今、駒見さんがおっしゃった通り、当初は「低地に適応した居住形態なんだ。要は、外周溝を巡らして湿気対策を取るんだろう」と考えていました。ところが、そういう目でいろいろ見ていますと、必ずしも湿気対策だけとは限らない多様な状況が出てきたことは確かです。

これから課題になるのが、とくにその点だろうと思われます。いつから出現して、いつ消滅するのか。今のところ、弥生の後期段階から出現して、消滅するのが一応、古墳時代の中期もしくは後期ぐらいまでずれ込むのではないかと考えております。ただ、今駒見さんがおっしゃったように、「周溝を有する建物跡」が廃絶して普通の竪穴が出てきたりして、その実態もまだわからないことが多いのは事実です。

排水溝の点については、東京都北区の豊島馬場遺跡などでも出ていると私自身は解釈しています。ですから、排水溝があるものとないものがあっても、果たしてそれがないものなのか、そういう意識で掘っていないのかどうかということも、まだ私自身よくわかっておりません。多くの遺構については「多分、排水溝がついているんだろう」ぐらいでしか考えておりません。

山岸　一九六四年に宇津木の調査が周溝墓を確定した段階で、鈴木さんを初め、いろんなかたが古いデータから「周溝墓、周溝墓」ということで、平城京下層や戸張、大宮公園などもそうですが、最初は住居址と言われていたのが周溝墓になったりというかたちで、資料の掘り起こしをやりまして、周溝墓の類例がどんどん増えてきました。ところが、今まさに四〇年たって、今度は周溝墓全体の調査例の中から、それをまた掘り起こして住居が出てくるという研究が進んでいるということです。

一三二頁の図14を見ていただくと、この伊場遺跡の方形周溝墓というのは、私が現場へお邪魔して、向坂鋼二先生とお話をしている中で、実はこれがもし住居址になってしまうと責任を感じるんですが、私が二つとも「これは周溝墓ですよ」と指摘したものなんです。その時に山岸が自信をもって「周溝墓ですよ」と言ったのは、言い訳ですが、西の別区だけなんです。その後、調査団のほうが調べてきた別区も周溝墓にして、それで僕も「それでいいんじゃないか」ということで、いろんなところで使ってきました。資料の掘り起こしが今いろいろ行なわれているという一つの例ですが、鈴木さん、何かありますか。

鈴木　先ほど及川さんが「一九七〇年の石野氏の指摘は注目すべき」と発言されましたが、これは「一九六九年の歴史学界―回顧と展望―原史」（『史学雑誌』七九―六）の弥生時代の動向です。

僕は一九七四年に「総論編」研究史の分析で詳細に紹介していますが、このころは「周溝墓は俺たちで取り仕切るんだ」ぐらいの感覚でやっていましたから、「石野博信さんがこういう提案をしているけれども、それじゃ周溝墓以外の遺構に何があるのか」というような状態でした。ちょうど今、山岸君が言ったように、溝の四角いものは大体周溝墓でいいんじゃないかというようなところで、逆にみんな周溝墓にしてしまいました。だからわれわれの世代、今五〇歳代の人たちはどちらかというと押せ押せムードだったのです。

ところが、この問題の豊島馬場遺跡ともう一つ、鍛冶谷・新田口遺跡は荒川河口で北区と戸田市ですが、間の悪いことに両遺跡とも周溝墓もあるわけです。周溝墓らしいものが出てきて、溝がたくさん出てくるものだから、みんな周溝墓にしてしまったというのが実のところだろうと思います。東北新幹線の路線の発掘で、鍛冶谷・新田口遺跡でも一〇〇基以上とされています。

及川君たちの研究によれば、その大部分は住居址の周囲の溝ではなかろうかということになってしまって、それまでは僕たちも周溝墓として基数を数えて、ここには一〇〇基以上あるんだと言って使っています。何となく捏造事件の時の現象と同じで、みんな周溝墓にしてしまいました。という意味で、及川君たちの研究というのは非常におもしろいのですが、ただ、彼らに反論する人たちもいるものですから、彼は今日の発表で必要以上に「そんなものまで持ち出さなくても大丈夫だよ」というようなものまで持ち出して一生懸命主張していましたけれども、充分その主張は受け入れられるものです。

ただ、低地の遺跡が多いですね。われわれの活動していた七〇年代までは、台地上の遺跡ばかり掘っていましたので、このケースにはほとんどぶつかっていません。確か登呂遺跡の北側でこのような遺跡があるのを一九八〇年代後半に静岡県の遺跡報告会で発表を聞いたことがありました。いずれにしても、今後、低地の遺跡では、ひとしお注意して判断したほうがいいということだと思います。

八　古墳との関係

山岸　ではだいぶ時間が迫ってきましたので、古墳の問題へ移りたいと思います。と申しますのは、周溝墓四〇年の歴史の中で、私が第一期とした一〇年、そのあと一〇年の第二期に、この方形周溝墓が前期古墳とダイレクトにつながるのではないかという意見が一部ありまして、それが今の押せ押せにもなるんですが、そのあと一九七七年に、ご存じのとおり楯築遺跡がみつかりまして、墳丘墓という概念が入ってきます。そういった関係で、古墳とのつながりにつきましては、古くから重要なテーマとして、この方形周溝墓は取り扱われております。それにつきまして、埼玉の坂本さん、古墳との関係をお願いします。

坂本　古墳との関係を申し上げる前に少し補足しておきます。

一つは、埋葬施設の問題があります。木棺構造はちょっとわからないのですが、どうも周溝墓の埋葬施設の中では、土壙の形態に問題があるのです。関東に関しては、比較的長辺が短いタイプと長辺が長いタイプがありまして、どうも仰向けに埋葬するのと横向けに埋葬するのでは幅が違うのではないかと思います。周溝墓の土壙の規模から埋葬方法の地域性を検討する必要があると思っていますので、補足しておきます。

それからもう一点、先ほど住居形態で、溝が廻る例が古墳時代の後期ぐらいで終わると申されましたが、埼玉県の鳩山窯跡群では八世紀に入ると思うんですが、工房址に溝が巡る例がありました。先ほど及川さんが群馬の赤城山麓の例を挙げたのと同じようなものが、丘陵地帯の水が湧いてくるようなところにはありました。そういったものは、周溝墓と誤認することがあるかと思うので、注意が必要です。

それでは、先ほどの問題について、私の見解を話しておきたいと思います。古墳と方形周溝墓の関係を論じる場合、結局古墳の定義が問題になるわけです。近藤義郎先生は鏡・武器などの多量副葬、そして定型化した埋葬施設を持つというようなことを一つのメルクマールにしていますが、われわれが実際に方形周溝墓を掘る時には、マウンドというか、方台部の上が大体削られていて、副葬品から議論することは非常に難しい状況にあります。そうしたとき、単純な目安が必要でないかと私は考えています。

私は川越市の三変稲荷神社古墳というのを発掘したことがあるんですが、これは墳丘の一辺が約二四mありました。前期後半ということにちょっと問題点はありますが、鏡・石釧を副葬していたと考えてよい古墳です。

この遺物については、埴輪壺と呼んでいる焼成前に底部が穿孔された非常に似たタイプのもの、タイプはいくつかあるんですが、それが大量に出土しているので、これを古墳と考えるのは問題ないと思うのです。

この一辺が平均して二四mです。古墳とか方形周溝墓の尺度については、いろんな意見があるようですが、私は魏晋尺というか、一辺が二四㎝前後の物差しを使っていたのではないかと考えております。そうしますと、それがちょうど一〇〇尺ということになります。大きさの基準として、一〇〇尺程度のものからは、単純に古墳と言ってよいであろうと考えます。三角縁神獣鏡も大体二四㎝前後の面径が多いのは、そういうこととかかわると思っております。

この一辺が二四mの方墳の占地面積を単純に換算すると、直径二七mの円墳と占地面積が同じになります。

古墳時代中期になるのですが、「王賜」銘鉄剣を出土した市原市稲荷台古墳が直径二五mちょっと越えると思うん

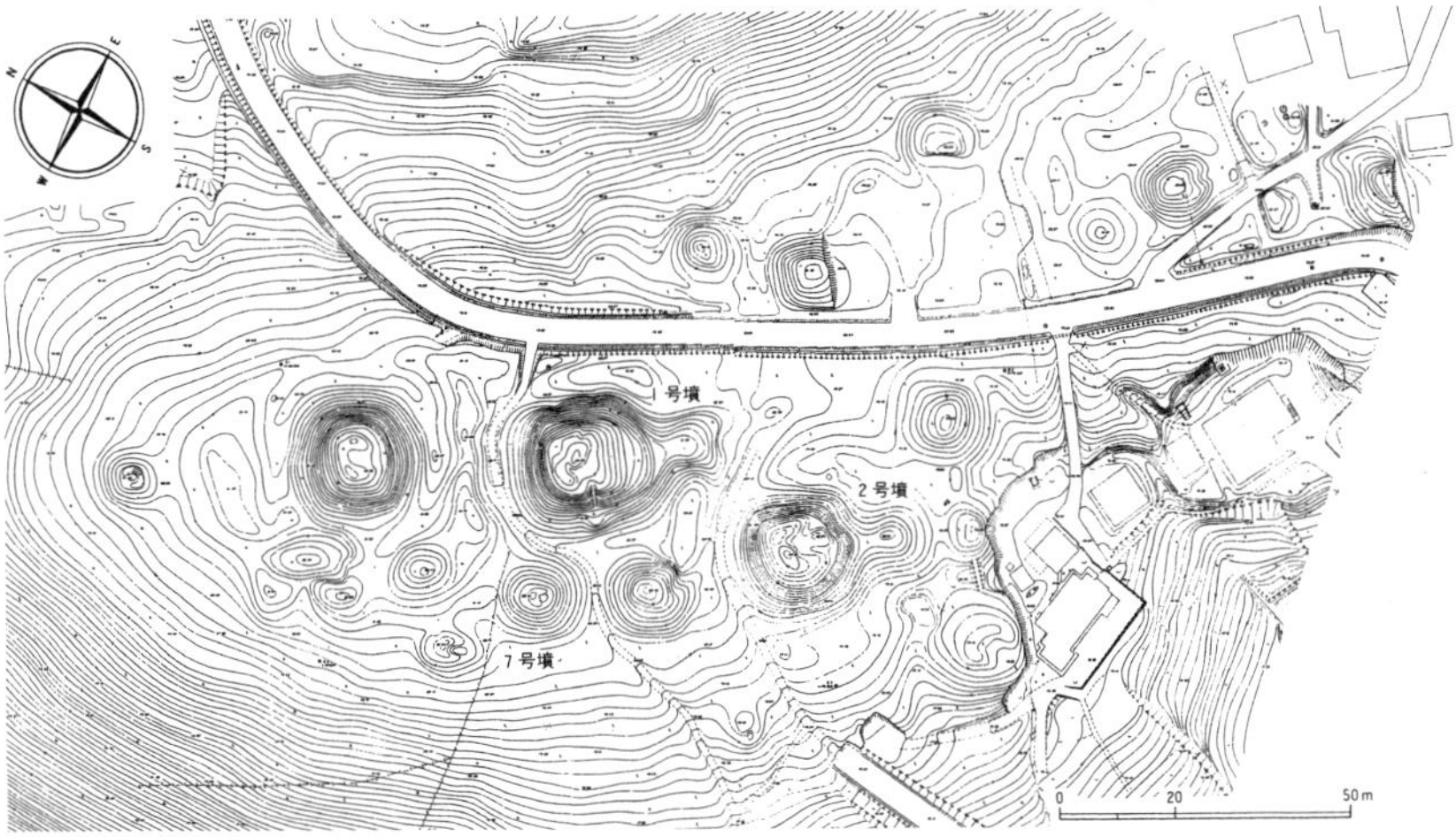

図18　塩古墳群第Ⅰ支群遺構分布図（『塩古墳群狸塚27号墳発掘調査報告書』1999より転載）

です。中期後半の直径二五mから三〇mの円墳には、短甲を一領あるいは二領副葬するのがけっこう多い。中期後半とは言え、そういった円墳を小首長墓ととらえることに問題がないとすれば、その規模のものは、古墳と考えてよいだろうと思っております。

占地面積で言うと、前方後方形のものでは、大体全長が三二m以上あって初めて二四mの方墳と同じ面積になります。それから、前方後円墳になると、全長が三六m以上で一辺二四mの方墳と同じような面積になります。そう考えていくと、一つの目安ができるのではないかと思います。

そこで、実際に方形周溝墓の規模を見ていくと、周溝が接するような状態で存在するものは、非常に大きいと言っても山梨県の上の平遺跡の一番大きなものも実は二四mありません。それから埼玉県で前方後方形と呼ばれているものの中では、例えば江南町の塩古墳群は非常に残りのよい周溝墓だと私は思っています。

古墳時代のものを周溝墓と呼ばないで、鈴木さんの見解のように、焼成前底部穿孔土器を持ったものを古墳時代と捉えれば、最初に方形周溝墓とされた宇津木向原は古墳になってしまいます。そういうわけで、私は古墳時代の周溝墓を認める立場なんです。

そういう視点で塩古墳群を見ますと、一番大きなのが全長三五・三mなのですが、後方部の方台部の長さを見ると二〇・八m、占地面積を見ると五三八㎡で、一辺二四ｍの方墳よりは三八㎡ほど小さい。そういう意味で、前方後方形のものは全長が大きいようでも占地面積を計算すると、必ずしも二四ｍの方墳より大きくはないのです。塩古墳群のような地域では、中期になっても二七ｍの円墳さえも形成されない状況があります。

一方、先ほど赤塚さんが言っていた三ノ耕地の場合は、方形周溝墓群に伴って三基の前方後方形周溝墓と思われるものが検出されているわけですが、そのうちの大きいものは全長が四三ｍあって、後方部長も二五ｍを超えますので、古墳と呼んでもよいような規模です。ただ問題は時期なのです。

その三ノ耕地を見下ろす位置には、全長五四・八ｍの山の根古墳がありまして、これを周溝墓と呼ぶのにはちょっと問題ですが、それも二八ｍの方墳がセットになっています。この状況の中から、三ノ耕地では、規模の拡大とともに造墓数が減少していく方向性がたどれるわけです。

同じ埼玉県ですが、児玉郡周辺には前方後方形と呼ばれる遺跡が四カ所で確認されています。そういったものは資料の中に石蒔B遺跡が挙がっていますが、大きいものでも二五ｍ程度です。その三・五㎞以内の所には、鷺山古墳という全長五八ｍの前方後方墳が存在しています。この児玉地域では、前方部が発達しない塚本山三八号墳は恐らく鷺山に先行するわけですが、その一方で石蒔Bと呼ばれるものは、鷺山とはあまり時間差がないと考えると、単純に前方後方形周溝墓から前方後方墳に発展したとばかり言えない。あるものについては古墳からの影響も考えていく必要もあると思っております。

それから同じ児玉地域ですが、鷺山古墳よりも新しい時期に方形墓と円墳が接して存在する例がいくつかあります。そのうちの安光寺一号墓は一辺が一四ｍの方形墓ですが、それに接して、私が古墳の基準にした直径二七ｍほどの円墳・安光寺二号墳が存在しています。安光寺二号墳は副葬品に直刀、鉄斧、鉄鏃、鉇、玉がありまして、埋葬施設が粘土槨という構造から古墳と言えるわけです。時期は五領から和泉に変わる段階です。

この時期に墓の形が方から円に変わり、規模にも飛躍があります。そういう意味で、一号墓を方形周溝墓と捉えると、中期の円墳の中に方形周溝墓の被葬者の系譜を引くものがあったと考えてよいと私は考えています。ただ、周溝墓の被葬者すべてが円墳に埋葬されるのでなくて、限られた者だけが埋葬されるようになり、その段階で規模が拡大していくのです。

　こう考えると、方形周溝墓の被葬者の中には、古墳の形成が始まる時期に古墳の被葬者になった階層と、方形周溝墓の築造が終了する段階に古墳の被葬者に転化したものがあったと考えています。そういう意味で、古墳と方形周溝墓は、地域社会で一定期間併存していた。方形周溝墓と古墳の関係を論ずる場合、まず被葬者の系譜関係、それから古墳を構成する要素の系譜関係を論ずる必要があると思っています。

　前者については、方形周溝墓の被葬者の中から一部の者が古墳の被葬者に転化した。その時期というのは、繰り返すことになりますが、少なくとも二段階あって、古墳の出現期と、それから中期に変わる時に、どうもあったようです。

　それから、古墳の構成を考える時に、周溝墓からの系譜を引くものとして、やはり東日本の初期の古墳に前方後方墳が多いのは、周溝墓というか、前方後方形のものの伝統を考える必要があると思っています。

　円筒埴輪の採用が遅れて底部穿孔土器が見られる点、あるいは竪穴式石室がなくて木棺直葬が多い点、こういったものはどうも周溝墓の伝統を引いているのではないかと思います。こういう点を総合すると、周溝墓から古墳が直接成立したとは言えないんですが、周溝墓の被葬者の中に古墳を受け入れる条件があったと考えます。

　そういう意味で、東日本の古墳の中には周溝墓に起源を持つ要素が多分にあり、古墳の成立に関しては、周溝墓とのかかわりが極めて深いと考えています。

山岸　はい、ありがとうございました。前方後方がでてきましたので、赤塚さん、一〇八頁図8を参考にしながら、今坂本さんが言った古墳と、前方後方形周溝墓という言い方がいいかどうかは別として、そのB形墳などとの関係をまずご説明いただくとともに、最後に伊藤さんの西台五段田遺跡を赤塚さんはどうとらえるかをお願いいたします。

赤塚　方形周溝墓と墳丘墓、前方後方形墓の関係はよくわかりません。私はとりあえず全部まとめて墳丘墓として考えています。ただ、関東のほうをざっと見てみますと、例えば宇津木向原遺跡の時期は多分、廻間Ⅱ式の古いほうでいいと思いますが、その時期はもう関東では、いわゆる破鏡を持ったり、破砕鏡を持っていたりする高部古墳群とか神門《ごうど》古墳群、さらに三ノ耕地遺跡とか、古墳と呼んでいいものが一方には存在する。ところが、宇津木向原のような形のものもまだ存在しつづけている。これはやはり、時代の地域性を表わしているのではないかと思うんですね。

　ですから、各地域社会の中で、伝統性を守っていく所もあるし、少し変革しながら進んでいこうという所もある。さらに全く異質なものを受け入れて、自分たち独自の文化を作ろうとした地域もあるという時代が見えてきているのではないかと思います。

　さらに重要な点は、弥生社会が日本列島すべてどこでも均一であるというのはまさに幻想で、地域社会は非常に多様であるということが最近の考古学でわかってきたというのが事実だと思います。ですから、当然のようにその風景も違うだろう。村の景観が違うし、家の形も違うし、お墓の形も違う。方形周溝墓でいうプランは同じだけれども、そこに存在する表面のテクスチャーがまったく異なる。表面には石を使う所もあるし、あるいは木を使ったりする。また何かお祭りをしたりする風景が各地で全然ほかとは違うんだと考えたほうが僕は楽しいのではないかと思います。

　今私たちが見ている方形周溝墓は、みんな同じような形をしていますが、実はそうではないと思っています。そこに葬られる方法、お墓の棺の形、埋葬の仕方、溝の掘り方、封土を盛る盛り土の方法、お墓を造る場所というのも、それぞれ地域社会の中で、風習を守ってそれぞれ造っていると考えたほうがいいのではないかと思っています。そうした視点を持つことが重要ではないかと考えています。

　それから西台五段田遺跡（九三頁図18）はよくわかりませんが、時期は廻間Ⅱの終わりか、Ⅲですかね。どこにでもあるといったら失礼ですが、この時期にはよく見られるものではなかろうかと思います。

山岸　東京で初めてなんですが……。（笑い）

赤塚　失礼しました。

山岸　われわれは非常に注目しているんですが……。

最後に、この方形周溝墓という名称の問題を締めくくりの題材にしたいと思います。鈴木さん、いかがですか。

鈴木　僕がこだわるのは「墳丘墓」という言葉です。一九七七年にこの「墳丘墓」を最初に近藤義郎先生が定義された時には、まさに古墳につながる直前の有力者の墓だったはずでした。それが『岩波講座　日本考古学』のころから「周溝墓も含めて全部墳丘墓と呼んだらどうだ」ということを何人かの研究者が言い出したものですから、僕は「それはないだろう」と思いました。

周溝墓と墳丘墓の違いというのは、基本的な定義が異なります。そもそも近藤先生が最初に提唱されたときとは、話が違うんじゃないかと思いました。その後、吉野ヶ里遺跡の墳丘墓が出てきたものですから、墳丘墓が延命していますが、近藤先生自身が掘られた楯築墳丘墓が前方後円墳の原点で、「やはり前方後円墳がここから始まったのだ」というときに、楯築遺跡も古墳と呼んだほうがよいことになります。これは石野先生が最初から主張されていて、僕は別の考え方からあれは古墳だと、前方後円墳の原点だという考えを持っています。それは、あらゆる点で古墳につながる要素を持っているからです。しかもそれは、単に外形とか構造上の問題ではなくて、精神的なもの、祭祀の面も含めてです。そういう意味で、古墳時代の古墳自体の定義をどのようにするかという問題がありますが、方形周溝墓については「ほっといてもらいたい」というのが僕のあのころの心境でした。

坂本和俊君たちが一九八八年に三県シンポジウムで「東日本の弥生墓制」をやったときに、僕は「周溝墓というのは、溝を掘って区画するから周溝墓なのだ。四隅が切れるのがなぜ周溝墓なのかというと、両方から土を内側に上げると、ちょっと盛り土が余ってしまうから、ここは掘るのをやめておこう」。俗的な言い方ですが。

今回のシンポジウムでも、僕は「なぜ周溝墓というのは、こんなに広い分布圏を持っていて、しかも四隅の切れるものは四隅の切れる分布圏を持っているのだろうか」と。僕は今、周溝墓はあまり熱心ではないのですが、甕棺の社会と周溝墓の社会で何が共通するのだろうか。結局、つながりです。つまり、ものをやり取りするつながりが身近なところで埋葬を共有するわけです。

例えば、甕棺なら甕棺の売り買いです。甕棺を作る人と作らない人がいて、買う人と売る人もいる。そういうようなとらえ方です。四隅の切れるものは、あまりいい例ではありませんが、それらに交互の交易が少しあったのかもしれません。そんなに発達していない、未発達な段階です。

ところが後期の周溝墓を造る人たちは、中期段階の共同体的な生産の単位から世帯単位に変わっていって、倉庫を造ったり、集落が単独世帯単位になって、要するに大家族中心の経営になっていきます。それで、後期の周溝墓は中期の周溝墓と変わるわけです。そこで、今日の僕の話のガラス小玉と鉄製品です。鉄は実用品で、墓に入れるとは限らないものです。ところが、ガラスは個人的な、あるいは装身具として副葬しやすいものです。埋葬するときに身につけやすいものです。そういう意味でガラス小玉を取り上げたのと、何といっても僕は関東の人間ですから、北部九州で何千と出てくるような遺跡の資料を見せられると、本当に無力感を感じます。

そういう意味で、墓制の研究というのは、なかなか難しいものだと思います。

山岸　それでは以上でシンポジウムを閉じたいと思いますが、一番最初に出てきた課題はまだまだ未解決な部分がございます。宇津木でも、例えば椙山先生が一番最初に、溝の中に等間隔で出てきたピットの話がありましたですね。それから宇津木の周溝墓で二か所突起部が飛び出している場所があります。こういう問題とか、それから二つの周溝墓が連接する、連接しない。先ほど伊藤さんからお話が出ましたが、その辺をどう見るか。それから溝の中の土器の出土の位置ですね。

まだ細かい点がたくさんありますが、このあと研究を続ける方はどんどん進めていただいて、さらに進化させていただきたいと考えます。

九　まとめ

山岸　それでは最後になりますが、実行委員会を代表して、委員長の椙山先生からごあいさつをお願いいたします。

椙山　今回、命名から四〇年経ったので、どうしても八王子でやりたいという山岸さんの考えを基に、「方形周溝墓」という名称が、この八王子の地から起こったということを記念して、シンポジウムを開催させていただきました。今のシンポジウムをお聞きになっていただければわかる通り、まだまだ問題はそのまま残しているような状況かと思います。

　これは山岸さんが「どうもこのところ、方形周溝墓の研究が停滞している。このままではいかん。何とかしなければ」ということもありまして開いたわけです。今日お集まりいただいた方には、ある意味では申し訳ないし、またかなりの方が研究者ですので、一緒に考えていきたいと思います。

　私も見ていますと、例えば北九州の甕棺では、中心の甕棺の土壙に対して必ずその一族といいますか、関係者の甕棺の土壙はわざと引っ掛けて土壙を掘るようにしています。これらはすべて北九州でチェックされていることですが、それがこういう方形周溝墓で現われるのか現われないのかということもあります。

　それからもう一つ私が気になっているのは、この八王子を掘ったあと、先ほど言いました福井県の王山・長泉寺山にしましてもそうですが、昭和五〇年代になって調査された木更津市の請西《じょうざい》という所は台地の上ですが、ほとんどが墳丘を持っていました。中には非常に深い土壙もあって、鉄石英の極細の管玉その他が出土しました。

　そういうものをみていると、鈴木さんが言われたように、墳丘墓という概念は近藤さんが初めに言われたほうがいいと私は思います。ですから、墳丘墓という言い方で方形周溝墓までくるのは、やはり反対です。私は請西の報告書で「方形墳」という言葉をわざと使いました。「方形墳というのは方墳ではなく、方墳という概念がすでに古墳時代にあるから使わないのだ。そして私の掘った限りすべて墳丘を持っている。だから方形墳というのだ」という言い方です。

しかし、この時も溝については非常に重視されている墳墓であるということだけはまだ止めておきました。それは、この溝というものが持つ意味、これをよほどしっかり考えていかなければ、この方形周溝墓というものはできないだろうと考えたからです。

最近では周溝墓にも円形のものもありますが、墓を造っていけば自然に円形か方形になります。三角形にはなりません。ですけれども、その方形をわざと使いながら、全国的に広い範囲でこれが普及していくのは一体何なのかということを考えていかなければならないと思います。

そしてさらに、坂本さんが先ほど、基本的に古墳時代にずれ込んでいるものもあるだろう。そしてそれをつないでいくものもあるし、古墳時代に入ってしまうメンバーもいただろうという言い方をされましたが、一体首長墓クラスで古墳に移行するのはどういう段階なのか。あるいはもっと広い範囲のメンバーが古墳に移行するのはいつなのかということです。

私は前方後円墳が造り始められてからが古墳時代だとみています。前方後円墳というのは企画性のある、きちんとしたものから起こる。だらだらしたものからだんだん発達して造られたものではないという考えです。私は前方後円墳が現われないと、前方後方墳は現われないという立場を採っていますので、中国の天円地方の考え方があって初めて前方後円墳が成立すると思います。それを受けて「われわれは国つ神の子孫だ」という者が初めて前方後方墳を設計してくるのだという言い方です。

ただ、坂本さんが言われるような系譜の中にも、ずっと在地の方法でやってきた墳墓の方形周溝墓を造っていたメンバーがつながっていく可能性があるという気はします。その辺のことを含めて、赤塚さんがB形とかC形に分けられたことについて、もう少し議論していただきたかったと思います。

いずれにしましても、前方後円という形を造り、その頂上に方壇部を造って埴輪を飾り、そこに埋葬したメンバーがいたわけで、一体そういう人たちは方形周溝墓に関係のないメンバーだったのかどうか。

それからもう一つは、今弥生社会と言われているものは一体何なのか。どんな世界なのか。墓がこれだけ統一されてくるのはどんな社会なのだろうかということを是非考えていかなければならないと思います。

まとまりのない話になってしまいましたが、今後まだまだ問題があるということで、終わりたいと思います。どうもありがとうございました。（拍手）

○図1～13、16、17は各報告書から転載した。

第三部　宇津木向原遺跡の方形周溝墓

椙山　林繼

一　発見の経緯

昭和三九年（一九六四）三月一五日から東京都文化財専門調査委員であった大場磐雄先生の下で、中央高速道用地内における文化財調査が行なわれた。椚國男氏を中心とした地元研究者の熱心な行動によってやっとできた調査である。大学の考古学関係の教員、地元の高校などの教員、研究者をもって調査団を編成し、副団長に甲野勇先生がいた。大学生・高校生・中学生などの奉仕による発掘調査であり、調査費は日本道路公団から支出された。春休み、夏休みを利用した調査で、事務局も大場先生が団長であることから、先生の研究室で助手を中心に執行することになった。春の調査は寺村光晴氏が助手で、四月一日から椙山が交代した。夏の一日の稼動人数は大学生が六〇人以上、高校生、中学生が一〇〇人、二〇〇人という手弁当での調査で、おやつのパン一個と牛乳一本は配給され、大学生は、春は寺の本堂を借り、夏は滝山城の山荘に宿泊しバスで通った。一部交通費と食費などの支出ではあったが、人数も多く多忙であった。学生、とくに三年生を中心に、調査の班長組織と事務方などを分離し、奮闘してもらった。個人的には、発掘現場から一日抜けて大学院博士課程の受験に登校したり、土のついた作業着のまま大学に出勤したり、ということも多かった。当時、助手は博士課程の学生身分のまま専任教員であり、月給は一万円強であった。私にとって関東地区で他大学との合同調査は、横浜の三殿台遺跡に

写真1　調査の進む宇津木向原遺跡

写真 2　宇津木向原での記念写真

四年生の時に参加し、それ以来であったが、國學院大學三〇人・早稲田大学一五人・立正大学一五人を中心に、明治大学その他のメンバーが、春・夏、各々三〇日余の日程で（主として三月一五日〜四月一五日・七月一〇日〜八月九日でその前後があった）参加した。予算不足の問題が国会の文教委員会でもとりあげられ、増額をみたものの総額で三百万円強という、いかに貨幣価値が低かったとはいえ大変な調査であった（春：調査面積三六、七〇〇㎡・調査費一、六六七、〇〇〇円、夏：調査面積二五、〇〇〇㎡・調査費一、五〇〇、〇〇〇円）。

それでも春はややのどかな宇津木の台地であったが、夏には春に調査が完了した部分で重機が土埃を上げていた。調査の期間が終わりに近づくにつれ、少々あせりも出てきたこともあって、当時としては賛否両論あったブルドーザーを未調査区に入れた。畑の耕作土をとり除き、その後方からスコップを手に次々と飛び出して行っては遺構を探した。

七月二八日、足が少々不自由であった大塚実君が転がるようにして本部のテントに駆け込んで来た。「出た」と。まだ「方形周溝墓」という名もない時であったが、大変なものが出たという認識が、その時すでにあった。現場には現在茨城大学教授の茂木雅博君が四年生で中心的におり、写真の森昭君や、福岡県で後に炭焼古墳（方形）を発掘した柳田康雄君たちもいた。

当時の日誌によれば、翌二九日には方形プランの溝状遺構三基の存在を確認。三〇日は溝を掘り進み、三一日に四基目の存在を確認する。

写真３　遺跡に立つ大場磐雄先生

この段階では、「環隍」・「方形Ｕ字溝状特殊遺構」・「環隍状特殊遺構」など呼び名も一定していなかった。八月一日に底部欠損（穿孔）の土器を検出。土器の一部は溝の確認面から出土する。また溝の内部（底部）にピット（柱穴状の穴）が検出され始める。八月四日は四号址の溝中から焼成前底部穿孔の中型の壺と小型壺二個のセットを検出。八月五日に第三号址中央部に長方形の土壙を確認し、その中からガラス丸玉一点が出土する。また二号址中央部の浅い凹みからガラス丸玉六点を発見。この時点で大場先生は墓であることを確信された。八月六日、報道関係記者発表。テントで大場先生が語られ、翌七日、毎日新聞東京多摩版・読売新聞などが「特殊遺跡「方形周こう」を確認」・「一六〇〇年前の墓」といった見出しで報道した。

その後調べてみると同様の遺構は各地に発見されていたが、墓として認識されているものはほとんどなかった。ことの重要性から、八王子インターの中央の庭として保存ができないだろうかという話が出た。椚氏によれば大場先生も楢原遺跡の調査の折に都の史跡に指定したいと言われたという。しかし、椚氏ら地元の人々の声もむなしく、昭和四〇年（一九六五）の五月には削平がはじまった。新聞は写真入りで報道し、ＮＨＫは五月二一日に現場が破壊されていく状況をカメラでとらえ、わずかに残った溝跡や重要性を説明する大場先生を撮影して、二五日六時四五分から一五分間、鎌倉市の事例とともに「開発にふみつぶされた文化財」という題で放映した。

二　墓としての認識と「方形周溝墓」の命名

春の発掘で、第五区とした調査区西南部では、一号弥生竪穴の重なる方形周溝遺構が発見されていた。近くには周溝のみが残存している円墳、あるいは「狐塚」と呼ばれる塚（後期古墳か）もあったが、無遺物のこの遺構の性格は決めかねていた。しかし、七月二八日に二区の周溝墓が発見されてから数日の内に中央部土壙が検出され、その内部よりガラス丸玉が、各周溝内から底部穿孔土器などが配置されたように出土したため、基本的に墓であるとするのが大場先生はじめ一同の意見となった。

問題はこれを何と呼ぶべきかであった。古墳の周囲に掘られた溝は周濠・周溝などと呼ばれており、空堀もあるが、多くは水をたたえており、この水中から動物形土製品などの出土する例もある。また円筒埴輪列が、堀の内外に立てめぐらされているということもあって、墳丘周囲の堀が持つ機能についての問題も多いが、やはり墳丘自体が中心的役割を担っていると考えられる。しかし、今回の遺構は、視覚的に溝が中心となり、たとえ墳丘が存在していたとしても、極端に高い盛土は考えられず、底部穿孔壺ばかりではなく、大型壺・高坏・器台・小型壺（坩）などの土器が溝中から出土することは、この溝部分、あるいは墳丘上から転落した祭器によって葬儀にかかわる祭りが行なわれたことを物語っており、視覚的な問題ばかりではなく溝の持つ重要性が考えられた。

このようなことから、昭和三九年一〇月に群馬大学で開催された日本考古学協会大会の席上、大場先生は「方形周溝墓」と命名されたが、その予稿集では「方形周溝特殊遺構」と記されている。後に『日本考古学年報』17（昭和三九年刊行）に「東京都八王子市宇津木遺跡」として書かれたものでは「方形周溝墓」と名付けた、とされた。

三　各方形周溝墓の形状・規模・遺物出土状況

二区で発見された四基と五区で発見された一基の方形周溝墓を次の表にまとめた。一号方形周溝墓の北辺の周溝は、

写真4　5区方形周溝墓（東南から）

表1　宇津木向原遺跡2区・5区方形周溝墓一覧表

方形周溝墓	長径（m）	短径（m）	周溝幅（m）	周溝深（m）	周溝の形状	溝内ピット	溝内出土遺物	主体部	主体部出土遺物
2区1号	7.41	6.05	0.8〜1.0	0.5〜0.8	一隅が切れる	（なし）	壺5点 高坏2点 盌1点	（なし）	（なし）
2区2号	6.25	5.5	0.6〜1.0	0.5〜0.8	一隅が切れる	2個	壺2点	長径2.9 m 短径1.4 m	ガラス玉8点
2区3号	6.82	6.64	0.6〜1.0	0.5〜0.8	全周	11個	（なし）	長径3.3 m 短径1.6 m 深さ40〜50 cm	ガラス玉1点
2区4号	9.7	7.9	1.1〜2.1	1.0	全周	4個	壺8点 器台1点	（なし）	ガラス玉1点
5区	9.5	9	0.5〜1.3	0.5〜0.8	一隅が切れる	1個	（なし）	（なし）	（なし）

三号方形周溝墓南辺の周溝と重なるように後から掘られている。

四　調査後の状況—被葬者・墳丘と「方形墳」—

（一）被葬者

向原の台地は、西南に高く、東北に低く突出した台地で、南側にはわずかながら高い台地があり、その南面は急に低地となる。いわゆる北浅川の沖積平野部である。つまり西高東低の武蔵野台地の一部であり、北に多摩川の大流をひかえ、台地間の小谷を刻む小河川（向原台地の北には、谷地川、さらにそれに流れ込む谷萩川などがある）に開析されて、残った台地上は多く桑畑になっていた。八王子は絹の集積場であり、横浜港へ向うシルクロードの中間地点であった。昭和三九年の発掘時では桑畑は少なくなり、大消費地東京をひかえての野菜栽培が中心であった。開墾が進み、大規模な農業が始まりかけてはいたが、まだ、江戸時代以来の武蔵野は残っていた。少なくとも重機が台地上を走ることはなかった。江戸が中心都市であった時、甲府を通り、諏訪を経由して、尾張名古屋から京へ向うルートは、東海道より安定した道筋としても利用されているが、ここに現代高速道路が建設されることになった。縄文時代の信州の土器も通った道である。

宇津木向原は弥生時代の終末期に急に賑やかとなり、この時の調査で竪穴五五基を検出することができた。この台地上に、竪穴がその倍から三倍あったとして、また逆に一竪穴が二〇年から三〇年で廃絶したとして、一時期に存在した家の数は二〇軒から三〇軒ほどであろうか。その中に、チーフ的な人物のために造られた墓が四基存在した。もし四基が一つの家系のものであるなら四代、夫婦別なら二代となる。先後関係があるのは明らかであるが、土器型式で指摘できるほど明瞭ではない。五〇年ほどの間に営まれたものであろう。

実は、向原遺跡には、報告されている五基以外に、もう一基の方形周溝墓が存在した。春に調査した五区の例にはやや疑問もあるが、さらに五区の南の中央道本線南側断面に大型の方形周溝墓と思われる溝が出ていたのだ。調査区

写真5　調査中の宇津木向原遺跡

域外がほとんどであり、期日も経費もないことから調査することはできなかった。今現地の航空写真を見ると大きな工場などが展開している。中央道インター発掘以後、八王子でこの地を発掘した話は聞いていない。二区で調査された四基は、集落より低く、台地の北東側のゆるやかな傾斜面に立地していたが、未調査の周溝墓は西南の高い部分で、一辺三〇ｍを越すものであったろう。その造営には向原遺跡だけでなく、さらに広範囲の集落が参加したのであろうか。

　調査範囲内での最大規模の竪穴は四区七号址とされた方形の竪穴で、東西七・〇五ｍ・南北八・一ｍ、床面積は約五六㎡となる。竪穴住居址の内部は、屋根の葺きおろし方によって異なっており、軒先内部の空間がどの程度の面積を持っていたか復元が難しいが、例えば一ｍの幅があったとすると面積は七二㎡に増大する。天井（屋根の小屋組内）の空間は大きく、貯蔵用ばかりか、絹生産のための養蚕も行なわれていたと思われる。昭和三九年の調査では、竪穴以外、掘立柱建物の検出は行なわれていない。まだ認識的にも遅れていたし、緊急発掘であったことからも面的調査は進まず、五ｍ間隔に一・五ｍ幅で掘られたトレンチに見えた竪穴を掘った時代であった。群馬県黒井峯遺跡の古墳時代住居のように、竪穴を含む数棟の建物で一戸の家が構成されていた可能性もある。いずれにしても宇津木向原の台地上の集落に四基の方形周溝墓の被葬者を求めるとすれば、一握りの人々であった。

　住居の大きさに見る貧富差からの推定とともに、宇津木向原遺跡では青銅鏡を出土した竪穴がある。すでに大場磐雄先生も注目していたもので、その後の調査でも弥生末頃の青銅鏡が関東の集落址で出土した例はない。竪穴の規模は東西三・三八m×南北三・三二mであまり大きくはなく、他の竪穴住居址に比較しても大きな特徴を持っていない。しかし、大型の高坏の出土はこの住居を印象付けるものであった。椚氏も昭和四八年の報告書の中で、方形周溝墓との関わりが推測される竪穴について述べているが、仮にこの青銅鏡が巫女的性格を持つ人物の持ち物であったとしたならば、また特殊な人物が墓に葬られる可能性があるとすれば、ガラス玉を出土した方形周溝墓の被葬者と考えることも不可能ではない。もっとも、鏡は墓に副葬されなかったのであるが。

(二)　墳丘と「方形墳」

宇津木向原遺跡の調査後、翌四〇年春、福井県鯖江市王山・長泉寺山古墳群の発掘調査について斎藤優先生から大場先生に話があり、椙山ほか学生数名が現地に行き、地元高校教員などに加わり発掘調査を行なった。調査後国指定史跡として保存されたが、調査された墳丘はいずれも方形の溝に囲まれ、土器が溝中から出土した。主体部からの遺物出土はほとんどなく、一部の墳丘中には礫群が発見された。弥生時代終末から古墳時代前期にかけての例を王山で一一基、長泉寺山で五基調査した。

その後、昭和四九・五〇・五一年度に千葉県木更津市請西《じょうざい》遺跡で開発に伴う全面調査を行なった。この結果、山伏作・大山台で古墳時代後期の群集墳に混在して、弥生時代末から古墳時代前期の低墳丘で方形の溝を持つ遺構群に遭遇した。すでに大場先生も主体部の状況などから墳丘が存在したであろうことは想定されていたが、明瞭に盛土墳として存在し、今日まで残存していた例が大阪府下の瓜生堂《うりゅうどう》遺跡など低地遺跡でも発見されてきた。昭和五二年(一九七七)三月刊行の『請西』の考察編では、溝を重視しなければならないことを充分承知の上で、あえて「方形墳」なる名称の使用を提唱しておいた。

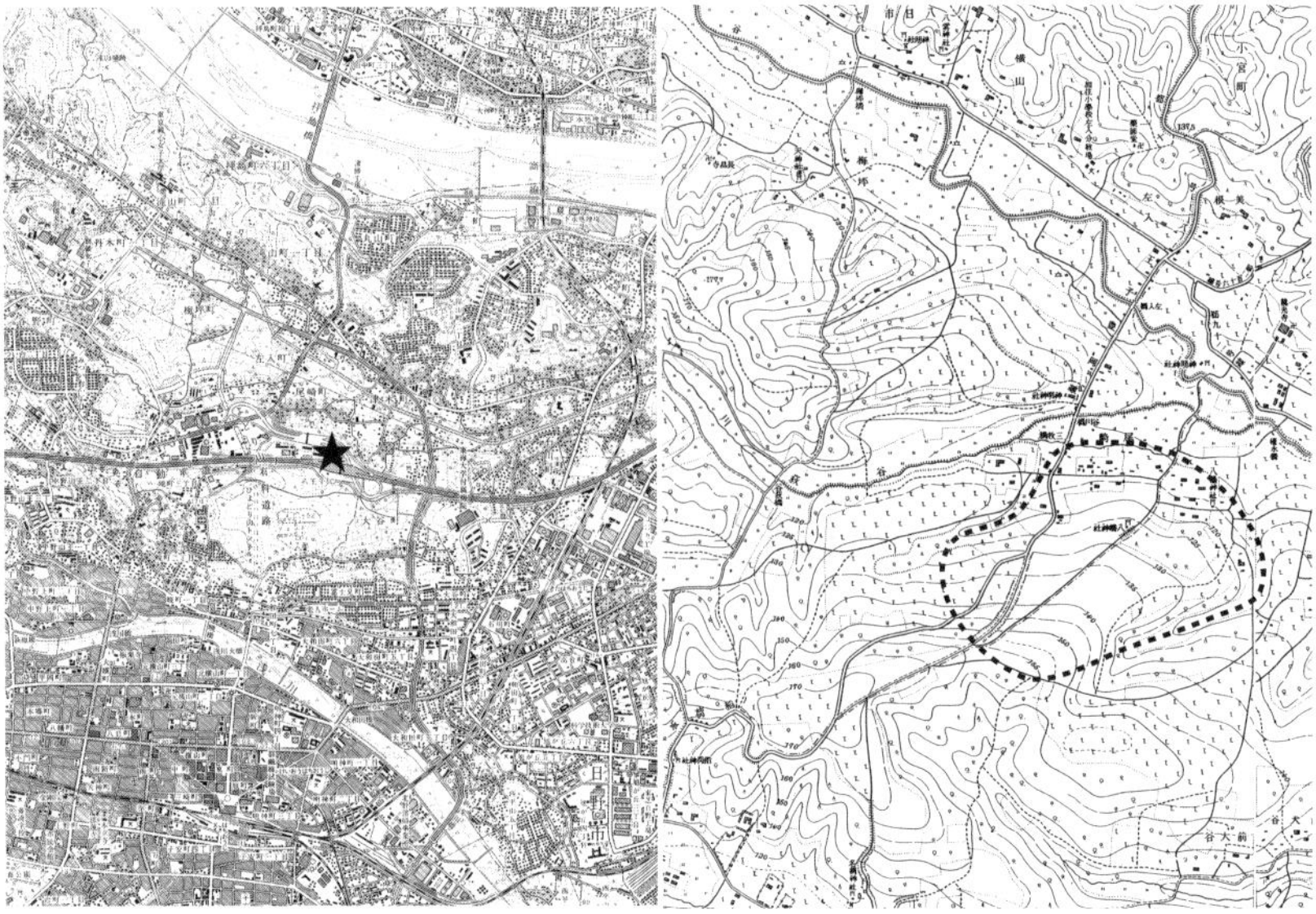

図１　宇津木向原遺跡の位置と旧地形

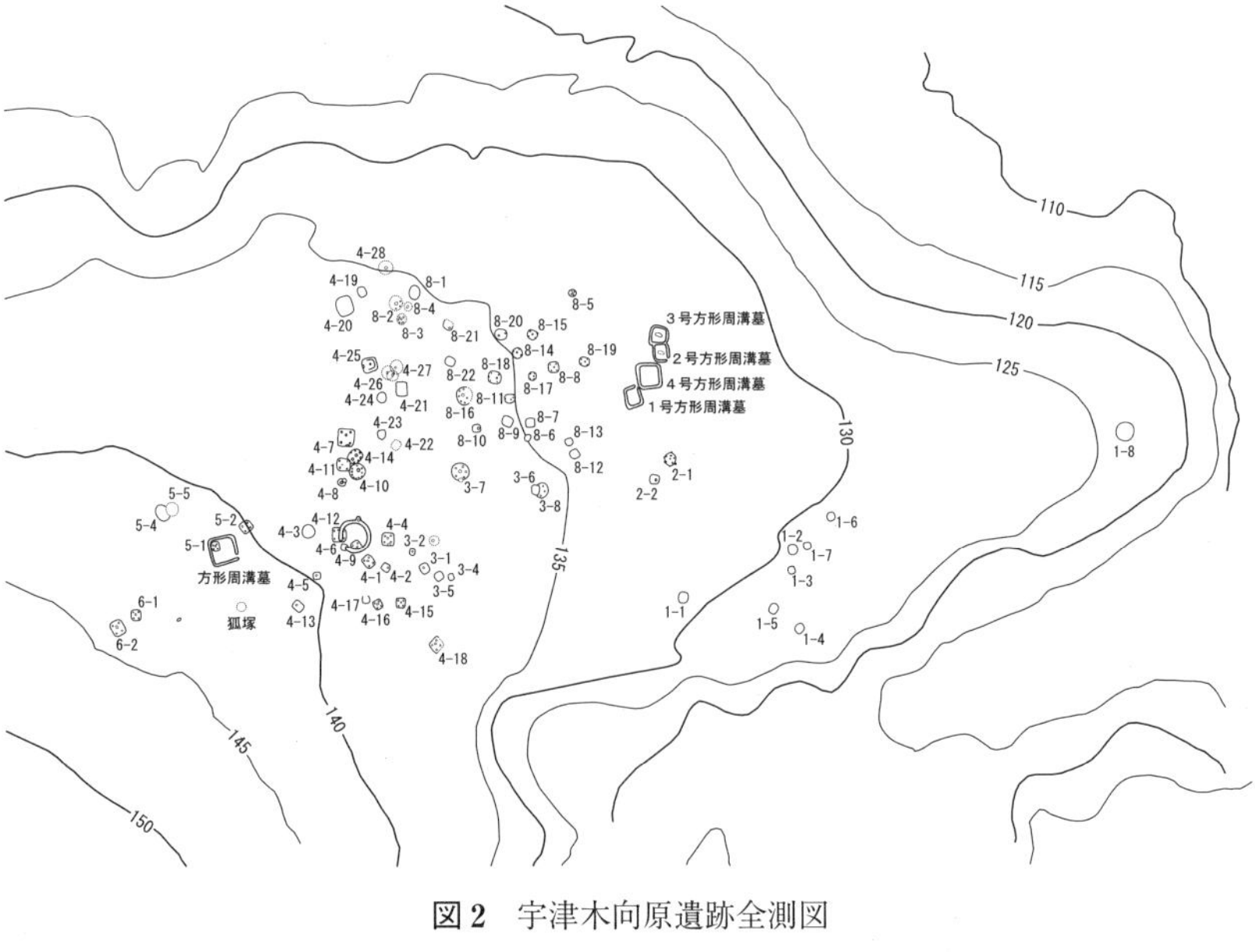

図２　宇津木向原遺跡全測図

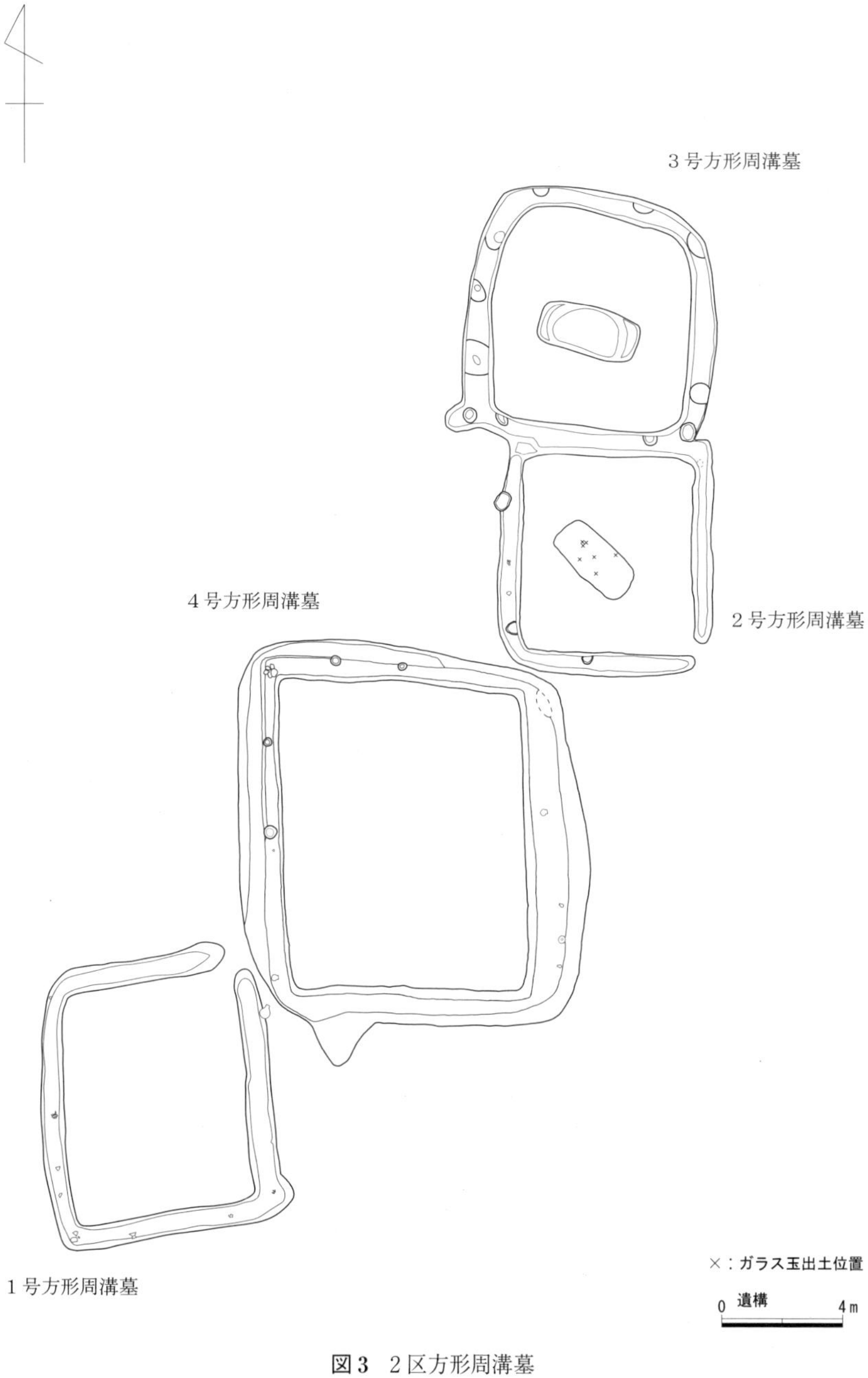
3号方形周溝墓
4号方形周溝墓
2号方形周溝墓
1号方形周溝墓
×：ガラス玉出土位置
0 遺構 4m

図3　2区方形周溝墓

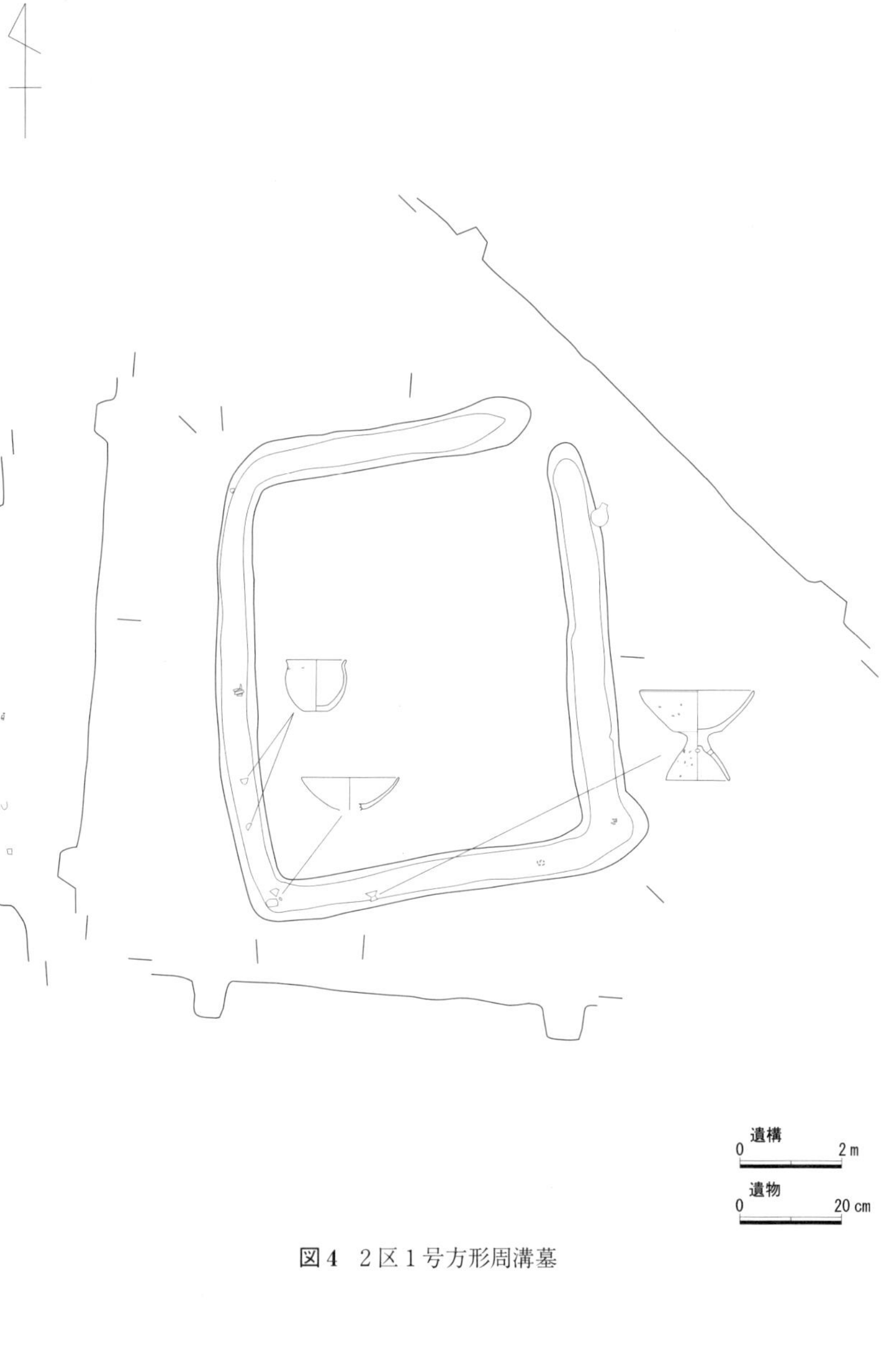

図４　２区１号方形周溝墓

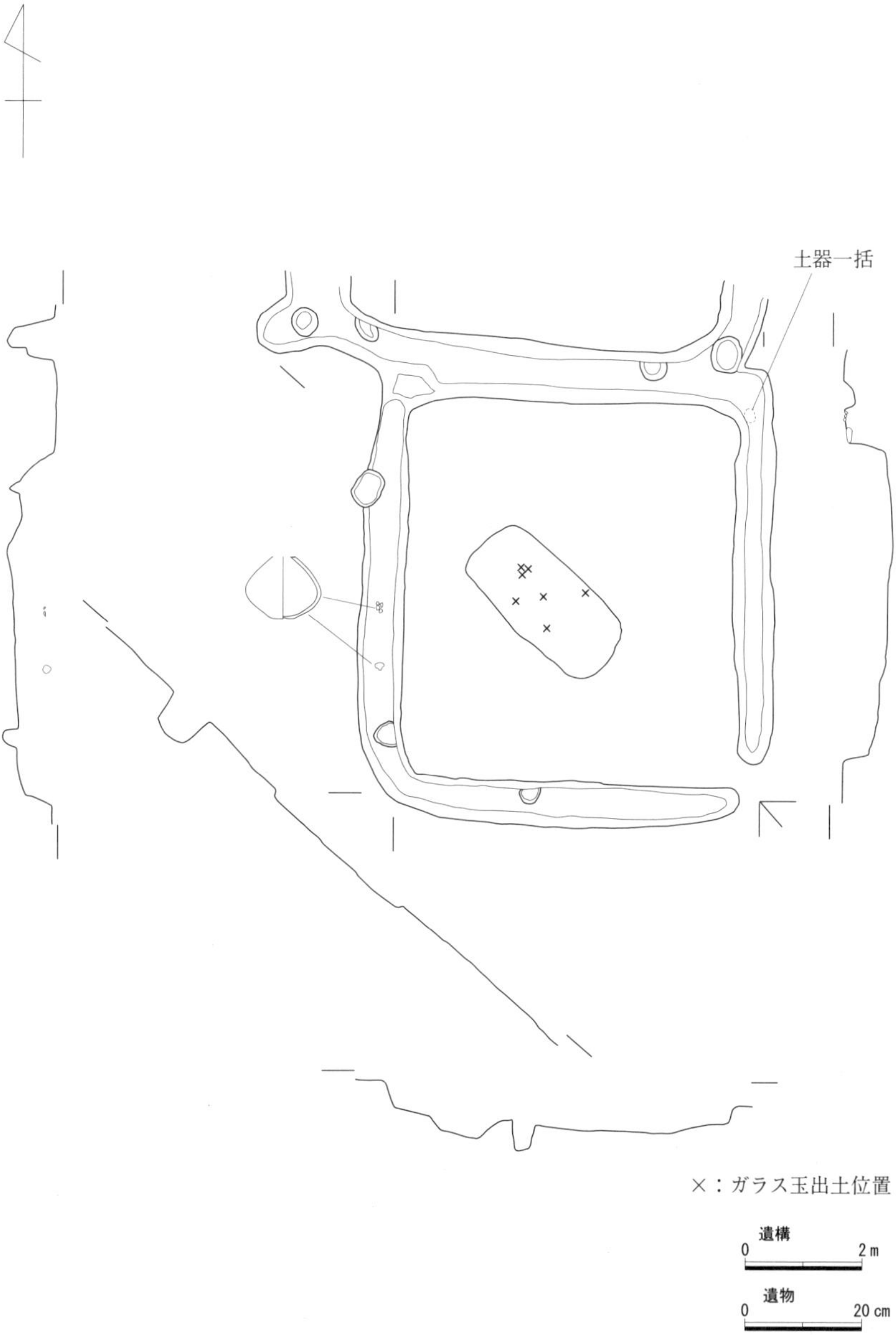

図5　2区2号方形周溝墓

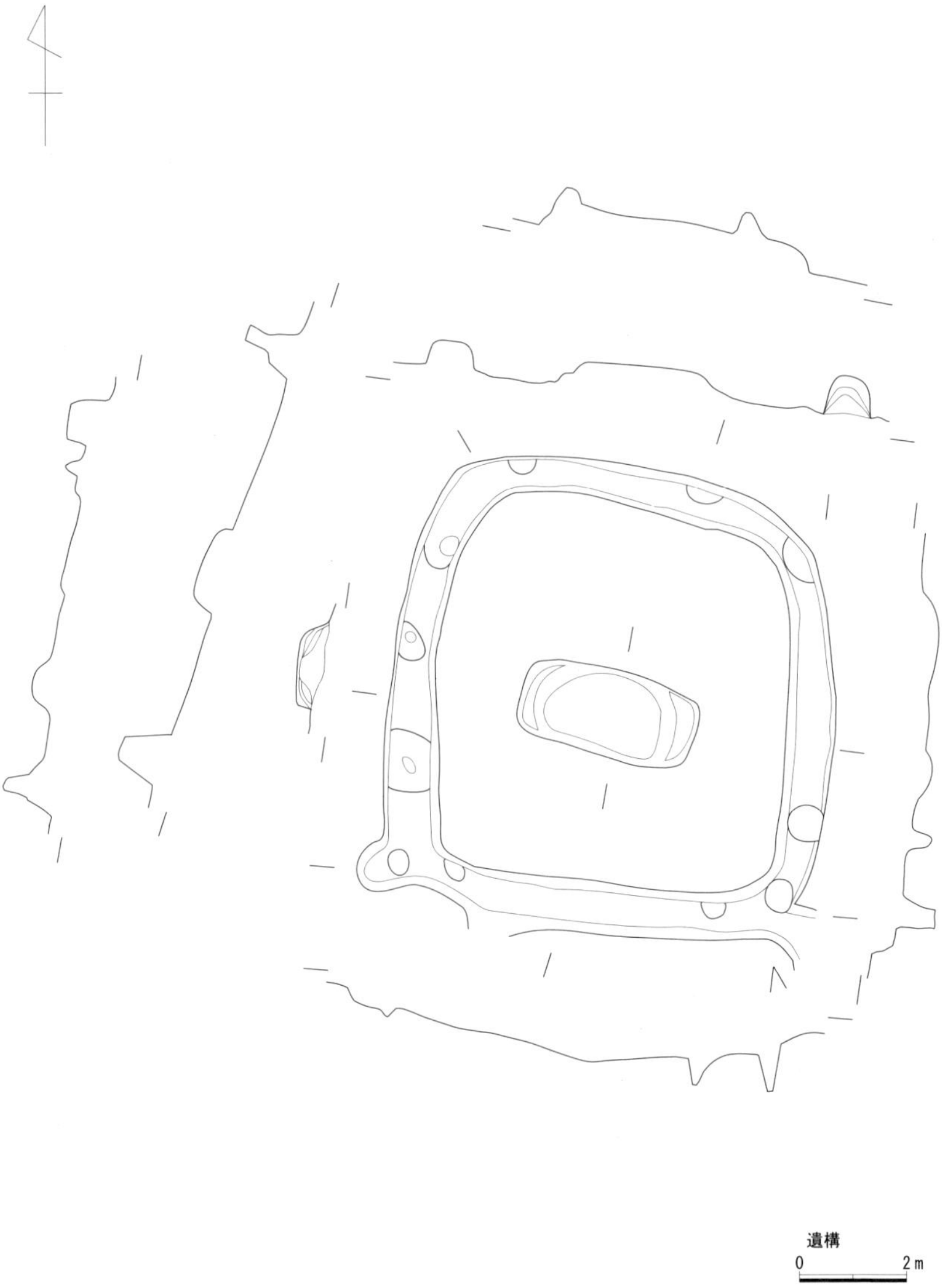

図6　2区3号方形周溝墓

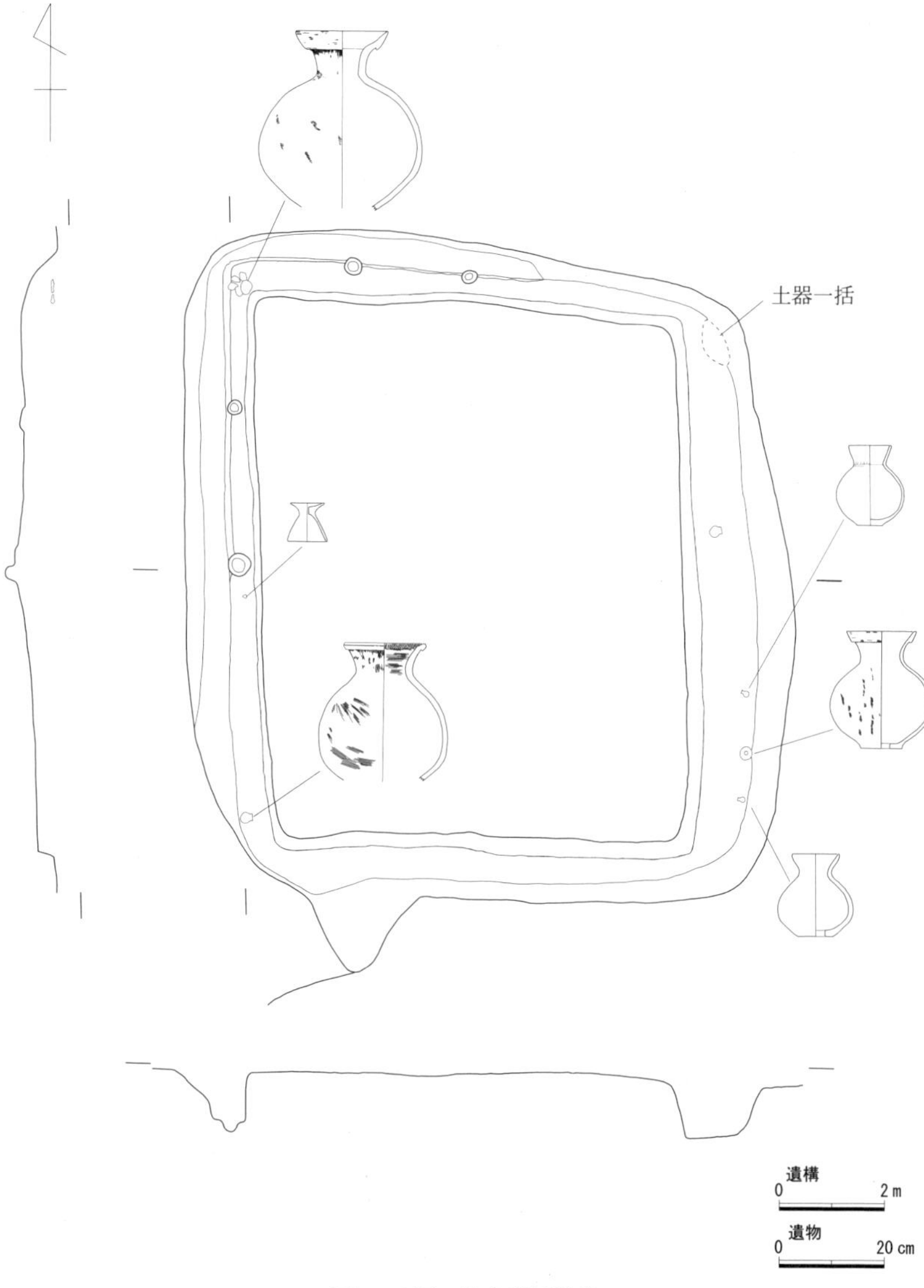

図 7　2 区 4 号方形周溝墓

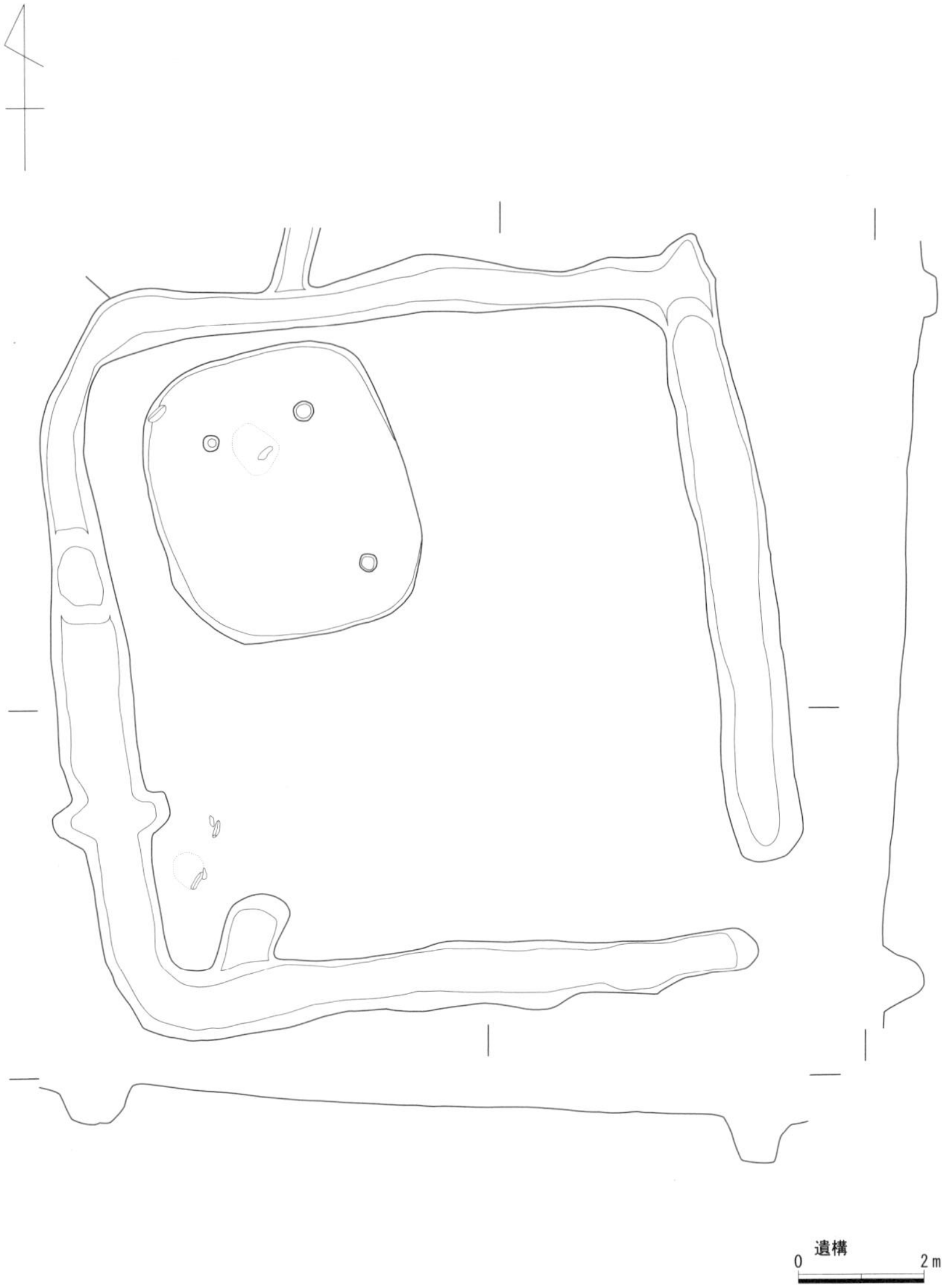

図8　5区方形周溝墓

参考文献

椚　國男　一九七〇『緑がなくなるとき　ひとつの文化財保護運動の記録』郷土資料シリーズ五集、東京都立八王子図書館

中央高速道八王子地区遺跡調査団（代表　大場磐雄）編　一九七三『宇津木遺跡とその周辺―方形周溝墓初発見の遺跡―』考古学資料刊行会

木更津市請西遺跡調査会　一九七七『請西』千葉県木更津市請西遺跡発掘調査報告書、木更津市教育委員会

〔付記〕

巻頭口絵を含め本書で使用した宇津木向原遺跡関係の図面・写真は、國學院大學所蔵の大場磐雄博士資料から転載した（國學院大學学術フロンティア事業実行委員会提供）。図面は、調査当時の原図から新たにトレースしたものである。ただし、写真4のみは中央高速八王子地区遺跡調査団一九七三から再録したことをお断りしておく。

なお、図1の左側には国土地理院発行 1/25,000 地図を、右側には都市計画東京地方委員会発行 1/10,000 地図を使用した。

第四部　方形周溝墓の諸問題

方形周溝墓の築造計画
――規模と規格について――

駒見佳容子

はじめに

大型の前方後円墳や前方後方墳は平面や立面に設計プランがあり、一定の規格に則って築造されていた。そのことは、各地の大型前方後円（方）墳の形態を比較検証し数類型に分別できるとする多くの研究から、もはや疑うべくもないであろう。ただし、墳墓の設計方法や基準となる長さについては諸説があり、定見に至ってはいない。築造時における過誤や、築造後の長い年月による崩落や破壊、発掘調査時や測量時の誤差などが障壁となり、本来の数値の把握が容易でないことが大きな原因と思われる。

一方、同時代の小型墳墓や方形周溝墓については、平面形態が菱形や台形状に歪んでいる場合が多く、整然とした形状をなすものはきわめて少ない。私はこのような墳墓にも規格があったと考えている。それはどのようなものか、そして墓群における規模はどのように決められていたのだろうか。本稿ではその点について検討を加えることとしたい。

一　規格論と基準尺

私は以前、前方後方墳の規格の検討から、方形周溝墓や方形周溝墓と群集する前方後方形周溝墓のような小型の墳墓にも、一定の規格が存在することを指摘したことがある（駒見一九九二）。築造プランについては、大型古墳の築造規格論の中で、石部正志・田中英夫・堀田啓一・宮川徏氏が示されていた規格法（石部・田中・堀田・宮川一九七七・一九七八、宮川一九八三）を当てはめることができると考えた。すなわち、後円（方）部と前方部を分け、埋葬部のある後円（方）部を基準とした長さによって、前方部などの長さが決まるとするものである。石部氏らは、後円（方）部を八等分にした一つの長さを「区」とし、これを基準に前方部の長さや幅、さらに墳丘の高さまでが決められていたと捉え、使用の尺度は身体尺の大尋（一六〇㎝前後）や小尋（一五〇㎝）であったとされている。

前方後方墳の場合、後方部の形は前方後円墳の後円部より複雑で、正方形が少なく、矩形になるものが多い。この矩形は長辺：短辺の比が、８：７あるいは８：６になるものが大半である。したがって「区」を決定する長さは矩形の長辺部分にあり、後方部が前方部に対して横長だった場合、主軸方向に直交して「区」を設定された可能性も想定されると私は考える。すなわち、この規格法の場合は全長を基準としない。

このように前方部を含まない規格方法であれば、前方部の付設されない方墳や、古墳出現以降も存在する方形周溝墓に対して、同様の規格基準が適用されていたはずであろうし、ひるがえって、こういった規格法が古墳出現以前にあって、古墳築造に導入されたと考えることもできよう。なお付言するならば、前方後円墳や前方後方墳の前方部は祭壇的に付設されるもので、墓としての本体をなすものではないといえるのではないかと思っている。

このことを検討した旧稿では、前方後方墳の後方部の形態は正方形が基本で、立地や地形の制約によって短辺の長さを一「区」ないし二「区」分短くしたのではないかと推定していた。しかし、地形的な制約がないにもかかわらず矩形を呈する前方後方墳もあり、かつこの矩形の状況は前方後方墳の後方部だけでなく、方墳や方形周溝墓の溝を含まない部分（方台部）も矩形になっている場合が多い。そこで、前方後方墳の後方部や方形墓は矩形が本来の姿で、矩形の中に正方形も含まれると考えを改めたい。

規格における基準尺については、石部氏らの指摘のように、身体尺である尋（一尋は一五〇～一六〇㎝）によっていたと考えている。このことは時代が少し下るが、六四六（大化二）年のいわゆる大化の薄葬令にみられる、「夫王以上之墓者。其内長九尺。濶五尺。其外域方九尋。高五尋。（注1）」との内容が傍証となろう。ただ、方台部が一二m以下という小型の墳墓については、これを八分割すると一「区」が一尋より小さい単位になってしまい、わざわざ「区」を設定したのか疑問が残る。このような小型墓を築造する場合は、もっと簡略化した規格法が想定されるし、さらに身体尺のもっと小さい単位である仭《じん》や歩《ふ》を使用した可能性も考えられる。（注2）

しかし、元来歪みのある小型の墳墓の正確な築造値を把握することは、築造時の過誤や、確認面まで遺構を削って行なわれる発掘調査の実情からも、前方後円墳などの大型の墳墓より一層困難といえる。数多くある基準尺の候補も公倍数や近似値に阻まれてしまう。そのため、ここではあまり基準尺にこだわらずに考えていきたい。

なお、これから比較していく古墳や方形周溝墓の長さとは、いずれも周溝を含まない方台部の長さとする。その理由は、溝によって区画された内部が聖域として丁寧に扱われていたと考えるからである。区画する周溝の幅も規格に則って掘られていたと考えるが、場所によって幅に差があり、誤差が生じやすく、意図された本来の値を掌握することが難しいことも挙げられる。

二　方形周溝墓における歪みの意味

前述したように、方形周溝墓は整然とした形態をしておらず、歪んでいるものが多い。しかし、方台部の歪みを観察し、墳形を重ね合わせる作業を繰り返していくと、方台部の一隅が突出して歪んでいるように見えるものが多いことに気づく。

まず始めに、方形周溝墓が認識されるきっかけとなった遺跡である、東京都八王子市宇津木向原遺跡（中央高速道八王子地区調査団編一九七三、方形周溝墓シンポジウム実行委員会二〇〇四）の方形周溝墓をとりあげてみたい（図1）。二区から検出された弥生時代終末～古墳時代初頭とされる四基を観察すると、2・3号墓はほぼ長方形を呈するが、1号墓は北東から南西方向、4号墓は北西から南東方向の対角線が長く方台部が菱形に歪んでいる。宇津木向原遺跡よりやや後出と考えられているが、ほぼ同じ規模を有し、かつ同じように歪んだ方形周溝墓がある。例えば、1号墓は東京都八王子市神谷原SX14号墓（大村一九八一）と、4号墓は千葉県佐倉市飯合作遺跡D13号墓（沼沢一九七八）と同規模で同じように歪んでいる（図2）。

飯合作遺跡では、特に歪みが目立つD10号墓のプランに対し、D09号墓とD11号墓の間に無理矢理はめ込むように築造したためとの解釈が示されている（沼沢一九七八）。つまり歪んだプランの方形周溝墓は、場当たり的に造られた所以と理解されたのである。しかし、歪みを含めて相似形の墳墓が、地域を越えて存在するということは、共通の「きまり」によって築造されたことによって、同じように歪んだと考えられるのではないだろうか。

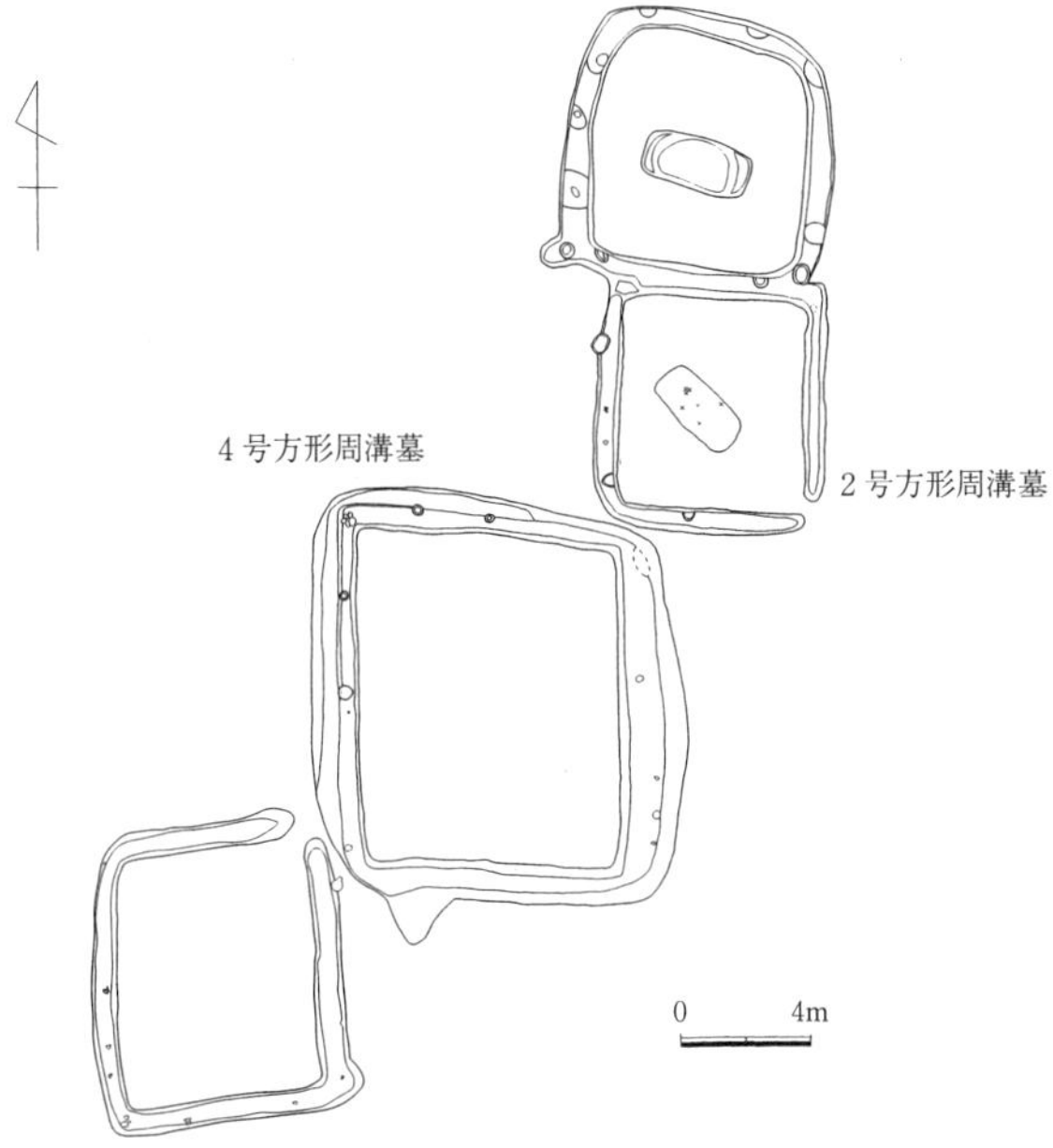

図1　八王子市宇津木向原遺跡

次に、古墳時代前期の埼玉県岡部町石蒔B遺跡（佐藤ほか二〇〇三）について、2・4・6号墓の方台部を重ね合わせてみた（図3）。ただし、素直に長辺をあわせたのではなく、延びた一隅が重なるように、4号墓は図面を反転して重ねている。三基は同じような角度で歪んでいるのにほぼ重なるのである。長く伸びた一隅の角度は、三基とも直角ではなく八五度になっている。石蒔B遺跡では、規模は一致しないが3・7号墓にも同じような歪みが認められる（図5参照）。一隅だけ延びたような形は、築造する際の共通する「クセ」と感じられる。しかし、反転しなければ重なり合わ

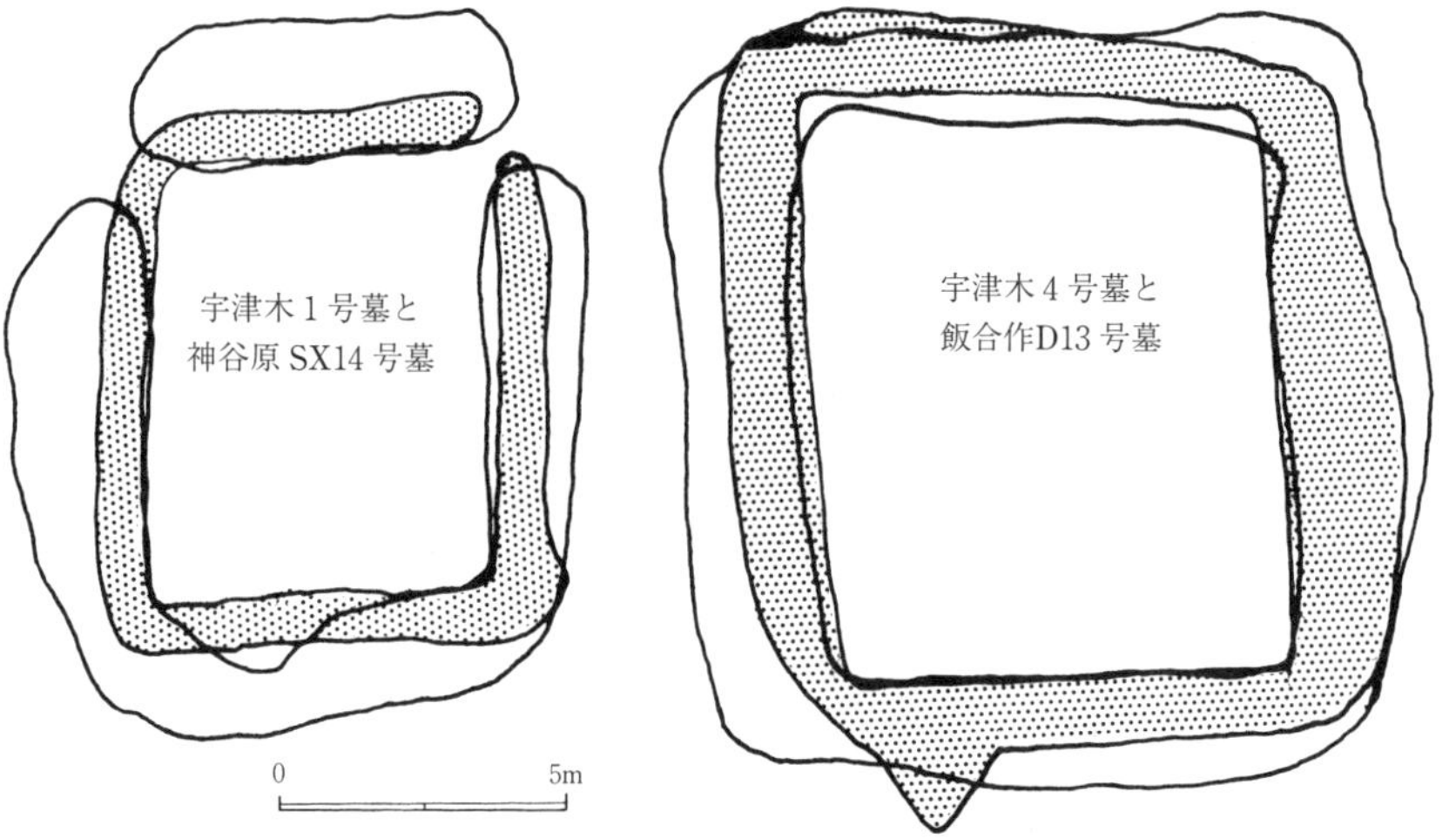

図2　宇津木1・4号墓（スクリーントーン部分）と同規模遺構の歪みの比較

ないのは歪む位置に統一性がないわけで、方向を気にしていないということになろう。また、歪んだ形態の飯合作遺跡D10号墓についても石蒔B遺跡7号墓とほぼ重なる（図4）。このように同一遺跡内だけでなく、複数の遺跡にわたっている同じような歪みから、共通の築造方法の存在が感じられるのである。

方形周溝墓の築造に際して、長辺と短辺の一辺ずつが決まれば、他の一辺は対角線を挟んで点対称に区画すればよいであろう。したがって築造に際しては、一辺の長さのみが明確に決められていたのではないか。長さが決められ、人が並んで縄張りをしたのか、綱のようなもので縄張りをしたのかはわからないが、長辺と短辺の一辺ずつに配置したその人数や綱を、点対称に移動させれば縄張りが完成し、人や綱を全周させる必要はない。この縄張りの方法ではコーナー部分が直角にならなければ歪むし、歪まないものもできる。歪んだ方台部コーナーは直角とはならず、つまりコーナーを直角にする意識はあまりなかったのであろう。

柳亮氏によれば、古代エジプトのピラミッド築造に際しては、等間隔に結び目をつけた一本の綱によって3：4：5の直角三角形を作り、これを利用して正方形を作成していたという（柳一九六五）。方形周溝墓のコーナー部分を引っ張りすぎて歪んだような形から、このように綱によって縄張りをしていた可能性を想定

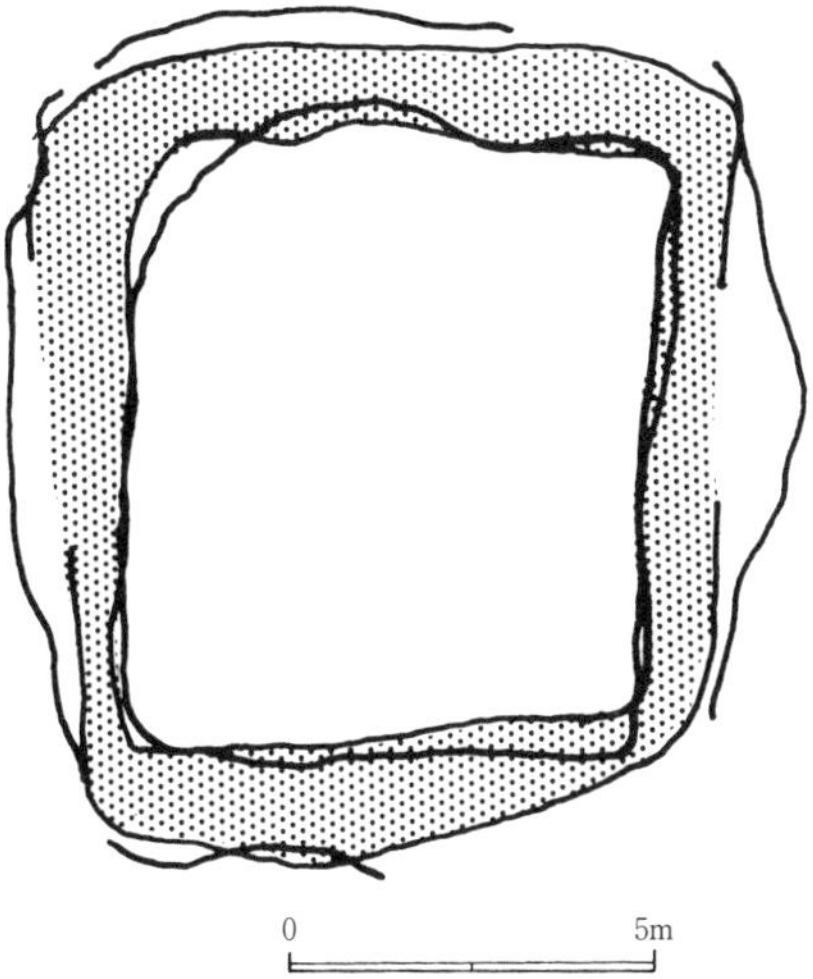

図4　飯合作 D10 号墓（スクリーントーン）と
石蒔 B 7号墓

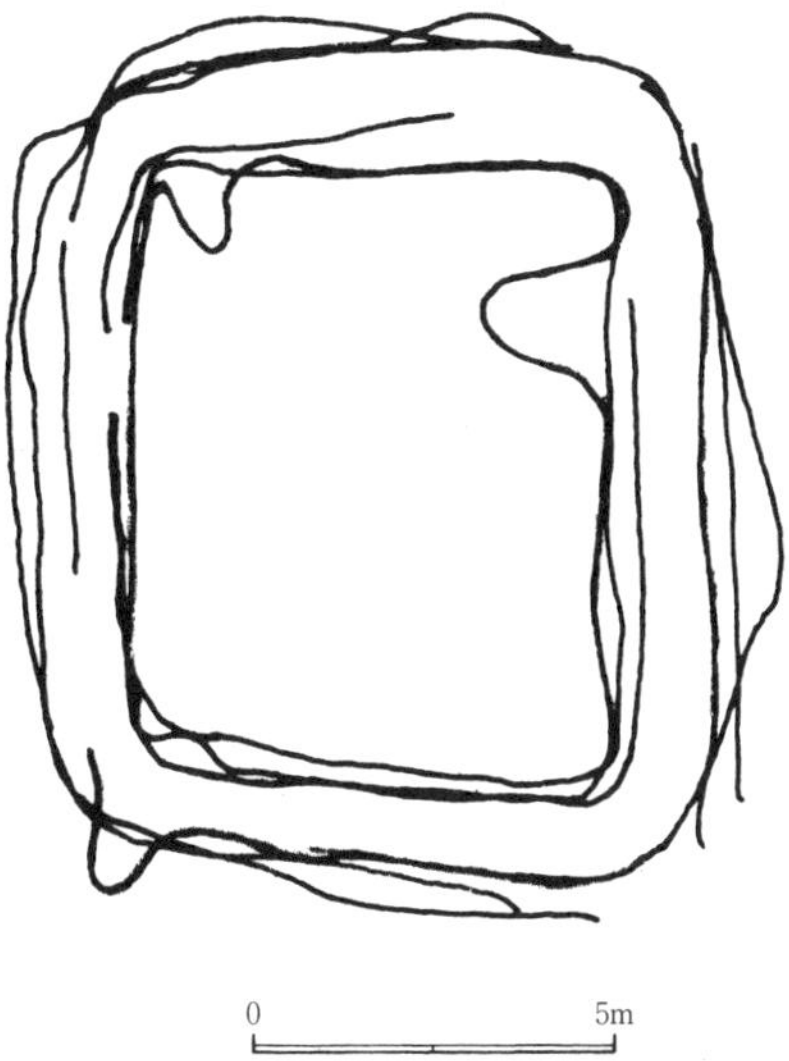

図3　石蒔 B 遺跡 2・4・6 号墓重ね合わせ
（4号は反転）

させる。また、柳氏は、自然や美術作品の形態美を規定している各種の比例の中で、古来最も理想的とされる比率を黄金率・黄金比と呼び、その基本形は正方形の一辺を1とした時、この対角線$\sqrt{2}$を長辺とした1：$\sqrt{2}$の矩形であるという。日本でも法隆寺や四天王寺の伽藍配置などに採用され、仏教伝来とともに導入されたと考えられている（柳一九七七）。近代まで使用されていた道具に、建築現場で使う3：4：5の直角三角形定規「大矩《おおがね》」があり、曲尺の表目の裏には表目の$\sqrt{2}$倍を一尺とする目盛（裏金・裏尺＝正方形の対角線の長さ）がある（小泉編一九九〇）。方形周溝墓は1：$\sqrt{2}$の矩形ではないし、直角を意識していたようには思えないが、いつの頃か日本でもこういった考えが導入されたのは明らかなのである。

ところで、石蒔B遺跡の築造規格について詳細に検討された佐藤忠雄氏は、方形周溝墓の配置に1：$\sqrt{2}$の比率を応用していたのではないかと述べられている（佐藤ほか二〇〇三）。そこでは、基準の長さとして前方後方形の8号墓の後方部幅がくびれ部の長さの五倍であることに注目し、くびれ部の長さの二分の一の長さ（一・三六～一・三八ｍ）を一単位（「石蒔尺」と仮称）とした「ものさし」の使用を指摘された。そして後方部の長さ（一二単位＝一二〔石蒔尺〕）の正方形をつくり、この対角線の長さを長辺にした矩形〔短辺1（12〔石蒔尺〕）：長辺$\sqrt{2}$（12〔石蒔尺〕×1.4142135）〕を基本図形とし、垂線や円の組み合わせによって8号墓や9号墓、1号竪穴状遺構を計画的に配置することができ、これらが二〇〔石蒔尺〕の正方形の中に納まるというのである。

また、他地域の前方後方形周溝墓・方形周溝墓・住居跡を検討し、基本となる「ものさし」は一・三六～一・三八mの〔石蒔尺〕と、一尺＝二四cmの〔晋尺〕（〔石蒔尺〕の最小単位に近い完尺値は五尺＝一・二m）の二種類があるとし、両者には平面構成に差異が見られ、石蒔尺は前方後方形周溝墓出現期の規格尺度に使われた可能性を指摘し、晋尺とは若干の時期差を考えられている。石蒔B遺跡から検出された一二基の墳墓のうち、〔石蒔尺〕に適合するものは1～5・8・12号墓で、〔晋尺〕に適合するものは6・7・9～11号墓とされ、すべての遺構が〔石蒔尺〕に適合しないのは時期差と捉え、〔晋尺〕は新しい段階に採用されたと考えておられるようである。そして石蒔B遺跡は1：$\sqrt{2}$の幾何学的比例法による土地の分割や配分が行なわれ、「ものさし」を使用し、優れた数学力で墳墓や住居跡が設計・構築されたのであろうと結論づけられている。また、個々の歪みについても言及があり、当時の築造者たちの慣習や伝統、信仰などによって制約や約束ごとがあったのではないかとされている。

佐藤氏が指摘されるような綿密な設計計画は可能性を否定できないが、築造者すべてが優れた数学力を有していたのなら、綿密な配置によって計画された最終的な〝目的〟である墳墓を、歪んで築造することのほうが困難なのではないだろうか。さらに黄金比を使用していたとするならば、なぜ方形周溝墓の矩形を1：$\sqrt{2}$にしないのであろうか。また、佐藤氏は「ものさし」を〔石蒔尺〕と〔晋尺〕の二種類を使用していたとされているが、ほぼ同規模である2号墓と6号墓に異なる「ものさし」を使用しているとは考え難いように思われる。

方形周溝墓や前方後方墳の後方部に矩形が多いというのは、当時の美的感覚によるものなのかもしれない。しかし、あまり数学力を有していない各地の築造者に対しても理解できるように、「ものさし」は身体の部分を使用し、人が綱を引っ張って縄張りをするというような、もっと簡単な方法によって浸透していったと見るほうが妥当であろう。そのような簡素な築造法だったことにより、方形周溝墓に歪みが生じたとしても気に留めなかったのではないだろうか。築造方法の「きまり」や「約束ごと」が歪むという結果を生むならば、それは佐藤氏が言われるように慣習や伝統というものなのかもしれない。いずれにしろ墓形の歪みが築造方法の稚拙さや偶然によるのではなく、必然的な要因により生じているのであり、同じ規格で築造しようとした努力の表われなのである。この歪みこそが各地の方形周溝墓に明確な規格があった証拠といえよう。

三　規格の実態とその背景

検出された方形周溝墓群には同規模の墳墓が複数存在するとともに、異なる規模のものも多く存在している。群集する具体的状況について埼玉県石蒔B遺跡・千葉県飯合作遺跡・埼玉県広面B遺跡（村田ほか一九九〇）を取り上げて検討したい。

石蒔B遺跡（図5）　埼玉県岡部町に所在する。発掘調査は一九七八年の実施で、二〇〇三年に報告書が刊行された。前述のように、佐藤忠雄氏がこの遺跡から導き出した規格論を示されている。古墳時代前期の前方後方形周溝墓一基と方形周溝墓一一基が検出されており、切り合い関係から8号→9号→10号→11号、3号→2号、5号→6号という変遷がたどれたとされる。報告書では、前方後方形の8号墓および大型の1号墓がそれぞれ盟主と考えられている（12号墓の短辺は1号墓とほぼ同規模であるが完掘されていないので除いた）。

全体が検出された一一基の墳墓のうち、ほぼ同規模（図3）とわかった2・4・6号墓から4・6号墓を除く九基を重ね合わせてみた（図6）。長さの異なる対角線の長軸を合わせるため7・10・11号墓は反転している。この作業から、盟主墓とされる1・8号墓について、8号墓の前方部を除いた部分と1号墓はほぼ同規模で、他の方形周溝墓から突出して大きいことがわかる。これ以外の大きさは、規模の最も小さい5号墓、2・4・6・7・9号墓の一群、

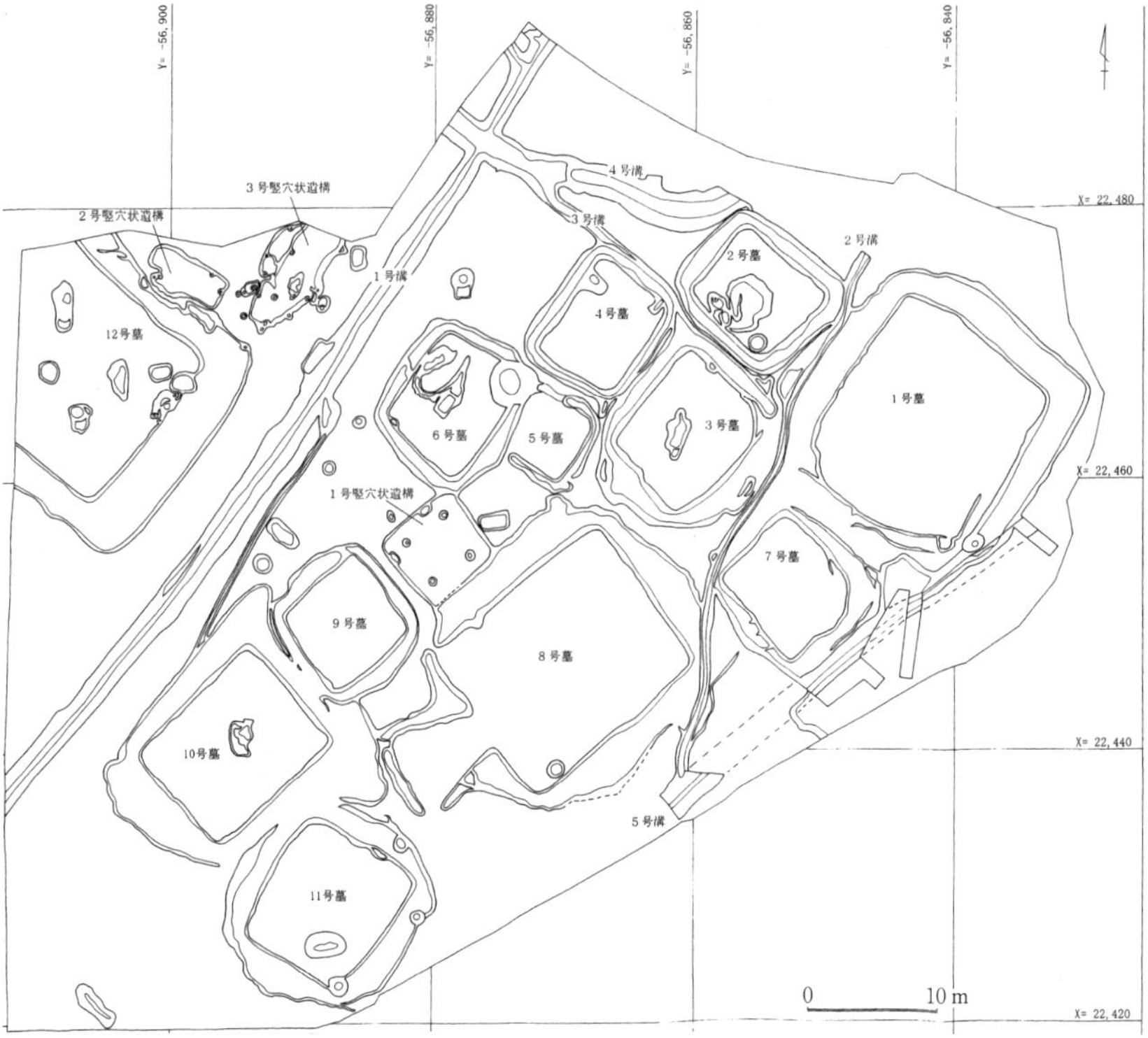

図5　石蒔B遺跡

3号墓、10・11号墓、の五つのグループに分けることができる。次に、個々の計測値をグラフに表わしてみた（図7）。計測値は方台部のみの数値で、8号墓の場合は後方部のみの数値と前方部を含んだ全長の二つを表わした。点の分布は、1・8号墓とその他の規模に格差があることを示している。

大きさに注目すると、ほぼ同規模と捉えられる2・4・6・7・9号墓は、1・8号墓（前方部を除く）のほぼ二分の一の長さになっている。また、8号墓の前方部を含んだ全長は二二・九六mであるが、盟主墓とされる1・8号墓に次いで大型の10号墓（長辺一一・七六m、短辺九・二八m）は、8号墓の全長に対しほぼ二分の一の長さで、かつ8号墓後方部長の八分の六という比率である。さらに、最小の5号墓は10号墓の約二分の一の長さとなる。10号墓よりやや小型の3号墓と11号墓は、1・8号墓（前方部を除く）の八分の五の長さと捉えることができる。規模からみたこれらの関係は、１・８号墓を盟主とするならば、３・10・11号墓は重臣クラス、他は重臣とまではいかない有力者層という状況となり、累世的に代々築造された様相とはいえない。

飯合作遺跡（図８）　千葉県佐倉市に所在し、古墳時代前期である四基の古墳と二三基の方形周溝墓が検出された。調査前にマウンドが確認できたものを古墳、そうでないものを方形周溝墓として区別されたようである。墳墓の前後関係は、Ｄ20墓出土土器に古い様相が見られ、東側の台地縁辺の一群が古い可能性が指摘されている。２号墳を含む一群は、切り合い関係から２号墳↓３・４号墳、３号墳↓Ｄ01墓、４号墳↓Ｄ03墓と変遷し、前方後方墳が先行するとされている。四基の古墳と規模のわかる二〇基の方形周溝墓を、石蒔Ｂ遺跡と同様のグラフに示してみると（図

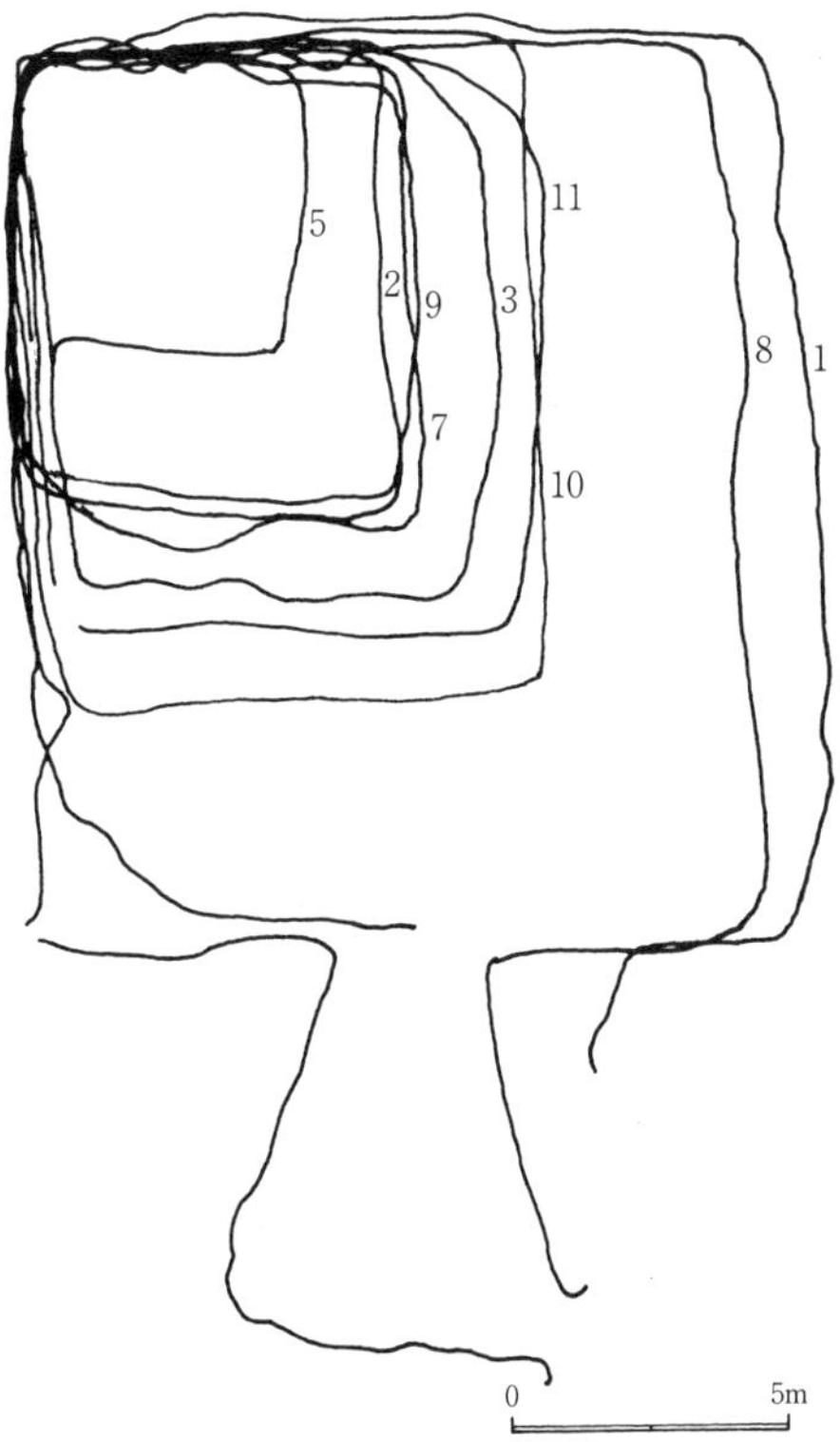

図６　石蒔Ｂ遺跡の遺構重ね合わせ
（4・6 号墓を除く。7・10・11 号墓は反転）

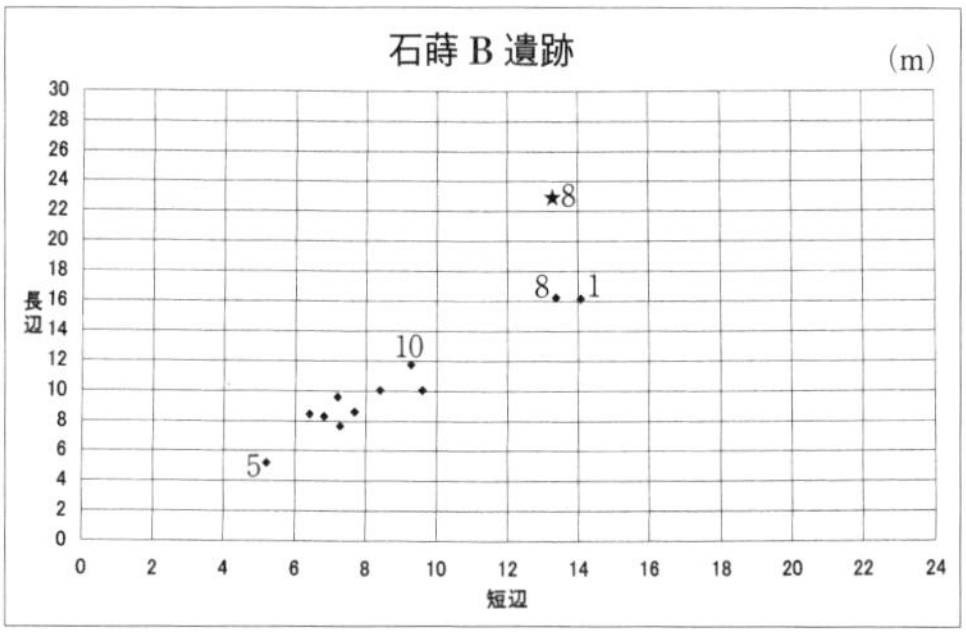

図７　石蒔Ｂ遺跡の方台部・後方部の規模
（★は前方後方墳の全長を含んだ長さ）

図８　飯合作遺跡

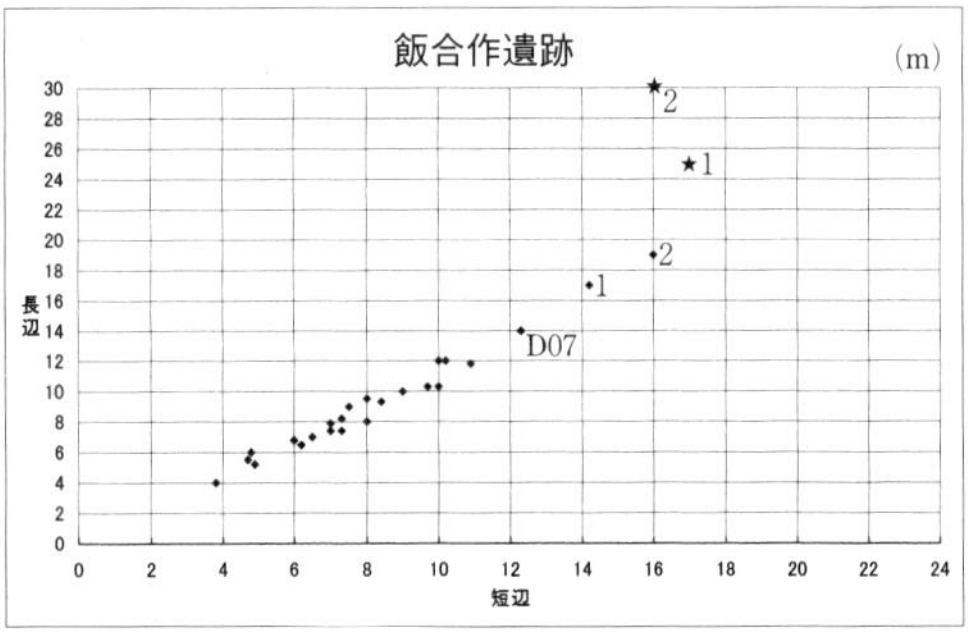

図９　飯合作遺跡の方台部・後方部の規模
（★は前方後方墳の全長を含んだ長さ）

9）、やはり規模には格差があり、大型墓とその他の一群というようにわけられそうである。

1号墳は主軸に対して横長の後方部で、全長二五m、後方部長辺一七m（主軸に対しての幅）、短辺一四・二mを測る。2号墳は全長三〇m、後方部長辺一九m、短辺一六mである。二基の前方後方墳では2号墳の規模が全長・後方部長ともに大きい。ここで注目したいのは、1号墳の後方部は主軸に対して横長になっていることである。1号墳と2号墳の全長差は、現状では五ｍあるが、1号墳の後方部を縦長にした場合、全長二八ｍとなって2号墳との差は二ｍになってしまう。このことから視覚的格差をつけるために1号墳を横長後方部にした可能性が大きいように思われる。同じような例は他にもあり、群馬県高崎市の鈴ノ宮遺跡では最大の前方後方形周溝墓の7号墓に対して、二番目に大型の前方後方形周溝墓である4号墓の後方部が横長になっている（田口ほか一九七八）。このような全長に格差をつける行為が行なわれていたとするならば、1号墳と2号墳は同等の盟主墓とは言えない可能性も考えられる。

　方形墓のうち最大のＤ07墓の規模は一四×一二・三ｍ、次に大型なのは3号墳・Ｄ06墓・Ｄ18墓の一二×一〇ｍ前後の三基（ほぼ同規模）である。この数値について、Ｄ07墓は2号墳全長の約二分の一、3号墳・Ｄ06墓・Ｄ18墓は1号墳全長の約二分の一になっているのが注目される。また、2号墳の後方部長に対して、1号墳後方部長辺は八分の七、Ｄ07墓は八分の六、3号墳・Ｄ06墓・Ｄ18墓は八分の五になる。そして、最も古いと推定されているＤ20墓（九・五×八・〇ｍ）は2号墳後方部の二分の一で、かつ4号墳やＤ13墓とほぼ同規模となっている。

　飯合作遺跡の遺構分布を見ていくと、2号墳を中心とした北西の一群、Ｄ07墓を中心とした南の一群、1号墳を中心とした中央の一群、Ｄ18墓を中心とした東の一群、Ｄ20墓を中心とした台地縁辺の一群との合わせて五群に分けられ、それぞれ若干の距離を保っている。そして比較的大型の墓はそれぞれの群に点在している。

　Ｄ20墓で古い様相の土器が出土していることから、台地縁辺の一群が1・2号墳より先行していたとしても、後出の古墳はＤ20墓の大きさを意識して築造したこととなる。図9から見ていくと規模の集中は、方台部長辺が一〇ｍ以下の部分にあり、2号墳の後方部長の二分の一以下で築造されたということになる。盟主墓の次に大きい墳墓の全長が盟主墓である前方後方墳全長の二分の一、その他の多くは後方部長の二分の一以下というパターンは、石蒔Ｂ遺跡の例とよく類似する。石蒔Ｂ遺跡のような関係を述べるならば、2号墳を盟主とし、各群の中心をなす1号墳・Ｄ07墓・Ｄ18墓・Ｄ20墓は2号墳から半独立的な小盟主あるいは重臣、その他は近親者・有力者といえるであろうか。こ

図 10　広面 B 遺跡

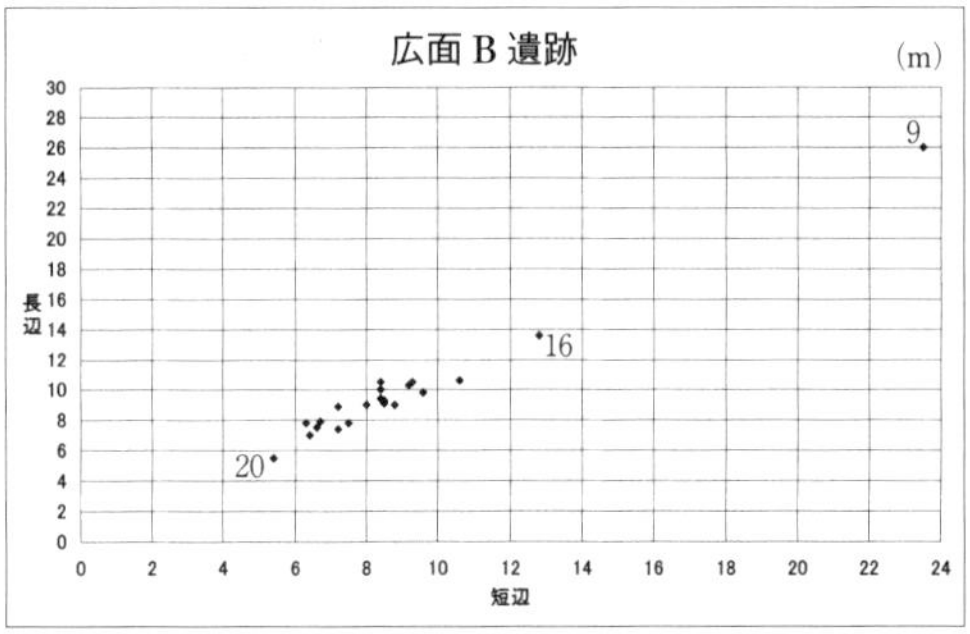

図 11　広面 B 遺跡の方台部の規模

ちらも盟主といえるのは2号墳のみで、盟主による代々の累世墓とはいえない様相となっている。

広面B遺跡（図10）　方形周溝墓群の中に前方後方形の墳墓を含んだ遺跡についてみてきたが、方形周溝墓のみで群集する遺跡はどのような状況なのだろうか。広面B遺跡は埼玉県坂戸市に所在し、古墳時代前期の二二基の方形周溝墓が検出されている。近隣にはほぼ同時期の稲荷前遺跡（方形周溝墓三五基）（富田ほか一九九三）、中耕遺跡（同六八基）（杉崎ほか一九九三）が存在し、合わせて一二〇基以上の方形周溝墓群が展開している地である。

広面B遺跡では、四隅が切れる形態の周溝墓と、周溝が一周あるいは一部が切れるタイプの周溝墓とが混在している。検出された方形周溝墓の規模（方台部のみ）は、ＳＺ9号墓が最も大きく二六×二三ｍであり、次に大型のＳＺ16号墓は一三・六×一二・八ｍを測る。ここで注目されるのは、ＳＺ16号墓はＳＺ9号墓の二分の一の長さで築造されていることである。その次に長辺が一〇ｍ前後のものが六基あるが、これらはＳＺ16号墓の八分の六になっており、最小の周溝墓ＳＺ20号墓（五・五×五・四ｍ）はこれら六基のさらに二分の一で築造されている（図11）。

一方、近接する中耕遺跡（図12―③）や稲荷前遺跡（図12―④）と比較すると、ＳＺ16号墓は、中耕遺跡41号墓・稲荷前B区5号墓や稲荷前C区11号墓とほぼ同規模である。しかしこれらはそれぞれの地区において最大規模のものではなく、中耕遺跡では42・49・21号墓に次ぎ、稲荷前B区では1号墓に次ぎ、稲荷前C区では1号墓に次ぐものとなっている。このことは、ＳＺ9号墓により近い関係のものは、ＳＺ9号墓近辺に墳墓を築造したが、ＳＺ16号墓以上の権力者は、盟主であるＳＺ9号墓より離れた場所でそれぞれ半独立的に墓域を形成したと考えられないだろうか。規模からみて、最大の盟主を広面B遺跡ＳＺ9号墓とした場合、中耕遺跡42・49・21号墓や稲荷前B区1号墓・C区1号墓はややランクの下がる盟主といえるであろうか。広面B遺跡ＳＺ16号墓は、中耕遺跡や稲荷前遺跡の被葬者よりもよりＳＺ9号墓に近い立場といえようが、中耕・稲荷前の被葬者よりも従属的と捉えられる。いずれにせよ一二〇基中に広面B遺跡ＳＺ9号墓に比肩する盟主墓はないのである。

以上、三つの遺跡について検討を加えてきたが、本稿でふれた遺跡について、方台部や後方部の規模のグラフを示した（図12）。これらからも、方形周溝墓は大小の規模に分けられて群を形成し、お互い関連しあっているようである。従来、方形周溝墓の規模については遺跡ごとのまとまりとしてではなく、時代別に分類され、中心的な大型の方形周溝墓の推移などを視点に据えた研究が行なわれてきた。[注3] しかし、これまで見てきたように規模の違いが盟主墓との関わりで決まるものなら、遺跡ごとのまとまりで見ていく必要があるように思う。

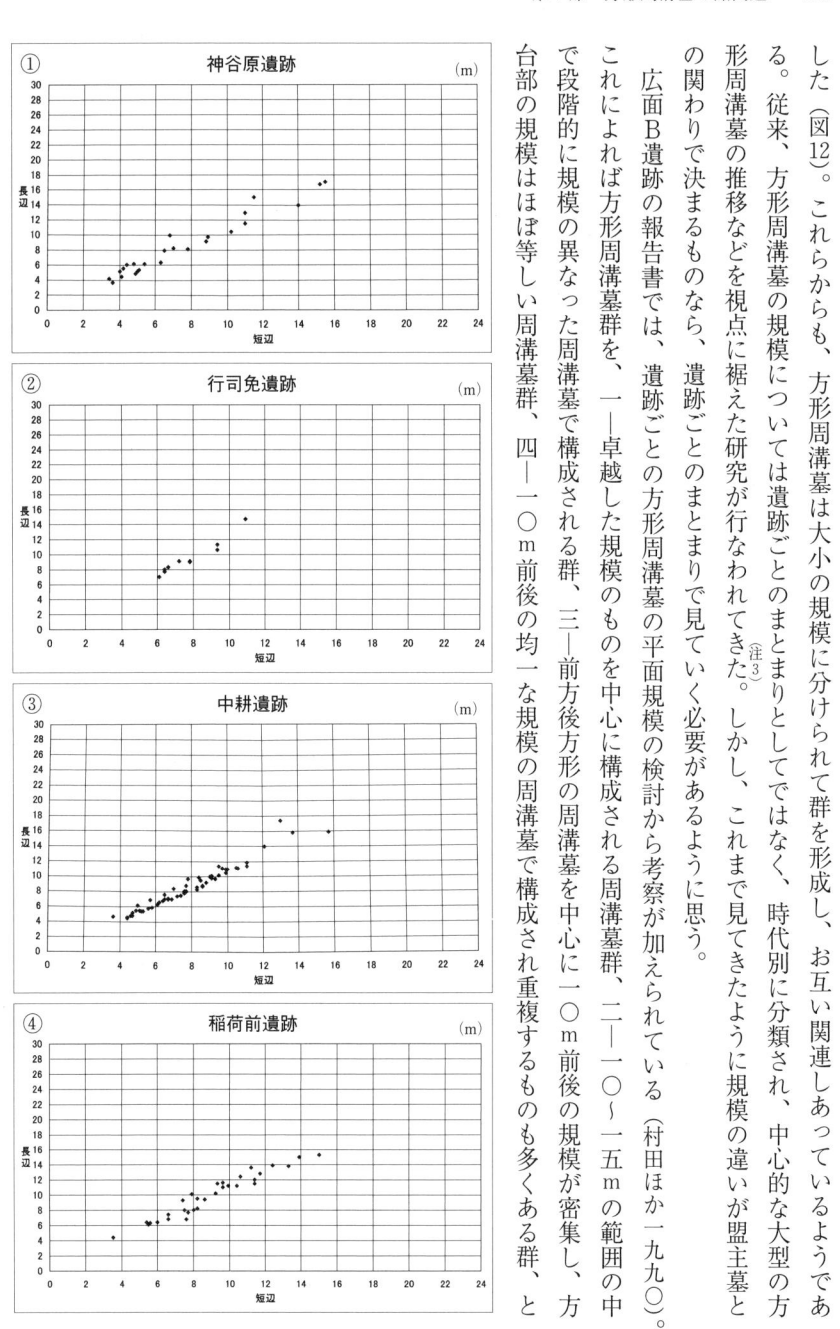

広面B遺跡の報告書では、遺跡ごとの方形周溝墓の平面規模の検討から考察が加えられている（村田ほか一九九〇）。これによれば方形周溝墓群を、一―卓越した規模のものを中心に構成される周溝墓群、二―一〇～一五ｍの範囲の中で段階的に規模の異なった周溝墓で構成される群、三―前方後方形の周溝墓を中心に一〇ｍ前後の規模が密集し、方台部の規模はほぼ等しい周溝墓群、四―一〇ｍ前後の均一な規模の周溝墓で構成され重複するものも多くある群、と

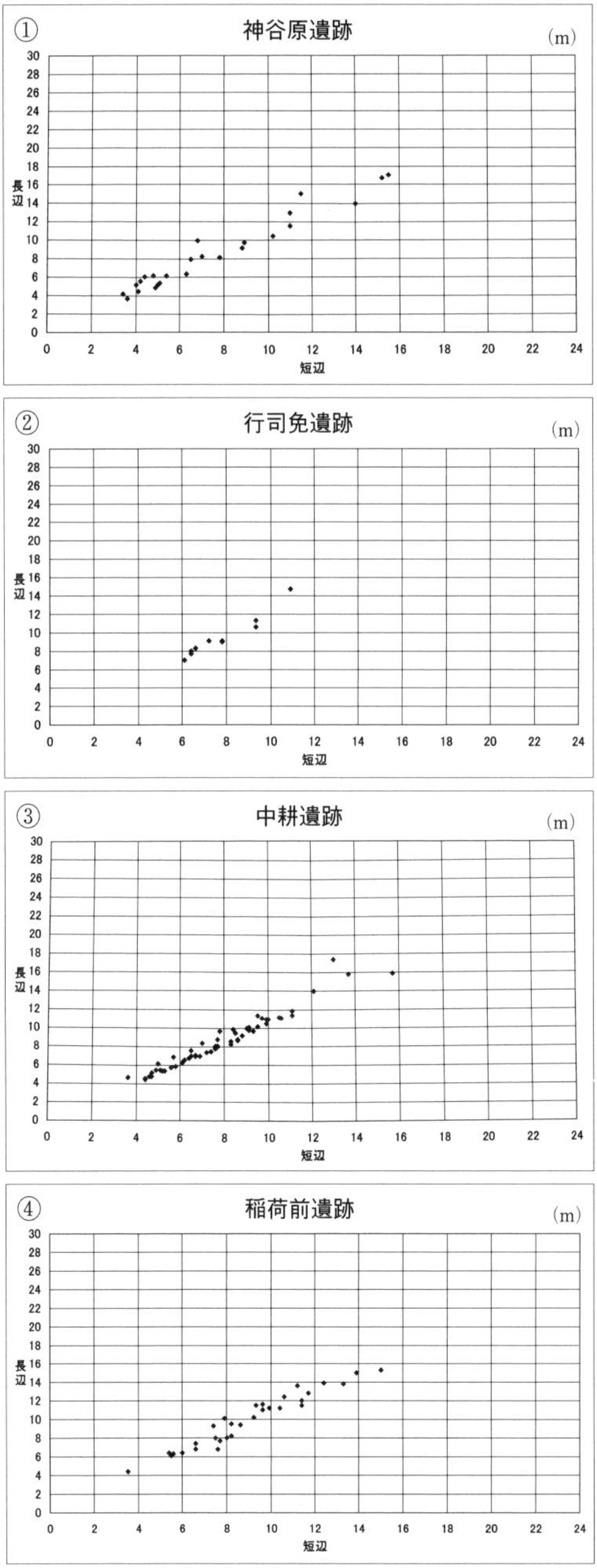

（★は前方後方墳の全長を含む長さ）

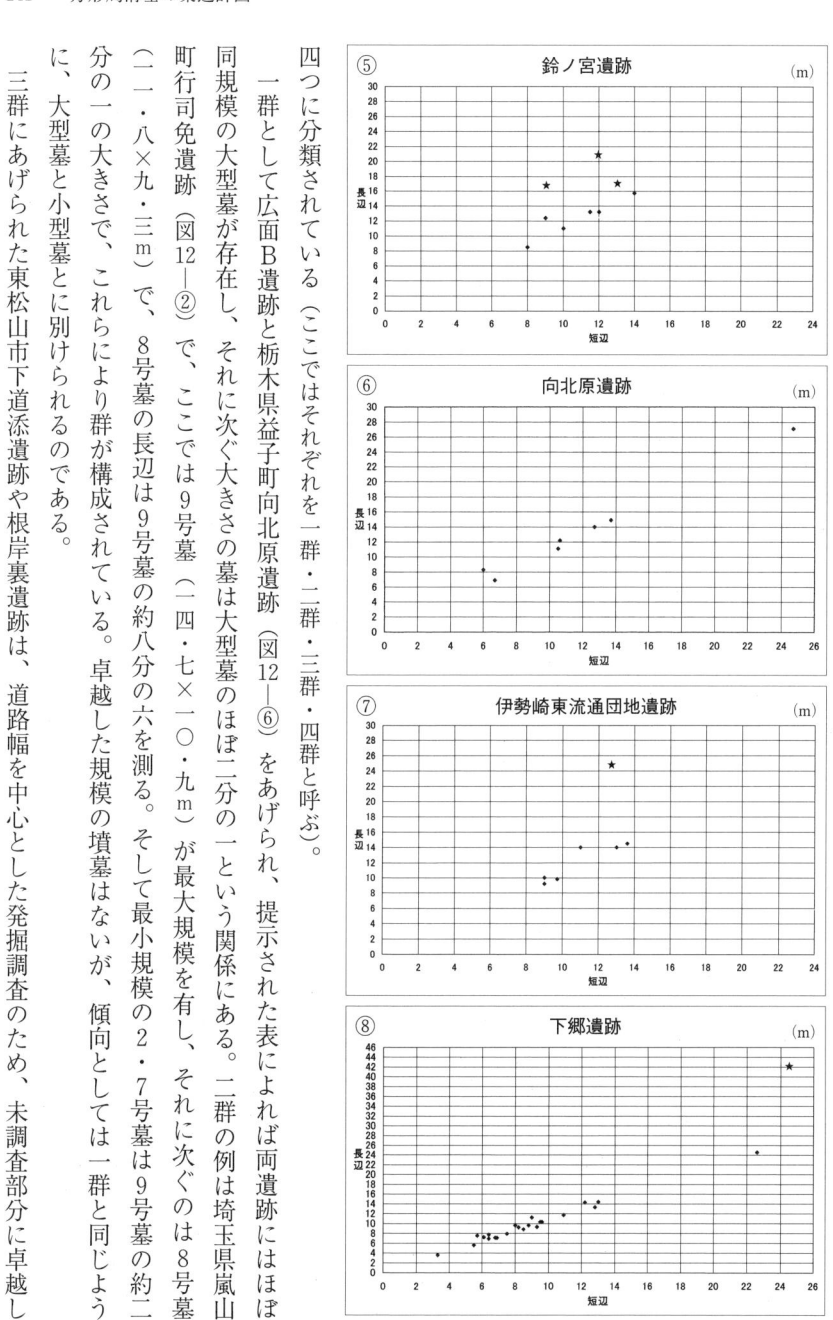

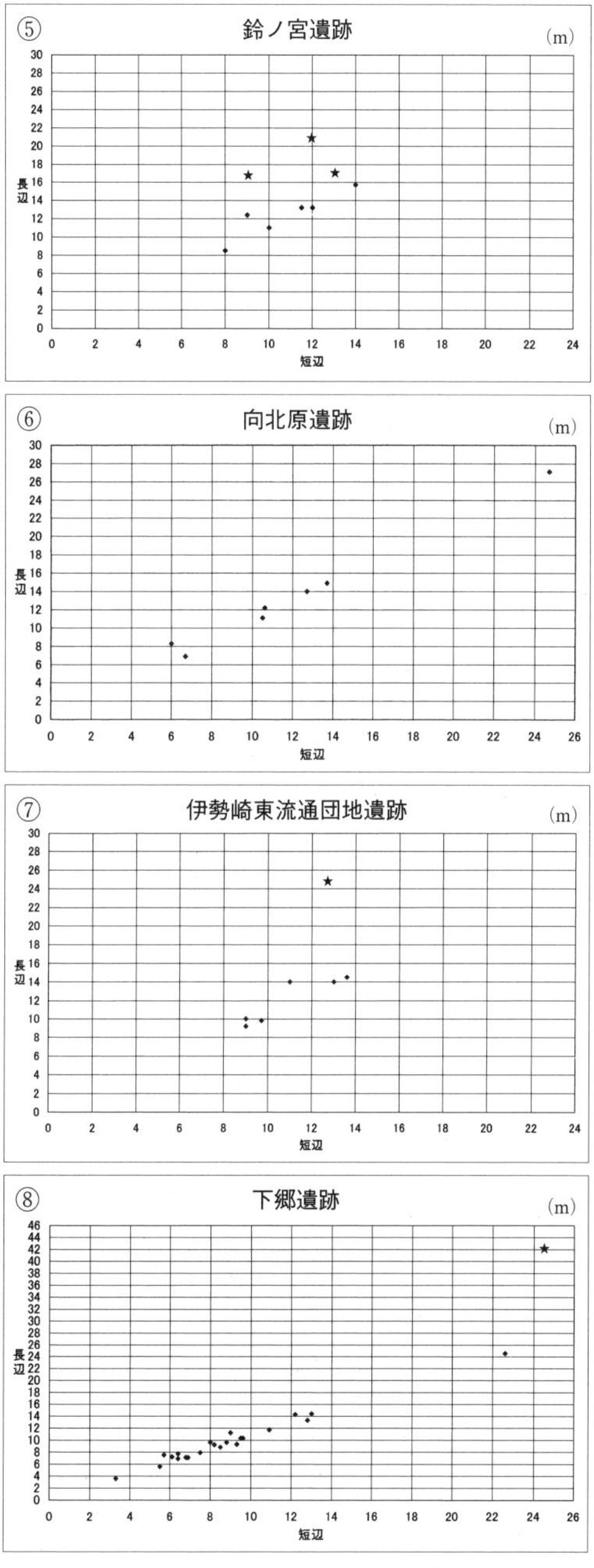

図12　方台部・後方部の規模

四つに分類されている（ここではそれぞれを一群・二群・三群・四群と呼ぶ）。

一群として広面Ｂ遺跡と栃木県益子町向北原遺跡（図12―⑥）をあげられ、提示された表によれば両遺跡にはほぼ同規模の大型墓が存在し、それに次ぐ大きさの墓は大型墓のほぼ二分の一という関係にある。二群の例は埼玉県嵐山町行司免遺跡（図12―②）で、ここでは9号墓（一四・七×一〇・九ｍ）が最大規模を有し、それに次ぐのは8号墓（一一・八×九・三ｍ）で、8号墓の長辺は9号墓の約八分の六を測る。そして最小規模の2・7号墓は9号墓の約二分の一の大きさで、これらにより群が構成されている。卓越した規模の墳墓はないが、傾向としては一群と同じように、大型墓と小型墓とに別けられるのである。

三群にあげられた東松山市下道添遺跡や根岸裏遺跡は、道路幅を中心とした発掘調査のため、未調査部分に卓越した墳墓が存在した可能性は否定できない。あえて三群に近いものでは群馬県高崎市の鈴ノ宮遺跡（図12—⑤）があげられる。鈴ノ宮遺跡では、全長二〇・七m、後方部長一三・二mの前方後方形の7号墓に対して、1号方形周溝墓は方台部長が一五・七mで、つまり前方後方形の後方部長より大きい方形周溝墓が存在している。また、4号墓（全長一七m、後方部長一三・二×一一・五m、主軸に対して横長）と11号墓（全長一六・五m、後方部長一一・四m）も前方後方形を呈しており、盟主墓と推定できる墓が複数ある。ただし、1号墓は7号墓全長の八分の六の規模で、後方部長辺が7号墓と同規模の4号墓では、飯合作1号墳と同様に、主軸に対し後方部を横長として全長を短くしている点などを勘案すると、7号墓を盟主とする集団を想定でき、より集団間の紐帯の強さが感じられる。しかし、3・5・8号墓は一辺が七・五～八・五m（1号墓の二分の一の規模）であり、必ずしも大型のものばかりが集中するのではない。このような様相は飯合作遺跡や石蒔B遺跡と同様といえよう。

四群には埼玉県戸田市の鍛冶谷・新田口遺跡をあげられているが、この遺跡で方形周溝墓とされている遺構は周溝の廻る住居跡ではないかと近年になって疑われている（及川一九九八・一九九九、福田二〇〇〇）[注4]。村田氏が示された表でも他の傾向と異なっており、方形周溝墓群ではないものが含まれている可能性が大きい。

すなわち、四群を除く一～三群は傾向としては同じことがいえるのではないだろうか。つまり、盟主墓が際立って大型になるか、あるいは近接するかの違いのみであり、前者の場合より後者のほうがより集団間の紐帯の強さをあらわしているのではないかと考えられる。後者はまた、中耕遺跡や稲荷前遺跡のように、大きな盟主から半独立的に集団墓を構成した一群という捉え方もできよう。このように群集する方形周溝墓には、個々の大きさを含めたきちんとした規格のもとで、築造が行なわれていたと考えられるのである。

四　規格的な造墓の意味

墓群には盟主墓があって、それ以外の墓が盟主墓の数分の一という定数的な規模で築造されている可能性を指摘した。第一節において、小型の墳墓では方台部の長辺に古墳の築造と同様の八分割「区」を設定していたとは考えにくいと述べた。このような状況から八分割「区」が設定されたのは盟主墓のみで、他は盟主墓を基準としてより簡素化されて築造されていたのではないだろうか。そして、墓域の形成は盟主墓の築造を端緒として、ほぼ一斉に築造されたと見なすことができるのではないだろうか。盟主墓として存在する墓が一基ないし二基であった場合、その墓域は数世代にわたって累世的に築造され続けたのではなく、存続期間は一世代あるいは二世代に過ぎないのである。すなわち墓群は幾世代にわたって群構成されたのではなく、盟主の権力継承をきっかけとして一斉に築造され、その盟主の死によって完結するということになる。

伊藤敏行氏は、方形周溝墓は切り合い関係がわずかであり、単独墓を基本とした構築がなされていたと指摘されている（伊藤一九九六）。計画的に一斉に築造されたからこそ、切り合わずに整然と築造されていたと考えられるのではないだろうか。すなわち、造墓段階では多くの被葬者はまだ生きていて、いわゆる「寿墓」として築造されたわけである。切り合い関係があるものについて、一斉築造ではない根拠と見る場合もあろうが、「寿墓」の築造後に被葬者達が一斉に死を迎えた可能性は少ないであろう。つまり被葬者の死をきっかけとして、「寿墓」の区画を掘り直すことによって切り合い関係が生じたものと考える。一方、盟主墓が後出なのではないかという例は多々ある。飯合作遺跡の検討の中で、報告者は出土の土器に古い様相を残すことを根拠とし、Ｄ20号墓の一群が古いとされている。しかし「寿墓」として築造が終了した後に、この被葬者が盟主より先に没した可能性もあろう。また、「寿墓」築造時の祭祀による土器と、被葬者の死をきっかけとした墓前祭祀の土器に時期差が生じることも考えられる。Ｄ20号墓の一群が先行したものであっても、１・２号墳と若干距離を保っていることから、一世代前の盟主という捉え方もできよう。いずれにしてもＤ20号墓の規模は、４号墳やＤ13号墓とほぼ同規模で、２号墳の後方部長の二分の一であるなど、他の墳墓の規模に反映されており、関係の深いことが推察される。

寺沢薫氏によれば、近畿地方での方形区画墓の築造は、旧家長の死に伴って新家長の家長権の継承を契機としたと考えるのが最も合理的とされている。そうでなければ、家長より早世した成員を埋葬する場がなくなってしまうからである（寺沢一九九〇）。近畿地方では一基の区画墓から複数の埋葬施設が検出されており、複数の埋葬が直系や傍系の家族単位として把握できることから考えられたように思われる。これに対して関東地方では、埋葬施設が単独であるものも多く、複数あっても家族全員というほどの数を検出するのは稀有である。また、削平されたためか埋葬施設がまったく検出されない例も少なくない。

　このような現状から近畿地方の方形区画墓と同様には捉えられないが、一墓につき単独埋葬が通例だとすれば、家族や従臣の墓は複数埋葬墓よりも多数必要となる。それらが規格をあてがわれて整然と配されている状況は、一斉に築造されたことを示すものではないだろうか。第二節で述べたように、石蒔B遺跡で三基の方台部の一隅がともに八五度の角度となる築造時の「クセ」とも思える平面形の規則的な歪みも、その根拠とならないか。埋葬施設がない例は「寿墓」の築造後に何らかの事象によって埋葬されなかったものも含まれるのではないだろうか。

五　造墓における規格採用の時期

　それでは関東地方において、規格をもつ計画的な墓群はいつから築造されたのであろうか。初期段階の方形周溝墓群である神奈川県歳勝土遺跡（坂本一九七五）では、中期後半の整然と区画された方形周溝墓が二六基検出されている。ここでは、四隅に陸橋を設けるタイプと、台地の縁辺部に「Ｌ」字あるいは「コ」字状に溝を囲んだタイプがあった。一辺が長いのはやはり四隅に陸橋を設けたタイプで、最大の3号墓の方台部は一一・八×一一・五ｍである。一辺が短いものは、「Ｌ」字や「コ」字状のものに集中するが、最小のものは「Ｌ」字タイプの一辺五・二×二ｍであり、3号墓の二分の一となっている。また、四隅に陸橋を設けたタイプの中で一番小さい5号墓は、七・二×六・八ｍであるが、これは3号墓の八分の五となっている（図13）。このように、古墳時代の方形周溝墓における規模の格差に比べると小さいが、整然と展開する弥生時代中期の方形周溝墓にも規模の格差が認められることから、その墓制が導入された段階から規格化されていたのではないだろうか。

ちなみに東海地方では、方形周溝墓の最古例は弥生前期後半で、一宮市山中遺跡の四隅に陸橋をもつタイプとされ、中期中葉では朝日遺跡に三〇m級の方形周溝墓があり、後期中葉（一世紀末～二世紀）には特定個人墓として岐阜市瑞龍寺山山頂墳が築造されるという（赤塚二〇〇四）。関東地方において四隅に陸橋をもつタイプの方形周溝墓が導入された時期には、東海地方では個々の規模に大きな格差のある方形周溝墓の築造が始まっていた。つまり関東地方では、東海地方の社会情勢を背景に導入された墓制であったため、規格化されたものを当初から受け入れたと考えられるのではないだろうか。ただし、古墳時代の群集する墳墓より規模の格差が少ないのは、関東地方においては依然として集団的結束力が強く、盟主の台頭が弱かったからだと考えられよう。

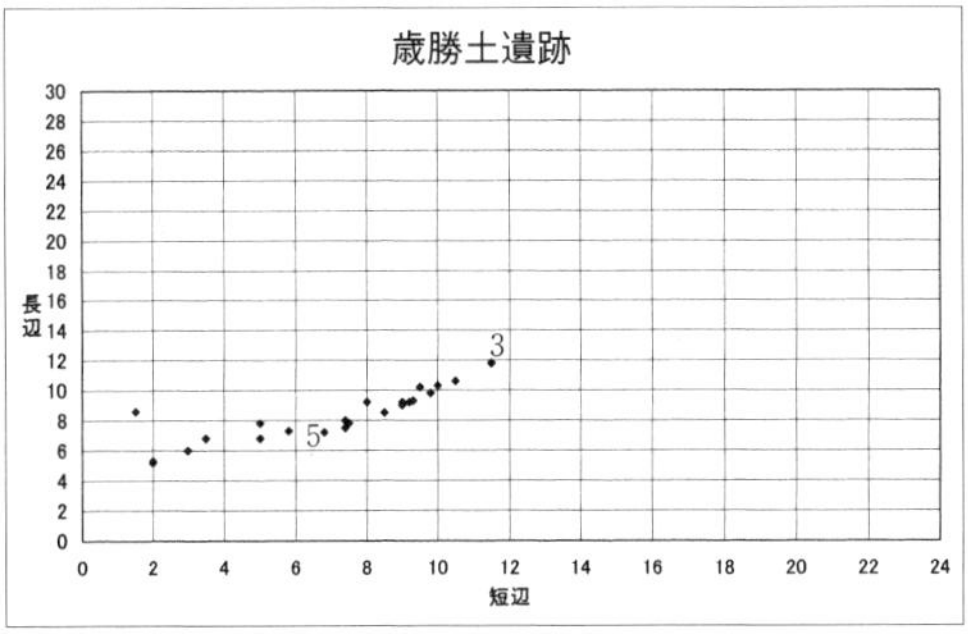

図13　歳勝土遺跡の方台部の規模

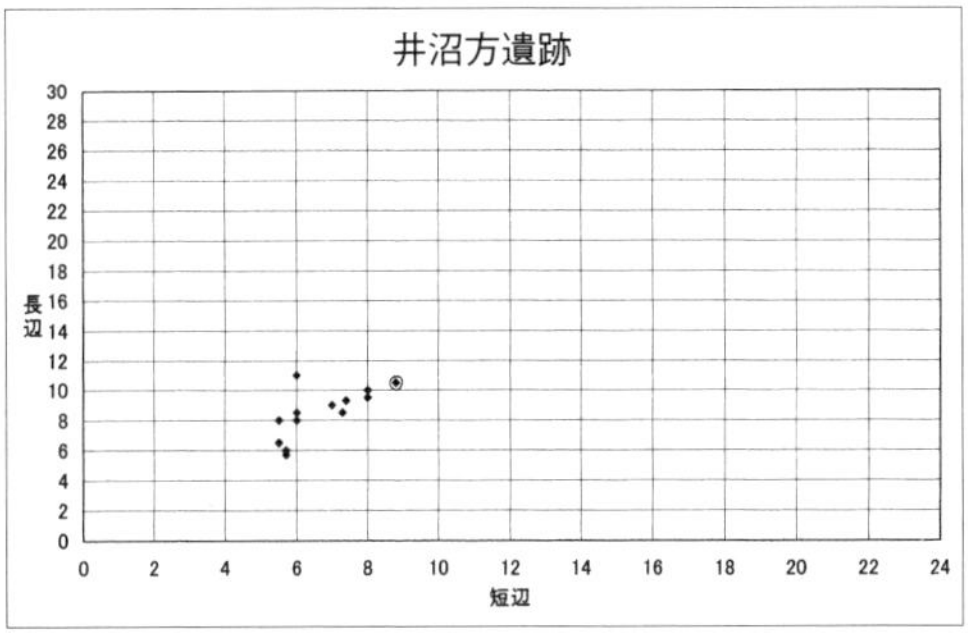

図14　井沼方遺跡の方台部の規模（◈は9号墓）

弥生時代後期の方形周溝墓群とされる埼玉県さいたま市の井沼方遺跡では、9号墓（一〇・五×八・八m）の主体部から鉄剣とガラス玉が出土し、中心的な墳墓と捉えられている（柳田ほか一九九四）[注5]。井沼方遺跡で全体の規模がわかっている最小の方形周溝墓は3号墓（五・七×五・七m）で、9号墓の約二分の一となっている。しかしその他の方形周溝墓と規模の格差はほとんどない（図14）。また、7号墓（八・五×七・三m）からはヒスイの勾玉、6号墓（九・三×七・四m）からガラス玉が出土している。井沼方遺跡は、豊かな経済力を有した集団墓として存在し、９号墓だけが突出した盟主という姿ではないようである。盟主墓とされる墳墓とその二分の一の規模の墳墓が存在するものの、盟主墓の規模が突出していない様相は弥生時代中期の歳勝土遺跡と同様である。関東地方では、突出した盟主墓の出現はやはり古墳が築造される古墳時代になってからなのであろう。

このように方形周溝墓のあり方は時期によって少しずつ変化はあるものの、当初より規格化され、整然と築造され続けたのだと考える。

おわりに――方形周溝墓と古墳――

古墳築造以降にも存在する方形周溝墓は、弥生時代から続く伝統的墓制として、特定個人墓あるいは単独墓とされる古墳との隔絶性が言及されてきた。しかし、誰もが「古墳」と呼称する出現期の古墳も、単独で存在している例は少ない。埼玉県江南町に所在する塩古墳群は、前方後方墳二基、方墳二基の遺跡で、方形周溝墓の密集する状況と変わらない（新井一九九三）。けれども主墳である前方後方墳は全長三六ｍという規模であるためか、これらを誰も方形周溝墓と呼称しない。また飯合作遺跡も古墳と方形周溝墓と呼びわけていたが、群馬県玉村町の下郷遺跡（図12―⑧）では、同時期の群集する墳墓を前方後方墳（全長四二ｍ）と方形周溝墓とにわけられている（巾ほか一九八〇）。下郷遺跡のＳＺ01方形周溝墓は溝の一端の部分発掘であったが、方台部長二四ｍと推定される規模で、溝内から焼成後に底部穿孔された複合口縁壺が多数出土し、これらが方台部に整然と並べられていた可能性が指摘されている。複合口縁壺はいわゆる埴輪壺と同種のもので、報告者も方形周溝墓として妥当なのか疑問視されている。[注６]このように、実態が同じものを無理に別次元のものと捉えようとしていないだろうか。

さらに独立墓とされる前方後方墳を見ていくと、新潟県巻町の山谷古墳（全長三七ｍ）では、陪塚状の小マウンドが二基配置されていたのが確認されている（甘粕ほか一九九三）。埼玉県児玉町の鷺山古墳（全長六〇ｍ）でも、南側尾根筋に数基の古式土師器を出土する古墳の存在がわかっている（坂本一九八六）。こういった陪塚の存在は、方形周溝墓が群集する姿と基本的に変わらないのではないか。

長野県千曲市（旧更埴市）の森将軍塚古墳は全長一〇〇mを測る前期の前方後円墳である。この古墳の前方部や墳裾から、埴輪棺一二基と組合式箱形石棺六四基が検出されている。これらは前方後円墳築造後まもなく埋納が開始され、約一〇〇年の間設置され続けたと考えられている（土屋一九九二）。特に埴輪棺については、接合関係から再利用されたものと、当初から埴輪棺として本来の埴輪とほぼ同時期焼成されたものがあるという（山根一九九二）。このことは、埋葬を目的とする埴輪棺を、当初から埴輪とともに計画的に焼成されたと考えられ、かつ首長墓の聖域を囲んでいたものを抜き取って棺としたのである。報告者は首長と同族者グループの存在を考えられている（土屋一九九二）が、盟主に付き従う家族や従臣は盟主の周辺で計画的に埋葬されている姿がそこにあるのではないだろうか。特定個人墓と呼称される古墳も単独墓ではないのである。

方形周溝墓群が計画的かつ一斉に築造されたとするならば、土地を占有し、土木工事を行なうその労働力や結束力は莫大なものとなろう。このようなエネルギーを盟主のために集中させ、結実した姿こそが、巨大化した古墳なのではないだろうか。

古墳と方形周溝墓では築造規格に共通性が見出せたことが従来までの私の結論であった。それに加えて今回、同一遺跡内の方形周溝墓は規格とともに規模にも規則性があり、盟主墓の数分の一という取り決めがなされていたと考えられた。そうだとすると、方形周溝墓群は権力を引き継ぐ際に「寿墓」として一斉に築造されたのではないか。それは盟主を中心とした身分的秩序を死後の世界にも表現する場として、さらに権力の象徴として存在していたのであり、古墳築造の原理と変わることはないと考える。

最後になりましたが、発表の機会を与えてくださった山岸良二先生には心より御礼申し上げます。

注

（1）『日本書紀』大化二年丙午甲申条（『新訂増補國史大系　日本書紀　後篇』吉川弘文館、一九七一年による）。

（2）仭は尋の半分の長さ、歩は二歩の長さで、時代によって異なるが、古代では、仭は約四尺、歩は約六尺といわれる（小泉編一九九〇）。

（3）山岸編一九九六では、関東各地の研究者によって、規模の時期別の動向が表やグラフによって提示されている。

（4）筆者もさいたま市大久保領家片町遺跡について、規格の検討から重複の激しい方形周溝墓とされる遺構に住居がまぎれているのではないかと指摘した（駒見二〇〇一）。

（5）井沼方遺跡は第28地点にわたる部分発掘が行なわれ、関連報告書も二一冊を数える。一二次調査時点で以前の遺構番号を整理して付け替えている。今回使用した遺構番号は付け替えた後の番号となっている。

（6）ＳＺ01号方形周溝墓は前方後方墳であった可能性も指摘されている（巾ほか一九八〇）。

文献

赤塚次郎　二〇〇四「東海地方の方形周溝墓」宇津木向原遺跡発掘四〇周年記念『方形周溝墓研究の今Ⅱ』方形周溝墓シンポジウム実行委員会

新井　端　一九九三「塩（しお）古墳群」『シンポジウム二　東日本における古墳出現過程の再検討』日本考古学協会新潟大会実行委員会

甘粕　健ほか　一九九三『越後山谷古墳』新潟県巻町教育委員会・新潟大学考古学研究室

石部正志・田中英夫・堀田啓一・宮川　徏　一九七七「畿内大型前方後円墳の築造企画について」『考古学研究』八九号

石部正志・田中英夫・堀田啓一・宮川　徏　一九七八「前方後円墳の築造企画の基準と単位」『考古学ジャーナル』一五〇

号
伊藤敏行　一九九六「群構成論」『関東の方形周溝墓』同成社
大村　直ほか　一九八一『神谷原Ⅰ』八王子資料刊行会
及川良彦　一九九八「関東地方の低地遺跡の再検討（一）」『青山考古』一五
及川良彦　一九九九「関東地方の低地遺跡の再検討（二）」『青山考古』一六
小泉袈裟勝編　一九九〇『図解　単位の歴史辞典―新装版』柏書房
駒見佳容子　一九九三「前方後方墳の規格」『土曜考古』一七号
駒見佳容子　二〇〇一「方形周溝墓の規格―方形周溝墓にまぎれた〝住居〟との区別」『利根川』二二号
坂本　彰　一九七五『歳勝土遺跡―港北ニュータウン地域内埋蔵文化財調査報告Ⅴ』横浜市埋蔵文化財調査委員会
坂本和俊　一九八六「一鷺山古墳（二）立地と環境」『埼玉県古式古墳調査報告書』埼玉県県史編さん室
佐藤忠雄ほか　二〇〇三『石蒔B遺跡』岡部町教育委員会
杉崎茂樹ほか　一九九三『中耕遺跡』埼玉県埋蔵文化財調査事業団報告書第一二五集、（財）埼玉県埋蔵文化財調査事業団
田口一郎ほか　一九七八『鈴ノ宮遺跡』高崎市教育委員会
中央高速道八王子地区調査団編　一九七三『宇津木遺跡とその周辺』考古学資料刊行会
土屋　積　一九九二「周辺埋葬施設論Ⅰ　森将軍塚古墳の墓域構造について」『史跡森将軍塚古墳報告書』長野県更埴市教育委員会
寺沢　薫　一九九〇「青銅器の副葬と王墓の形成―北九州と近畿にみる階級形成の特質（Ⅰ）」『古代学研究』一二一号
富田和夫ほか　一九九三『稲荷前（B・C区）』埼玉県埋蔵文化財調査事業団報告書第一四五集、（財）埼玉県埋蔵文化財調査事業団
沼沢　豊ほか　一九七八『佐倉市飯合作遺跡』（財）千葉県文化財センター

巾　隆之ほか　一九八〇『下郷』関越自動車道（新潟線）地域埋蔵文化財発掘調査報告書第一集
福田　聖　二〇〇〇『方形周溝墓の再発見』同成社
方形周溝墓シンポジウム実行委員会　二〇〇四　宇津木向原遺跡発掘四〇周年記念『方形周溝墓研究の今Ⅰ』
宮川　徏　一九八三「前方後円（方）墳の設計と尺度」『季刊　考古学』三号
村田健二ほか　一九九〇『広面遺跡』埼玉県埋蔵文化財調査事業団報告書第八九集、（財）埼玉県埋蔵文化財調査事業団
柳田博之ほか　一九九四『井沼方遺跡発掘調査報告書（第一二次）』浦和市遺跡調査会
柳　亮　一九六五『黄金分割　ピラミッドからル・コルビュジェまで』美術出版社
柳　亮　一九七七『続黄金分割　日本の比例』美術出版社
山岸良二編　一九九六『関東の方形周溝墓』同成社
山根洋子　一九九二「埴輪棺群のまとめ」『史跡森将軍塚古墳報告書』長野県更埴市教育委員会

挿図

図1・5・8・10図は各発掘調査報告書より引用。

方形周溝墓における資料の記述と文脈
——儀礼論のための基礎的な問題——

福田　聖

一　はじめに

人は生まれてから死ぬまで、様々な祭祀を行なう。それが抗《あらが》いようもない「自然」に囲まれた人間の唯一の対処法だからである。祭祀の身体的所作である儀礼的行為は、これだけ機械に取り囲まれた現代の生活でさえ枚挙に暇がない。我々が検討の対象としている過去の世界も、そのような祭祀が行なわれ、日常的な儀礼的行為に満ちていたことが、豊富な文献や民俗例から知られている。そういった資料がない時代、まさに我々が検討を繰り返している時代も同様であったと思われる。ところが、そのような過去の儀礼を、文献や民俗例から得られた情報をもとに説明すると、研究者のみならず、一般の方からも胡散臭いという感じで見られてしまうことが多い。私がかれこれ一五年ほど検討の対象にしている方形周溝墓の死者儀礼に関する説明についても、そのような場面が度々あった。

この一般の方々も含めて持たれてしまう胡散臭さとはどこから来るのだろうか。そこに何らかの考古学における儀礼論の欠陥、弱点が隠れていると思われる。そして、その欠陥の克服こそが、少なくとも胡散臭いとは感じられないほどの確実性を儀礼論に与えるものと思われる。

本稿では、この予想される欠陥について考え、確実性の高い儀礼論、特に方形周溝墓についての儀礼論のために何が必要かを検討する。

二　儀礼論の弱点

考古資料を解釈し、具体的な意味を与える時に我々はどのようにしているのであろうか。多くの場合には他の学問の文脈になぞらえて論を進めているはずである。それは、そもそもどこにも何も書かれていない、言葉も発しない、使用しているところを見ることもできない考古資料からは、現代の我々に通ずる意味を明らかにできないからである。こと意味に関しては、考古資料は他の学問への依存性があることを認めざるを得ない。にもかかわらず、ほとんどの場合には、そのことが無自覚に行なわれているように見受けられる。自覚的に行なわれていたとしても、もととなる他の学問が資料を記述する体系（文脈）について無批判であることも多い。残念ながら現状では他の学問のエッセンスを都合よく取り込みながら説明が行なわれているのである。

こうした事態が続くと、考古資料を置いた考古学の文脈と、他の学問の文脈の間に次のような段階で軋轢が生じることになる。

①考古資料の検討を行ない、資料を考古学の文脈に置く。
②その文脈を他の学問の文脈に置きなおす。【その時他の学問を無批判に使う。】
③他の学問をどのように組みなおして、考古学的な文脈と置換したのかを表明していない。
④他の学問の言葉を使って解釈する。
⑤他の学問からの批判に答えられない。
⑥胡散臭い

ここでは何が問題なのであろうか。疑問点を端から並べていくと、まず考古学の文脈、資料が置かれる文脈とはどのようなものか。他の学問の文脈とはどのようなものか、それをどのように組みなおすのか。他の学問を批判するとはどのようなことか。その言葉と考古学の言葉はどのような関係性をもつか。このような各点が、これまでの儀礼論では説明されていない。これが胡散臭さのもと、つまり儀礼論の弱点なのではないだろうか。

「方形周溝墓と儀礼Ⅱ」では、考古学的な論理を妥当なものとする「合理的受容可能性」、受容可能な整合性について検討し、フィクションと歴史記述とがこの点によって区別されることを述べた。

同じ方向性として、儀礼の解釈、意味を与える行為がフィクションの誹りにさらされるならば、何をもってそれがフィクションと妥当な解釈とを分けるのかを明らかにしなければならないだろう。そうでなければ、先に述べた論理の受容可能な整合性が確保されず、歴史記述にはなりえない。恐らく、この点が儀礼論の成否を分ける鍵になると思われる。

そのためには、先ほど述べた考古学の文脈がいかにして構成されるのか。考古資料を考古学的な文脈に置くとはどのようなことを指しているのか。そして、その前提となる考古学における資料の記述とはどのようなものかを見つめ直す必要がある。

三　単独性の記述

資料がどのような記述をされることによって意味を与えられるのかについて、記述そのものの問題について述べておきたい。「方形周溝墓と儀礼Ⅱ」（福田二〇〇五b）では、検討の視点、パースペクティブの問題、そして論理の妥当性がいかにして保証されるのかという点について述べた。ここでは、それを受けて、資料の記述がいかにして行なわれ、何が問題かを考えてみることにしたい。

資料の記述に関して、まず避けて通れない問題として固有名と単独性の問題がある。私はこの長年の哲学的問題について自分の考えが述べられるほど精通していないが、モノについて述べる際にやはりこのことを看過するわけにはいかない。様々な議論があるのは充分承知しているが、ことモノに関わる記述の問題として私は次のように考えている。

例えば、第一号方形周溝墓から出土した実測番号41の土器は、「複合口縁で、「く」の字状に球形の胴部に接合する赤彩された壺」と記述されたとしよう。一般的に考えれば、この記述によってこの土器の属性をあらかた掬い上げているように見える。ところが、他にもそういった土器はたくさんある。とするならば、この記述は「実測番号41」の土器に固有のものでは無いということになり、この記述のみでは「実測番号41」は指示できない。この「実測番号41」という固有名を持つ土器そのものについては、固有の説明の記述ができないということである。固有名のみが普遍的なもので、一般的な説明はそういった普遍性を持たないのである。

今さらいうまでもないが、固有名を持つものは単独である。上述のように記述が困難であるならば、その単独性については記述できないということになる。固有名を持つモノ、それはまるでピカピカしてツルツルしている感がある。つかまえられないのである。

しかし、このことのみに拘泥すると何も話せないことになりかねない。このような原理的な問題を孕んでいることを承知しながら、記述を進めるしかない。つまり、単独性を承知しつつも、それを個別性として置き換えることにより、記述を進める形をとらざるを得ないのである。

ここでいう個別性とは、集合の一つという意味である。このことは定義と部分集合の関係によく似ている。『方形周溝墓の再発見』でも、方形周溝墓を定義しようとする中で同様のことを述べた。要素をいくら積み重ねても「方形周溝墓」そのものにはならない。諸属性の束の記述をいくら続けても、「方形周溝墓」にはならない。つまり、いくら一般性に基づく記述を行なっても、普遍的な方形周溝墓にはならない。それは指示するものが異なるからである。したがって、記述をするという作業は、個別性について説明する記述の束によって網を作り、単独のモノを包み込むことによって、その網が単独のモノの身代わりで、一般化していると信じて行なっているのである。単独性と個別性、普遍性と一般性のすり替えが行なわれている。

同時に、その記述そのものの中にこの単独性の問題が含まれていることにも着目する必要がある。実測番号41の土器について、「この土器は（40の土器に比べて）胴部が丸く、口縁部の立ち上がりがシャープである。」という記述を行なった場合、括弧の中のことが前提になっている。つまり、41の土器について、何も比較対照がない形で記述することはできないということである。しかも、それはその状況が他の状況と何かが違う事が意識された時のみに可能となるものである。そうしてみると、そのものを記述できない記述はいわば差異の体系として選択的に構成される事になる。差異の記述は、それが他とどのように異なるかを明らかにすることによって、その資料の座標を表示する。

そうした記述の束は一定の規則によって、一つの文脈を構成する。この規則が文法である。文脈は前述の網と同様のもので、先の座標を表示する。

四　資料の意味と文脈

資料の意味はどのように与えられているだろうか。実は先ほどの固有名の説明と同様に、資料そのものには意味がない。では意味は資料がどのような状態の時に持たされるのか。資料が意味を持つのは先に述べたような記述の網である文脈に据え置かれる時である。考古資料の場合も同様である。考古資料もただそれだけでは意味を持ちはしない。観察する者がそれを語るときに、ある文脈の中にその資料を置き、その文脈の中で通用する意味付けをする。意味を与える行為は、それをある文脈の中で語る、あるいはその出土状況をある文脈の中で語ることによって、意味づけをしようとした時のみに立ち上がってくるのである。こうした意味は、いうなれば実践的な意味である。意味は、本来的に内在してあるのではなく、後付けなのである。

例えば方形周溝墓でどのように儀礼が実践されたのかを考え、記述することによって意味が立ち上がってくるのである。

こうした意味は文脈によって構成され、文脈依存性を持っている。したがって、ここで与えられる意味は選択的であり、それのみに固有のものとはいえないことになる。確かに資料の意味が文脈によって異なるのだとすれば、文脈の数だけ意味が与えられるように感じられる。しかし、そうではないであろう。「方形周溝墓と儀礼Ⅱ」では、受容可能な論理の妥当性について述べたが、意味がこのような文脈によって構成される、いわば論理であるとするならば、同様の受容可能な妥当性を持たねばならない。

この受容可能な妥当性は、絶対的なものではなく、「程々の過去、程々の妥当性、つまり変化する可能性を常に内包した」（福田二〇〇五b）ものである。こうした妥当性は、これまで述べてきた単独性を一般性に置き換え、文脈によって「意味」を構成するという「意味づけ」の行為の持たざるを得ない貧弱さ、曖昧さからも首肯できると思われる。

「儀礼Ⅱ」で述べたように、論理の受容可能な妥当性を確保するためには、「充分な」「帰納」と「演繹」、「資料」と「型式」の循環関係が必要である。では、「意味」についてはどうであろうか。これまで述べてきたように、そこにはどうやら「充分」な文脈の存在が必要なようである。

他者は異なる意味体系である。我々が知ることができる過去の人々の行為、それによって推測される行為的意味[注1]は、いわば異なる意味体系に基づいている過去の人々という他者の行為的意味である。我々の試みは、それを現代の我々の言葉に翻訳しようというものである。

行為的意味については、大概の場合無自覚である場合が多い。それが、意味を問われること、意味を交換することにより自覚される。とするならば、ただ実践されていることには自覚的な意味はなく、自覚されていない意味が隠されていることになる。

我々は資料を通して当時の人々が、行為を実践することによって付与した自覚されていない意味を、我々の言葉で与えようというのである。それこそ程々の妥当性を目指して。

そうした行為を支える考古学的文脈とはいかなるものであろうか。

五　報告書と四つの位相

考古学的な文脈の上述のような意味との関係を前提とした上で、我々が普段から用いている考古学的な文脈について検討してみよう。

我々が普段から接している考古学的なテキストとして、報告書と論文を挙げることができる。

言うまでもないが、報告書は出土した資料に関する事実を報告したもので、現在、次のような体裁をとるものがほとんどである。

①　調査に至る経緯
②　調査の組織
③　遺跡の立地と環境
④　遺跡の概要
⑤　遺構と遺物
⑥　まとめ

この中には資料に関するどのような文脈が含まれているだろうか。ここでは後ほどの論理的文脈との関わりもあるので、埼玉県熊谷市小敷田遺跡第一号方形周溝墓（吉田一九九一）の報告書の記述を例に、資料に直接接する位相からみていこう。

この四つの位相は資料の座標と資料間の相互の関係を示すものである。おおよそ、出土状況に関するもの、出土遺構に関するもの、遺構の分布状況・構成に関するもの、遺跡群・地域に関するものが考えられる。位相間で相互に交叉することも多い。

第一は資料に直接関係する出土状況である（図3）。資料は現象論的な位置を与えられる。平面的、層位的位置関

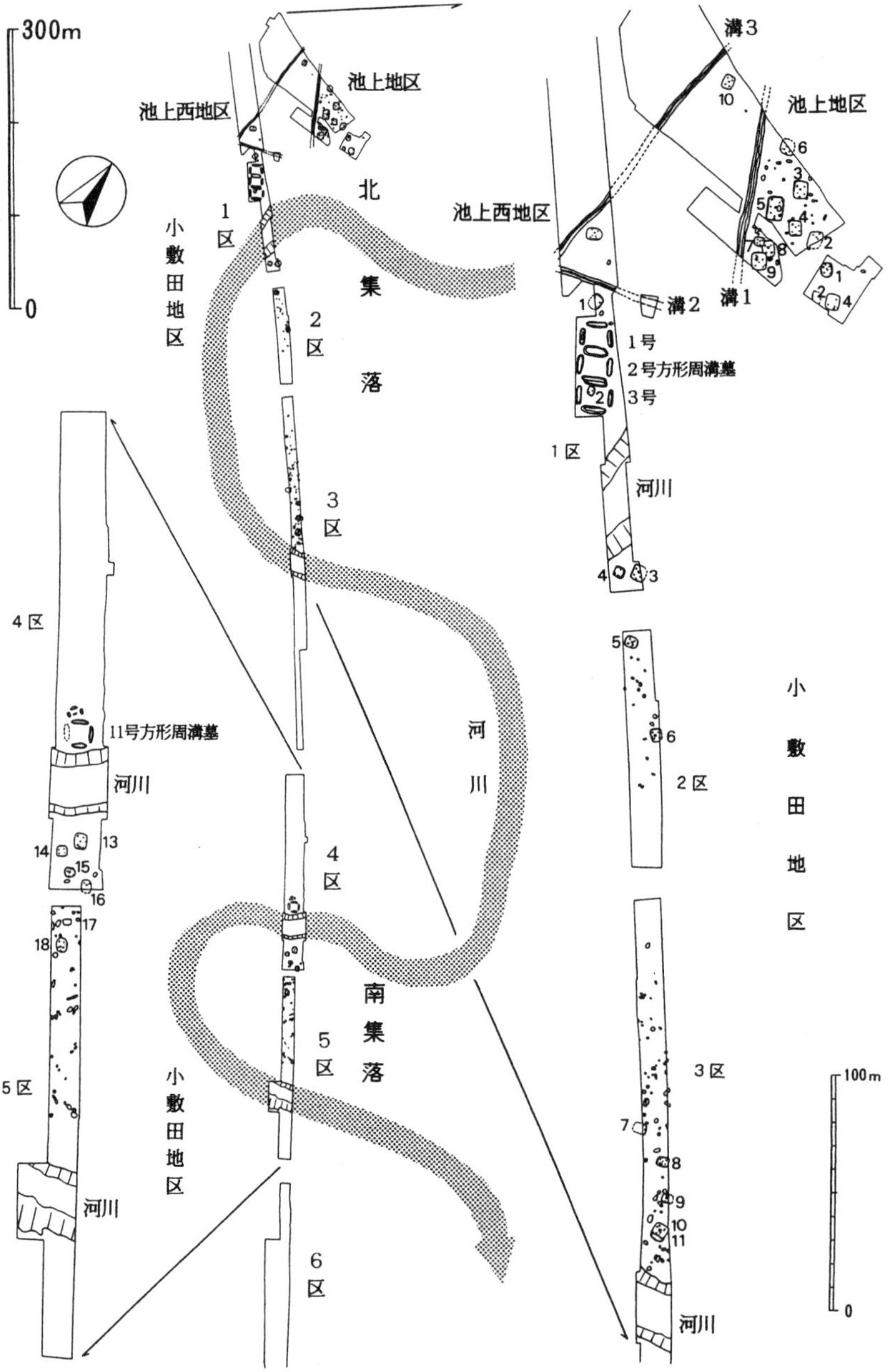

図1　池上・小敷田遺跡全体推定図（石川2001より転載）

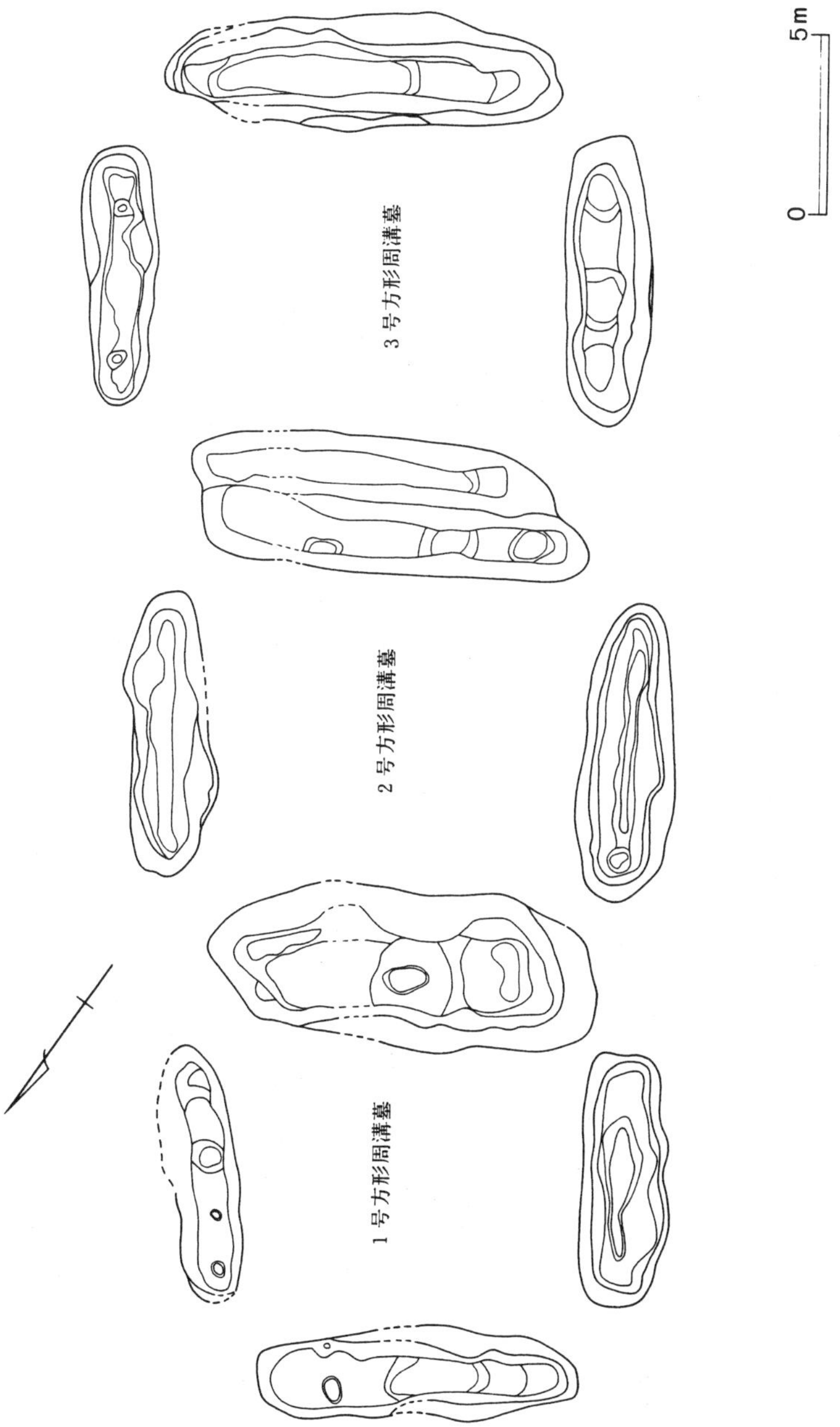

図2　小敷田遺跡第1～3号方形周溝墓（吉田1991より転載）

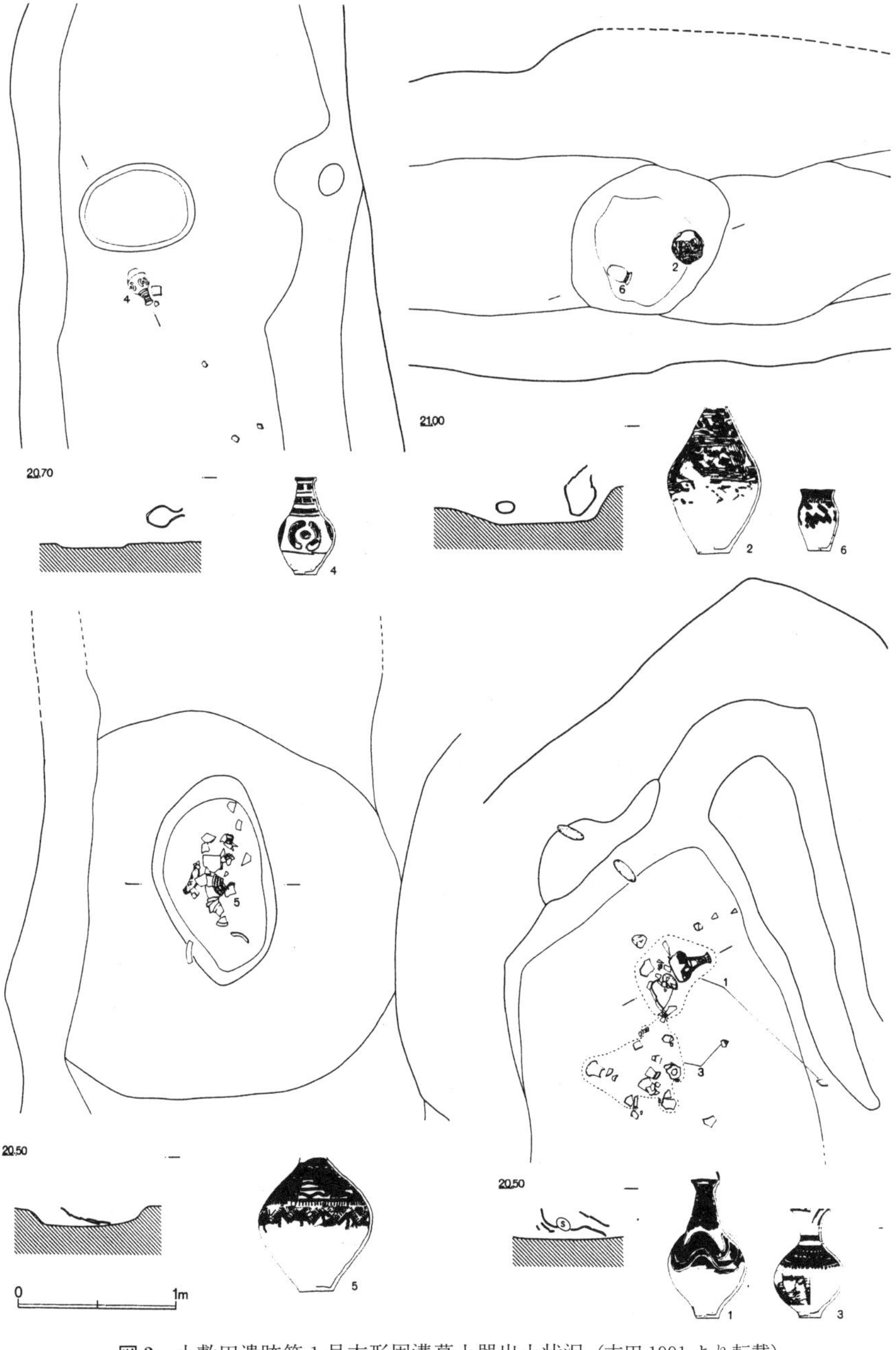

図3　小敷田遺跡第1号方形周溝墓土器出土状況（吉田1991より転載）

係として表示され、一つの遺構に複数の状況が累積的に生じていることもある。

「出土遺物は、東溝中央部の窪みより第23図2の壺が直立して、第24図6の甕が横転した状態で出土している。南溝中央部の窪みよりは、第24図5の壺（本稿図4―5、以下同様、福田註）が潰れた状態で第23図1の壺は個体中央部よりの《ママ》自然礫によって破砕された状態で、第23図3の壺は、小破片が散乱した状態で出土した。また北溝中央部より自然礫五個がまとまって、北東側の窪みのやや浮いた状態で第24図4の壺が横転して出土している。」（同 pp. 31ll28・29、pp. 32ll1～3）

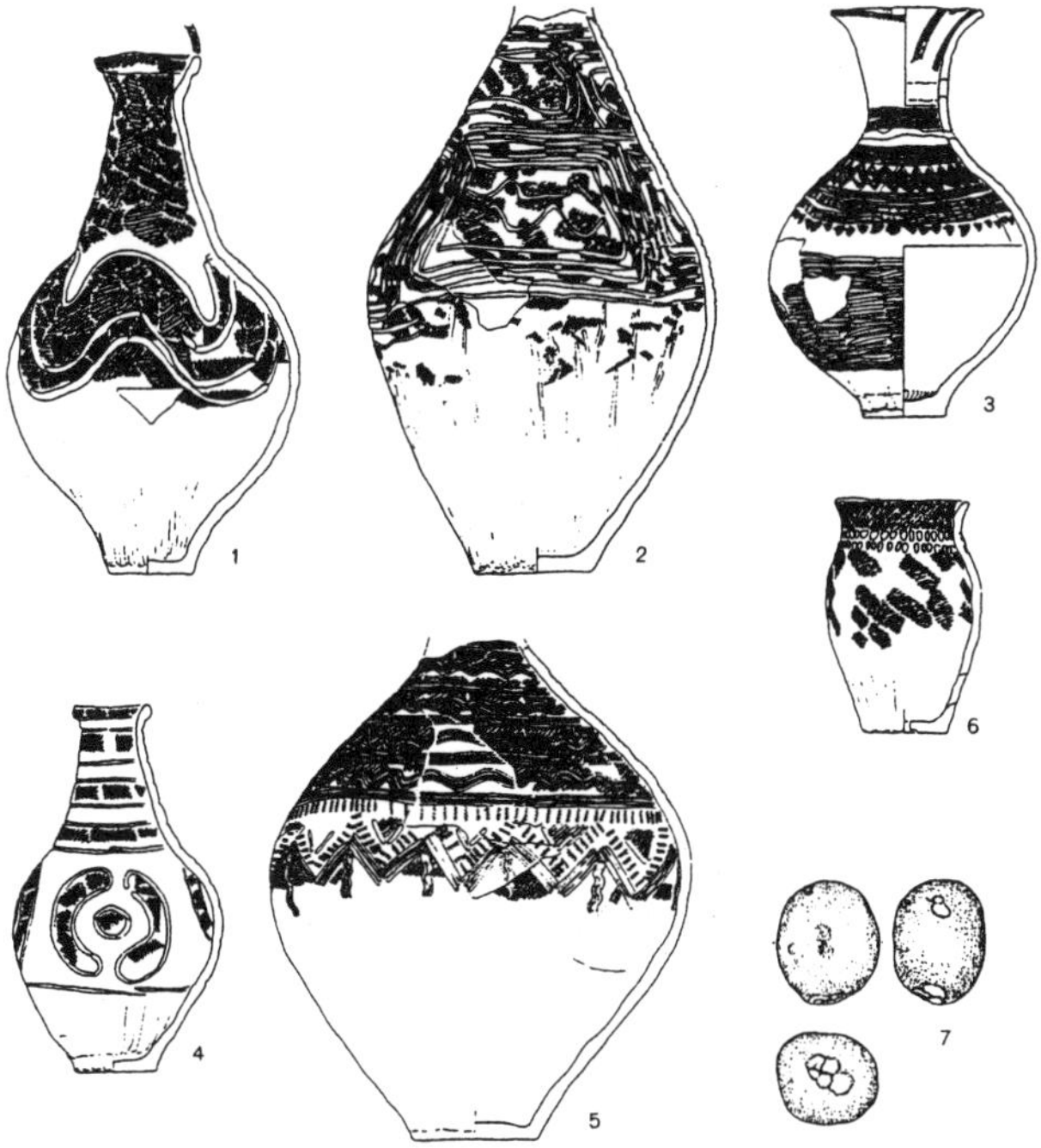

図4　小敷田遺跡第1号方形周溝墓出土土器（吉田 1991 より転載）

第二は遺構に関係する記述である（図2）。

「プランは北東―南西方向にやや長い長方形を呈し四隅が切れる。主軸はE―40°―Nにとる。溝外法で一四・三〇m×一四・五〇m、内法で九・七〇m×七・六〇mである。東溝は、七・一〇m×一・八〇mで東側の一部を攪乱によって壊されている。深さは七〇cm前後で緩やかな擂り鉢状を呈する。溝中央部と北隅に土坑状の窪みをもつ。これらの窪みは、土層断面観察から溝構築時のものと判断される。中央の窪みは、径一〇〇cmで円形を呈し深さは、三〇cmである。西溝は、七・〇〇m×二・四〇mである。深さは、八〇cm前後で皿形を呈する。溝中央に沿って細長い土坑状の窪みがある。南溝は、第二号方形周溝墓の北溝と共有し一〇・二〇m×四・五〇mである。深さは、一一〇㎝前後で擂り鉢状を呈する。溝中央部および南西隅に土坑状の窪みがある。南西隅のものは、長径一四〇㎝で不整円形を呈し深さは、一五㎝である。中央のものは、長径一二〇㎝で不整楕円形を呈し深さ三〇㎝である。北溝は、九・〇〇ｍ×二・四〇ｍである。深さは、八〇㎝前後で皿形を呈する。溝中央部および北東側に土坑状の窪みがある。中央のものは、長径三〇〇㎝で楕円形を呈し深さ二〇㎝である。北東側のものは、長径七〇㎝で深さ一〇㎝である。方台部は、削平されており主体部は検出されなかった。」（同 pp. 30l16～27）

第三は遺構の分布状況、遺跡の内容に関するものである。

「調査区のほぼ中央で河川跡の北４～10―0003～0008グリッドにかけて三基連接して検出された。プランは、東西方向に長い方形を呈し四隅が切れる形で、隣あう溝を重複して南北方向に連続している。北側から第一号墓、第二号墓、第三号墓とし第三号墓北溝と第二号墓南溝、第二号墓北溝と第一号墓南溝が重複する。重複の度合いは、第一号墓・第二号墓間の溝が高く溝底のレベル差がほとんどないため共有する形になっている。また重複する溝の土層断面観察からこの三基の方形周溝墓は、南から第三号墓、第二号墓、第一号墓の順に比較的近接する時間内に連続して構築されたものと考えられる。また出土遺物のうち実測した六個体（第23・24図）は、全て第一号方形周溝墓に伴うと考えられる。」（同 pp. 30l7～14）

さらにここでは、第一号方形周溝墓が調査された一区の弥生時代中期の部分を掲出しておく。

「弥生時代中期の遺構は、住居跡四軒、方形周溝墓三基、土壙二基、溝一条である。住居跡は、方形周溝墓の北側に隣接して一軒、方形周溝墓の中に一軒、河川跡南側の微高地に二軒検出されている。これらの住居跡の主軸方向は、おおむね北北西方向を向いて一致している。またこのうち方形周溝墓内にある第二号住居跡は、プランの検出状況及び覆土埋没状況より方形周溝墓構築以前のものと考えられる。（中略）方形周溝墓は、三基連接して検出され覆土埋没状況より河川跡河畔部よりから順に構築したことが判明している。またこれらの方形周溝墓の主軸は、おおむね北東―南西方向を向いて一致している。さらに完形遺物が出土したのは、第一号方形周溝墓のみであるがこの方形周溝墓のプランは他の二基よりもやや小さい。調査区内においてこれらの方形周溝墓に連続する周溝は検出されていない。溝は、池上西遺跡において検出されたもので東

北東・西南西にむいて走向している。」（同 pp. 1413～23）

第四は、遺跡群、地域、といった具合にさらに上位のまとまりに関する記述である。

この四つの位相を、先の報告書の体裁と比較すると、第一・二の位相は⑤に、第三の位相は④に、第四の位相は③に近いものであることがわかる。

このような資料に関する段階的記述は、報告書が当初から構造的に持っているもので、これが資料に関する「報告書的文脈」と呼べるものと考えられる。

この「報告書的文脈」が次の「論文的文脈」と重なり合い、その目的に応じた重なり合いの選択が行なわれる。「報告書的文脈」と「論文的文脈」の交叉は、報告書では⑥に見られる。

六　論文における方形周溝墓の文脈

我々が接しているもう一つのテキスト、論文は文脈により考古学的な論理の形式を構成するものである。型式や様々なシステム理論といった考古学的な論理記述がこれに当たる。資料はその上に論理的位置を与えられる。方形周溝墓を対象とした論文において先の四つの位相はどのように認識できるであろうか。ここでは、私の過去の小敷田遺跡第一号方形周溝墓の記述をもとに、この四つの位相が、実際にどのように表現されているか考えてみたい（福田一九九五、福田二〇〇四、以下では「土器Ⅰ」「土器Ⅱ」と呼称）。

「土器Ⅰ」では、方形周溝墓の出土土器について検討を行ない、次のような記述を行なった。

「小敷田遺跡は元荒川流域の熊谷扇状地末端に位置している。今回対象とするⅠ期の周溝墓は四基検出されている。いずれも四隅切れの形態になると思われる。出土遺物量には多寡があり、検討できる資料を出土したのは一号と一一号である。

第一号周溝墓は、北東―南東方向一四・三ｍを測る。方台部は削平されており、主体部は検出されていない。各周溝は深さ七〇～八〇㎝ほどで、それぞれに土坑状の掘り込みが見られる。東溝のものは断面観察の結果から周溝掘削と同時に作られたとされている。

遺物は壺五個、甕一、石器一、自然礫九が出土している。出土土器のうち三～六は二次加熱の痕跡が見られる。一は胴部穿孔、六は底部穿孔である。北東溝中央の溝中土坑からは二の壺が直立して、六の甕が横転して出土している。前述のようにこの土坑は周溝掘削時に一緒に掘り込まれており、一と六は周溝墓完成後ほどなくその中に納められたものと考えられる。また五の壺も南東溝の土坑中から土圧によりつぶれた状態で出土しており、同様の可能性が高い。一の壺は南東溝の東立ち上がり部の底面で自然礫で破砕した状態、三も同じ位置で破砕した状態で出土している。一・三の出土した周溝の立ち上がりは階段状を呈しており、これらの遺物は周溝墓完成から程なく、周溝の入り口部における儀礼に使用された可能性が高い。四は北東溝中央の土坑付近から出土しているが、土坑からは若干離れており直接納められたものとは考え難い。層位的には方台部の崩落土と考えられる五層中からのもので、方台部から転落したと考えられる。

伴出遺物としては一を破砕したと考えられる自然礫がある。この他にも礫が出土しており、周溝墓の儀礼においてこれらが用いられたことはほぼ確実である。

また、周溝覆土最下層で方台部の崩落土と考えられる五層中には炭化物と焼土粒子が含まれており、方台部における火の使用が考えられる。また、この層中からは四の壺が出土しており、それがその際に用いられたものである可能性がある。」

（「土器Ⅰ」pp. 6111～135・pp. 711～19）

この記述は、「報告書的文脈」の第一～三と重なり合い、その中から検討対象とする「出土土器」に関する部分を抜き書きしている形になっている。

傍線はその抜き書きである出土状況に対して、それが儀礼的行為であることを前提として付与した意味づけ、解釈である。

「土器Ⅰ」では、埼玉県の比企地方と大宮台地南部、荒川低地の方形周溝墓出土土器について、「①土器そのものの変形行為、二次加熱の実見に基づく把握、②そこで得られた様相と出土状況の関係を把握する、③地域間の比較により共通点、相違点を明らかにし地域ごとの特徴を明らかにするといった方法」（「土器Ⅱ」pp. 139l4～6）により検討を行なった。

「土器Ⅱ」でも述べたように、大宮台地南部・荒川低地の資料の検討については、対象とした大きな部分を占める鍛冶谷・新田口遺跡の「方形周溝墓」の大部分が「周溝を有する建物跡」であったことが明らかになり、その成果は無効となってしまった。

一方の比企地域の弥生中期からの様相をまとめたのが表1である。

この検討では、まず器種については、古墳時代前期にいたっても大型壺を中心とした壺の優位性が継続すること、坩、器台、高坏の三種土器が限定された遺構から出土することが明らかになった。

土器への変形行為については、穿孔行為が弥生時代においては一般的でなく、古墳時代前期にいたって極度に肥大化した状態で実施されるようになった。破砕行為も同様に弥生時代では一般的でなく、古墳時代から上・中・下の各層で見られるようになる。二次加熱は中期から古墳時代前期まで継続して認められる。

また、周溝底、埋没途中、確認面直下といった複数次の土器使用行為が、弥生時代中期から古墳時代前期まで継続して認められる。

これが、先ほどの検討目的によって抜き書きした記述をもとに構成した比企地域における方形周溝墓での土器使用の状況である。このように、「論文的文脈」においては、「報告書的文脈」、すなわち資料に対する帰納法的記述を、考古学的論理を構成することを目的に組み替え、解釈、意味づけを行なっているのである。

その意味付けは、抜き書きの際とそれをもとにまとめあげた際に二重に行なわれている。

この仕組みは「方形周溝墓と儀礼Ⅱ」で述べた、帰納と演繹、資料と型式の関係によく似ている。この点に踏み込む前に、もう少し具体的な記述を見ておこう。

「土器Ⅱ」では、「土器Ⅰ」同様の方法を志向するものの、目を転じて関東地方全体を俯瞰してみることにした。

表1　比企地域の出土土器の様相
(福田 1995 より転載)

遺跡名	方台部	周溝	溝中土坑
小敷田 (Ⅰ期)	・周溝への完形土器(壺)の転落 ↓ 完形土器(壺)の遺棄行為 ・周溝へ焼土、炭化物が流れ込む ↓ 火を使用する儀礼	出入口部で土器（壺）を礫によって破砕 周溝底に土器を置く 土器（高杯、異形土器）を火を使用する儀礼に用いる	完形の土器を埋納する
《比企地域》 代正寺 (Ⅱ期)	・周溝への土器(壺)の転落 ↓ 土器(壺)の遺棄行為 ・周溝への焼土、炭化物が流れ込む ↓ 火を使用する儀礼	・陸橋部際底面からの完形土器（壺）の出土 ↓ 入り口部の儀礼の存在 ・埋没途中で土器（壺）を破砕 ・周溝底に土器を置く ・周溝外周から土器（壺・甑）が転落？ ↓ 周溝外における儀礼の可能性	
花影 (Ⅲ期)	・周溝への土器(壺)の転落 ↓ 土器(壺)の遺棄行為	・特定の周溝に集中して出土 ↓ 儀礼の中心となる方向の存在	
下道添 (Ⅳ期)	・周溝への土器(壺等)の流れ込み・転落 ↓ 土器(壺等)の遺棄行為	・埋没途中で多くの土器（壺・器台・高杯・鉢）を置く	・上層からの土器の出土 ↓ 儀礼に使用？
下道添 (Ⅴ期)	・周溝への土器(壺・小型壺)の転落 ↓ 土器(壺・小型壺)の遺棄行為 ・方台部上で破砕・破損したものが周溝に流れ込む ↓ 破砕行為	・周溝外周のテラスに土器が置かれる ・テラス側で火を用いた儀礼が行われる	
中耕 (Ⅳ～Ⅴ期) 四隅切	・周溝への土器(壺・台付甕)の転落 ↓ 土器(壺・台付甕)の遺棄行為	・陸橋部際底面での土器（台付甕）の破砕 ・周溝底に土器（壺・小型壺・器台・高杯）を置く	・土坑内に壺を納めた可能性

遺跡名	形態	方台部	周溝	溝中土坑
中耕 （Ⅳ～Ⅴ期）	四隅切	・周溝へ焼土、炭化物が流れ込む ↓ 火を使用する儀礼の存在	・溝底で土器（壺）を破砕 ・埋没途中で土器（壺・器台・高杯）を置く ・埋没途中で土器（壺）を破砕 ・確認面直下の土器（壺）の遺棄 ・特定の周溝に集中して出土 ↓ 儀礼の中心となる方向の存在	
	全周	・周溝への土器（壺・小型壺・鉢）の流れ込み ↓ 土器（壺・小型壺・鉢）の遺棄行為	・溝底に土器（壺・小型壺・器台・鉢）を置く ・木製品を土器群（壺・器台・高杯）と共に溝底近くに納める ・朱を土器（壺・高杯）を容器として納める	
	盛土遺存	・周溝への土器（高杯）の転落 ↓ 土器（高杯）の遺棄行為	・周溝底に大量の土器（壺・器台）を置く ・炭化材・焼土が土器群と伴出 ・特定の周溝に集中して出土 ↓ 儀礼の中心となる方向の存在 ・朱が用いられる	

以下では、多少長くなるが、そのまとめの部分を引用する事にしたい。

「弥生時代中期中葉の導入期では、「周溝の平面形態はいずれも四隅切れだが、中里遺跡の周溝が比較的細く、直線的な溝状であるのに対して、常代遺跡と小敷田遺跡の例は長楕円形の土坑状である。群構成は、規模の大小のあるものが組み合わせで大きな群を形成している中里、常代遺跡の例に対して、小敷田遺跡は単発的、独立的な分布を示している。三遺跡とも出土する遺構としない遺構があり、一つのブロックの中で、規模の大小の組み合わせと合わせて遺物の多寡による組み合わせが認められる。また、常代・小敷田遺跡では、方形周溝墓と時期を同じくする土坑墓と考えられる土坑が多く検出されているが、中里遺跡では認められない。土器の扱われ方については、中里、常代、小敷田のいずれでも、周溝底面に置かれる場合があり、特に常代・小敷田両遺跡の出土状況は再葬墓の出土状況を髣髴とさせるものである。先の周溝の形態と合わせて、再葬墓を強く意識している感が強い。この他に、中里遺跡では、周溝埋没開始後に入れられる場合、壺棺として使用される場合、小敷田遺跡では、周溝底で破砕される場合、方台部で使用されたものが流れ込む場合があり、土器の使用方法が当初から複雑であることが分かる。

　地理的な位置関係から言えば、中里→常代→小敷田の伝播の順番が考えられるが、上述の様相はこの墓制の受容が受容する側の自主的なものであることを窺わせ、単に地理的傾斜を考えるのみでは充分でない。特に常代、小敷田両遺跡の様相は、再葬墓と方形周溝墓の関東地方における関係を示すものと考えられる。

　常代、小敷田遺跡の再葬墓的な様相に関連して、小敷田遺跡の土器に見られる二次加熱について論じる中で私見を述べたことがある。この中で、春成秀爾氏の「関東地方在来の再葬墓が、西日本から伝来した方形墳丘墓の内部主体として採用され」たという小敷田遺跡の評価について触れ、「単純に引き継いだものではなく、周溝墓という墓制の中に取り込」んだと考えた。上述の三遺跡の様相はそのことをよく示している。方形周溝墓、再葬墓は決して排他的なものではなく、土器の扱い方に代表される再葬墓的な葬送儀礼の方法が取り込まれることにより、周溝の形態にも現れている関東地方独自の方形周溝墓が展開していくことになる。」

　第Ⅱ期は「周溝の平面形態は基本的に四隅切れだが、少数ながらコーナーのあるものが含まれている。周溝そのものは、概して細い溝状のものになるが、常代遺跡、前中西遺跡等のように幅広のⅠ期からの継続性を感じさせるものもある。群構成は、Ⅰ期から継続して規模の大小のあるものが組み合わせで大きな群を形成している常代遺跡の例、同様に列状の群構成を呈する歳勝土遺跡の例に対して、前中西、代正寺、明花向、赤羽台といった熊谷扇状地から武蔵野台地北部の地域は、単発的、独立的な展開を見せ、群の中における大小の規模の格差は不明瞭である。各々の遺跡では、Ⅰ期同様に土器が出土する遺構としない遺構があり、一つのブロックの中で、規模の大小の組み合わせと合わせて遺物の多寡による組み合わせが認められる。土器の扱われ方については、いずれの遺跡でも周溝底面に置かれる（納める）場合が認められ、基本的な方法であったことが分かる。また、破砕される場合や、方台部から流れ込む場合があり、基本的にⅠ期の方法を踏襲しているようである。歳勝土、常代、代正寺の三遺跡では、周溝埋没終了直前（上層）に置かれる方法がとられている。この方法はこの段階から始まる可能性がある。一方、器種構成では、壺が卓越している歳勝土、常代遺跡に対して、それ以外の遺跡では甕も多く出土し、儀礼執行時における道具立てが若干異なる可能性がある。

このように平面形態では、Ⅰ期同様に常代、前中西の幅広のものとそれ以外、群構成においては歳勝土、常代とそれ以外という対照的な様相が認められた。土器の取り扱いについては、周溝底に土器を納める方法が一般的なものと認められ、これに歳勝土、常代、代正寺の三遺跡では、周溝埋没終了直前（上層）に置かれる方法が加わる。Ⅰ期の使用方法を踏襲する部分と新たな方法が導入された部分がある。

上述の様相は、先に示した石川氏の土器分布圏と合致する部分もあれば、そうでない部分もある。

それは、こういった通常の群構成とは別に、関東各地で特徴的な造営の様相が見られる例からも窺える。石川日出志氏が指摘するように、宮ノ台式土器分布圏で特徴的な「環濠集落内大形方形周溝墓」は、図に示した千葉県佐倉市大崎台遺跡、神奈川県横浜市折本石原遺跡といった宮ノ台式の分布圏とは別に、埼玉県吉見町大行山遺跡、群馬県高崎市高崎城三の丸遺跡でも認められ、第Ⅱ期の段階で関東地方全域にこの群構成の方法が拡散し、受容されていたことが知られている。」

この記述は、やはり「報告書的文脈」の第一〜三と重なり合い、その中から検討対象とする「出土土器」に関する部分を抜き書きした形になっており、さらに範囲を広げて比較を行なっている。この例は、解釈の構成に当たっての考古学的な比較のあり方を示し、そうした比較を繰り返すことによって、いわば意味を重ね描きし、妥当性を高めている。

この記述からは、また関東地方の方形周溝墓における行為（死者儀礼）には、その導入期から、複雑な土器使用方法を取り、複数の土器使用段階、恐らく埋葬やその他の葬送行為と対応する段階があるという解釈も可能である。

このように、「論文的文脈」は、「報告書的文脈」と双方向性のやりとりがあり、それを手続きとして論理、考古学的文脈が構成されるのが特徴である。そうした双方向的な手続きが「充分な」文脈を支える。それが先に述べた帰納と演繹、資料と型式の関係との相似につながり、意味付け、解釈の受容可能な妥当性を保証するものと考えられる。これは「儀礼Ⅱ」や「埼玉県における低地の周溝墓と建物跡⑻」で述べた帰納的な記述を繰り返すことによってのみ見えてくるものがあり、演繹と帰納の相互方向的なやりとりが有効であることが確かめられたことと同様である。

　したがって、このような意味付けの考古学的文脈の妥当性を無視した形で、他の学問の方法や成果が挿入されるのは適当ではない。また、逆にそこで用いられる他の学問の論理の形式を無視した形で援用することも適当でないことが分かる。つまり、その部分だけの抜き書きだけを取り上げて何かと比較するのは誤りだということである。

　しかし、残念ながら考古学ではそのような援用のあり方を延々と繰り返してきてしまった。かくいう私もその過ちを繰り返してきた一人である。

七　他の学問の文脈との対応

　こうした考古学的な文脈が他の学問の文脈とどのように対比でき、またどのように関係づけるのが妥当であるのか。私が一九九〇年に発表した「方形周溝墓と儀礼」を材料に批判的に考えてみたい。

表2は、私がかつて方形周溝墓の死者儀礼に対して、記紀や魏志東夷伝といった文献、日本の民俗例、人類学の成果を無批判に援用して構成した死者の浄化の過程を当てはめたものである（福田一九九一）。

　これをもとに鍛冶谷・新田口第12号周溝墓[注2]に見られるａ＝周溝下層、ｂ確認面直下の複数の土器使用行為について解釈を行なった（図５・６）。

「まずａについて見てみたい。方形周溝墓はその構造的特徴から、被葬者の肉体的死以前に築造が成されていなければ死の直後に埋葬することはできない。倭人伝やその他の事例にも見えるように、肉体的な死の直後に埋葬が行われないのはまず間違いないであろう。従って肉体的な死の直後に行われるべき蘇生儀礼は別の場所において行われなければならないことになる。加えてａでもそうだが、周溝の下層出土の土器が床面に直接接している場合が少なく、その間に土砂が堆積している

表2　死者儀礼の過程

	肉体的死	死の公認	葬　送	浄　化
魏志（倭）	涕泣・歌舞飲食		喪	澡浴
	食物の忌み			
（夫餘）	（5ヵ月）		喪	
（東沃沮）Ⅰ			仮埋葬	
Ⅱ			木槨に納める	
			人形等の副葬	
（高句麗）			金銀財宝の副葬	
			積石塚	
（辰韓）			牛馬等の供養	
（弁韓）			大鳥の羽根を副葬	
記紀	涕泣・魂呼び 匍匐の礼	モガリ	埋葬	
日本の民俗	蘇生儀礼	絶縁儀礼 死霊　→ ケガレ　→	成仏儀礼 精霊　→ ケ　→	追善儀礼 祖霊・神霊 ハレ
トラジャ		マカルドゥサン	ミィアー	ウントエ・セロ ひっくり返しの儀礼
	病人　→	死霊　→	祖霊　→	神霊

場合が多いことは、この儀礼が周溝の掘削終了時点ですぐに行われたものでないことを示している。かと言って、逆に開削終了時からそれほど時間が経っているとも言えないであろう。従って、aの儀礼が行われたのは、死の公認の儀礼時か埋葬時とすることができよう。墓としての機能は埋葬が行われることによって始まるのは今更言うまでもなく、それまで墓としては認められていない。aの儀礼を周溝墓における最初の儀礼とすると、それが行われるのは、その点から言えば葬送儀礼の時点が最もふさわしいことになる。」（pp. 564l33～35・pp. 565l1～8）

「bの儀礼は周溝の埋没直前、即ち周溝が区画としての機能を喪失する直前に行われている。これはとりも直さず周溝墓における死者儀礼の最終段階であることを示している。前述のaが葬送儀礼の結果とすると、bは当然のことながらそれ以後の儀礼の結果と考えねばならない。従って、bの儀礼は、表4からすれば浄化の儀礼と考えられることになる。

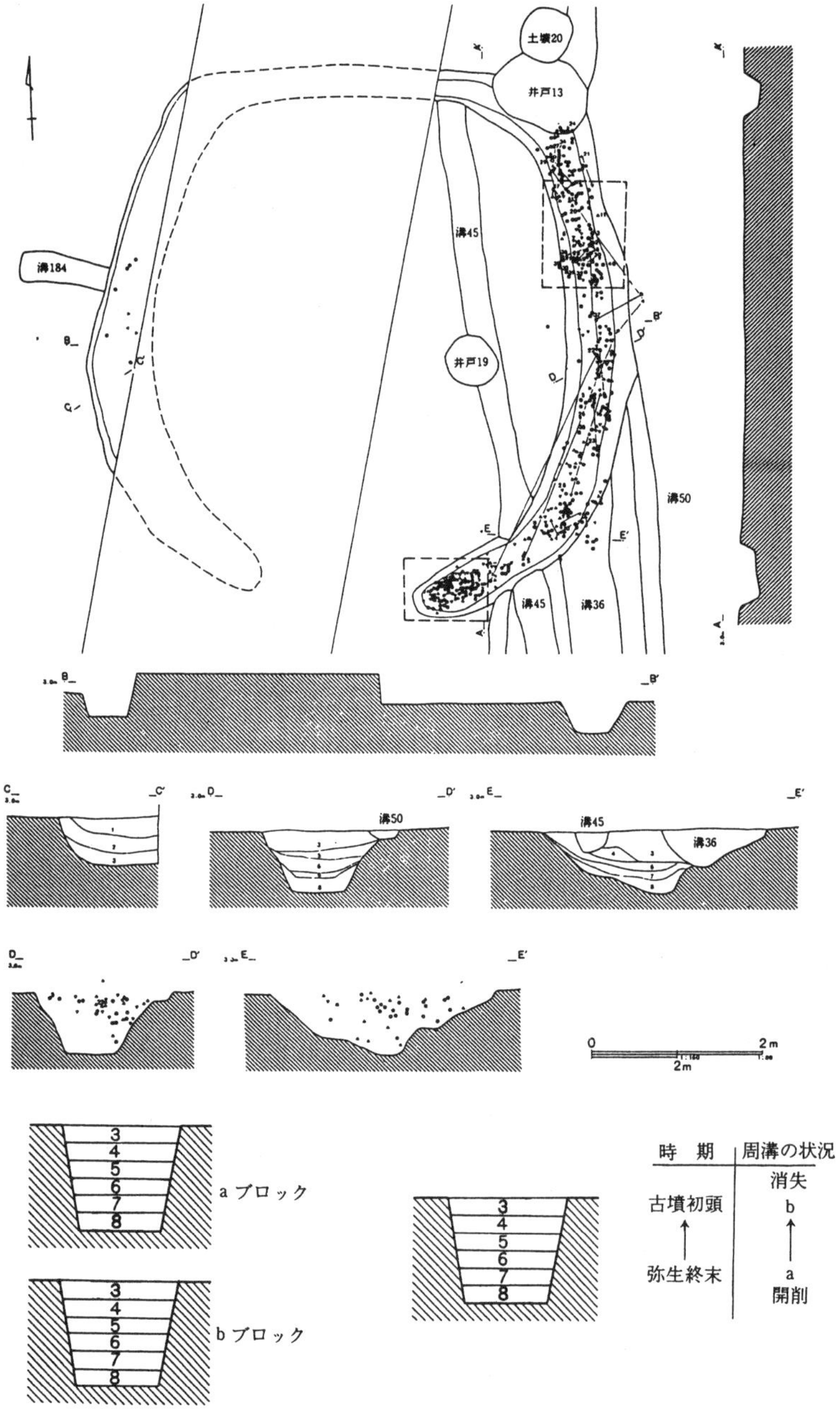

図 5　鍛冶谷・新田口遺跡第 12 号方形周溝墓（福田 1991 より転載）

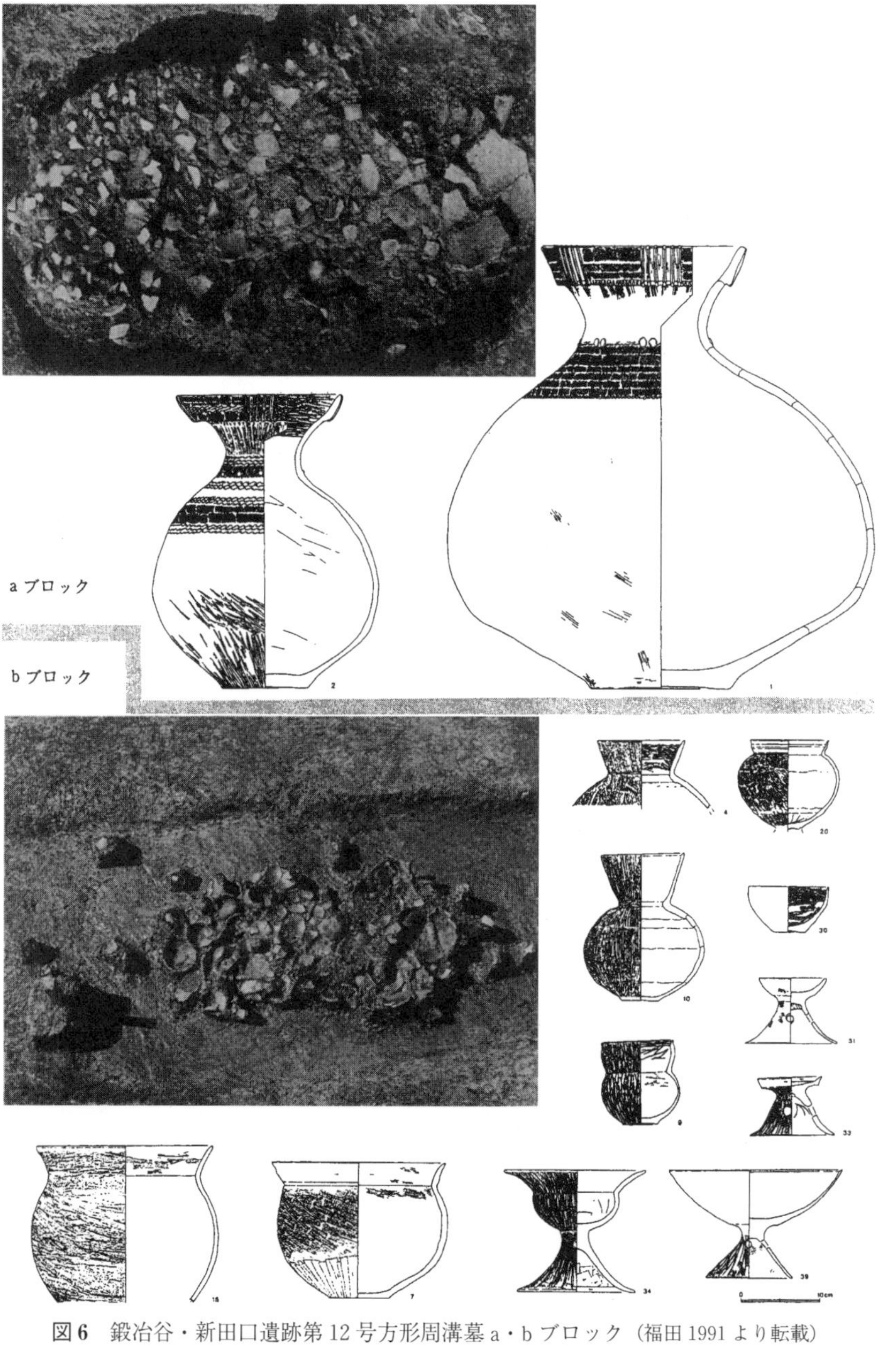

図 6　鍛冶谷・新田口遺跡第 12 号方形周溝墓 a・b ブロック（福田 1991 より転載）

単に浄化の儀礼といっても、そこにはおおまかに二通りの種類がある。まず狭義の浄化とも言うべきもので、それはほぼ忌明けを意味していると言って良い。表４の倭人伝の澡浴、トラジャ族のウントエ・セロ等がそれに当たり、ごく短期間のものである。この段階で死のケガレは生者から払拭される。それに対して日本の追善儀礼やトラジャ族のひっくりかえしの儀礼は長期間に渡って期間を隔てて行われるものである。周溝墓の埋没はいかに速い場合があるとしても一月や二月でおこるものではないだろう。少なくとも年に近い月日が必要と思われる。従ってｂの儀礼は後者の儀礼と考えるのが適当だろう。」(pp. 565l17～27)

傍線の箇所は、方形周溝墓出土土器とその層位の上下関係を、そのまま文献史学、民俗学、民族学から抽出したと思い込んだエッセンスを安直に当てはめたものである。こうして「浄化の過程」という図式を作り上げた。

ここで問題なのは、前述のように資料を考古学的な文脈から切り離していることとともに、他の学問における資料の文脈を、全く無批判に、その文脈がどのようにその学問の中で「意味」を構成しているのかという吟味なしに用いているところである。これは、六で述べた誤りそのもので胡散臭さのもとと考えられる。

では、他の学問の文脈をどのように扱えば、考古学の文脈と双方向的な関係をもたせられるのだろうか。どのように重なり合えば共通の解釈を有してもよいのだろうか。

ここで思い出したいのは、考古学的な意味づけ、解釈の妥当性を確保するためには、「充分な」「報告書的文脈」と「論文的文脈」の双方向的なやりとりが必要であったことである。考古学的な解釈、意味づけの「程々の」受容可能な妥当性は、そのやりとりによって保証される。

こうした考古学的な解釈の受容可能な妥当性の保証からは、異なる学問との間で受容可能な「解釈」の援用の妥当性を保証するのは、その学問の文脈との間の「充分な」やりとりであることが予想される。

そのためには、他の学問の受容可能な妥当性をもつ解釈がどのようなものかを知る必要があるだろう。その上で、考古学的な文脈との間で、どのようにすれば解釈を共有できるやり取りが可能かを考えなければならない。

八　結びにかえて

以上、考古学における意味づけ、解釈がどのように行なわれ、どのようにして妥当性を持つかについて検討してきた。

しかし、これは二で述べた儀礼論の弱点の前半部分でしかない。前述のように、次には他の学問の資料の記述のあり方から、受容可能な妥当性のある解釈がどのように導かれているかを検討しなければならない。一部その作業に着手しているのだが、残念ながら、与えられた時間と私の能力では到底なし終えることができないことがわかり、あえて考古学における記述と文脈の問題に絞って検討を行なった。いずれかの時点で、その成果を発表できればと考えているが、いつになるかは遥として覚束ない。ただこのままの状態では、私の中でいつまでも儀礼論に進めないので必ずなし終えたいと考えている。その中で、安斎正人氏をはじめとする理論考古学や認知考古学といった論理の妥当性を私とは別の手法で追及されている方々の仕事にも触れなければならないだろう。

前半の部分では、単独性や意味論などの哲学との関わりが深い問題を扱った。ここ一〇年来、考古資料を記述する、あるいは検討する妥当性が知りたくて、能力を超えた書籍に取り組んで得た私なりの考えの一部を披露する形となった。もとより門外漢であり、しかも今回執筆するに当たり、どなたかの考えにひきつけられるのを恐れ、あえて関連する書籍を開かないという愚挙を冒している。きっと、多くの過ちがあるものと思われる。また、考古学、特に儀礼論や方形周溝墓の研究を中心に行なっている方にも異論のある方は多いと思われる。大方のご批判をいただければ幸いである。

本稿は、本来本書に収録して頂くのにふさわしくない内容かもしれない。しかし、「これからの」方形周溝墓研究には、本稿のような前提を問うような姿勢が必要と考えて、あえて提出した次第である。その姿勢そのものが誤りだとする御批判も当然あるであろう。こうした御意見も是非頂ければと思う。

本稿にかかる内容は、これまでに谷井彪、金子直行、細田勝、西井幸雄、岩田明広の各氏との日ごろの議論の中で培われたものである。感謝申し上げたい。

最後に、今回このような発表の機会を与えて下さった山岸良二先生をはじめ、個人的な事情から委員に名を連ねさせていただきながら、一度も委員会に出席できないばかりか、当日も参加できなかったシンポジウム実行委員会の方々に、感謝するとともに衷心からお詫びしたいと思う。

（二〇〇五年六月一日　記）

注

（1）意味には二通りあるように感じられる。

一つは言語的意味で、もう一つは行為的な意味である。言語的意味は日常生活における話、例えば「その鉛筆をとってくれ」といわれた場合、言われた者は迷いもなくその鉛筆を取る。そこには鉛筆がある。

もう一つは行為的な意味である。書くときには鉛筆が必要である。では、何かを書く時に、鉛筆はものを書くもので、私はそれを使ってこの書類を書くとは意識しないであろう。行為的意味とは、このように行為の実践を通して、筆記具という鉛筆が持たされる意味である。

（2）その後の検討により、この遺構は方形周溝墓ではなく、周溝を有する建物跡であることが明らかになった。本来材料として不適切であるかもしれないが、この問題の例としては差支えないと考え引用した。

参考・引用文献

石川日出志　二〇〇一「関東地方弥生時代中期中葉の社会変動」『駿台史学』第一一三号、駿台史学会、pp. 57～93

柄谷行人　二〇〇四『定本　柄谷行人集三　トランスクリティーク』岩波書店

野家啓一　一九九六『物語の哲学―柳田國男と歴史の発見』岩波書店（のちに増補版が現代新書として刊行）

野家啓一　一九九八「Ⅰ講義の七日間　歴史のナラトロジー」『岩波新・哲学講義8　歴史と終末論』岩波書店、pp. 3～76

野矢茂樹　一九九五『心と他者』勁草書房

福田　聖　一九九一「方形周溝墓と儀礼―鍛冶谷・新田口遺跡第一二号方形周溝墓の死者儀礼―」『埼玉考古学論集』（財）埼玉県埋蔵文化財調査事業団、pp. 551～568

福田　聖　一九九五「方形周溝墓と土器Ⅰ」『研究紀要』第一一号、（財）埼玉県埋蔵文化財調査事業団、pp. 1～54

福田　聖　一九九六「方形周溝墓の死者儀礼」『関東の方形周溝墓』同成社、pp. 395～412

福田　聖　二〇〇〇『方形周溝墓の再発見』同成社

福田　聖　二〇〇四「方形周溝墓と土器Ⅱ―概観その1―」『研究紀要』第一九号、（財）埼玉県埋蔵文化財調査事業団、pp. 133～168

福田　聖　二〇〇五a「埼玉県における低地の周溝墓と建物跡（8）―大里町・吹上町・行田市・熊谷市の低地遺跡について―」『埼玉考古』第四〇号、埼玉考古学会、pp. 25～44

福田　聖　二〇〇五b　刊行予定「方形周溝墓と儀礼Ⅱ―新しい儀礼論のために―」『論集　周溝』方形周溝墓研究会

吉田　稔　一九九一『小敷田遺跡』埼玉県埋蔵文化財調査事業団報告書第九五集、（財）埼玉県埋蔵文化財調査事業団

方形周溝墓シンポを終えて

事務局長　山岸良二

一　開催までの経過

一九九六年、同成社より筆者編で『関東の方形周溝墓』を刊行した。

この企画本は宇津木向原遺跡発掘三〇年を記念して意図されたものであったが、原稿の稿入遅れなどの事情から、結果的には二年遅れての刊行となった。

その後、考古学界は既知のように「旧石器捏造問題」の処理に追われ、それ以前にブームにまでなった「三内丸山遺跡」「吉野ヶ里遺跡」フィーバーもこの問題の影で薄くなった気配すら感じられる状況となった。

さらに、バブル経済崩壊後の景気悪化は全国的な発掘調査件数の激減を呼び、方形周溝墓関係の遺跡調査件数も急速に減少した。このような中で、方形周溝墓に関連する論文や研究書も極端に僅少となった。この傾向は、考古学界全般に共通するところであるが、そのような中で宇津木向原遺跡発掘調査四〇周年を記念して、低迷・沈滞する研究動向に何らかの風穴を空けられればと考え本シンポが企画された。

企画のコンセプトは、「方形周溝墓命名地八王子市での開催」「方形周溝墓研究の最前線メンバーによる討論」「八王子市市民への方形周溝墓発祥地啓蒙」の三点であった。

まず、山岸が鈴木敏弘氏と相談し、委員長を椙山林繼氏に依頼することを基本とし、その一方で若手研究者の第一線にいる埼玉県の福田氏、東京都の伊藤、及川両氏にも協力を依頼した。

こうして、第一回打ち合わせ会が二〇〇四年四月一五日國學院大學日本文化研究所所長室で開催された。この席で、シンポの基本コンセプトの確認、実行委員分担、シンポ進行の概略、レジュメ案などが決定された。

この決定を受けて、山岸は直ちに地元の土井、新藤両氏に依頼して会場の選定と各方面との連絡を密にとることとなった。その結果、地元のご協力により会場がＪＲ八王子駅前（八王子東急スクエアビル内）の「八王子市学園都市センター」イベントホールとなり、地理的にも最適な場所となった。

さらに、レジュメの構成案も決定し、ポスターやハガキで各地の研究機関、埋蔵文化財センター、博物館、大学などへの広報活動にも入ることとなった。

第二回打ち合わせ会は同年六月九日、同じく國學院大學日本文化研究所所長室で開催した。

ここでは、レジュメの書式、締切り、印刷屋（東京亀有のキョーコロ）などを決定し、シンポの内容についてもかなり深い議論となった。また、後援依頼団体の検討や当日会場での発言を依頼する研究者についての選定も行なった。

八月一四日、山岸は前もって連絡をした会場の視察のため八王子を訪れた。ホール担当の千葉氏より、イベントホール使用についての様々な注意、音響関係の準備、可動式座席の配置状況、照明器具の設置方法、バトンの高さなど詳細な打ち合わせを実施した。さらに、当日の時間的な流れについても指示をいただいた。

これと併行しながら、八王子市教育委員会、日本考古学協会、東京考古談話会、南関東弥生文化研究会、土曜考古学研究会などの後援手続きも終了した。

九月三〇日、山岸は最終的な「会場使用契約」のため八王子市学園都市センターを訪れた。ここでは、当日頒布の『シンポ資料集』搬入や開始時刻および撤収時刻の確認、使用可能エレベーターの了解などの件を詰めた。

第三回打ち合わせ会は当初一〇月二〇日に予定していたが、台風二三号の関東地方直撃で急遽変更、二七日に國學院大學で開催した。この席で、國學院大學側の責任者・加藤里美氏が紹介され、また委員に千葉県の諸墨知義氏が加わることも報告された。同会では、レジュメ原稿締切りの最終確認がなされ、國學院側の『Ⅰ』とシンポ用の『Ⅱ』という二分冊になること、表紙や書式は揃えること、当日はセット販売すること、搬入は前日夕方などが了解された。また、各後援団体の確認や当日来場要請の研究者へのハガキ通知の実施も了解された。

一一月レジュメ印刷も佳境に入り、何回かの校正が行なわれ、どうにか当日までに間に合うことが確認された。三〇日山岸は最終的な打ち合わせのため八王子の会場を訪れ、担当の千葉氏とパワーポイントやマイク、机配置、横断幕用バトン設置などを協議し確認した。

二　開催当日

会場の八王子市学園都市センターはＪＲ八王子駅徒歩一分の東急スクエアビル最上階にあり、日曜日はビルが開館する九時まで入館出来ないため、当日はスタッフの集合と準備が三〇分以内に完了というスケジュールとなった。しかし、別紙記載の多くのスタッフが朝早くから集合し、様々な準備に奮闘していただき無事に入場時刻までに用意が整った。会場では、パワーポイントやテープ録音の準備、垂れ幕、めくり幕や会次第の用意も準備分担に従って順調に行なわれ、予定通り一〇時に総合司会・梅咲君の発声で開始となった。

午前中三本、午後三本の講演が無事終了、壇上の配置換えを行ない予定時刻の二時四五分シンポジウムに入る。シンポの司会は山岸が担当、午前中より宇津木向原遺跡の発掘調査に実際に参加した市内の研究者多数の中から佐々木、椚両先生をまず中心に発掘調査時の話題から入り、次いで方形周溝墓研究の初期の状況、最近の状況、そして今日問題となっている様々な諸点について議論を進めていった。

最終的には会場借り切り間際の五時まで討論が行なわれ、最後に本実行委員会委員長・椙山先生から「総括のまとめ」があり終了となった。会場撤収後、打ち上げ会が同ビル内「やきとり　戎」において行なわれた。

三　本シンポの結果を踏まえて

当初、実行委員内で議論されたシンポの各項目は、「宇津木向原遺跡の特徴」「研究史上での同遺跡の位置づけ」「関東の方形周溝墓現状からみた同遺跡」「関東の方形周溝墓を全国から見た場合の差異」「今日方形周溝墓が抱える問題点」であった。

つまり、前半部は四〇年前の宇津木向原遺跡の発掘調査内容を精査しながら、同遺跡から発見された方形周溝墓の学史的な意義に迫ろうとする意図である。一方、後半部は関東の方形周溝墓がもつ特徴を他地域と比較することで浮かび上がらせ、その差異の背景に論及しようとする意図である。そして、最後は近年一部の研究者間ではあるが重要な問題点となっている「方形周溝墓の誤謬」つまり、既知の報告済み方形周溝墓に住居跡の可能性が指摘されている問題についての討議と、古くて新しいテーマである「方形周溝墓と古墳」との関係も新しい知見を踏まえながら議論をしていきたいと考えた。

実際のシンポでは、この流れに従いながら論議を開始した。

まず、宇津木向原遺跡についての意義は一九六〇年代の時期に従来の弥生墓制とは全く異なる新墓制の発見がもつ意味や、その墓制が底部穿孔土器や玉類の副葬品をもつ政治的意味合いなどが指摘された。その一方で、当時同遺跡の発掘調査に従事した方々からこの時期の調査が抱える様々な苦労・問題点なども明らかにされ、今日のようにハード、ソフト両面で進歩した環境で実施されている調査との違いが浮き彫りにされた。また、そのようなか、以前から一部の研究者間で注視されていた「宇津木向原遺跡にまだ大形の方形周溝墓が一基」あったらしいという疑問にも存在の可能性を示唆するコメントがあり一応の解決点となった。

ついで、関東の方形周溝墓が他地域と比較してどのような特徴をもつかという点では東海地域の最新状況を講演した赤塚氏より廻間遺跡などで発見された「前方後方形」についての論及があり、近年東京都内でも発見されている例は同墓の東遷を考える上で良好な事例と把握できるとの指摘と今後の方向性が示された。

最後のテーマでは、及川氏らが近年指摘する「溝で囲まれた低地住居」の解釈について懇切丁寧な説明があり、墓と住居との分別については規格性の面からの指摘も場内の駒見氏からあった。規格性については、古くから椚氏はじめ何人かの研究者が触れており、本シンポ内でもこれについての議論応酬があった。また、造墓企画に関して山岸は方形周溝墓造墓段階で三から四基単位での集団企画性があるという持論をあらためて指摘した。

古墳との関係については場内の坂本氏から緻密な分析法についての提案があり、先の赤塚氏からの指摘にもあった東海地域の状況との詳細な比較検討が必要との認識が強まった。しかし、この部分については司会者の力不足もあって議論が深まらないまま時間となってしまった感が強い。

以上、丸一日をかけての討論であったが、四〇年という星霜を経ての問題蓄積を解きほぐすにはやはり時間不足であった。今後もこのシンポを契機にわずかながらも研究の進展があることを祈念したい。

末筆ながらご来場いただいた皆様に関係者一同を代表して感謝申し上げたい。

シンポジウム実行委員会組織図（肩書きは開催時）

実行委員長・・・・椙山林繼（國學院大學教授・日本文化研究所所長）

事務局長・・・・・山岸良二（東邦大学付属東邦中高等学校）

委員・・・・椚國男（多摩考古学研究会）、鈴木敏弘（大東文化大学）、福田聖（埼玉県埋蔵文化財調査事業団）、伊藤敏行（東京都教育委員会）、及川良彦（東京都埋蔵文化財センター）、諸墨知義（袖ヶ浦市教育委員会）、梅咲直照（住友林業・会計担当）、加藤里美（國學院大學）

開催日スタッフ・・・小中美幸、小林理恵（船橋市教育委員会）、深澤太郎、山添奈苗、野内智一郎、新原佑典、加藤夏姫、嶋津まい子（國學院大学）、石井美奈子（国際基督教大学）、山岸真美子、山岸茉梨果（東洋学園大学）

協力・・・・八王子市教育委員会（土井義夫、新藤康夫）

後援・・・・・日本考古学協会、八王子市教育委員会、東京考古談話会、多摩考古学研究会、南関東弥生文化研究会、
土曜考古学研究会、原史墓制研究会、東邦考古学研究会

当日場内での発言助言者・・・佐々木蔵之助、坂本和俊、酒巻忠史、駒見佳容子、立花実

執筆者紹介

椙山林繼（すぎやま・しげつぐ）
一九四〇年生　國學院大學教授
主な業績　『古代出雲大社の祭儀と神殿』（共著）（学生社、二〇〇五年）『祭祀空間・儀礼空間』（編）（雄山閣、一九九九年）『神道事典』（共編著）（弘文堂、一九九九年）

山岸良二（やまぎし・りょうじ）
一九五一年生　東邦大学付属東邦中高等学校教諭
主な業績　『邪馬台国を知る事典』（東京堂出版、一九九九年）『文化財を探る科学の眼』（国土社、一九九八年）『関東の方形周溝墓』（編）（同成社、一九九六年）

椚　國男（くぬぎ・くにお）
一九二六年生　多摩考古学研究会世話人
主な業績　『古代の土木設計』（六興出版、一九八三年）『古墳の設計』（築地書館、一九七五年）「竪穴住居の設計計画」（『考古学雑誌』第五二巻第四号、第五三巻第二号、一九六七年）

鈴木敏弘（すずき・としひろ）
一九四五年生　大東文化大学文学部非常勤講師
主な業績　「弥生墓と原史交易」（『季刊考古学』第九二号、二〇〇五年）「集落内祭祀と祭祀同盟」（『和考研究』Ⅻ、二〇〇五年）「弥生時代祭祀同盟の成立」（『季刊考古学』第八四号、二〇〇三年）

伊藤敏行（いとう・としゆき）
一九六〇年生　東京都教育庁生涯学習スポーツ部計画課学芸員
主な業績　「群構成論」「個別形態論」（『関東の方形周溝墓』同成社、一九九六年）「東京湾西岸流域における方形周溝墓の研究Ⅰ・Ⅱ」（『研究論集』Ⅳ・Ⅵ、東京都埋蔵文化財センター、一九八六・八八年）

赤塚次郎（あかつか・じろう）
一九五四年生　愛知県埋蔵文化財センター主任主査
主な業績　「東海の方形周溝墓と前方後方墳」（『季刊考古学』第九二号、二〇〇五年）『考古学資料大観』弥生・古墳時代　土器Ⅱ（編）（小学館、二〇〇二年）

及川良彦（およがわ・よしひこ）

一九六〇年生　東京都埋蔵文化財センター主任調査研究員

主な業績　「方形周溝墓群と集落群の混在から見えてくるもの」（『季刊考古学』第九二号、二〇〇五年）「関東地方の低地遺跡の再検討(5)―墓と住居の誤謬」（『宇津木向原遺跡発掘四〇周年記念　方形周溝墓研究の今Ⅱ』方形周溝墓シンポジウム実行委員会、二〇〇四年）「深い竪穴、浅い竪穴―旧地表面の考古学のために」（『原始・古代日本の集落』同成社、二〇〇四年）

駒見佳容子（こまみ・かよこ）

一九五九年生

主な業績　「方形周溝墓の規格―方形周溝墓にまぎれた〝住居〟との区別」（『利根川』第二二号、二〇〇一年）「前方後方墳の規格」（『土曜考古』第一七号、一九九三年）

福田　聖（ふくだ・きよし）

一九六四年生　㈶埼玉県埋蔵文化財調査事業団主任調査員

主な業績　『方形周溝墓の再発見』（同成社、二〇〇〇年）「方形周溝墓と土器Ⅰ～Ⅲ」（『埼玉県埋文事業団研究紀要』第一一・一九・二〇号、一九九五・二〇〇四・〇五年）「方形周溝墓の死者儀礼」（『関東の方形周溝墓』同成社、一九九六年）

〈編者紹介〉
椙山林繼（すぎやま・しげつぐ）
國學院大學教授
山岸良二（やまぎし・りょうじ）
東邦大学付属東邦中高等学校教諭

方形周溝墓研究《ほうけいしゅうこうぼけんきゅう》の今《いま》

2005年11月10日　印刷
2005年11月20日　発行

編　者　椙　山　林　繼
　　　　山　岸　良　二

発行者　宮　田　哲　男

発行所　株式会社　雄　山　閣
〒102-0071　東京都千代田区富士見2-6-9
振替 00130-5-1685　電話 03(3262)3231
FAX 03(3262)6938
印刷　株式会社　三陽社
製本　協栄製本株式会社

© Sugiyama Shigetsugu, Yamagishi Ryoji 2005 Printed in Japan
ISBN4-639-01904-1